教育部人文社会科学重点研究基地
——南京大学长江三角洲经济社会研究中心
2019年度研究课题

"十三五"国家重点出版物出版规划项目
长三角区域践行新发展理念丛书

"一带一路"交汇点：
长三角地区高质量的对外开放

洪银兴　黄繁华　等 ◎著

The Junction of the Belt and Road Initiative:
The High-Quality Opening-up of the
Yangtze River Delta Region

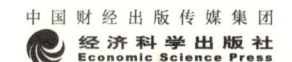

中国财经出版传媒集团
经济科学出版社
Economic Science Press

主要作者

洪银兴　　黄繁华
张二震　　范从来　　陈　雯
杨德才　　毕　军　　郑江淮
夏网生　　韩　剑　　高春亮

总序

长三角地区一直是我国经济发展的"领头羊",尽管三省一市(江苏、浙江、安徽和上海)的面积是全国的1/26,常住人口是全国的1/6,但经济总量是全国的近1/4;长三角城市群已经跻身六大世界级城市群。无论是全面小康社会建设还是即将开启的现代化建设,都需要长三角地区发挥"领头羊"的作用。2018年11月5日,习近平在首届中国国际进口博览会开幕式上宣布,长江三角洲区域一体化发展上升为国家战略。进入新时代,长三角地区一体化发展进入新的历史起点,面临新的现实挑战,承担新的发展任务。长三角地区在一体化进程中既要高质量全面建成小康社会,又要通过建设现代化经济体系高质量开启现代化建设的新征程,其有效路径就是践行新发展理念。

新发展理念是针对我国经济发展现阶段的重大问题提出的重要理论创新。我国已经告别低收入发展阶段,正在进入中等收入发展阶段,但仍处于并将长期处于社会主义初级阶段,这是现阶段我国经济发展面临的基本国情。在这一阶段,面临一系列重大问题。第一,增长速度从高速转向中高速,必须依靠新旧动能接续转换,才能保证中高速增长的可持续。第二,必须直面"中等收入陷阱"这一历史难题,避免像国际上一些国家和地区在进入中等收入阶段后,由于收入差距过大、结构矛盾加剧等原因陷入经济发展停滞甚至倒退状态。第三,我国经济发展迫切需要提升质量,从低质量发展向高质量发展转变。高

"一带一路"交汇点：长三角地区高质量的对外开放

质量发展意味着经济发展的效率改进、效益提升、结构优化、生态改善与区域平衡等诸多内涵。新发展理念正是针对我国发展面临的这些重大问题提出来的，是我国当前和今后一个时期经济社会发展的战略指引。

创新着重解决发展动力问题。改革开放40年是破除制度壁垒、优化生产关系、解放生产力、发挥初级生产要素对经济增长推动力的40年。但是，在经历多年的高速增长后，初级生产要素对经济增长的推动力在减弱。创新作为高级生产要素，不仅属于新动能，能直接推动经济增长，而且对其他生产要素的经济增长效应能起到增幅作用。现在，我国产业发展和科技创新在世界上的位置已从跟跑并跑提升到并跑领跑，抢占战略制高点、实现创新驱动发展的任务更为紧迫。长三角地区科技创新资源较为丰富，企业的创新主体地位突出，有必要也有能力依靠创新，着力培育以技术、品牌、质量、服务为核心竞争力的新优势。

协调着重解决发展不平衡问题。改革开放允许一部分地区先发展，效果明显，长三角地区总体上是得益者。但是，地区发展不平衡随之而来。虽然长三角地区是全国城乡居民收入差距最小的区域，但其三省一市内部的不同区域都存在地区差距、城乡差距，相比其他领域，农业现代化仍然是短板。因此，在全面小康社会建设中，长三角地区不仅要彰显优势，还要根据协调发展的理念，解决地区之间、城乡之间的发展不平衡问题，补齐发展的短板。

绿色着重解决人与自然和谐问题。绿色发展要求牢固树立"保护生态环境就是保护生产力，改善生态环境就是发展生产力"的核心理念。长三角地区是我国最早实现工业化的地区，发展开放型经济，形成了"世界工厂"。在其工业化水平进入全国前列的同时，也不可避免地带来环境和生态遭到破坏的问题。因此，绿色发展成为长三角地区全面小康建设的着力点，不仅要改变粗放式发展，走集约式低消耗低排放的发展道路，还要修复已经遭到破坏的环境和生态，让长三角地区重现绿水青山、蓝天白云。

开放着重解决发展内外联动问题。长三角地区对外开放水平一直较高，不仅外向度高，引进外资规模也大。进入新时代，长三角地区的开放发展不但要继续走在全国前列，还需要由数量型转向质量效益型，在更高层次上实现改革与开放之间的互动，发挥两者之间的正反馈机制，向发达国家和发展中国家开放。根据习近平关于构建人类命运共同体思想的重要论述，建立高质量的开放型经济体系的主要表现是：开放战略坚持"引进来"和"走出去"并重，利用自由贸易区等开放载体，形成陆海内外联动、东西双向互济的开放格局；服从于创新驱动发展战略，引进国外要素的着力点将转向创新要素；参与全球化分工将从比较优势转向竞争优势；重视我国产业在全球价值链中地位的提升，争取在价值链中的主导地位，并且依托核心技术建立以我为主的全球价值链，形成面向全球的贸易、投融资、生产、服务的价值链，培育国际经济合作和竞争新优势。

共享着重解决社会公平正义问题。中国特色社会主义经济发展的根本目标是以人民为中心，是要满足人民日益增长的美好生活需要。改革开放40年来，人民生活水平普遍提高，但也出现了收入差距扩大问题。共享发展是要在发展中共享、在共享中发展，努力实现改革发展成果全民共享、全面共享、共建共享。在共享发展中，人民群众共同分享改革发展成果，不断得到实实在在的利益，在民生改善中有更多获得感，逐步实现共同富裕，从而进一步激发广大人民群众的积极性和创造性，为经济发展提供不竭的动力源泉。

作为教育部人文社会科学重点研究基地，南京大学长江三角洲经济社会发展研究中心多年来坚持发挥研究的比较优势，始终聚焦长三角地区经济社会发展中的重大问题，取得了一系列具有影响力的研究成果。2016年初，中心结合长三角全面建设小康社会的战略任务，制定中心发展的"十三五"规划，并根据这五大新发展理念发布五个重大项目，由刘志彪教授、范从来教授、张二震教授、李晓春教授和洪银兴教授分别作为带头人，组织南京大学经济学科整体力量申报的长江三角洲全面建设小康社会中的协调发展研究、长江三角洲全面建设小康社会中的共享发展研究、长江三角洲全面建设小康社会中的开放发展研究、长江三角洲全面建设小康社会中的绿色发展研究、长江三角洲全面建设小康社会中的创新发展研究等课题，获批2018年和2019年教育部人文社会科学重点研究基地项目。展现在读者面前的这系列著作，就是这五个重大项目的研究成果，希望能为国内外学者研究长三角问题提供有益的借鉴和参考，也能为各地政府部门厘清贯彻新发展理念、实现高质量发展提供可行的政策建议。

长三角区域发展一体化上升为国家战略以后，长三角区域高质量发展研究成为研究热点，并且提出一系列的新课题。南京大学长江三角洲经济社会发展研究中心的新成果也将纳入本丛书陆续出版。这些成果可以说是长三角地区践行新发展理念的新成就的总结。

洪银兴

2018年12月

目　录 CONTENTS

总论　高质量建设"一带一路"交汇点 / 1
　　一、"一带一路"倡议与中国开放型经济 / 1
　　二、长三角地区参与"一带一路"建设情况 / 7
　　三、江苏——"一带一路"交汇点 / 16
　　四、江苏建设"一带一路"交汇点的"面、线、点" / 22
　　五、江苏进入"一带一路"的路径和方式 / 27
　　六、高质量推进江苏"一带一路"交汇点建设 / 39

第一章　长三角地区发展更高层次开放型经济 / 47
　　一、经济全球化新现象与长三角地区对外开放新阶段 / 47
　　二、在"一带一路"交汇点建设中发展高质量开放型经济 / 56
　　三、江苏加快"一带一路"交汇点建设的战略定位 / 62

第二章　长三角地区历史上"一带一路"的发展及启示 / 74
　　一、郑和下西洋与海上丝绸之路的开启 / 75
　　二、郑和下西洋的伟大成就 / 79
　　三、近代以来长三角地区的对外开放 / 83
　　四、郑和下西洋以来长三角地区开放发展的启示 / 91

第三章　"一带一路"交汇点建设的基础和新定位 / 97
　　一、江苏参与"一带一路"建设取得积极成效 / 97
　　二、江苏在"一带一路"交汇点建设中的新定位 / 110

第四章　"一带一路"交汇点的区位选择与空间布局 / 116
　　一、"一带一路"交汇点的区位选择与建设要求 / 116
　　二、"一带一路"交汇点建设的新机遇与新挑战 / 123

三、"一带一路"交汇点建设的格局、定位与方向 / 125

第五章 与"一带一路"沿线国家的产能合作 / 135
一、研究背景 / 135
二、"一带一路"沿线国家需求分析 / 140
三、江苏产能与"一带一路"沿线国家需求的适配性分析 / 152
四、江苏国际产能合作模式选择 / 158
五、国际产能合作的风险和防范 / 162

第六章 "一带一路"交汇点上以我为主全球价值链的构建 / 165
一、引言 / 165
二、融入全球价值链的发展效应 / 167
三、构建以我为主全球价值链的支撑 / 173
四、构建以我为主全球价值链的思路与路径 / 179
五、结论和建议 / 187

第七章 "一带一路"交汇点建设 / 190
一、不同地区协力建设"一带一路"交汇点 / 190
二、"一带一路"交汇点建设的主要内容 / 196

第八章 服务业助力"一带一路"交汇点建设 / 204
一、服务业在"一带一路"交汇点建设中的地位和作用 / 204
二、服务业助力"一带一路"交汇点建设的基础和发展成效 / 210
三、服务业助力"一带一路"交汇点建设的比较优势和发展潜力 / 219
四、服务业助力"一带一路"交汇点建设的高质量发展途径 / 229

第九章 "一带一路"交汇点建设与自贸区的制度创新 / 235
一、"一带一路"交汇点建设与自贸区战略联动发展关系 / 235
二、长三角地区自贸区对接"一带一路"建设的实践 / 241
三、自贸区服务"一带一路"交汇点建设的路径 / 256

第十章 "一带一路"交汇点建设的金融支持 / 266
一、金融支持"一带一路"交汇点建设的基础条件 / 267

二、金融支持"一带一路"交汇点建设的基本思路 / 275

三、金融支持"一带一路"交汇点建设的重点领域 / 282

第十一章 "一带一路"交汇点的绿色发展 / 291

一、绿色发展与高质量发展的关系 / 291

二、环保技术转移中心与"一带一路"交汇点的绿色发展 / 295

三、对外投融资的绿色化与"一带一路"交汇点的绿色发展 / 299

四、对外贸易的绿色化与"一带一路"交汇点的绿色发展 / 308

后记 / 314

总　论

高质量建设"一带一路"交汇点

"一带一路"（the Belt and Road Initiative）是"丝绸之路经济带"和"21世纪海上丝绸之路"的简称。2013年9月7日，习近平出访哈萨克斯坦，在纳扎尔巴耶夫大学提出共同建设"丝绸之路经济带"；同年10月，习近平在印度尼西亚提出共同建设"21世纪海上丝绸之路"。在习近平提出共建"一带一路"倡议以后，中国与沿线国家进行了一系列务实合作并且取得了一系列早期成果。2015年3月28日，我国国家发展改革委、外交部、商务部联合发布了《推动共建丝绸之路经济带和21世纪海上丝绸之路的愿景与行动》，明确了"一带一路"的版图和推进"路线图"。其中，"一带"指的是"丝绸之路经济带"，是在陆地，具体从中国出发有三个走向：一是经中亚、俄罗斯到达欧洲；二是经中亚、西亚至波斯湾、地中海；三是中国到东南亚、南亚、印度洋。"一路"指的是"21世纪海上丝绸之路"，重点方向有两条：一是从中国沿海港口过南海到印度洋，延伸至欧洲；二是从中国沿海港口过南海到南太平洋。截至2019年4月举办第二届"一带一路"国际合作高峰论坛时，全球已有150多个国家、地区和国际组织同中国签订了"一带一路"建设合作协议。

一、"一带一路"倡议与中国开放型经济

"一带一路"倡议，是我国根据全球政治经济格局深刻变化，统筹国内国际两个大局，全面谋划全方位扩大开放的重大战略举措。"一带一路"为我国新时代发展更高层次的开放型经济提供了重要契机和发展平台。

（一）"一带一路"倡议的提出标志着我国开放型经济进入新时代

当前，世界正经历百年未有之大变局，世界经济发展中面临的不确定因素增多，经济全球化呈现许多新情况。从总体上说，一方面，作为世界经济发展的必然趋势，经济全球化的趋势不可阻挡；另一方面，以美国特朗普政府的"美国优先"政策为代表，全球贸易保护主义日益蔓延，"逆全球化"事件不断增多。面对世界经济发展新变化和以美国为首的发达国家对中国的施压，中国应采取有效措施加以应对，包括高科技企业须在不降低技术标准前提下，优化产业全球价值链布局，并推动全球供应链布局的多元化。显然，"一带一路"倡议适应世界格局变化的新趋势，也可以为我国打破西方发达国家的市场和技术封锁提供新的重要路径。

经济全球化是社会生产力发展的客观要求，是科技不断进步的必然结果。与超级大国频频出台"逆全球化"政策不同，我国正在成为推动全球化的主导力量。2008年以来，由于2008年世界金融危机及后来的欧债危机重创了美欧发达国家经济，西方七国集团（G7）在世界经济中所占比重明显下降；与之相反，同期发展中国家和新兴市场国家在全球经济中所占比重明显提高，世界经济权力开始向非西方世界转移和扩散，形成了"东升西降""南升北降"的新格局（见表1）。特别是中国，作为新兴市场国家和金砖国家的"领头羊"，在当前世界经济中发挥着越来越重要的引擎作用，中国经济对世界经济增长的贡献率已连续多年超过30%。以"一带一路"为桥梁和纽带，崛起的中国既可以为世界经济增长和经济全球化提供强大动力，同时也可以为完善全球经济治理提供中国方案、作出中国贡献。

表1　世界主要国家GDP占世界比重　单位：%

国家		1978年	1988年	1998年	2008年	2010年	2015年	2018年
七国集团	美国	27.41	27.20	28.89	23.13	22.70	24.29	23.89
	英国	3.92	4.73	5.23	4.56	3.71	3.86	3.29
	德国	8.60	7.25	7.15	5.90	5.17	4.51	4.66
	法国	5.91	5.29	4.79	4.59	4.00	3.25	3.24
	日本	11.81	15.96	12.86	7.92	8.63	5.85	5.79
	加拿大	2.55	2.64	2.01	2.44	2.44	2.07	1.99
	意大利	3.66	4.62	4.04	3.76	3.22	2.44	2.42
	合计	63.85	67.68	64.98	52.29	49.89	46.28	45.28

续表

国家		1978年	1988年	1998年	2008年	2010年	2015年	2018年
金砖国家	中国	1.74	1.62	3.28	7.22	9.22	14.69	15.86
	巴西	2.34	1.72	2.75	2.67	3.34	2.40	2.18
	印度	1.60	1.54	1.34	1.88	2.54	2.80	3.18
	俄罗斯	—	2.88	0.86	2.61	2.31	1.82	1.93
	南非	0.54	0.61	0.44	0.45	0.57	0.42	0.43
	合计	6.23	8.38	8.68	14.83	17.98	22.14	23.58

资料来源：历年世界银行发布的《世界发展指标》。

随着进入发展新时代，中国经济由高速增长转向高质量发展。这一阶段，由于外部环境趋紧、内部传统优势减弱、开放发展竞争新优势亟待培育，中国需要发展更高水平和更高层次的开放型经济。

新时代中国开放型经济发展，必须根据习近平关于人类命运共同体的思想，以"一带一路"为统领，以全面开放新格局为路径，建立更高水平的开放型经济新体制。按照"一带一路"倡议的目标和要求，我国开放型经济发展战略需要进行完善和调整。

第一，改革开放以来，我国的对外开放主要是利用国际国内两个市场两种资源，突出"引进来"。进入新时代，中国开放战略需要坚持"引进来"和"走出去"并重，推动发展要素在更大范围自由流动。其中，"一带一路"可成为我国加快"走出去"的重要载体和通道。

第二，我国企业过去参与全球化分工，主要是凭借劳动、土地等简单要素资源禀赋的比较优势。近年来，随着这类要素的比较优势日趋减弱，我国需要着力培育以技术、品牌、质量、服务为核心的国际竞争新优势：一是将简单劳动密集型产业与生产环节向劳动力和资源成本更低的国家转移，从而为我国企业营造竞争新优势腾出空间；二是根据创新驱动要求，积极引进国外高端优质创新要素，鼓励企业进行开放式创新。中国在"一带一路"建设中进行国际产能转移和合作，特别是提升集聚国外优质要素的能力，就是朝着这个方向的实践和探索。

第三，当前经济全球化和国际贸易的重要特点之一，是全球价值链分工和产品内贸易。所谓全球价值链分工，是指同一产品生产的不同环节被安排在不同国家（地区），体现了一国（地区）参与全球生产体系并在其中获得收益的环节。改革开放以来，我国经济积极融入跨国公司主导的全球价值链分工，取得了令人瞩目辉煌成就，被誉为"世界工厂"。但是，我国产业所嵌入的跨国公司全球价值链分工主要是在低端环节，附加值不高。进入新时代，我国需要重视、提升参与全球价值链分工中的地位，不仅参与的分工业务要向研发、贸易、融资、服务等高附加值环节攀升，而且要努力构建以我国高端技术为主导的新的全球价值链分工体系。

第四，进入新时代后，以共建"一带一路"为契机，中国对外开放的区域和空间将从沿海、沿江向内陆、沿边延伸，在提升向东开放水平的同时加快向西开放的步伐，助推内陆沿边地区迈向对外开放的前沿，从而形成面向"一带一路"国家的陆海内外联动、东西双向互济的开放新格局。

因此，新时代我国开放型经济发展具有以下主要特征：在开放体制维度上，实现从政策性开放向体制性开放的升级；在开放系统维度上，实现高质量提升"引进来"和大踏步"走出去"；在开放领域维度上，实现制造业开放的深化和服务业开放范围的扩大；在开放空间维度上，实现外部地理格局的拓展和内部区域布局的优化；在治理维度上，完善中国参与的全球经济治理体系。

（二）"一带一路"倡议的中国方案

"一带一路"倡议，秉持"和平合作、开放包容、互学互鉴、互利共赢"的发展理念，遵循"公开、透明"和"共商、共建、共享"基本原则，按照国际通行做法和市场规律，通过全方位推进沿线国家的务实合作，打造"政治互信、经济融合、文化包容"的"利益共同体、责任共同体和命运共同体"。"一带一路"倡议既不是对外援助计划，也不是地缘政治工具，而是互利共赢的合作平台。"一带一路"倡议的宗旨，是实现中国与"一带一路"沿线国家的共享发展、高质量发展和可持续发展。

"一带一路"倡议顺应当前全球治理体系变革的内在要求，是中国为改善全球经济治理提供的公共产品。长期以来，中国主要以全球经济规则接受者的身份被动融入全球经济治理体系中。面对当前全球治理体系存在的问题，中国理应向世界提出中国方案、贡献中国智慧，以促进全球共同繁荣发展。

"一带一路"倡议的主要内容，当前主要聚焦于推动"一带一路"沿线国家的"互联互通"，包括"政策沟通、设施联通、贸易畅通、资金融通、民心相通"（简称"五通"）等，即通过促进沿线国家开展更大范围、更高水平、更深层次的经贸往来与区域合作，按照"开放、绿色、廉洁"的发展要求，提高"一带一路"沿线国家的经济社会发展水平。其中，"政策沟通"是"一带一路"建设的重要保障，"设施联通"是"一带一路"建设的优先领域，"贸易畅通"在"一带一路"

建设中起着基础和先导作用,"资金融通"是"一带一路"建设的重要支撑,"民心相通"是"一带一路"建设的社会根基。

"政策沟通"的目标是促成沿线国家形成趋向基本一致的战略、决策、政策和规则。"一带一路"沿线国家在经济发展水平、制度体制、政策法规、文化认同等方面都存在较大的差异。例如,从人文发展指数来看,目前沿线65个国家中,有20个属于极高发展水平,23个属于高发展水平,19个属于中等发展水平,3个属于低发展水平;从市场化程度来看,有30%左右的国家没有加入世界贸易组织(WTO),对市场规则的理解并不一致。[1] 为此,习近平强调,"中国愿同世界各国分享发展经验,但不会干涉他国内政,不会输出社会制度和发展模式,更不会强加于人"[2]。政策沟通需要在政治互信、开放包容的基础上寻求共识、消除分歧、化解问题、谋求发展。政策沟通将重视沿线各国重大发展战略与"一带一路"倡议的融合、对接与耦合,共同打造利益共同体、责任共同体和命运共同体。

"设施联通"是指基础设施互联互通,目标是加强"一带一路"沿线国家的基础设施建设规划和技术标准体系的对接,建设和完善跨境交通基础设施,提高跨境流通效率等。中国有句名言:要想富先修路。这句名言对"一带一路"沿线国家的经济发展也有参考和启发意义。目前,"一带一路"沿线上大多为欠发达国家,基础设施建设普遍严重缺乏。对这些国家来说,最为紧迫的是加快铁路、公路、港口、电网等基础设施建设。实际上,加快基础设施建设,不仅能够改善这些国家的基础设施、加快当地经济增长、加速其城镇化和工业化进程,而且借助于基础设施的改进和完善,还可以为这些国家参与经济全球化分工创造机会,如可以大幅度降低这些国家开展国际贸易的运输成本,可以增强这些国家吸引国外资本、技术、人才等生产要素集聚的能力等。

"贸易畅通"是共建"一带一路"的重要内容,目标是通过"一带一路"沿线国家的贸易投资自由化、便利化,降低交易成本和营商成本,释放合作发展潜力,从而扩大贸易投资规模。当前,"贸易畅通"的重点是提高"一带一路"沿线国家的贸易投资水平,促进贸易方式与贸易结构双优化、引进投资与对外投资双深化、重大项目和经贸合作区建设双推进等。习近平在推进"一带一路"建设工作5周年座谈会上指出,在新的阶段共建"一带一路"要在开拓市场上下功夫,要搭建更多贸易促进平台,引导有实力的企业到沿线国家开展投资合作,发展跨境电子商务等

---

[1] 张本波:《"一带一路"政策沟通,实现优势互补必将造福世界》,光明网—理论频道,2017年5月15日。

[2] 习近平:《中国的持续发展将为"一带一路"注入强大动力》,新华网,2017年5月14日。

贸易新业态、新模式，注重贸易平衡等。"一带一路"的"贸易畅通"，不仅要描绘"大写意"，更要做好精谨细腻、精雕细琢的"工笔画"。要重点在以下三个方面实现更大突破：一是要打造更多贸易促进平台，办好进口博览会平台，为"一带一路"沿线国家乃至世界各地产品进入中国提供展示和交易平台；扩大边境及境外合作区建设，打造与沿线国家的资本、技术、人才合作大平台等。二是要创新贸易投资合作方式，深化与沿线国家在旅游、文化、金融等服务领域的交流合作；优化产业链、供应链、服务链，大力发展跨境电子商务等。三是持续推进贸易投资便利化，推进我国通关一体化及"单一窗口"建设，实行准入前国民待遇加负面清单外资管理模式，加强知识产权保护，为"一带一路"贸易畅通提供全面的体制机制保障等。

"资金融通"的目标包括加强"一带一路"沿线国家的货币政策协调，创新和完善现有投融资安排，扩大沿线国家相互贸易投资本币结算和货币互换，深化多双边金融合作，建设区域开发性金融机构，加强金融风险监管合作等。"一带一路"倡议提出以来，中国发挥共建"一带一路"专项贷款、丝路基金、各类专项投资基金的作用，积极和多边及有关国家的金融机构合作，促进资金融通，初步构建了多层次的金融服务体系；还制定了《"一带一路"融资指导原则》，发布了《"一带一路"债务可持续性分析框架》，为共建"一带一路"融资合作提供指南。目前，"一带一路"金融服务体系不断完善，多层次的金融服务体系已初步构建，中国不仅在"一带一路"沿线的海外布局不断扩大，而且与非洲开发银行、泛美开发银行、欧洲复兴开发银行等多边开发银行开展联合融资合作。另外，中国有关金融机构还高度重视并积极推进与境外金融监管机构建立正式的监管合作机制，不断提高金融风险防范水平。

就"民心相通"来说，国之交在于民相亲，民相亲在于心相通。从文化特征来看，"一带一路"沿线国家涵盖佛教、伊斯兰教、基督教、道教等多个宗教文化。"民心相通"就是要根据构建人类命运共同体的基本要求，传承和弘扬丝绸之路精神，促进不同文明间的交流对话，加强科技和智力交流互动，加深各国人民友好往来和传统友谊，为开展区域合作奠定社会和民意基础。要相互尊重、平等协商，坚持以对话解决争端、以协商化解分歧，要同舟共济、尊重世界文明多样性，通过文化交流，加强教育合作和人才培养，不断增进各国人民对"一带一路"共同事业、共同责任、共同命运的归属感。

实践证明，在世界格局和经济发展发生深刻、复杂变化的背景下，共建"一带一路"倡议已成为反对贸易保护主义的风向标，成为构建"开放、包容、普惠、平衡、共赢"的经济全球化的新动力，承担着以构建自由贸易区网络体系为方向和推进全球自由贸易进程的新使命。

"一带一路"倡议提出以来，中国有关省份积极行动。2015年6月广东率先发布广东参与建设"一带一路"的实施方案；2015年11月福建制定了21世纪海上丝绸之路核心区建设方案；2017年10月上海制定了服务国家"一带一路"建设、发挥桥头堡作用的行动方案；2017年10月浙江建立了参与"一带一路"建设工作"1+X"领导体制；2018年1月陕西制定了推进绿色"一带一路"建设实施意见；2019年1月江苏发布《关于高质量推进"一带一路"交汇点建设的意见》，并且推出了国际产能合作深化计划等"五大计划"专项行动方案。

二、长三角地区参与"一带一路"建设情况

中国正在从融入全球化向推动全球化的角色转变，已成为当前全球化的倡导者、引领者，成为国际贸易多边体系的维护者、建设者。长江三角洲地区（以下简称"长三角地区"）是中国经济发展水平最高、经济发展活力最强和开放型经济最发达的地区，也是区域一体化发展最快的地区。长三角地区尽管地域面积仅占全国的1/26、常住人口占全国的1/6，但是经济总量约占到全国的1/4、进出口贸易更是超过全国的1/3（见表2、表3）。随着长三角区域一体化发展上升为国家战略，[①] 长三角地区在参与"一带一路"建设中，既要明确由此迎来新的发展机遇，更要明确上升为国家战略的国家需求和长三角地区肩负的责任。要根据国家"一带一路"建设和一体化发展要求，将长三角地区建设成为彰显优势、协调联动的现代化发展示范区；根据创新发展和现代化经济体系建设要求，充分发挥长三角地区科教资源优势，将长三角地区建设成为国家科创中心，并且将现有"世界工厂"集聚区提升为世界级先进制造业集群集聚区；根据高水平开放和构建开放型经济新体制的要求，积极利用长三角地区处于中国对外开放前沿的已有基础和优势，将长三角地区建设成为更高水平的对外开放示范区、配置全球资源的亚太门户和全国高质量发展增长极，尤其是要在参与"一带一路"建设中发挥开路先锋作用。

---

① 根据2019年12月印发实施的《长江三角洲区域一体化发展规划纲要》，长江三角洲区域一体化发展并上升为国家战略，着力落实新发展理念，构建现代化经济体系，推进更高起点的深化改革和更高层次的对外开放。规划范围包括上海市、江苏省、浙江省、安徽省全域。以上海市，江苏省南京、无锡、常州、苏州、南通、扬州、镇江、盐城、泰州，浙江省杭州、宁波、温州、湖州、嘉兴、绍兴、金华、舟山、台州，安徽省合肥、芜湖、马鞍山、铜陵、安庆、滁州、池州、宣城27个城市为中心区。

表2　　　　　中国三大区域经济生产总值占全国GDP比重　　　　单位：%

年份	长三角	京津冀	粤港澳
1985	20.65	9.12	22.88
1990	19.93	9.05	31.39
1995	21.23	8.62	38.24
2000	22.31	9.88	28.17
2005	24.88	11.15	23.74
2010	23.94	10.61	18.19
2015	23.34	10.11	14.80
2016	23.95	10.22	15.33
2017	23.79	9.82	15.70
2018	23.49	9.46	15.22

资料来源：国研网统计数据库；世界银行数据库。

表3　　　　　中国三大区域进出口总额占全国比重　　　　单位：%

年份	长三角	京津冀	粤港澳
1995	17.49	16.92	48.33
2000	27.73	15.18	43.46
2005	37.33	13.70	33.78
2010	37.41	14.32	28.58
2015	35.15	12.28	27.85
2016	35.93	11.71	28.16
2017	36.50	11.85	26.72
2018	36.23	12.74	25.51

资料来源：国研网统计数据库；世界银行数据库。

（一）长三角地区参与"一带一路"建设的历史

历史上，长三角地区参与"一带一路"建设主要体现其同海上丝绸之路有着密切联系。与此有关的最为著名的历史事件就是明代郑和七次下西洋。

郑和七次下西洋不仅仅是世界航海史上的伟大成就，其在亚非国家进行的多项活动，更是对中国历史和世界历史的进程作出了巨大贡献。在政治上，郑和下西洋缓和了东南亚各国之间的矛盾，建立了亚非国家间的和平局势，提高了中国的国际威望；在经济上，郑和下西洋推动了亚非国家之间的国际贸易，促进了海上丝绸之路的发展；在文化上，郑和下西洋向亚非国家宣传了中华文化，也增进了中国人民对亚非国家的了解，推动了国家间的文化交流。

郑和下西洋始发于江苏，江苏有着优越的自然条件和地理位置，气候温和，沿海沿江含沙量小，不易堵塞。同时，江苏位于我国东海岸线的中心地带，长江穿省而过。利用长江，江苏向西连接着沿江流域七省的广阔腹地，向东濒临东海、太平洋，成为我国东部沿海的海运重要枢纽和商贸盛地。江苏沿海分布着许多优良的港湾，适宜建立深水码头、停靠航运巨轮，内河沿江也有漫长的深水岸线，适合建立港口，大型港口有连云港、南通港、张家港、江阴港、镇江港、南京港，中小港口更是数量庞大。江苏自古以来就有非常发达的水上航运系统，有着高超的造船技术和优秀的航海人才。中国近代"洋务派"成立轮船招商局，发展中国的近代航运，也是在江苏进行的。郑和下西洋时在内河有固定的航行路线，都是以南京龙江湾为起点的，由内河行驶至太仓刘家港，再沿海岸到达福建，然后出海。船队归国时，也是按原路返程的，即从福建沿海岸到达太仓刘家港，最后回到南京。郑和下西洋所用的船只大部分是南京龙江船厂制造的。

长三角地区的浙江凭借独特的地理位置优势和悠久的航运历史，也为郑和下西洋提供了重要的支持。当时的浙江区域，以长江入海口为依托，沿海许多城市都建立了港口等设施；以大量水系网络为支撑，构建了四通八达的内河航运。浙江内陆航道以杭州为中心，向周围辐射扩散，连接绍、宁、台、温四府；开通杭州到普陀山航道、杭州到湖州府航道、杭州至嘉兴府航道等交通干线。发达的内陆航运成为支持浙江外海航运发展的基础。明代浙江发达的航运网络和设施，为当时郑和下西洋提供了便捷的交通通道。《郑和航海图》记录郑和下西洋经过浙江9处海港。郑和下西洋涉及了浙江地区的许多地方，《郑和航海图》全图记载的中外地名共计500余个，其中浙江地区的地名多达70余个，约占总数的1/7。由此可见，浙江沿海地区在郑和下西洋过程中提供了重要的航运服务与支持。郑和依靠宁波等沿海口岸为其船队提供船舶、粮草物资，江南地区还为郑和下西洋提供了大批惯于海上航行的技能型人才。

浙江先进的造船技术与规模，为郑和下西洋作出了重要贡献。明代浙江的造船技术高，造船能力强、规模大。浙江作为明代朝廷指定的重要的造船基地之一，承接了大量海船的制造。郑和下西洋所使用的主力船型为福船中的官船型号，而福船诞生在浙江、福建沿海一带，"上平如衡，下侧如刀，底尖上阔，首尖尾宽两头翘"，有效地提升了船舶抗击风浪的稳定性，从而为郑和远洋航行提供了技术保障。

江南地区的发展繁荣，为郑和下西洋创造了经济物质条件。明代江南地区的农业经济十分发达，除了粮食作物的生产，还大规模种植棉花、蚕桑等经济作物。经济作物的大面积种植，不仅提高了江南地区农业的生产力水平，也推动了手工业和商业的发展。江南地区手工业中最发达的是纺织业和造船业。南京、苏州、镇江、松江都设有官办织造局，南京、苏州、杭州成为全国纺织业的中心。丝绸之路中的丝绸就主要出自江南。

到了近代，在西方列强的威逼下，中国被迫开放通商口岸，开展对外贸易。长三角地区因为地处沿海沿江，加上自然条件和经济条件相对较好，所以是近代时期中国被迫开放最早、与外国贸易往来最早的地区之一。鸦片战争至甲午战争期间，西方列强为了对中国进行经济侵略、加强对中国商品输出，对中国发动侵略战争并逼迫清政府签订了一系列不平等条约。在不平等条约下，中国先后被迫开辟了35处条约口岸，其中在长三角地区开辟了5处，分别是上海、宁波、镇江、芜湖、温州。甲午战争之后至辛亥革命前，西方列强为了加强对中国的资本输出，逼迫清政府开放了更多条约口岸，其中长三角地区开放了3个条约口岸，分别是苏州、杭州和南京。随着条约口岸的开放，西方先进的资本主义生产方式的侵入和廉价商品的输入，瓦解了中国的小农经济，进而大大推动了中国人商品意识的发展和贸易思想的转变，有识之士和清政府意识到，振兴商务、保护主权的当务之急就在于自行开设商埠、自行管理。随着西方列强政治、经济侵略的加深，清政府由被迫开放到主动开放，晚清自开商埠36个，其中长三角地区的自开商埠有3个，吴淞更是成为中国最早的自开商埠。虽然由于所处时代的限制，长三角地区自开商埠发展中存在种种弊端，但依然表现出它们的优越性：政治上，主政者始终把握"隐杜觊觎、以保事权"的宗旨，规划出有鲜明自主性的商埠管理制度；经济上，主政者建置自开商埠取得显著成效，一定程度上达到了自开商埠"振兴商务、扩充利源"的经济目的。

（二）长三角地区参与"一带一路"建设成果：以江苏为例①

江苏是中国经济大省和经济强省，也是长三角区域一体化发展的主要地区。目前，江苏经济规模占全国经济总量的10%以上，地区生产总值长年稳居全国第二位，2018年在长三角地区的占比更是达到了43.78%（见表4）。截至2018年，江苏人均GDP已达1.74万美元左右，超过了中等偏上收入国家水平。江苏还是我国最早实施开放型经济发展战略的地区之一，长期处于我国对外开放的前沿。

---

① 本部分数据均来自国研网统计数据库。

早在20世纪80年代，江苏就实行外向型经济战略，通过大力发展对外贸易、利用外资和对外经济合作，主动融入经济全球化和参与全球价值链分工。江苏对外贸易、利用外资和对外经济合作规模指标，已连续十多年在全国排名第一位或第二位。

表4　　长三角地区不同省（市）的地区生产总值占比　　单位：%

年份	上海市	江苏省	浙江省	安徽省
2000	20.49	38.65	27.18	13.68
2001	21.00	38.11	27.80	13.09
2002	20.60	38.06	28.72	12.63
2003	20.43	37.98	29.62	11.97
2004	20.45	38.00	29.50	12.05
2005	19.84	39.90	28.78	11.48
2006	19.53	40.16	29.03	11.29
2007	19.33	40.26	29.02	11.39
2008	18.67	41.11	28.48	11.74
2009	18.23	41.74	27.85	12.19
2010	17.40	41.98	28.10	12.53
2011	16.56	42.36	27.88	13.20
2012	16.00	42.86	27.49	13.65
2013	15.75	43.13	27.25	13.88
2014	15.75	43.49	26.84	13.93
2015	15.69	43.79	26.78	13.74
2016	15.90	43.67	26.66	13.77
2017	15.69	43.97	26.51	13.83
2018	15.45	43.78	26.57	14.19

资料来源：国研网统计数据库。

"一带一路"交汇点建设本质上属于开放发展，开放型经济是"一带一路"交汇点建设的突破口，发挥着主导和关键性作用。我国提出"一带一路"倡议以来，江苏按照习近平对江苏提出的改革走在前列、开放服务大局的要求，以高质量发展为支撑，努力打造全面开放新格局，从贴牌加工转向设计加工再到自创品牌，从传统劳动密集型行业转到新兴产业，从"大进大出"转向"优进优出"，跨境电商、外贸综合服务体系、市场采购等贸易新业态、新方式不断涌现。江苏在提升开放型经济发展水平方面取得了新成就。

在对外贸易方面，江苏是我国对外贸易大省，对外贸易规模已连续16年保持全国排名第二位，在长三角地区，江苏进出口总额的占比也明显超过上海、浙江和安徽（见表5）。2018年江苏全省货物进出口总额已经达到了6 640.4亿美元，比上年增长12.4%，约占全国总量的1/6，其中，出口4 040.4亿美元，同比增长11.3%；进口2 600.0亿美元，同比增长14.2%。江苏对外贸易商品结构也在不断优化，2018年江苏全省机电产品出口2 671.0亿美元，同比增长11.7%，占全省出口比重达到66.1%；高新技术产品出口1 498.6亿美元，同比增长10.5%，占全省出口比重达到37.1%，占全国高新技术产品出口的20%以上。当前，江苏已经和"一带一路"沿线28个国家开展贸易往来，2018年对"一带一路"沿线国家进出口的规模达到1 477亿美元，增长14.5%，占全国进出口贸易比重达到22.2%，对全省进出口增长贡献率达到25.5%，成为拉动江苏外贸增长的重要力量。从全国层面上看，江苏与"一带一路"沿线国家的贸易规模占全国的比重与江苏GDP和对外贸易在全国的地位总体相符。

表5　　　　　长三角地区不同省（市）进出口总额占比　　　　单位：%

年份	上海市	江苏省	浙江省	安徽省
2000	41.60	34.70	21.16	2.54
2001	40.96	34.54	22.06	2.43
2002	38.42	37.18	22.19	2.21
2003	38.30	38.74	20.94	2.03
2004	37.80	40.36	20.13	1.70
2005	35.11	42.94	20.23	1.72
2006	34.32	42.84	20.99	1.85
2007	34.28	42.35	21.43	1.93
2008	34.06	41.48	22.33	2.13
2009	33.87	41.32	22.90	1.91
2010	33.16	41.87	22.79	2.18
2011	33.20	40.95	23.48	2.38
2012	32.67	41.01	23.38	2.94
2013	32.13	40.11	24.45	3.31
2014	32.52	39.29	24.76	3.43
2015	32.33	39.27	24.96	3.44
2016	32.76	38.46	25.42	3.35
2017	31.77	39.41	25.21	3.60
2018	30.79	39.64	25.82	3.75

资料来源：国研网统计数据库。

在利用外商投资方面,江苏积极扩大利用外资,利用外资规模已连续十多年居全国首位。2018年江苏利用外资新增项目3384个,实际利用外资255.9亿美元,同比增长1.8%,占全国利用外资的比重约为19%。利用外资结构不断优化,不仅以大项目为代表的高质量项目占比提升,而且在租赁、商务服务、科研和技术服务领域的投资明显增加。来自"一带一路"沿线国家的投资不断增多,2014~2018年累计投资项目已达到1 237个,合同外资115.7亿美元,实际使用外资70.0亿美元。其中,2017年"一带一路"沿线国家对江苏的实际投资为13.8亿美元,占江苏全省的比重为5.2%;2018年对江苏的实际投资为15.7亿美元,占江苏全省的比重上升为6.1%。新加坡、马来西亚和印度尼西亚是对江苏投资最多的3个"一带一路"沿线国家。

在对外直接投资方面,江苏积极开展对外投资,截至2018年底,江苏对外投资项目累计6 782个,协议投资额706.2亿美元,实际对外投资额459亿美元,对外投资范围涉及五大洲90多个国家(地区)。其中,2018年江苏新增对外投资项目786个,协议投资额94.8亿美元,实际对外投资额52.4亿美元。在对外投资项目中,2018年制造业项目259个,协议投资额41.16亿美元,同比分别增长17.6%;民营企业是江苏境外投资的主体,占比75%;参股并购类项目是江苏对外投资的主要形式,占比达到97%。"一带一路"沿线国家是江苏对外投资的重要目标和方向。截至2018年底,江苏已在"一带一路"沿线累计投资项目1701个,协议投资额162.6亿美元。其中,2018年江苏在"一带一路"沿线投资的项目有235个,协议投资额23.1亿美元,分别占全省对外投资总量的29.9%和24.5%。江苏在"一带一路"沿线的投资国家(地区)已由2014年的38个增至2018年的56个,同时投资的重大项目数量增多,仅2017年投资规模过亿美元的项目就达到了9个;对外投资的行业门类也不断扩大,已从2014年的37个增至71个。印度尼西亚、泰国、新加坡、阿联酋是江苏2018年在"一带一路"沿线投资最多的国家。

在境外载体建设方面,江苏高度重视在境外的经贸合作载体建设,截至2019年6月,江苏已先后在5个国家建有6个境外园区,其中3家是国家级园区,分别是西哈努克港经济特区、埃塞俄比亚东方工业园、中阿(联酋)产能合作示范园;3家是省级园区,分别为印度尼西亚东加里曼丹岛农工贸经济合作区、江苏—新阳嘎农工贸现代产业园、印度尼西亚吉打邦农林生态产业园。6个境外国家级和省级园区已累计投资22.66亿美元,入区企业297家,总产值24.5亿美元,为当地创造就业岗位4.3万个。此外,江苏还共建了哈萨克斯坦"霍尔果斯—东门"经济特区。江苏在境外的园区建设,无论对当地经济社会发展,还是对江苏加强和对方经贸关系、帮助江苏企业更好地"走出去",都发挥了积极作用。2016年10月,习近平主席在与柬埔寨洪森首相会谈时，曾多次提及并肯定江苏红豆集团主导建设的境外园区西哈努克港经济特区，称蓬勃发展的西哈努克港经济特区是中柬务实合作的样板，并将"继续实施好西哈努克港经济特区等合作项目"写入中柬两国联合声明。截至2018年底，西哈努克港经济特区已累计实现投资总额约6.22亿美元，解决当地就业人数2.1万人，累计实现总产值7.94亿美元，对柬埔寨西哈努克省的经济增长贡献率超过50%。

江苏积极参与"一带一路"沿线国际铁路联合运输，也是一种载体建设。其中，江苏中欧班列的发送量在2017年880列的基础上，2018年达到1 220列，开行的线路已有"苏满欧"、"宁满俄"、"连新亚"、"宁新亚"、徐州至塔什干等5条，涉及连云港、苏州、南京、徐州、南通5个城市，其中"连新亚""苏满欧""宁新亚"等已经在全国形成较强影响力，其运输总量位居全国前列，有力地促进了江苏与"一带一路"沿线国家的经贸合作和往来。

虽然江苏在开放型经济发展上取得了辉煌成就，并且主要指标长年稳居全国前列，但其开放型经济发展仍然存在一些薄弱环节和不足。例如，江苏开放型经济发展还存在不平衡、不充分现象，具有较强国际竞争力的大企业和著名品牌企业还较少，自主创新能力不强；外商投资于江苏的外资大多集中在全球价值链低端，开放型经济体制机制还有待进一步完善等。表现在"一带一路"交汇点建设上，和国内一些先进省份相比，江苏的总体设计和规划相对滞后，对外投资规模与江苏经济实力之间存有落差，一些关键平台和支点建设还没有到位。另外，在贸易往来方面，江苏对"一带一路"沿线国家的投资相对偏少；从合作对象上看，江苏对"一带一路"沿线的欧、日、韩等发达国家和地区的关注偏多，对欠发达国家和地区的关注相对偏少。这些问题，可在今后的"一带一路"建设中加以解决和克服。

（三）长三角地区参与"一带一路"建设的机遇

开放型经济是指商品、服务、要素资源能较自由地跨国界流动，从而实现资源配置优化和经济效率提升的经济发展模式。高水平开放型经济具有结构优、效益高、发展可持续性强等基本特征。

改革开放以来，长三角地区凭借优越的区位优势、良好的工业发展基础，以及抢抓机遇和敢为人先的创新与实干精神，积极参与国际分工和世界经济大循环，开放型经济取得了举世瞩目的辉煌成就。但是也应看到，当前长三角地区的开放型经济正处在由高速增长向高质量发展跨越的重要关口，尽快解决长三角地区开放型经济发展中的不平衡、不充分问题，推动长三角地区开放型经济发展的质量变革、效率变革、动力变革，比以往任何时候都更加迫切。为了实现开放型经济更高水平发展，长三角地区必须在开放型经济的增长动力、发展格局、竞争优势等方面进行重大创新和寻求重大新突破。在这样的背景下，积极参与"一带一路"建设，对长三角地区发展更高质量开放型经济具有十分重要的现实意义。

第一，"一带一路"将为长三角地区开放型经济提供发展新动力。从总体上看，在前一轮开放型经济发展中，长三角地区开放型经济成就主要来自开放型经济的发展速度和发展体量。长三角地区开放型经济的增长模式，在相当程度上是凭借当地简单要素资源的成本优势，通过吸引外资和嵌入跨国公司全球价值链分工体系谋取增长动力和经济利益。在这种模式下，长三角地区参与国际分工的产业大多数处于产业链的中低端环节，因此，参与国际分工的附加值不高，企业技术创新能力不强。随着近年来当地简单要素资源成本的上升和政策红利的消失，这种"国际代工"形式的开放型经济增长模式必然遭遇难以维持的严峻挑战。近年来，国际上以美国为代表的贸易保护主义盛行和"逆全球化"因素增多，又进一步加剧了长三角地区开放型经济转型升级的紧迫性、复杂性。

参与"一带一路"建设，为长三角地区开放型经济发展注入了新活力。通过参与"一带一路"建设，长三角地区将拥有更为广阔的国际市场，具备更大范围的国际产能合作机会，开展更为多样的国际经贸业务。长三角地区可以更充分地利用和发挥自身在资本、技术和先进产能等方面的优势，从而促进其开放型经济在更高水平、更高层次上发展。"一带一路"为长三角地区开放型经济发展提供了新空间，也为其发展更高水平的开放型经济提供了新动能。

第二，"一带一路"将为长三角地区开放型经济打造发展新格局。高水平开放型经济是一个既有"引进来"又有"走出去"的双向循环系统。同时，高水平开放型经济不仅需要开放范围的扩大、领域的拓宽，也需要开放方式的创新、开放层次的深化。改革开放以来，长三角地区在"引进来"方面积累了许多经验，可以说是长于"引进来"，但"走出去"却相对不足。此外，长三角地区开放型经济还存在产业开放发展分布不协调、区域开放不平衡等问题。

"一带一路"为长三角地区塑造开放发展新格局提供了新契机、创造了新条件。"一带一路"遵循"共商、共建、共享"的基本原则，推动沿线国家互利共赢、共同发展。其中，国际产能合作是一项重要内容。当前，我国已同40多个国家和地区签署了产能合作文件，同东盟、非盟、拉丁美洲等区域组织进行合作对接，开展机制化产能合作。长三角地区工业基础雄厚，并且产业结构和"一带一路"沿线国家存在明显的梯度性和优势互补性。因此，通过加强与沿线国家的国际产能合作，不仅有助于长三角地区突破对外贸易壁垒，让产品更好地为当地客户服务，而且有助于长三角地区富余产能的输出,为长三角地区"腾笼换凤"和产业升级创造条件。从企业的微观视角来看,随着长三角地区加强和沿线国家的国际产能合作,加快在海外"建工厂"与"建市场"的结合,有利于长三角地区培植和促进本土跨国公司的成长。从开放发展的空间格局上讲,"一带一路"将我国中西部地区也纳入了对外开放前沿,因此,借助于参与"一带一路"建设,长三角地区可以利用更多国内资源和空间,推动东、中、西部地区对外开放更趋平衡发展。另外,共建"一带一路"背景下我国服务业的加速对外开放,必然促进长三角地区与沿线国家在教育、科技、文化、体育、卫生、旅游等领域的合作和交流,加快长三角地区对外服务贸易发展。

第三,"一带一路"将为长三角地区开放型经济营造发展新优势。当前,在新一轮科技和产业革命影响下,数字经济蓬勃发展,新技术、新业态、新模式层出不穷,国际竞争日益加剧。国际竞争的制高点,已由过去主要依靠要素低成本优势向主要依靠创新驱动形成的核心竞争力转移。长三角地区只有依靠创新驱动,才能在开放型经济发展中赢得主动,从而实现开放型经济高质量发展。

长三角地区开放型经济实施创新驱动,优质要素和高端人才是关键。目前,加入"一带一路"倡议的国家众多,不同国家要素资源禀赋各异,虽然大多数是发展中国家,但是也有一些发达国家。通过参与"一带一路"建设,长三角地区可以更好地整合国际资源,加快外部优质要素和内部优质资源的对接融合速度,提高各种资源的配置效率;特别是,可为长三角地区在更大范围吸引和集聚全球创新要素资源,提高其自身的创新能力。实际上,我国提出"一带一路"倡议以来,长三角地区已有一些企业利用对"一带一路"沿线国家高科技企业的并购,成功吸引了不少海外高技术人才加入。此外,在推动"一带一路"合作共建中有关国家和地区围绕互联互通所进行的体制机制创新和所提供的公共服务平台,也为长三角地区提升开放型经济竞争新优势提供了新的重要源泉。例如,以设立亚洲基础设施投资银行(以下简称"亚投行")为代表的金融服务创新、以跨境电商为代表的贸易方式创新,以及以"苏满欧"班列为代表的物流服务创新等,都可以从不同角度促进长三角地区开放型经济的创新发展,加快长三角地区形成以技术、品牌、质量、服务为核心竞争力的开放型经济新优势。

三、江苏——"一带一路"交汇点

2014年12月习近平视察江苏时提出"江苏处于丝绸之路经济带和21世纪海上

丝绸之路的交汇点上",并且要求"放大向东开放的优势,做好向西开放文章,拓展对内对外开放新空间",这是对江苏参与"一带一路"建设的总体定位。明确"一带一路"交汇点的定位,一方面要求江苏准确、充分地认识"一带一路"交汇点建设中的机遇与挑战;另一方面也赋予了江苏参与"一带一路"建设的探路者和先锋者地位,显示江苏应有的责任和担当。

(一)"一带一路"交汇点的含义

对江苏"一带一路"交汇点的理解,可以有狭义和广义两个层面。狭义层面的交汇点,主要是从地理和交通角度来界定,主要立足陆上丝绸之路与海上丝绸之路的地理交汇,重点反映地理上海陆兼备能够实现陆海运输统筹联动发展的区位优势。狭义层面的理解,交汇点就是江苏的连云港。连云港作为欧亚大陆桥的桥头堡,是陆海交通的交汇点。江苏之所以被明确为"一带一路"的交汇点,在较大程度上也是得益于连云港独特的交通地理区位优势。很显然,江苏"一带一路"交汇点建设中,连云港应是重点和支点城市之一。

广义层面上的交汇点,其定位主要着眼于一个地区是否在人流、物流、信息流、资金流和经贸往来等方面具有强大的集聚和扩散功能,能否在资源配置和产品分配过程中起到枢纽作用。因此,广义层面上的交汇点需要考虑地理区位、交通便捷、经济发展、历史文化等多重因素。

对江苏"一带一路"交汇点的定位,应主要立足于广义层面,即对江苏"一带一路"交汇点的界定需要全面考虑各种影响因素。实际上,随着现代交通技术的发展和现代立体交通格局的形成,狭义层面交汇点的重要性正在下降。例如,无锡借助于航空运输和无锡机场,实现了无锡和柬埔寨等"一带一路"沿线国家的快捷运输,从而为成为交汇点创造了条件。

习近平指出,江苏要"放大向东开放优势,做好向西开放文章,拓展对内对外开放新空间",这全面、深刻地诠释了江苏作为"一带一路"交汇点的内涵和定位。即江苏作为"一带一路"交汇点,是向东开放和向西开放的交汇。因此,对江苏"一带一路"交汇点的界定,不能简单局限于陆上丝绸之路经济带与21世纪海上丝绸之路在地理上的交汇点,不仅仅指连云港,而是应该包括连云港在内的江苏全省区域的地理范围。

江苏交汇点的建设目标,要根据我国"一带一路"建设的部署,打造江苏全区域对外开放新格局,为江苏发展更高水平开放型经济营造新机遇、提供新动力。其中,向东开放,是指面向海外的开放,既包括海上丝绸之路沿线的发展中国家和地

▶▶ "一带一路"交汇点：长三角地区高质量的对外开放

区，也涉及欧、美、日、韩等发达国家和地区。向东开放是江苏的传统优势，这个优势需要进一步强化和放大。向西开放，既包括我国中西部地区，也包括陆上丝绸之路沿线国家等。做好向西开放文章，要求江苏提升对我国中西部和陆上丝绸之路沿线的经济辐射和带动能力，重点应通过向这些地区投资和开展产能合作，争取打造江苏"自主可控"的区域性、全球性产业链。江苏向西开放，还承担着利用欧亚大陆桥为我国中西部和丝绸之路沿线国家和地区提供出海通道和开辟海外市场的职能。例如，连云港凭借中哈物流合作平台，将哈萨克斯坦的农产品经过连云港转运销往越南等东南亚市场，就是这方面的具体实践。

随着长三角区域一体化发展上升为国家战略以及一体化进程的加快，对江苏"一带一路"交汇点含义的理解，还必须考虑长三角区域一体化发展的因素，即江苏作为长三角区域的重要组成部分，其交汇点建设不应该也不可能独立于长三角区域一体化发展之外。事实上，长三角地区的发展格局特别是核心区是我国整个东部地区经济社会发展的增长极，在江苏"一带一路"交汇点建设中必然发挥至关重要的核心作用。连云港早就明确为"一带一路"的交汇点，但发展效果不明显，其原因和连云港远离长三角核心区是分不开的。

江苏作为"一带一路"交汇点的功能可以细分和归纳为以下四个方面。

第一，交通运输的"一带一路"交汇点。这主要强调江苏在道路运输上的优势和作用，如连云港能够实现国际海陆的快速联运等。就"一带一路"交通运输而言，目前江苏在"一带"上是以铁路运输为主，在"一路"上是以海运为主，"东船西铁"两种运输方式互联互通，向东连接环太平洋与南亚，向西沟通中亚与欧洲。随着交通运输方式的日益多样化、立体化，江苏作为"一带一路"交通运输交汇点，将朝着"公铁水空"等多种交通运输方式融合与叠加的方向发展。

第二，要素和人才流动的"一带一路"交汇点。这主要突出交汇点在要素国际转移以及人才国际培养、交流与互动上的功能。关于人才的国际交流与互动，既包括支撑优秀人才的"请进来"，更好地发挥人才交流的智力资源汇聚效应；又包括帮助优秀人才"走出去"，支持优秀人才赴"一带一路"沿线国家开展科技合作、教育合作、文化交流等，更好地产生人才交流的智力资源扩散效应等。

第三，对外贸易的"一带一路"交汇点。该定位主要是强调交汇点在发展对外贸易上的促进作用，包括在交汇点举办商贸展销活动、搭建促进贸易的各种服务平台、开展转口贸易和离岸贸易等。例如，借助于江苏"一带一路"对外贸易交汇点和出海口功能，可提高我国境内中西部地区和沿线中亚国家对外贸易的畅通性，增强它们与美、日、韩等国以及东南亚地区的贸易往来。

第四，文化交流的"一带一路"交汇点。这主要是指交汇点能在国内外优秀文化展示交流与融通上起到载体和催化剂作用。例如，通过在交汇点为沿线国家提供文化交流与展示的机会，增强文化领域的人才合作培养和成果合作创作，从而增加文化贸易往来，增进民心相通、政治互信等。

（二）"一带一路"国家所处的发展阶段及需求结构

江苏在参加"一带一路"建设中，肩负着向东开放和向西开放的双重使命，既有在对外贸易和对外投资上进一步提升的空间，也有在国际产能合作上进一步拓展的领域。所有这些项目能否顺利推进，取决于江苏与所进入国家经济发展水平的适配性。同江苏经济的匹配性，直接影响江苏与"一带一路"沿线国家经贸合作的内容、模式与发展空间。

当前，"六廊、六路、多国、多港"是共建"一带一路"的总体框架布局。"一带一路"建设的推进，在陆上是依托国际大通道，以沿线中心城市为支撑，共同打造国际经济合作走廊；在海上是以重点港口为节点，共同建设通畅、安全、高效的运输大通道。"六廊"是指中国正与"一带一路"沿线国家积极规划的中蒙俄、新亚欧大陆桥、中国—中亚—西亚、中国—中南半岛、中巴、孟中印缅六大经济走廊建设；"六路"是指畅通六大路网，推动铁路、公路、水路、空路、管路、信息高速路互联互通，涉及东亚蒙古国、东盟10国、西亚18国、南亚8国、中亚5国、独联体7国、中东欧16国。

按照联合国和世界银行的划分标准，目前参加"一带一路"共建的沿线国家，主要是经济上欠发达的发展中国家。具体来说，在"一带一路"沿线65个主要国家中，属于低收入和中低收入的国家分别为15个和11个；中等收入和中高收入国家分别为12个和24个，高收入国家只有2个。从沿线国家的人口分布上看，65个主要沿线国家总人口为32.29亿人，其中，低收入人口占比达61.7%，高收入国家人口占比仅有0.3%。因此，"一带一路"沿线大多数国家经济和市场规模有限，产业和消费结构较低，有些国家的消费层次甚至还主要处于以食品、衣着、居住为主的初级消费阶段。从另一个角度讲，这种格局也意味着在和这些国家的合作中，江苏具有较大优势，存在可观的合作潜力。事实上，近年来在沿线国家中已有25个国家的消费开始出现明显的多样化趋势，如交通、通信等的新兴消费增长加快。

江苏和"一带一路"沿线国家的经贸合作，需要高度重视和沿线国家工业化进程的契合。世界经济发展史表明，工业化是经济发展落后国家实现本国经济发展的重要途径。综合考虑人均GDP、城镇化率以及产业结构，可以发现在"一带一路"沿线国家中，目前有10个国家处于工业化初期阶段，8个国家处于工业化起步阶段，13个国家处于工业化中期阶段；在地理分布上，以上这些国家大多位于东南亚、南亚、非洲以及中东欧地区。由于国内普遍制造能力低、产业门类不全、自给能力弱，因此，这些国家推进工业化都需要大量引进国外机器设备和技术。联合国工业发展组织（UNIDO）发布的报告也指出，基于发展中国家本国在工程装备、重化工业、电力能源等领域的基础十分薄弱，依靠自身力量是难以实现工业化的。"一带一路"沿线国家的工业化，将为江苏工业产品出口和国际产能合作提供源源不断的内在动力。

"一带一路"沿线国家的城市化，同样为江苏参与"一带一路"建设带来巨大商机。城市化是发展中国家促进本国经济社会发展的重要载体。城市化过程既体现在人口向城市的集聚和城市空间的扩展上，也表现为对道路、给排水、电力、通信、垃圾和污染物处理等基础设施的更高要求。推进城市化进程，自然需要扩大冶金、建材、建筑、装备制造、电子信息等行业的需求，不仅要加快基础设施建设、房地产业建设和市政工程等建设，而且对现代物流、设计规划、咨询服务、金融保险等服务业也提出新的要求。在这些行业，江苏目前产能充足，并且已具有较强的国际竞争优势。

当前，在"一带一路"沿线主要国家中，有22个国家尚处于城市化初期阶段，城市化率仅有25%~50%；29个国家处于城市化中期阶段，城市化率为50%~75%；只有14个国家处于城市化后期阶段，城市化率为75%以上。一个国家即使城市化率从50%增至70%，形成的对工业品的需求规模也是巨大的。以印度、菲律宾、埃及、巴基斯坦、孟加拉国等国家为例，推进这些国家的城市化，对工业品的需求规模均将超过万亿美元。

值得指出的是，目前"一带一路"沿线国家普遍缺少现代化、综合性的立体互联互通交通网络，这已成为制约工业化、城市化的明显"短板"。立体互联互通交通网络建设，不仅需要必要的交通基础设施，而且需要先进的交通信息化配套，包括通信网络和信息服务等。江苏要发挥自身在这方面的优势，在参与"一带一路"互联互通交通网络建设中作出更多贡献。

（三）江苏进入"一带一路"重点方向

"一带一路"作为一个开放性国际经济合作平台，参加国家和地区很多，并且数量还在不断增加。江苏不可能也没有必要进入"一带一路"沿线所有国家和地区。江苏进入"一带一路"重点方向的选择，是由江苏和"一带一路"沿线国家的经济互补性决定的。当前，空间距离已不是唯一决定因素，借助于快捷的交通，空间距离的影响程度在下降，但一国的经济发展水平在短时间内是无法改变的。

通过以上对"一带一路"沿线国家发展现状和需求特点的分析，可以发现，就国际产能合作而言，与江苏匹配性较好的主要是其向东开放涉及的"一带一路"沿线国家，即海上丝绸之路沿线国家，包括东南亚国家、南亚国家等。这些国家的经济发展程度，总体上高于江苏向西开放涉及的陆上丝绸之路沿线国家。事实上，江苏参与"一带一路"的国际产能合作项目，最先也是从东南亚国家开始的。江苏目前与"一带一路"沿线的对外贸易，同样主要集中在海上丝绸之路沿线国家。

东盟国家在江苏向东开放中处于重要地位。早在2009年，东盟就和我国签署了自由贸易协定，在江苏面向"一带一路"沿线国家的投资中，2014~2016年东盟所占比重分别达到62%、47%和51%。东盟国家和江苏在经济发展和产业结构上互补性强，尽管目前东盟国家已进入了工业化阶段，但工业体系普遍不完备，或者还相当落后。例如，2016年柬埔寨工业增加值前三大部门分别为服装、纺织品、皮革、皮革制品和鞋类；印度尼西亚前三大部门分别为食品和饮料、化学制品、机动车辆和半挂车；菲律宾前三大部门分别为食品和饮料，办公室、会计和计算机，机动车辆和半挂车；泰国前三大部门分别为食品和饮料，机动车辆和半挂车，办公室、会计和计算机；越南前三大部门分别为办公室、会计和计算机，食品和饮料，非金属矿产等。实际上，东盟与我国的贸易商品结构就已显示了江苏和东盟产能合作的巨大潜力。如表6所示，东盟从我国进口的商品大多为江苏产能成熟并且具有国际竞争力的商品，而我国从东盟进口的商品也正好是江苏需要进口的主要产品。

表6　　　　　　中国与东盟进出口贸易商品结构　　　　　　单位：%

	项目	2010年	2011年	2012年	2013年	2014年	2015年	2016年
中国向东盟出口结构	初级产品	6.8	7.1	7.1	6.5	6.8	6.8	6.4
	资源依赖型产品	3.2	3.6	3.9	3.6	3.5	3.5	3.5
	低技术	8.0	9.1	9.5	8.9	8.9	9.4	9.9
	中等技术（汽车）	1.7	1.7	2.1	2.2	2.3	2.5	2.8
	中等技术（加工品）	9.4	10.1	11.6	11.4	10.8	12.2	12.4
	中等技术（工程机械）	21.8	22.6	23.1	24.0	23.8	23.4	24.0
	高技术（电子）	49.1	45.9	42.8	43.5	43.9	42.2	40.9

续表

项目		2010年	2011年	2012年	2013年	2014年	2015年	2016年
中国从东盟进口结构	初级产品	21.8	27.3	23.8	23.8	20.6	20.8	22.7
	资源依赖型产品	13.7	15.2	15.3	13.9	12.9	12.5	13.5
	低技术	1.8	2.0	2.3	2.8	3.6	4.6	5.5
	中等技术（汽车）	0.7	0.6	0.7	0.7	0.9	1.1	1.0
	中等技术（加工品）	12.2	12.5	12.9	13.5	14.5	12.9	13.2
	中等技术（工程机械）	6.7	7.0	7.2	8.0	9.1	9.0	8.5
	高技术（电子）	43.2	35.4	37.8	37.4	38.4	39.1	35.7

资料来源：世界贸易组织网站。

江苏向东开放还有助于其获取海洋资源，发展海洋经济。江苏是海洋大省，海岸线长达954公里，海域面积3.75万平方公里，海洋资源丰富，但和其他沿海省份相比，江苏目前海洋经济发展并不靠前，在海洋研究上也比较薄弱。江苏加快"一带一路"交汇点建设，需要加强海洋研究，提高海洋经济发展水平，提升海洋经济对江苏经济发展的贡献度。

江苏选择向东开放作为重点方向，强调与东南亚国家合作，并不等于不要扩大向西开放。江苏也要开展与包括南亚、西亚、中东欧等地区的重点国家和重点领域合作。在这方面，江苏一些企业已经开始探索。例如，江苏海外企业集团提出了国际化业务不仅聚焦东南亚地区，而且要向东欧、独联体地区、东非地区、中东地区拓展，即在开展国际经贸合作中实行以上"四东"发展战略。

江苏放大向东开放优势和做好向西开放文章之间，存在内在的相互促进关系。江苏放大向东开放优势，要在以往开放发展的经验和基础上，进一步拓展和提升参与国际分工的层次，通过集聚更多先进和高端生产要素，不断提高江苏经济的国际竞争力。江苏扩大向东开放是为了形成更高层次的经济中心，从而不断增强向西开放的辐射和引领作用，促进我国中西部和陆上丝绸之路经济带沿线国家的经济发展。江苏扩大向东开放和向西开放的功能、重心不一样，但两者具有内在的互动和紧密联系。

四、江苏建设"一带一路"交汇点的"面、线、点"

江苏建设"一带一路"交汇点是立足于江苏全域和一体化的长三角区域视角，

这并不意味着江苏在建设中可以不分重点。江苏需要根据省内不同区域的比较优势，重点突破，从而构建和形成江苏建设"一带一路"交汇点的面（区域）、线（通道）和点（支点），并使其相互协同与配合。

（一）江苏建设"一带一路"交汇点的区域（面）

江苏应全区域参与"一带一路"交汇点建设，这既是源自江苏优越的区位条件和发展基础，更是基于江苏高水平发展开放型经济的现实需要。2019年江苏获批的"自贸区"建设方案中三个片区的空间分布，也决定了江苏全区域参与"一带一路"交汇点建设的总体格局。

第一，江苏地处中国东部沿海地区，是长江、陇海与沿海的交汇区域，境内有两条贯通东西的出海通道：一条是陇海线，到连云港出海；另一条是长江，贯穿沿江八市（即南京、镇江、常州、无锡、苏州、扬州、泰州、南通），到南通和上海后出海。因此，江苏在地理位置上，具有兼顾"一带一路"倡议和"长江经济带"建设独特的区位优势。依托长江构建的沿江大通道和以上海为起点的多条陆上运输线，江苏既可方便地连接我国中西部地区，又可利用出海口和海上交通网络，近可便捷地联系东亚、东南亚，远可与美洲、非洲、大洋洲、欧洲各国开展经贸活动，从而满足江苏与世界各国贸易往来和合作的需要，成为我国东部重要的对外开放的门户。

第二，江苏经济实力雄厚，区域创新能力较强，省内不同区域经济发展的比较优势和发展特色明显。江苏的上述特点，对内有利于带动中西部地区发展，对外则有助于适应"一带一路"沿线国家的不同需求。近年来，在高质量发展和长三角区域一体化发展的影响下，江苏苏南地区加快经济发展提质增效，沿江八市已成为以上海为核心的长三角地区世界级城市群的重要组成部分；江苏苏北地区发挥后发优势，经济增速高于全省平均水平；苏中地区在江海联动、融合发展推动下，呈现良好发展态势。在产业发展重点和导向上，江苏苏南地区以新兴产业和先进制造业、现代服务业为主；江淮经济区以生态优先发展为导向，重点发展现代循环农业、生物质产业、节能环保产业等绿色、生态产业；沿海经济带和徐州淮海经济区以中心城市的纵深发展为指引，重点发展沿海地域特色和优势产业等。

第三，江苏是我国开放型经济发展最早的地区之一，经济发展的大部分资源和市场来自海外。随着近年来开放型经济的传统增长动力和优势减弱，江苏需要通过"一带一路"在更大规模、更深层次上利用国外资源和市场。江苏省内不同区域的经济发展基础和参与国际分工的优势既有共同点又有不同之处，这也为江苏全域参与"一带一路"建设创造了条件。例如，在2019年获批的江苏自贸区三个片区不同定位上，南京片区建设的定位是具有国际影响力的自主创新先导区、现代产业示范区和对外开放合作重要平台；苏州片区的定位是发展成为世界一流高科技产业园区，打造全方位开放高地、国际化创新高地、高端化产业高地、现代化治理高地；连云港片区的定位是建设亚欧重要国际交通枢纽、集聚优质要素的开放门户、"一带一路"沿线国家交流合作平台等。

江苏全区域参与"一带一路"交汇点建设的重点，一是要吸引全球高端要素资源，以提高自主创新能力和发展高附加值新兴产业；二是要扩大和"一带一路"沿线国家的投资与贸易，逐步将富裕产能或生产环节有序向外转移，为江苏本地发展高端产业腾出空间；三是要协调省内不同区域的参与和发展。江苏沿江苏南地区、徐州—连云港地区，特别是江苏自贸区的三个片区，是江苏"一带一路"交汇点建设的前沿阵地；其他地区作为江苏的广大腹地，要主动接受沿江和东陇海地区交汇点的经济辐射和拉动，立足自身要素禀赋，补对外开放"短板"，要坚持集约发展和高效发展，加强对外经济贸易联系和合作，为江苏构建全面开放新格局起重要的支撑作用。

（二）江苏建设"一带一路"交汇点的通道（线）

江苏全区域参与"一带一路"交汇点建设中，有三条通道值得高度重视。

一是连云港—徐州的东陇海通道。陆上丝绸之路和21世纪海上丝绸之路最直接的交汇点是连云港。连云港是新亚欧大陆桥的桥头堡，随着30万吨港口扩容和高铁的加快建设，连云港的海陆区位和港口资源优势会进一步凸显。徐州是东陇海线综合枢纽城市和"一带一路"的重要节点，也是淮海经济区的中心城市，既拥有淮海经济区广阔的发展腹地，又具备连接长三角核心区的便捷交通。将徐州与连云港联合形成东陇海通道线作为"一带一路"交汇点的重点区域，可大大增强东陇海通道线的开放能力。其中，向东可增强和东亚、东南亚、南亚等地区的对外贸易和航运能力；向西则可利用铁路和国际物流园增强与中亚、中东欧地区的经贸发展和产能合作能力。连云港—徐州东陇海通道线的未来发展方向，一是扩大海上丝绸之路的通达能力；二是增强向西的辐射带动能力。当前，江苏要进一步强化徐州和连云港之间的协同开放水平，进一步挖掘东陇海通道线的发展潜力和影响力。

二是沿长江通道。江苏处于长江黄金水道的"钻石区段"，借助于长江通道，江苏能较快推进综合立体交通运输体系建设。其中，沿江部分港口可以利用-12.5米深水航道优势开辟近中洋航线，沿江城市的重点航空港可增加境外合作园区所在地的定向国际航班，苏州可扩大开出的中欧班列密度等。特别是，江苏沿江八市的经济实力、产业基础和对外开放水平居江苏省乃至长三角地区的前列，在江苏参与"一带一路"建设中发挥着主力军作用，可以使长江通道的效能得到最大限度的发挥。据江苏省商务厅统计，2014~2017年，江苏沿江八市与"一带一路"沿线国家的进出口贸易额分别达到1 090亿元、739亿元和351亿元，占江苏与"一带一路"沿线国家贸易总量的比重分别达到93.2%、92.3%和95.2%。同样的，2014~2017年，沿江八市来自"一带一路"沿线国家的外商投资累计项目达到821项，实际利用外资累计48.7亿美元，分别占江苏来自"一带一路"沿线国家投资总量的85.6%和89.5%。目前江苏在国际产能合作上的成功项目，也主要由江苏沿江八市的企业承担。

三是沿海通道。江苏是我国拥有海岸线的11个沿海省份之一，自古以来就是我国进行海洋运输和海上贸易的重要区域。江苏沿海地区是陇海兰新沿线地区和长江中上游地区出海通道的战略要冲，港口、土地后备资源丰富，并且处于"一带一路"建设和长江经济带建设的重叠区，在服务带动中西部地区发展、完善东部沿海经济布局、促进区域协调发展中，具有重要的战略地位。当前，江苏沿海经济带已经建成连云港、南通（洋口）港和盐城港三大海港。其中，连云港是陇海线直通欧亚的出海口，拥有5大港区，形成了服务中西部、面向东北亚的"一体两翼"组合大港格局；南通港临近万里长江出海口，由12个港区组成（其中有沿江港区9个），拥有共5个国家一类开放口岸（2个江港、2个海港和1个空港），是上海国际航运中心组合港北翼重要港口；盐城港由4个港区组成，其中的滨海港、响水港区已经获批为国家一类口岸。江苏沿海地区海岸滩涂资源丰富，以每年2万多亩的速度增加，江苏沿海滩涂资源约占全国滩涂资源总面积的1/4，占江苏全省土地后备资源总量的近90%，为江苏依托深水港口发展石化、造船等临港产业提供了丰富的后备土地资源。

江苏参与"一带一路"建设的三个通道可以形象地比喻为面向东方大海的一张弓，沿海是弓背，有两根箭射向大海，其中，一根箭是东陇海，另一根箭就是沿江，箭头方向都是朝着海上丝绸之路。两根箭的长度不限于江苏境内，可沿东陇海线和沿江向西延伸，成为江苏向西辐射的重要载体。

（三）江苏建设"一带一路"交汇点的支点（点）

支点一：连云港支点地位的提升。连云港是我国首批沿海开放城市和新亚欧大陆桥经济走廊节点城市，地理区位优势得天独厚，是中亚与陇海兰新沿线地区最便捷的出海通道和对外开放联系的重要窗口。我国提出"一带一路"倡议以来，连云港作为新亚欧大陆桥的东方桥头堡的地位不断增强。特别是随着中哈两国元首主持的中哈合作项目的建设,进一步提高了连云港在"一带一路"建设中的影响力。目前,连云港30万吨级航道二期工程连云港区段基本建成,花果山国际机场全面开工建设,连徐高铁开始铺轨,连淮铁路开通运营,高铁动车组可开行至近百个城市。连云港还积极在哈萨克斯坦阿克套、格鲁吉亚巴统等"一带一路"节点城市布局物流合作项目,建立了10个海外仓。在连云港被批准为江苏自由贸易区三大片区之一后,连云港迅速启动了自贸试验区建设,仅2019年就出台支持发展政策28条,形成多式联运监管新模式等制度创新成果16项。当前,连云港正朝着建设亚欧重要国际交通枢纽、集聚优质要素的开放门户、"一带一路"沿线国家交流合作平台的目标加快推进。

连云港作为"一带一路"交汇点支点的建设,应突出在以下三个方面。一是加快支点载体建设,如上海合作组织物流园建设等。要在江苏自贸区片区建设基础上,争取获批自由贸易港,以此进一步推动区域性的航运中心、国际物流中心和区域国际商贸中心发展。二是加快高铁等现代交通基础设施建设,进一步完善现代交通立体网络建设,大力发展交通枢纽经济。三是进一步明确作为支点的重点发展方向。连云港作为桥头堡,向西参与陆上丝绸之路,是陆上丝绸之路的"末端",向东面向大海,是海上丝绸之路的"起点",因此,连云港应重点强调海上丝绸之路的起点功能,加快出海口建设,充分发挥陆海联运和作为我国中西部对外开放门户的作用。要将开辟新的航线作为建设重点,吸引更多中西部和陆上丝绸之路沿线国家企业到连云港开设总部,发展总部经济。

支点二:以红豆集团主导建设的西哈努克港经济特区为代表的境外园区支点。江苏红豆集团主导建设的西哈努克港经济特区(以下简称"西港特区"),是我国"政治互信、经济融合、文化包容"的国际产能合作的成功范例,2016年10月国家主席习近平在《柬埔寨之光》报发表题为《做肝胆相照的好邻居、真朋友》的署名文章,高度评价"蓬勃发展的西哈努克港经济特区是中柬务实合作的样板"。西港特区采用"中国主导、地方合作、他国参与"的园区运作模式,园区面向全球招商,既实现了红豆集团的产能转移和国际合作,也为国内外企业搭建了产能转移和合作平台。目前,该园区已引入包括工业、服务行业在内的企业(机构)118家,其中,中资企业100家,第三国企业12家,柬埔寨本国企业6家。西港特区的主要产业是劳动密集型的服装产业,这种产业不仅符合当地市场需求,而且能较多地吸纳当地就业。现在,西港特区所在地波雷诺县70%的家庭有成员在特区工作,解决了当地超过2万人的就业,西港特区对西哈努克省的经济增长贡献率超过了50%。

截至2019年6月,江苏已在5个国家建有6个境外园区。其中,在3家国家级园区中，除了西哈努克港经济特区以外，还有埃塞俄比亚东方工业园、中阿（联酋）产能合作示范园；曼丹岛农工贸经济合作区、江苏—新阳嘎农工贸现代产业园、印度尼西亚吉打邦农林生态产业园等3家园区是江苏省级园区。6个境外园区已累计占地面积448.3平方公里，投资22.66亿美元，入区企业297家。另外，江苏还与哈萨克斯坦合作建设"霍尔果斯—东门"经济特区。

支点三：中江集团建设的"一带一路"沿线大型项目支点。中国江苏国际经济技术合作集团有限公司（以下简称"中江集团"），是全国最早获批拥有对外经营权的8家综合性国有外经企业之一，也是江苏唯一带有"中国"字号的省属国有企业，已连续二十多年被美国《工程新闻纪录》评为"全球最大的250家承包商"之一。中江集团长期在"一带一路"沿线国家开展经营活动，业务涵盖工程承包—城镇投资—国际贸易—咨询服务产业链，已陆续开辟东南亚、中亚、南太平洋、关岛、中美洲等市场。其中，在刚果（布）、苏丹等国家，中江集团完成了10多个总统行宫项目；在埃塞俄比亚，完成了CBD金融中心等多个当地标志性建筑；在津巴布韦，完成了1.5亿美元的维多利亚瀑布机场项目，还新承接了1.53亿美元的哈拉雷机场项目；在吉布提，业务涵盖军港、码头、电力等重要领域；在巴布亚新几内亚，正在建设巴新莱城港码头项目，持续跟进的1.26亿美元供水项目也即将落地；在新加坡，长期投身轨道交通等领域建设；在马来西亚、印度尼西亚、老挝等地，市场拓展也已初显成效；在塔吉克斯坦、哈萨克斯坦，已在当地进行了多元化合作。

中江集团在境外大型项目和园区建设中，大胆创新，积极探索和创立了境外园区建设新模式。例如，中江集团在牵头负责投资建设的中阿（联酋）产能合作示范园中，积极谋划"中阿（联酋）产能合作示范园金融服务平台"，推动示范园产能合作项目直接使用人民币投融资，助推人民币国际化。该项目建设规划12.2平方公里，总投资额超70亿元。截至2018年，已有15家企业签署了投资框架协议，总投资额突破60亿元。

中江集团已在世界上100多个国家（地区）开展业务，在30多个国家（地区）设立分公司、办事处，是江苏对外开展经济技术合作的龙头企业。同时，中江集团延伸产业链的经营方式，业务涉及面广、管理水平要求高，与"一带一路"沿线"支点"的要求相符。因此，中江集团分布于"一带一路"沿线的众多大型项目和园区，也可成为江苏进入"一带一路"的支点。

五、江苏进入"一带一路"的路径和方式

进入"一带一路"的路径和方式，总体上划分为对外贸易、国际直接投资两大

类。对江苏而言,要充分发挥自身优势,突出重点,总体上采取"向西贸易,向东投资"的策略。由于江苏在国际产能合作、贸易往来水平、境外产能合作园区建设等方面具有明显优势,因此,国际产能合作、对外贸易、境外产能合作园区建设,理应作为江苏进入"一带一路"的主要路径和方式。创新应成为江苏参与"一带一路"建设的主旋律,风险防范则是江苏参与"一带一路"建设的必要保障。

(一) 加强和"一带一路"沿线国家的国际产能合作

国际产能合作是共建"一带一路"的重要内容,是江苏与"一带一路"沿线国家开展互利合作的重要抓手。国际产能合作不是简单地将产品卖到国外,而是将产业输出到国外,帮助这些国家建立相关工业体系、提高制造能力。江苏是中国工业大省,制造业技术水平相对较高,制造业规模已连续 8 年保持全国第一位。在江苏制造业中,先进制造业占比已达到 45% 左右,新材料、节能环保、医药、新能源等新兴的产业规模,更是在全国居于首位。[①] 江苏制造业的自主创新能力也较强,大中型工业企业和规模以上高新技术企业均建立起研发机构。江苏制造在规模经济、产业关联和产业集聚等方面的优势,为江苏与"一带一路"沿线国家的国际产能合作提供了有力支撑。

当前,随着世界经济格局的调整和变化,国际产业的分工和转移正迎来新的契机与再平衡机会,江苏也成为多条制造业全球价值链分工进行再配置、再平衡的重要节点。江苏要抢抓机遇,积极打造、重塑和提升江苏制造业在全球价值链上的分工模式与分工地位,努力从早先的全球价值链分工体系的接受者、被整合者,加快转变为打造者、主导者。

在开展国际产能合作中,江苏要实施全球价值链分工战略,根据"一带一路"沿线国家产业结构和要素禀赋互补的特点,按照产业转移的梯度性、共生性要求,培育利益共享的价值链和大市场,形成联动发展格局。要坚持以我为主和多类型、包容性的原则,积极打造江苏企业主导的全球价值链分工新体系;加紧打造面向全球的贸易、投融资、生产、服务网络,加快培育国际经济合作和竞争新优势。

在与"一带一路"沿线国家的国际产能合作中,江苏一方面要将自身不具有比较优势的价值链环节,通过国际产能合作转移到具有优势的沿线国家;另一方面,即使对江苏具有自主知识产权优势的一些新兴产业,因江苏不可能也没有必要将所有环节都安排在江苏本地或国内,所以也要按照"自主、可控"的全球价值链分工生产

---

① 加快培育先进制造业集群新闻发布会,江苏省人民政府网站,2018 年 7 月 23 日。

模式，将新兴产业的一部分环节在"一带一路"沿线国家布局、投资和生产。对于已经"走出去"的企业，江苏也可采用境外项目"反向"整合国内运营生产环节的方式，为江苏更多地进入"一带一路"沿线国家和开展价值链分工提供新的机会。

在国际产能合作中，江苏要努力提升企业创新能力。既要通过转移过剩产能，从而将本地有限的人力、物力和财力更好地聚焦于全球价值链分工的高端或核心零部件的创新；又要积极利用"一带一路"沿线国家的创新要素资源，包括投资和并购沿线国家的相关科研机构或技术开发公司、吸引沿线国家企业来江苏设立研发机构等，扩大江苏创新资源总量和提升创新资源质量。在参与"一带一路"建设中，苏州等地已有一批企业在加大自主技术研发的同时，通过利用对"一带一路"沿线国家高科技企业的并购，同时获得了所急需的许多海外高技术人才。

基础设施是影响一国参加国际产能合作的基础和前提。目前，虽然"一带一路"沿线大多数国家对吸引外资和参与国际产能合作意愿强烈，但是，受制于其国内基础设施的落后，没有参与"一带一路"沿线产能合作的机会。要高度重视沿线国家交通、电力等基础设施的建设，积极发挥江苏在基础设施建设上的优势，将基础设施建设作为与沿线国家开展国际经贸合作的优先方向，并将基础设施建设和打造全球价值分工体系结合起来，使之相互协调和配合。

（二）促进面向"一带一路"沿线国家的对外贸易

对外贸易是共建"一带一路"的重要内容，也是江苏在对外经济贸易合作中优势比较明显的传统领域。近年来，江苏对"一带一路"沿线国家贸易增长较快，增长速度已持续多年高于全省进出口平均水平，成为江苏外贸稳中提效的重要力量。但是，江苏对"一带一路"沿线国家的贸易还存在诸如商品结构层次较低、市场区域分布过分集中等问题，还有很大的发展潜力。

要扩大与"一带一路"沿线国家的对外贸易，江苏应强化投资和贸易互动效应。通过鼓励有条件的企业带着自有技术和自主品牌到"一带一路"沿线国家投资设厂，努力打造由江苏企业主导的区域价值链或全球价值链，由此带动相关中间品或零部件的进出口，为江苏对"一带一路"沿线国家的贸易增长注入新动力；要大力培育跨境电子商务等新业态、新模式，推进苏州、南京、无锡等国家级跨境电子商务综合试验区建设，帮助企业利用跨境电商，加快拓展沿线市场；要加快铺设境外营销网络，在"一带一路"重要节点市场，培育和建设对进出口有较强带动作用的公共海外仓库。

江苏要充分利用我国与"一带一路"沿线国家达成的各种推进贸易便利化的

政策红利，用足用好自由贸易协定，进一步扩大政策覆盖面，在扩大江苏与沿线国家双边贸易规模的同时，不断优化江苏与沿线国家的双边贸易结构。要着力打造江苏对"一带一路"沿线国家的贸易促进平台，利用展会活动和优质展会平台，帮助江苏企业抢订单、争客户和拓展沿线市场；支持中欧班列继续有序发展，进一步打通与"一带一路"沿线国家的陆上通道，参与制定省级国际货运班列公司组建方案，统筹推进江苏国际货运班列，推动江苏中欧班列向规模化、品牌化发展。

江苏须以国际营销网络建设为依托，大力推动品牌国际化：一是鼓励中华老字号企业到国外、境外设分店分号，进一步放大品牌效应；二是在境外重点地区建设贸易（展示）中心，支持企业到境外设立销售总部、专卖店、零配件销售中心、仓储配送中心、售后服务中心等；三是鼓励生产企业与流通企业联合拓展海外营销渠道；四是打造跨国零售集团与国内流通企业产品展示与对接平台，帮助国内供应商进入国际采购营销网络；五是大力发展跨境电子商务，逐步建立线上线下有机结合的立体化国际营销网络；六是鼓励企业开展境外商标注册、出口认证等基础性工作，加强出口产品诚信质量体系建设和知识产权保护工作等。

（三）共建"一带一路"沿线海外产业园区

海外产业园区是指中国企业通过在境外设立中资控股的独立法人机构，投资建设的基础设施完备、主导产业明确、公共服务功能健全、具有集聚和辐射效应的产业园区。海外产业园区是江苏参与"一带一路"建设的重要抓手和国际经济合作新方式，在帮助企业"抱团出海"、集聚发展、规避风险等方面，发挥的作用尤为重要。经过多年实践，江苏在海外产业园区建设上积累了丰富的实际经验，其中，江苏建设海外产业园区的基本原则是坚持政府推动、企业主导、市场化运作，强化合作发展、互利共赢，遵循国际惯例、商业原则，注重质量效益和可持续发展。坚持将江苏产能优势、园区经验与"一带一路"沿线国家的资源禀赋、市场要素相结合。目前，江苏已探索实施了重资产投资运营和轻资产管理输出两种发展模式。[①]

重资产投资运营，是指组建境外园区开发管理公司，全面负责园区的规划设计、投资谈判一直到招商引资、建设运营，类似于"管委会+投资开发公司"的模式。其中，既有以中阿（联酋）产能合作示范园为典型代表的江苏国有企业牵头主导的重资产投资运营，也有以柬埔寨西港特区为典型代表的江苏民营企业主导的重

---

① 赵建军：《境外园区：融入"一带一路"建设新模式》，载于《群众》2018年第10期。

资产投资运营。

轻资产管理输出，是指组建境外园区管理服务公司，不直接开展园区投资建设，而以复制输出园区管理模式、牵头开展运营服务为主，类似于酒店管理公司的运作模式。昆山开发区与埃塞俄比亚工业园的运营管理合作，就是轻资产管理输出的典型代表。

两种模式均立足于充分发挥江苏的园区建设管理优势，搭建良好境外载体支持企业"抱团出海"，在帮助企业拓展海外发展空间的同时，大力支持东道国经济社会发展；以高效的政府间合作协调机制，推动境外园区实现当地最低的投资成本、最优质的管理服务、最有力的金融支持、最可靠的安全防范；让入园企业将精力集中在工厂本身的生产经营上，有效解决企业境外发展"单打独斗"时普遍遇到的难题，帮助支持企业海外发展行稳致远。

以西哈努克港经济特区为例。在发展过程中西港特区建立了与国际接轨的服务体系，包括引入柬埔寨发展理事会、海关、商检、商业部、劳工局、西哈努克省政府入区办公，为企业提供投资申请、登记注册、报关、商检等"一站式"服务，使企业不出园区便可办妥相关手续；建立劳动力市场，定期举办人力资源劳工招聘会，协助企业招工；成立法律服务中心，提供专业法律咨询服务，为企业营造了"引得进，留得住，发展好"的运营环境。此外，还积极履行社会责任，将发展成果惠及当地，用实际行动诠释了"授人以鱼不如授人以渔"，携手无锡商业职业技术学院在当地共建了西港特区培训中心，为区内员工提供语言及技能培训，培养产业工人；积极开展公益慈善活动，重视与当地政府的良性互动，不断拓宽合作领域。同时，我国江苏省无锡市与柬埔寨西哈努克省也在医疗、卫生、教育等领域开展合作与交流，包括开辟无锡—柬埔寨航线、扩大双方人员交往等。

江苏要根据当地实际情况和自身条件，继续进行海外产业园区模式的创新和探索，进一步优化开发模式、加强金融支持、完善服务保障、强化风险防控，服务支持企业更便捷、更安全地参与"一带一路"建设。要加强境外园区规划布局，按照国家部署对接重点国家，以"一带一路"六大经济走廊为着力点，引导省内企业参与沿线国家产业园区建设；要开展各种形式的合作园区推介活动，助力合作产业园区开展招商引资工作；要盘活园区境外资产，探索"外保内贷"或"外保外贷"，并试点园区与境内主体享受同等保费扶持政策，主动对接亚洲基础设施投资银行（以下简称"亚投行"）、丝路基金、中非基金等专项基金，参股支持江苏境外园区建设；要为海外产业园区提供优质高效的法律服务和保障，为园区招商引资、园区规划、土地利用等提供全程法律服务，为中国企业和公民在海外发生的重大法律纠纷和案件提供跨境法律支持。

（四）参与"一带一路"建设的服务业支持

服务业是现代经济的主导产业，在我国与有关国家（地区）共建"一带一路"中起着基础性和关键性作用。例如，"一带一路"倡议中"政策沟通、设施联通、贸易畅通、资金融通、民心相通"的内容，大多属于无形产品，归属于服务业范畴；而推进所需的人流、物流、资金流、信息流建设等，更是离不开服务业的支持。实际上，在"一带一路"建设中，服务业不仅影响着"一带一路"建设的范围和规模，而且对提高"一带一路"交汇点地区的经济高质量发展水平，发挥着独特的不可替代的重要作用。

服务业助力"一带一路"发展，要遵循江苏和"一带一路"沿线国家服务业发展的比较优势原理，坚持传承和创新发展结合、产业融合和协调发展结合、结构优化和空间集聚发展结合等基本原则；要发挥江苏在服务业发展上的比较优势，不断扩大服务贸易规模，不断提升服务贸易结构；要挖掘和利用江苏在"一带一路"沿线国家公益性服务上的无形资产，扩大和沿线国家在科技、教育、人文和医疗等方面的合作与交流。

在全球价值链分工中，服务业处于高增值环节。江苏企业"走出去"和参与全球价值链分工，不仅要利用江苏制造业优势，而且需要服务业的支持。江苏一方面要通过提升运输、商贸、金融等传统服务的可贸易性和竞争力，不断提升服务业支持"一带一路"建设的水平；另一方面要通过全面贯彻创新驱动发展战略，不断创新服务业支持"一带一路"发展的新模式、新优势。要大力发展跨境电子商务、供应链管理、服务外包和"云众包"等新型服务，鼓励企业在境外设立研发服务中心、分销服务中心、物流和展示服务中心；支持重点行业服务贸易出口，积极开展研发设计、金融保险、计算机和信息服务、法律、会计、咨询等生产性国际服务外包，使江苏服务业在参与和支持"一带一路"建设的广度和深度上不断取得新进展、新突破。

近年来，江苏服务业对外投资步伐加快，服务业在江苏境外投资总额中所占比重已超过50%。对外投资的区域，已覆盖亚洲、非洲、欧洲、北美、拉丁美洲、大洋洲等众多国家和地区；对外投资的服务行业，包括租赁和商务服务、批发零售、运输服务、计算机信息服务、科技服务等。鉴于服务业与制造业融合发展是服务业未来发展的重要方向，也是制造业提升竞争力的必然要求，江苏要深化服务业对外开放，推动制造业和服务业的融合发展，通过加快服务业与制造业的技术融合、业务融合、市场融合和管制融合，促进江苏制造业从以产品制造为核心，向创意孵化、研发设计、供应链管理、营销网络等产业链两端延伸。

服务贸易是对外贸易的新领域,尽管江苏服务贸易取得了很大发展,但和江苏服务贸易发展潜力相比,还远远不够。以 2017 年为例,江苏服务贸易占全省对外贸易总额的比重仅为 10%,只有世界平均值的一半,也低于全国平均水平。近年来,我国分别与中东欧国家和金砖国家签订了《中国—中东欧国家服务贸易合作倡议》《金砖国家服务贸易合作路线图》等协议,江苏要抓住这些机会,扩大江苏服务业和"一带一路"沿线国家的合作空间,推动江苏服务业更高水平的对外开放和服务贸易的更快发展。

江苏要创新服务贸易发展模式,加快在服务贸易管理体制、开放路径、促进机制、政策体系、监管制度、发展模式等方面的探索,不断完善服务业有关政策框架和促进体系;要深化服务贸易创新发展试点,着力打造服务贸易创新高地,推动服务外包产业转型升级;要把握新一轮科技革命机遇,加快服务贸易数字化进程,推动服务外包向数字化、智能化、高端化转型。

国际经验表明,货物贸易、国际投资和服务贸易之间有很强的发展互动性,江苏要充分发挥自身在制造业和货物贸易发展上的优势,强化服务贸易与货物贸易、服务贸易与对外投资之间发展的联动效应,通过更多服务业的"走出去",一方面为江苏对外货物贸易、对外投资提供服务,解决江苏在"一带一路"建设中服务不到位的"短板";另一方面为江苏本地服务业发展开拓新空间、提供新动力。

教育、科学、文化、卫生等人文交流是构筑"民心相通"的基础和桥梁,这类服务在"一带一路"建设中发挥着其他产业和项目无法替代的独特作用。江苏是全国科教大省、文化大省,和许多"一带一路"沿线国家有着深厚的历史友好渊源。自我国提出"一带一路"倡议以来,江苏坚持"以人为本、开放包容、平等互鉴、机制示范、多方参与、以我为主、改革创新"原则,通过在教育、文化、科技、医疗等领域的援助合作项目,聚焦民心相通,夯实民意基础,为"一带一路"建设作出了积极贡献。江苏要进一步充分发挥这方面的资源优势,立足江苏实际,突出民间特色,健全人文交流合作机制,聚焦教育、科技、文化、体育、医疗和公共外交等重点领域,打造江苏优势品牌;要统筹媒体传播、公益组织等社会资源,特别是注重发挥社会团体、民间组织、智库的作用。

教育和人才培养关系着"一带一路"发展的未来,江苏要高度重视面向"一带一路"沿线国家的人才培养,根据"一带一路"建设的需要,制定中长期人才培养发展规划。要通过政府、院校与民间机构的协作,创新服务业和服务贸易人才培养模式,共同搭建"一带一路"国际化人才培养和发展平台;按照"一带一路"沿线国家的具体国情,注意人才的本土化培养和开发;加大服务业人才的引资引智力度，完善人才自由流动机制，落实好各种针对高端服务业人才的补贴和奖励措施，不断增强江苏在集聚全球服务业高端人才上的竞争力。

（五）国际产能合作的金融支持

金融是现代经济的核心，也是国际产能合作的关键。中国商务部国际贸易经济合作研究院和联合国开发计划署驻华代表处2019年调查显示，中国境外经贸合作区运营方强调融资是其面临的最大挑战，其中，39%的受访区表示从银行获得了金融支持，61%的受访区表示没有获得任何类型的金融支持。一些中国境外经贸合作区运营方指出，很难从多边金融机构获得资金。

目前"一带一路"建设的金融"短板"，有相关国家及相关项目本身的客观原因。从"一带一路"沿线国家的经济发展水平来看，大多数国家仍处于低收入和中低收入水平。金融资源的流向具有逐利性，很难有非政策性、开发性融资机构会为"一带一路"的基础设施项目提供金融融资服务。区域性资本市场不健全，同样是造成"一带一路"沿线金融机构参与度较低的原因。

江苏要引导和鼓励金融资源向"一带一路"沿线国家进行投资。从已有的"一带一路"金融支持政策导向看，较多的仍是政策性和开发性金融扶持，很少看到国内外商业性金融机构参与。然而，金融支持"一带一路"建设不能仅仅依赖政策性金融融资模式。因此，江苏一方面要积极争取亚投行、国家开发银行、进出口银行、农业发展银行等国家层面政策性金融机构的支持；另一方面要加快推进金融机构和金融服务的网络化布局，提高对贸易的金融服务能力，形成金融和经济相互促进的良性循环，进而盘活整盘棋局。故此，江苏应当着力提升商业性金融机构参与项目建设的参与度和积极性，完善项目合同契约形式，保障商业性金融机构的收益，为"一带一路"沿线国家的贸易和投资提供更好的金融服务。

创新金融发展模式支持江苏"一带一路"建设，包括：给予社会资本适当的项目参与权，对于具有良好收益前景和稳定收益能力的在建项目，要鼓励社会资本参与，逐步形成社会资本和民间资本共同参与"一带一路"高收益率项目的良好局面；积极开展多种形式的融资模式创新，将传统融资模式与创新融资模式有机结合，同时不断探索新的融资模式，加大探索开展PPP业务模式、BOT融资以及TOT模式。特别是对在"一带一路"交汇点建设中与基础设施相关的项目建设，应通过融资模式创新鼓励社会资本和民间资本参与，这不仅可以有效缓解东道国的外债压力，还可以减少外界对我国金融机构的抵触情绪，有效降低债权人的投资风险。

在金融业对外开放与国内金融自由化进程加快的大背景下，金融产品创新、金融组织创新、金融工具创新和金融制度创新，是金融全球化对国内金融业发展所提出的新要求。江苏应该率先尝试进行"一带一路"投融资相关金融产品创新，重点丰富"一带一路"相关金融工具的种类，加强"一带一路"专项债券、相关投融资基金设立、信贷扶持政策体系、企业出口信贷、银团贷款、项目债券发行、资产证券化等多个领域的创新力度。在符合国家金融政策和保障金融安全的前提下，探索"一带一路"金融支持产品，提升江苏"一带一路"金融服务的品牌效应。

江苏金融发展应根据"一带一路"沿线国家市场、产品、客户、项目的不同，结合沿线经济体差异化、多元化和技术性的金融服务需求，制定差异化的金融支持配套服务体系。从现有"一带一路"沿线国家和江苏对外投资企业的融资需求看，出口信贷、债券发行、股权投资、信用增级、信息咨询、监管合规、法律及会计等金融支持和专业服务，是当前江苏企业"走出去"急需的服务模式，上述金融需求的满足均需要专业性金融或工商服务机构提供特定的金融服务及相关支持。在目前江苏金融服务已有的技术条件下，江苏仍需要在互联网金融、大数据和云计算、跨境支付和跨境结算、证券交易发行、科技金融、普惠金融、绿色金融等多个领域进行技术研发和探索，以适应"一带一路"建设的金融需求。

江苏要重视直接融资在金融扶持"一带一路"建设中的积极作用。首先，健全多层次资本市场体系，加大力度多渠道推动"一带一路"沿线国家的股权融资，发展并规范债券市场，提高直接融资比重。其次，探索建立"一带一路"相关融资项目的二级市场和证券化市场路径。一方面，将已有的"一带一路"发展基金、丝路基金进行证券化，吸引社会资本参与基金融资；另一方面，尝试开展"一带一路"相关融资合约的二级市场交易，建立"一带一路"投融资二级交易市场，进一步缓解省内金融机构、市场、资金和产品单独支撑"一带一路"建设的困境，形成境内和境外、域内和域外、政策性与商业性、公共部门与私人部门等内外要素及资源的有效统筹与整合。最后，利用完善的"一带一路"金融市场体系，实现省内外、国内外金融资源联动协同。特别是要加强对于"一带一路"沿线国家的区域性和国际性的政策性金融机构及其优惠贷款、技术援助与项目经验资源，以及沿线国家市场化商业性金融机构和私人部门资源的引导整合，形成省内外金融资源投资江苏"一带一路"交汇点建设的融资长效机制。

另外，在东道国取得金融支持非常重要。中江集团筹建的中阿（联酋）产能合作示范园谋划建立的"中阿（联酋）产能合作示范园金融服务平台"，在阿联酋申领到金融服务牌照，实现了在示范园产能合作项目中直接使用当地人民币进行投融资，同时也助推了人民币国际化，表明了金融服务对江苏境外产能合作的重要性和可行性。

（六）国际绿色产能合作

与"一带一路"沿线国家的国际产能合作，需要走绿色发展道路。国际产能合作不是把我们不需要的污染产能转移出去。"一带一路"倡议倡导建立人类命运共同体，建设"绿色低碳、清洁美丽的世界"，都需要在"一带一路"沿线坚持绿色发展和发展绿色产能。参与"一带一路"建设既有经济维度，也有环境维度；不仅要专注国内的生态文明建设，也要对跨国合作给予环境关怀，体现出中国在国际上负责任的态度，为生态"命运共同体"作出贡献。这关系到"一带一路"倡议的可持续性。

江苏是经济大省、资源小省，其95%以上的能源、98%以上的有色金属资源都需要依靠省外和国外供给，这决定了江苏对外投资的产业结构和目的地主要集中于资源富集国家（地区）的能源、资源型产业，如投资俄罗斯的石油、天然气和矿产资源，阿联酋的石油、天然气，波兰的煤炭等。实际上，目前江苏对外投资超千万美元的项目中，七成以上集中于矿产、农业资源开发、化学原料及化学制品制造、产业园等。因此，江苏亟待在对外投资中实现绿色发展。

"一带一路"沿线许多国家太阳能、风能、生物质能等新能源资源丰富，同时江苏在新能源产业和环保领域的生产技术上也具有一定优势，因此江苏应扩大和"一带一路"沿线国家在新能源产业和环保产业方面的合作。目前，江苏已有环保公司和"一带一路"沿线国家共同建设"海绵城市"，也有企业已向马尔代夫等国出口非并网式风电淡化海水等技术设备以及和"一带一路"沿线国家进行环保产业合作等。2018年5月，在南京江心洲成立的国际水生态创新中心不仅集聚了国内外先进的水生态科技，还将先进的水生态科技向"一带一路"沿线国家进行了示范和推广。

江苏在"一带一路"沿线国家建立的产能合作园区，可以借鉴我国国家生态工业示范园区建设标准，探索共建生态环保园区合作模式。要根据绿色产能合作的要求，落实《对外投资合作环境保护指南》，推动企业自觉遵守当地环保法律法规、标准和规范，履行环境社会责任。要发布年度环境报告，鼓励企业优先采用低碳、节能、环保、绿色的材料与技术工艺；要加强生物多样性保护，优先采取就地、就近保护措施，做好生态恢复；引导企业加大应对气候变化领域重大技术的研发和应用。要研究制定相关文件，规范指导相关企业在参与"一带一路"建设过程中履行环境社会责任。完善企业对外投资审查机制，有关行业协会、商会要建立企业海外投资行为准则，通过行业自律引导企业规范环境行为。要做好项目的环境社会影响评价与风险防控。境外中资企业要重视项目的环境影响（EIA）和社会影响（SIA）评价，通过环境、社会影响评价，在合法性、合规性、合理性、可控性等方面加以详细论证，其基本目标是促进项目的可持续性，即在经济、环境、社会之间达到动态平衡。

江苏红豆集团主导建设柬埔寨西港特区的经验值得推广。在柬埔寨环保法律法规欠缺的情况下，红豆集团不降低环保标准，坚持开发与保护生态并举，一方面搞经济开发，另一方面尽可能保护原有植被、水资源，打造绿色工业新城，西港特区园区的污水处理系统成为柬埔寨最大的污水处理系统。西港特区的环保工作得到当地政府的好评，拉近了企业与当地民众的关系，促进了人心沟通。

（七）政府和企业协同防控国际产能合作风险

企业"走出去"和在"一带一路"沿线进行国际产能合作，既有广阔的发展空间，又面临较大的不确定性，不确定性就是风险。一般而言，经济欠发达的国家（地区），一方面市场成长的潜力大，另一方面风险相对也高。面对风险，需要及时规避不可控的风险、积极管理可控的风险，这是企业赴海外投资的成功经验。

开展国际产能合作遇到的风险主要包括以下三方面。

一是政治风险。包括战争、社会动荡、暴力冲突、东道国与母国或第三国的关系恶化、政权更迭、政府违约和企业国有化等。目前，"一带一路"沿线某些国家处于全球战争、暴力冲突与恐怖主义活动频发的高风险地区，既涉及传统的战争和武装威胁风险，又涉及非传统的恐怖主义活动、疾病蔓延和跨国犯罪等风险。"一带一路"沿线的政治风险，还来自国际地缘政治的大国博弈。由于"一带一路"倡议牵涉一些大国的战略利益，这些大国试图从地域上阻挠和切断"一带一路"建设的进程与布局，包括为"一带一路"基础设施建设和资金、人员往来设置障碍等。

二是经济金融风险。例如，东盟经济增长放缓，降低了当地市场对外资的吸引力，也给江苏驻当地企业的经济收益带来了不利影响等。由于大多数"一带一路"沿线国家经济发展比较落后、外汇储备不足、基础设施缺口大、经济稳定性和劳动力素质较低，有些还存在经济体制不完善，财政政策、投资政策、产业政策不够合理，以及通货膨胀和汇率波动幅度过大等问题，从而容易引发国际产能合作中的冲突和损失。

三是法律风险、文化风险和环境污染责任风险等，同样是进行海外国际产能合作必须高度重视和规避的风险。"一带一路"沿线国家多法系并存，相互间差别很大,有些国家甚至法律还不健全。另外,"一带一路"沿线国家具有不同的社会风俗、文化结构和价值信仰。例如,部分国家工会组织较为强势,罢工运动较频繁;有些国家环保标准过高,社会责任过重等。这些都将增加江苏企业海外投资的难度和风险。

在规避参与"一带一路"建设的风险时,必须明确参与建设的市场主体是企业,无论是进行对外贸易还是对外投资或者国际产能合作,都是企业行为。因此,参与"一带一路"建设的企业应积极吸取国际经验,提高风险防范意识,投资前全面做好市场分析调研,包括认真分析产能合作项目东道国的产业政策,充分考虑国际政治动向、目的国政局变化、国际贸易走势、汇率波动等,要认真测算投资收益预期,慎重决策。在投资和产能合作过程中,企业要注意把握好市场策略,选择好投资领域,明确投资方向和重点,宣传和推广先进技术和经营理念,树立产品的良好品牌。此外,还要充分尊重当地的风俗,遵守法律法规,树立良好的企业形象,处理好企业利益和社会责任之间的关系,主动承担企业社会责任,保护生态环境,努力寻求当地支持,用当地的思维方式和管理方式进行本地化经营。

跨国公司的发展水平直接决定了一个国家(地区)经济的国际竞争力和抗风险能力。江苏需要积极推动本地企业国际化,努力打造一批重量级跨国公司。2015年中国企业联合会推出了中国跨国公司报告,发布了中国100大跨国公司榜单。从公司总部所在地看,北京占43%,上海、广东和山东均占8%,浙江占7%,辽宁占3%。江苏只有沙钢和徐工两家公司。在参与"一带一路"建设中,江苏要积极引导企业通过实施"横向一体化、垂直一体化和混合一体化"战略,迅速做大做强。要注意在"一带一路"沿线国家建立良好形象,保证经营活动和投资项目符合绿色、安全、健康和环保要求,为中国企业参与"一带一路"建设作出江苏表率。

政府有关部门要为参与"一带一路"建设的企业做好风险控制与防范的服务工作。在企业"走出去"之前,政府服务要先行,为企业提供境外目的国经济、政治、文化、习俗、社会等多方面信息服务,为企业投资和经营中可能遭遇的风险提前做好预防和应对方案咨询。要引导和鼓励企业的境外产能国际合作项目扎根于所在国当地人民,企业经营目标不能仅局限于增加东道国的就业和收入,还要在更大范围和更宽领域惠及当地民众,包括为当地困难民众送去教育、医疗等社会福利。只有惠及和扎根于当地人民,"走出去"的企业才能真正具有较强的规避风险能力。

为"走出去"企业提供强有力的境外服务与保障能力,是推进江苏企业开拓"一带一路"沿线市场的重要保障。境外服务与保障能力主要体现在三个方面:一是政府的政策与应急机制,包括政府提供东道国的政策、法律等方面的咨询服务,为企业境外投资保险提供补贴、贷款贴息等优惠政策,以及其他应对突发事件的应急服务等；二是市场主体化解境外投资风险的能力，主要通过由保险公司提供商业保险等市场化方式降低企业境外投资风险；三是社会主体的保障与服务，如发挥地域性的行业协会、企业协会等商业协会团体在市场咨询、生产经营协调等方面的作用。江苏要提高和完善政府、商业协会的境外服务与保障能力；要加大信用保险政策对江苏参与"一带一路"建设的支持力度，扩大信用保险的覆盖面，创新信用保险产品，更好地发挥出口信用保险公司的信用保险作用等。

六、高质量推进江苏"一带一路"交汇点建设

"一带一路"交汇点建设，是江苏参与"一带一路"建设的重点，关系到江苏开放发展的全局，影响到"一带一路"建设的成败。按照江苏全区域参与"一带一路"交汇点建设的思路，江苏要基于长三角区域一体化发展新格局，更加注重各地发展的系统性、整体性和协同性，尤其要突出系统思维，谋划整体推进，提升全省资源的整合能力，从而更快推进交汇点的高质量发展。

（一）汇聚发展要素提升开放能力

"一带一路"交汇点建设要求"放大向东开放的优势，做好向西开放文章，拓展对内对外开放新空间"，这要求"一带一路"的交汇点必须具有强大的开放功能，具备要素资源的大规模汇聚和扩散能力。快捷高效的要素大规模集聚和扩散能力，是江苏作为"一带一路"交汇点经济功能的核心与关键。针对当前全球发展要素流动的新规律、新趋势和新特点，要以开放的全球视野、体系引领的产业思维、核心技术的前沿追踪，积极营造有利于吸引全球高端要素资源的条件和环境，努力提升江苏汇聚全球优质发展要素的能力，不断提高江苏对外开放水平。

构建和完善现代立体交通体系，是汇聚发展要素、提升开放能力的基础。江苏要依托"公铁水航空"交通网建设，完善对接国际和国内的综合交通运输体系，建设国际化的交通枢纽，构建畅通便捷的生产要素流动运输通道；提供更加开放的互通政策，创造要素流动的宽松环境，在更大范围和更高层次满足人员、资金、技术、信息、商品等的流通与配置需求。

江苏的现代化交通体系建设，不能仅仅着眼于江苏范围内，也不应限于长三角地区，而应该把江苏置身于整个亚太地区，放眼全球，在全球范围内实现要素流动和优化资源配置。要提高一批大型交通物流基础设施的国际化能级，大幅度提升江

苏与世界的通达性，包括开辟更多江苏通向世界的空中航线，加密重点国际航线，大幅度减少江苏连接世界的时间成本和交易成本；集中江苏港口资源优势，开辟和增设更多的远洋运输航线，使江苏不仅成为进出口贸易大省，也逐渐成为国际商务流量经济的枢纽省份。

创新要素的汇聚对提升开放能力和交汇点高质量发展，具有重要战略意义。江苏要打造更多国际化的一流创新平台，聚集更多更好的创新要素，加大高层次人才引进力度，增强在全球范围内配置资源的能力。在信息技术影响下，特别是随着长三角区域一体化建设步伐的加快，人文、信息与创新活动将日益成为交汇点聚集与辐射的新主体。江苏要通过高规格的软性枢纽平台与载体建设，为江苏成为创新、人文和高端服务活动的活跃密集枢纽创造更好的发展环境；要提升信息化水平，建设更为优良的国际化通信设施，及早部署5G通信，使江苏成为国际先进通信的高地；要让更多的科技信息、商务信息、文化信息、学术信息从国际上流入和集中到江苏，让江苏成为面向世界发布大量重要信息的策源之地。

从产业角度讲，江苏交汇点的定位不能是中低端产业。中低端产业定位，不但会拉低江苏经济发展水平，而且不利于江苏对中西部地区和"一带一路"沿线国家的经济辐射与联动。江苏只有不断向产业中高端攀升，大力发展现代高端产业和战略性新兴产业，才能将产业链和价值链的某些环节和阶段逐步延伸至其他地区，带动其他地区产业发展。同时，江苏交汇点的产业结构，也不是按照中西部地区和"一带一路"沿线国家的需要而发展"平行产业"，而是要在通盘考虑和整体布局下打造开放的产业生态体系。尽管从客观上讲，在江苏与中西部地区以及"一带一路"沿线国家的产业分工合作中，必然会出现产业链布局的高中低端之分，但是这不能理解为江苏把自己过剩产能、污染产能转移到中西部地区和"一带一路"沿线国家。江苏要注重绿色发展，扩大环保产业和新能源产业的输出和国际合作。

汇聚发展要素、提升开放能力离不开世界一流的营商环境。国际化、法制化、市场化和便利化的营商环境，是吸引和集聚全球高端及创新生产要素的依托所在，也是激活市场微观经济主体的重要机制所在，更是发挥创新性生产要素的潜在创新能力的关键所在。营商环境包括政务环境、法制环境、人力资源环境、金融服务环境、创新环境、社会环境等多方面内容。江苏要对标世界银行全球营商环境评价指标体系等国际标准，进一步规范市场经济运行和强化市场在资源配置中的决定性作用，以更大力度的深化开放，加快建设开放型经济新体制，实现营商环境优势向制度成本优势的转变。要进一步扩大开放领域，减少外资准入限制，推动落实外资国民待遇，加强知识产权保护和服务。要推进开放领域体制机制改革创新，实行高水平的贸易和投资自由化、便利化政策。对参与"一带一路"建设"走出去"的企业，要在国际产能合作项目的前期费用、贷款贴息、人员培训等方面给予更多政策扶持，并且进一步完善境外投资企业的监测服务平台等。

（二）加快推进长三角区域一体化发展

一体化发展的长三角地区在空间上与"一带一路"交汇点存在很大重叠，推进长三角区域一体化，将为"一带一路"交汇点建设提供强大的新动力。江苏沿江地区处于长三角地区的内核，也是"一带一路"交汇点建设的重要区域。沿江地区要利用长三角区域一体化建设加快的机遇，主动积极对接上海，主动承接上海国际化中心城市的辐射效应和带动作用。江苏东陇海线地区，虽然处于长三角核心区的外围，但也要主动接受以上海为中心的长三角核心区的辐射，以此提升在"一带一路"交汇点建设中的创新和开放能力。

一体化的长三角地区有两大特色：一是开放前沿；二是创新中心。这两个方面正是江苏"一带一路"交汇点建设的重点。长三角区域一体化，实际上是以上海为中心和龙头的一体化。江苏的南京、镇江、常州、无锡、苏州、扬州、泰州、南通等八个沿江城市，属于包括"上海市＋杭州湾七市＋江苏沿江八市"的世界级城市群。这个城市群的经济特征是国际化—科技密集型。

江苏沿江八市总面积5.1万平方公里（占长三角地区总量的14%），人口近5 000万（占长三角地区总量的23%），经济规模达到6万亿元（占长三角地区总量的30%）。江苏沿江八市已基本具备了进入长三角地区核心区和与上海同城化的条件。（1）江苏沿江八市的经济发展水平与上海基本相当。以2018年人均GDP为例，上海为13.5万元，无锡为17.5万元，苏州为17.4万元，南京为15.4万元，常州为14.9万元，镇江为12.7万元，扬州为12.1万元，南通为11.5万元，泰州为11.0万元，全区域平均接近13万元。[①]（2）江苏沿江八市和上海的国际化要素匹配。上海是全球性城市，而沿江八市的开放型经济也处于全国前列，沿江八市的出口和引进外资水平指标多年处于全国前列，与上海的国际经济中心地位匹配。沿江八市可以支撑上海的国际金融、国际经济贸易中心地位，为形成全球资源配置的亚太门户形成合力。（3）沿江八市和上海交通一体，目前该地区已经形成由上海向毗邻沿江两岸城市的交通辐射路线。其中，江南有以上海为起点，经过苏州，沿沪宁线通向南京的高铁线；江北有以上海为起点，经过南通，沿长江北岸经过泰州、扬州通向南京的高速公路线；江苏沿江八市可以发挥核心区进一步沿江向西延伸辐射安徽的作用。

---

① 各城市2018年国民经济和社会发展统计公报。

(4) 沿江八市产业和上海互补。上海有服务业优势，沿江八市有制造业优势。

当前，沪宁杭区域集中了长三角地区乃至全国最丰富的科教资源。在科技创新依托科学新发现的世界趋势下，这个优势直接决定了该区域的创新能力。因此，长三角核心区的内核，可以定位为沪宁杭科技创新走廊，即"科创中心+高科技产业化基地"。其中，上海、南京、杭州为科创中心，中间的区域作为高科技产业化基地，形成世界级先进制造业集群。

江苏沿江八市已经具备进入科创走廊的条件。一是该区域自古以来就人文荟萃，具有人才优势；二是该区域是"苏南模式"的发源地，企业的创新主体地位突出；三是该区域通江达海，开放型经济水平高；四是该区域各类开发区和大学科技园集聚度高；五是该区域产业水准高，高科技产业集聚度处于全国前茅。根据科创中心与科创成果产业化基地在空间上可以分开的格局，处在空间位置两端的上海和南京的定位是科创中心，江苏沿江地区的定位是科创成果产业化基地。因此，江苏沿江八市要积极按照长三角区域一体化发展要求，主动积极对接上海，主动承接上海国际化中心城市的辐射效应和带动作用。推动本地产业升级和沿江生态建设，要将扬子江城市群建设纳入以上海为卓越全球城市为中心的世界级城市群建设。推进沪宁科技走廊建设，一方面着力南京科学中心建设；另一方面打通沿江各市，与上海、南京科创中心对接，大力建设科技产业园，并且推动开发区向科技产业园转型等。

制度合作、基础设施共享和特别激励措施的有效政策组合，是推动要素一体化的基本措施。江苏沿江地区主动进入长三角核心区，需要在两个方面推进：一是主动与上海同城化，主要包括体制和政策同城化，谁的体制和政策最适合发展就用谁的；交通、网络等基础设施互联互通；共建区域共同市场。二是打通科技成果产业化通道，主要包括推进科技政策同城化；建立和完善科技成果转化利益分享机制；建立和完善科技人才柔性流动机制；建立和完善通用、公共性科研平台等。

（三）以自贸区助力"一带一路"交汇点建设

自由贸易试验区（以下简称"自贸区"）是我国深化改革和扩大开放的重要载体，在服务"一带一路"交汇点建设中发挥着重要作用。2019年8月国务院印发《关于6个新设自由贸易试验区总体方案的通知》，包括南京、苏州、连云港三个片区的江苏自由贸易试验区获得了国家批准，由此宣告了江苏自贸区时刻的到来。

自贸区建设将助力"一带一路"交汇点高质量发展。高水平开放是自贸区与"一带一路"交汇点建设的共同主题，自贸区不仅由"一带一路"建设统领，而且在制度上的"先试先行"战略为"一带一路"交汇点的制度创新与实践提供了机会和平台。所谓自由贸易试验区，是指一国在国境以内、关境以外可以自由进行如制造、存储、转运和贸易等活动，并可对其进出口关税实行全部或部分免征的特殊区域。自贸区提倡"投资自由化、贸易市场化、金融国际化、行政法治化"，核心是制度创新，旨在突破原有体制上的壁垒与顽疾，构建符合国际化和法制化的开放型经济新体制，通过不断完善法制化、国际化、便利化的营商环境和公平、统一、高效的市场环境，建设投资贸易自由、规则开放透明、监管公平高效、营商环境便利的制度高地。

根据《中国（江苏）自由贸易试验区总体方案》，江苏自贸试验区以"着力打造开放型经济发展先行区、实体经济创新发展和产业转型升级示范区"为战略定位，经过3~5年改革探索，对标国际先进规则，形成更多有国际竞争力的制度创新，建成投资贸易便利、高端产业集聚、金融服务完善、监管安全高效、辐射带动作用突出的高标准高质量自贸园区。江苏自贸区的三个片区功能也各有侧重。其中，南京片区所在地南京江北新区，将着力建设具有国际影响力的自主创新先导区、现代产业示范区、对外开放合作重要平台；苏州片区所在的苏州工业园区，将着力建设世界一流高科技产业园区，打造全方位开放、国际化创新、高端化产业和现代化治理四个高地；连云港片区将着力打造亚欧重要国际交通枢纽、集聚优质要素的开放门户和"一带一路"交汇点建设的重要支点。可以看到，无论是在江苏自贸区的战略定位上，还是在三个片区的发展重点上，都与江苏交汇点建设的目标相互呼应和紧密配合。

在"一带一路"交汇点建设中，江苏要利用自贸区可以在对接"一带一路"建设上先行先试的政策，积极借鉴上海、广东、天津和福建等自贸区的成功经验，加快在国际贸易、对外投资、国际物流和金融开放等方面的探索和创新。当前，江苏尤其要推进以下三方面工作。

第一，法治化营商环境和市场准入制度创新。在明确自贸区的权力和责任清单基础上，江苏要将自贸区经济社会管理权限尽可能最大化。要积极推进政府职能转变，利用简政放权来进行服务改革，并加快打造"一站式"行政审批。要用"网络化"和"标准化"的组织方式程序来进行政务服务，以改善公共服务的效率和质量。对外商外资投资项目的准入手续以及投资项目，要进行适当简化以加快投资融资改革；要摸索新的评审、批准和管理模式，让投资项目尽快得到落实并实现推进。要在全面推进"五证合一、一照一码"等级制度的基础上，尽可能运用各种现代信息科技和智能手段，尽快建立"一网通办"的政务新渠道和"多税合一通缴"的新通道，通过更加开放、更加便利的投资环境来吸引外资。

第二，金融领域管控制度创新。对于金融领域的准入门槛要适当降低，并且探索形成允许自贸区内个人和实体同时投资境内外市场的管控模式，以提高区内企业跨境融资能力。要降低外汇资金管理转入门槛，扩大金融对内对外开放程度，将在自贸区发起股权和创业投资基金的国民待遇，同等地给予外资股权和创业投资机构，放宽金融跨境服务功能，不断寻求新的更适用的方法进行贸易和投资融资。要发展新的境外资金回流渠道，允许境内企业和机构依法从境外融得本外币资本，开展人民币跨境电子商务结算等服务，进一步创新跨境融资、担保和保险方式。改善金融风险管控，加强多边金融监控合作，尽可能减少甚至杜绝逃税、洗钱和非法资本出入境等行为。

第三，贸易监管方式制度创新。江苏要全面复制上海自贸区的成功经验，并在此基础上，尽可能地将事前审批的政府管理转变为事后监管；要将准入前国民待遇和负面清单制度融合到事中事后监管制度中，在保留国务院特别明确的规定核准项目外，要将外资投资国内项目的批准门槛尽可能降低，同时对外部资金、先进技术和高端人才的规模层次进行严格把控，以提高引资融资综合质量。在海关监管方面，要将自贸区"一线放开""二线安全高效管住"等通关监管服务模式，复制到江苏经济开发区（园区）的海关监管方面；将物流仓储分类监管模式运行于海关特殊监管区域；进一步改善综合贸易许可、资质登记、货物进出口、运输工具出入境等"单一窗口"平台功能，不断优化海关执法通关流程。通过搭建安全便利的合作贸易链，扩大江苏与"一带一路"沿线国家的贸易往来。

（四）"一带一路"交汇点的开放平台和支撑条件建设

参与"一带一路"建设，外要有支点，内要有平台。重大的开放必须有大的平台，想有大的创新必须要有大的平台来支撑。江苏自贸区的设立是江苏改革开放发展史上具有里程碑意义的一件大事，为江苏开放、创新和"一带一路"交汇点建设创造了优越条件。尽管其他自贸区已经有很多成功的经验可供江苏自贸区复制和借鉴，但仅仅学习是远远不够的，还要根据自身特色和优势，在借鉴式与自创式两个层面同时采取行动，从而为江苏"一带一路"交汇点建设平台提供更好的体制机制方面的支撑和保障。

沿江地区是江苏省内"一带一路"交汇点建设的核心区和主要平台。对沿江地区来说，要以深化改革和创新发展为动力，积极发展新能源、新材料、数字经济、智能制造等高端新兴产业，加快本地产业转型升级，树立集约高效、绿色发展理念，通过江海联动、跨江融合、东中西协同发展，特别是本地产业向中西部地区和"一带一路"沿线国家的有序转移和联动发展，促进本地经济发展提质增效和对外开放水平的提升。要努力提高沿江城市的现代化和国际化水平，发挥沿江港口贸易的优势，发展临港服务经济，通过积极参加上海进口博览会等活动，进一步增强沿江地区和上海经济的融合度和关联性。

江苏要进一步改进和完善沿江地区作为"一带一路"交汇点开放平台的支撑条件，全力提升沿江地区的对外交通运输能力；进一步整合沿江港口资源和提升其国际航运能力，开辟更多的近中洋航线国际海洋运输服务；要增加与"一带一路"沿线国家的国际航班，提高面向丝绸之路沿线的中欧班列的覆盖范围和效率；要推进不同运输方式之间的互联互通，加快物流枢纽城市和专业物流中心建设，构建海陆空综合交通运输体系；要通过共建共享港口资源，推动太仓港、苏州港甚至江阴以下的所有沿江港口，逐步纳入上海自由贸易港体系，与上海合作构建具有江海门户特色的自由贸易港区；要将扬子江城市群建设纳入以上海为卓越全球城市为中心的世界级城市群建设。

连云港—徐州东陇海线在江苏"一带一路"交汇点建设中占据重要的战略地位，也是江苏参与"一带一路"交汇点建设的重要平台。当前，对连云港—徐州东陇海线而言，平台建设的关键是增强东陇海线区域的极化效应。要扩大连云港作为"一带一路"建设支点的区域范围，将连云港和徐州一起作为"一带一路"交汇点的重点区域，即通过将东陇海线作为一个整体区域，更好地实现陆海联合优势互补，更好地发挥"一带一路"建设支点功能。其中，连云港要拓宽发展思路，做到跳出连云港发展连云港、跳出港口发展港口，与徐州一起，打造苏北经济增长极。徐州已是淮海地区的中心城市，要进一步发挥经济集聚功能，通过与连云港结合发展，进一步增强经济实力和竞争力。

江苏要加快徐连高铁项目、徐宿连航道整治工程等建设，增强徐州与连云港陆上与内河航运联系；强化徐州和连云港的产业分工合作，提升两地产业关联度，优化产业链布局；在资源共享上，两地要推进资源共享，如将连云港港口综合保税区等服务功能延伸至徐州，从而提升徐州经济的对外开放度等；要发挥徐州东陇海线综合交通枢纽的功能，增强向西的交通运输能力，更好地发挥亚欧大陆桥主通道作用，并且通过打造东部沿海地区"一带一路"向西开放的战略高地，形成全方位、多层次、宽领域的开放合作新格局。

进入"一带一路"推进国际产能合作涉及国与国的关系。因此，江苏"一带一路"交汇点建设离不开政府的推动和对有关资源的整合。尤其是境外产能合作园区是两国经济合作的重要载体，更需要在两国政府间达成共识和合作。例如，中江集团在阿联酋投资建设的中阿（联酋）产能合作示范园和红豆集团主导建设的柬埔寨西哈努克港经济特区，都是在两国政府共同推动和合作基础上建立起来的园区。

当前，根据江苏实际情况，应重点做好以下三方面工作。

第一，统筹驻外机构力量。要加强省商务厅、省生态环境厅、省外事办公室等部门之间的协作。其中，省商务厅熟悉国际经贸事务，可由其主要负责和推动江苏对外贸易、对外投资和国际产能合作的相关经济事务；省生态环境厅既掌握江苏企业环境保护的实际状况，又积累了很多国际环境合作经验，了解投资所在国的环保法规、环境标准等，因此，可由省生态环境厅协助企业做好规避环境风险工作。省外事办公室的日常业务，决定了它可以协助"走出去"企业更多地了解当地政治、文化、民风、民情等，帮助企业更好地融入当地社会。目前，江苏许多部门还在境外分别设有自己的派驻机构，这些派驻机构服务各自部门，力量分散，同时只为一个部门服务，也浪费资源。江苏对"一带一路"沿线境外派驻机构要进行统筹协调和统一管理。参与"一带一路"建设的江苏众多企业也是重要资源，要积极利用。例如，中江集团在"一带一路"沿线建设有很多项目，在当地具备较丰富的人脉关系，江苏各地可以借助中江集团的这些平台，参与"一带一路"建设。

第二，强化与"一带一路"沿线国家友好省州的合作与优势转化。截至2018年，江苏与58个国家和地区缔结315对友好城市，数量居全国首位，其中，与"一带一路"沿线国家缔结友好城市92对。[1] 这是江苏在"一带一路"沿线开展经贸活动非常重要的资源。要充分发挥这些资源优势，促使这些资源为江苏参与"一带一路"建设服务。江苏在"一带一路"沿线开放开发园区或大型项目建设，省级层面要主动及时跟进，探讨和园区或项目所在省州建立友好城市的可能性，巩固和扩大江苏在"一带一路"沿线的优势和竞争力。

第三，加强"一带一路"沿线园区招商的组织协调。在江苏"一带一路"沿线园区的招商工作中，要注意不同国家和地区之间、不同经贸合作园区之间的统筹、配合与协调，促进有效有序招商，防止同质竞争，不断提高招商引资水平和效率；要根据发展条件，逐步推行专业化招商、第三方招商；要促使园区增长方式从"规模速度型"向"质量效益型"转变，加强园区服务体系建设，努力营造有利于入驻企业发展的良好环境。

---

[1] 《聚焦 | 2018，地方"一带一路"建设怎么样了?》，中国一带一路网，2019年1月23日。

第一章

长三角地区发展更高层次开放型经济

在中国改革开放的大背景下，长三角地区抓住了经济全球化深入发展的战略机遇，通过用足低端要素形成的低成本竞争优势，以及依托国际需求市场尤其是发达国家的需求市场，快速而全面地融入发达国家跨国公司主导的全球价值链中，获得了产业长足发展乃至经济腾飞，成为中国开放型经济最为发达的地区。应该说，在前一轮开放型经济发展中，长三角地区始终走在全国前沿并起到了积极引领作用，为中国改革开放事业作出了应有贡献，谱写了辉煌的篇章。当前，面对国际国内环境的深刻变化，包括长三角地区在内的中国开放型经济发展进入转变发展方式、优化经济结构、转换增长动力的攻关期和新阶段。其中，习近平提出的"一带一路"倡议，无疑是发展高水平开放型经济的重要抓手和举措。2017年12月习近平在视察江苏重要讲话中指出，江苏处于丝绸之路经济带和21世纪海上丝绸之路的交汇点上，要主动参与"一带一路"建设，放大向东开放优势，做好向西开放文章，拓展对内对外开放新空间。因此，作为中国开放型经济发展大省，准确认识并确立自己在"一带一路"建设中的战略定位，发挥在"一带一路"建设中的作用，不仅是江苏发展更高层次开放型经济的现实需要，也是促进长三角区域对外开放高质量发展的需要，更是为中国改革开放事业作出江苏新贡献、谱写江苏新篇章的需要。

一、经济全球化新现象与长三角地区对外开放新阶段

开放发展道路选择不仅取决于自身情况，也受制于外部环境。中国改革开放40多年来，在对外贸易、外资利用、产业发展和转型升级、就业

以及经济增长等方面所取得的斐然成绩，不仅与中国自身毅然决然地选择了开放发展的战略有关，更受益于前一轮以贸易自由化和投资自由化为主要内容的经济全球化快速发展的整体环境。而长三角地区之所以能够走在中国改革开放的前沿，显然与长三角地区抓住经济全球化发展带来的战略机遇是分不开的，也与长三角地区在特定发展阶段实施了正确的开放战略是分不开的。目前，经济全球化出现了一些新现象、新趋势和新挑战，长三角地区的对外开放也进入新阶段。上述内外环境的变化，正是长三角地区亟待发展新一轮高水平开放型经济的现实背景。

（一）经济全球化发展出现新现象

随着全球经济进入深度调整期，以及以中国为代表的新兴经济体的崛起，世界经济格局发生了转折性变化，经济全球化出现了一些新变化、新发展，从而改变着开放型经济发展的外部环境。概括而言，主要表现在以下六个方面。

1. 世界经济格局发生巨变

"二战"以来的很长一段时期内，发达经济体在全球经济中占据着绝对主导地位。20世纪70年代后期以来，伴随全球要素分工的深度演进以及由此给新兴和发展中经济体带来的战略机遇，一部分发展中国家和新兴经济体迅速崛起，经济总量在全球经济中的比重不断上升。尤其是在2008年爆发的全球金融危机中，相比处于"重灾区"的发达经济体而言，发展中国家和新兴经济体经济状况表现相对较好，在危机冲击后，如中国、印度等新兴市场国家甚至成为全球经济复苏的重要引擎。由此带来了"东升西降""南升北降"的经济格局调整，发展中国家和新兴市场国家在全球经济中的份额不断提高，相比之下，七国集团（G7）在世界经济中的份额则不断下降。联合国贸易和发展会议统计数据库统计数据显示，1976年美国、英国、德国、法国、日本、意大利和加拿大七国集团成立时，其经济总量约占世界经济总量的80%左右。随着发展中国家和新兴经济体的快速发展，七国集团在全球经济中的比重不断下降，2016年七国集团在世界经济中的比重已不足50%。在世界经济格局调整中，中国发挥着重要的引擎作用。正如2018年11月习近平在亚太经合组织工商领导人峰会上的主旨演讲中指出的：过去5年，我们主动适应、把握、引领经济新常态，深入推进供给侧结构性改革，保持经济稳中向好、稳中有进，推动中国发展不断向着更高质量、更有效率、更加公平、更可持续的方向迈进。过去4年，中国经济平均增长率为7.2%，对世界经济增长的平均贡献率超过30%，成为世界经济的主要动力源。中国经济发展不仅成为新兴市场国家的"领头羊",而且成为世界经济多极化中的重要一极。

2. 全球经济增长动能不足

自2008年全球金融危机爆发以来,全球经济仍未走出危机冲击的阴霾,持续低迷仍然是全球经济进入深度调整期的突出特征。究其实质,是前一轮科技革命和产业革命的动力机制已经衰竭,而新一轮科技革命和产业革命尚未爆发、尚未形成新的动力机制的必然结果。全球增长动能不足,难以支撑世界经济持续稳定增长,世界经济正处在动能转换的换挡期,传统增长引擎对经济的拉动作用减弱,但新的经济增长点尚未形成。虽然诸如人工智能等新技术不断涌现,普遍观点认为新一轮技术革命和产业革命正处于孕育期,但何时能够集中爆发、能否顺利实现新旧动能转换,仍然难以给出准确的时间判断。在此期间,一方面为了应对经济不景气以及解决国内问题,另一方面为了在新一轮产业和技术革命中率先实现突破、抢占新一轮经济全球化发展的制高点,促使部分国家的政策措施具有内顾倾向和贸易保护主义性质。世界主要经济体先后进入老龄化社会,人口增长率下降,给各国经济社会带来压力;经济全球化出现波折,保护主义、内顾倾向抬头,多边贸易体制受到冲击;金融监管改革虽有明显进展,但高杠杆、高泡沫等风险仍在积聚。在这些因素综合作用下,世界经济虽然总体保持复苏态势,但面临增长动力不足、需求不振、金融市场反复动荡、国际贸易和投资持续低迷等多重风险和挑战。"国际金融危机爆发以来,深层次影响持续显现,世界经济复苏艰难曲折,全球贸易增速连续5年低于世界经济增速,跨国投资尚未恢复到危机前水平。近期,世界经济呈现回暖向好态势,全球贸易和投资回升,国际金融市场总体稳定,新一轮科技革命和产业变革蓄势待发,新产业、新技术、新业态层出不穷。但世界经济尚未走出亚健康和弱增长的调整期,深层次结构性矛盾并未有效解决,新的增长动力仍未形成。"[①]

3. 全球经济治理发展滞后

当前的全球经济治理体系,是"二战"后在美国等西方国家主导下建立起来的。客观而论,美国等西方发达资本主义国家依托世界银行、国际货币基金组织、世界贸易组织等国际组织与机构建立的全球经济治理机制和体系,对战后国际贸易、国际投资和世界经济的繁荣发展起到了重要推动作用。然而,伴随着经济全球化深度演进、全球经济失衡问题加剧、新兴经济体崛起、收入分配差距扩大等,现行全球经济治理体系的局限性日益显现,在维护全球经济秩序的功能方面表现出严

---

① 汪洋:《推动形成全面开放新格局》,载于《人民日报》2017年11月10日。

重不足。面对全球经济新形势，当前的全球经济治理体系已经表现出明显的滞后性，突出反映在以下三个方面。

一是不适应全球经济格局调整的变化。过去10多年来，伴随着新兴市场国家和发展中国家尤其是中国和印度等国经济的快速发展，全球经济重心正在发生"东升西降"的重要变化，国际经济力量对比发生了深刻演变。目前，新兴市场国家和发展中国家对全球经济增长的贡献率已经达到80%。然而，以美欧等发达经济体为主导的全球治理体系，未能反映世界经济格局的新变化。提升新兴市场国家和发展中国家的代表性和发言权，是完善全球经济治理的重要方向和内容。

二是不适应国际分工发展的新特点。经济全球化的深度演进表现为国际分工形式发生了深刻变化，由此推动着全球产业布局不断调整以及全球生产网络的形成。传统的产业间国际分工模式逐渐向产业内分工、产品内分工发展，全球价值链分工逐步成为国际分工的主导形式。世界各国在资金流、技术流、产品流、产业流、人员流中融为一体，贸易和投资日益一体化，生产国际化深入发展。然而，全球经济治理中的贸易和投资规则未能跟上新形势，多边贸易体制面临严峻挑战。针对多边贸易规则面临的"瓶颈"，各种双边、多边自贸区协定蓬勃兴起，区域化一体化发展迅速，这固然弥补了多边贸易体制的一些不足，但区域贸易安排也带来机制封闭化、规则碎片化等新问题。

三是不适应全球经济包容性发展需要。经济全球化虽然促进了世界经济的繁荣发展，但全球治理体系很不完善，治理能力明显不足，带来了全球化利益分配不均衡等问题。一些国家、行业和个人没有从全球化发展中受益，部分发展中国家甚至被边缘化，加剧了南北国家间的发展失衡。发达国家产业空心化和分配机制不完善，导致其内部收入差距不断扩大。世界基尼系数已经达到0.7左右，超过了公认的0.6危险线，就是全球化红利分配失衡、包容性不够的必然表现和结果。正视和妥善处理这一问题，需要从调整和完善全球经济治理规则入手，以治理规则调整促进经济全球化更加具有包容性，经济全球化才会有活力。

总之，现有全球经济治理体系具有两重性：一方面，在某种程度上提供了经济全球化所必需的规则和秩序，具有适应社会生产力向全球化发展的积极作用；另一方面，这些规则和秩序主要是在发达资本主义国家主导下制定的，主要维护的是垄断资本和跨国公司的利益，未能充分提供全球经济运行的公共产品。经济全球化迅猛发展，不仅导致南北发展差距拉大，发达国家劳动者也未能获益，这是资本主义基本矛盾在世界范围发展的必然反映和结果。

4. 逆全球化因素不断增多

2016年诸如英国"脱欧"、特朗普当选美国总统等一系列标志性政治事件的发生，被视为"逆全球化"的标志性开端，世界范围内逆全球化似乎也正加速成为一股愈演愈烈的浪流。当然，针对当前出现的所谓逆全球化大讨论，也有学者持有不同看法，因为长期而言，全球化是一个不可逆转的趋势，是工业革命和市场经济发展的必然逻辑，因而所谓的逆全球化至多只是全球化进程中的暂时性受阻，甚至可能只是一种假象。与此同时，正如王永贵（2009）研究指出的，全球化与逆全球化好比 DNA 精美的双螺旋结构，缺少一支便不能构成我们世界经济进程的主旋律。从这个意义上看，全球化和逆全球化本就是一个事物的两个方面，只不过在不同的发展阶段，主次轻重表现程度不同而已。因此，这里不对上述孰是孰非的争论展开讨论，而只是关注当前逆全球化现象的几个典型表现。实际上，逆全球化不仅反映在一系列标志性政治事件中，全球经济形势呈现的几个显著变化，同样也是逆全球化的典型表现。从经济全球化的主要内容及制度保障看，贸易和投资自由化的快速发展是前一轮经济全球化的主要内容，而这又得益于世界贸易组织提供的可以降低贸易和投资壁垒的多边贸易体制及规则的保障作用。因此，与前一轮经济全球化快速发展相比，当前的世界经济形势之变所体现出的逆全球化一面，同样可以从贸易表现、投资表现、贸易保护主义抬头以及全球经济规则等角度进行观察。

从贸易领域看。20 世纪 80 年代以来，得益于全球要素分工的快速推进，即生产要素跨国流动性日益增强以及产品生产的国际分割，全球贸易在 2008 年全球金融危机爆发前取得了高速增长的罕见成就。联合国贸易发展会议统计数据库的相关统计数据显示，1983～2008 年全球贸易年均增速约为 6%，远远高于同期 GDP 增长速度。然而，这一进程被 2008 年突如其来的全球金融危机所打断：2009～2015 年全球贸易平均增长率不足 3%，即不到金融危机前 20 多年平均贸易增长率的一半。2010～2011 年全球贸易出现了表面上的恢复性反弹，其中 2012～2016 年连续 5 年全球贸易增速分别为 2.88%、2.66%、2.30%、-2.17% 和 1.2%。根据世界贸易组织的资料显示，2017 年全球贸易增长率维持在 1.7% 左右的水平。实际上，自 2008 年全球金融危机爆发以来，全球贸易进入了低速增长乃至负增长通道，虽然统计数据显示低速增长自 2012 年才开始连续出现，但从更深层次挖掘，2010 年和 2011 年全球贸易表面上的名义恢复性反弹，一方面得益于各主要国家采取了凯恩斯式宏观刺激经济政策，另一方面是建立在 2009 年全球贸易大幅衰退的基数效应基础之上，因此 2010 年和 2011 年全球贸易增速回暖本质上更多的是一种统计假象。由此可见，自 2009 年开始全球贸易实质上已经连续 8 年进入了低速乃至负增长通道，并仍有进一步持续的可能。回溯历史可以发现，在过去 50 年里全球贸易低速增长仅在 1975 年、1982 年、1983 年和 2001 年出现过四次，并且都是由诸如区域性金融危机、恐怖主义袭击等突发事件所致，之后则迅速回归增速正轨。然而这一次却是连续8年之久的持续性低迷，一改"二战"后延续几十年的快速增长大势。可能正因如此，有学者研究认为全球贸易增长的巅峰时期已过，将进入一个长期低速增长乃至负增长的"平庸期"（Hoekman，2016）。这种令人沮丧的变化显然是逆全球化在贸易领域中的一种典型表现。

从全球对外直接投资领域看。20世纪80年代以来要素分工深度演进的一个突出特征，就是以对外直接投资（FDI）为表现形式的生产要素的跨国流动性日益增强。联合国贸易发展会议的《UNCTAD统计手册（2010）》相关数据显示，20世纪70年代初全球对外直接投资流量（global FDI outward）仅为141亿美元，至80年代初也仅为515亿美元，而到了90年代初，全球对外直接投资的流量已经上升至2 000亿美元左右，到90年代末期已突破万亿美元大关，达到1.07万亿美元；进入21世纪更是以惊人的速度在增长，其中于2007年突破两万亿美元大关，高达2.26万亿美元。与全球贸易发展历程极为相似，全球对外直接投资快速发展的势头受2008年全球金融危机的冲击从而出现了转折，充分体现在2008年和2009年全球对外直接投资流量分别下降至1.9万亿美元和1.1万亿美元。之后，随着全球经济的复苏，全球对外直接投资流量虽然与金融危机期间"断崖式"下跌状况相比，2010年和2011年分别恢复至1.2万亿美元和1.58万亿美元，但与金融危机冲击前的全球对外直接投资发展势头相比，已经有非常显著的下降。从近几年的变化趋势来看，2012年、2013年、2014年和2015年全球对外直接投资流量分别为1.35万亿美元、1.41万亿美元、1.2万亿美元和1.76万亿美元，大体呈现波动状态且一直未恢复至金融危机冲击前的水平。更值得关注的是，全球对外直接投资的微弱回升仍然难掩生产全球化的发展停滞。以2015年为例，虽然对外直接投资达到了1.76万亿美元这一危机后的最高水平，但是从具体的投资方式来看，这一增长主要是由跨国兼并和收购（以下简称"跨国并购"）所驱动的，数据显示，2015年跨国并购金额高达7 210亿美元。由于跨国并购的实质是跨国公司重组，这些重组虽然会带来巨额的资金流动，但实体经济中运行的资本变动却极其有限，即全球对外直接投资中的"新生项目"实际上并未得到长足发展。如果将上述因素考虑进去，则全球对外直接投资流量仍然处于较为低迷的状态。这显然是全球要素分工体系下逆全球化在要素跨国流动中的典型表现。

从全球贸易保护主义抬头趋势看。经济全球化的快速推进需要有自由化作为重要的制度保障，从实践层面看，前一轮经济全球化快速发展正是在世界贸易组织主导的自由贸易制度保障下进行的。但在2008年全球金融危机的冲击之后，全球贸易保护主义有明显抬头并呈愈演愈烈之势。正如鲍恩（Bown，2009）针对2008年全球金融危机冲击期间贸易保护发展状况进行的调查报告显示，美国实施的"购买美国货"条款作为经济刺激的措施、英国在金融领域出现的保护主义倾向、法国在汽车行业实施的援助计划以及增加了许多附加贸易保护主义条件、俄罗斯贸易保护主义政策的频繁出台、欧盟贸易规则所表现出的收紧等种种迹象，均是贸易保护主义在全球范围内抬头和呈蔓延之势的明证。而从近几年的发展变化情况来看，不仅2008年全球金融危机后出台的贸易保护主义措施多数未被撤销，且新的贸易保护措施还在不断出台，现有贸易保护主义措施总数呈现不断增长之势。2016年世界贸易组织发布的报告表明，尽管二十国集团（G20）领导人一直强调"撤销"现有贸易限制措施，但2015年10月至2016年5月，G20成员新增贸易保护主义措施高达145项，月均出台数约为21项。全球贸易预警信息库发布的有关报告同样显示：2010~2016年期间，全球出台的贸易保护主义政策频频不断，而这些政策中约有64%以上是来自G20国家，贸易限制措施总量增长约3.2倍。这是逆全球化的最直接表现。

此外，经济全球化的顺利推进，离不开自由化的全球经济规则的制度保障作用。然而，以WTO为主导的前一轮全球贸易和投资规则，在当前新的国际分工形式下受到了严峻挑战，已经不能适应全球经济深度演进的需要（理查德·巴德温和杨盼盼，2013），面临破产风险（盛斌，2014）。目前WTO主导下的多边谈判进程缓慢乃至受阻，至今仍未取得实质性的突破，新的全球经济规则尚未形成。至于另起炉灶的一些区域经济谈判，即便能够形成小范围的高标准经济规则，但本质上是一种"圈子化"的保护主义。因此，这种发展形势也在一定程度上可看作逆全球化的表现。

5. 新一轮全球经济规则正在形成之中

如果说，世界贸易组织包括其前身关贸总协定（GATT）在推动全球关税和非关税壁垒的下降和削减方面作出了历史性巨大贡献，从而为贸易和投资自由化的发展提供了基本和必要的制度环境和保障体系，进而促进了商品和一般性生产要素跨国流动迅猛发展的话，那么这种以扩大"边境开放"为主要特征的传统模式，已经难以适应要素分工进一步向创新性生产要素跨国流动演变新趋势的需要。这也是为什么当前WTO如不进行大幅度的改革就可能面临破产风险的主要原因，也是为什么众多国家和地区抛开WTO而商讨区域贸易协定，从而推动全球经济贸易规则向高标准化方向发展的原因。因为与一般性生产要素的跨国流动不同，创新性生产要素的跨国流动所要求的不仅仅是"边境开放"，即仅仅削减和撤出流动壁垒是远远不够的，还需要为其提供适宜的运营环境，这就需要开放也必须随之延伸至"境内开放"。也就是说，从创新性生产要素流入地角度看，必须为其生产经营活动，更确切地说是为其创新型活动，提供更加优越的制度环境。这是因为越是创新性生产要素，对制度环境所决定的交易成本就会越敏感，对制度环境所影响的创新氛围就会越看重。显然，制度环境的优化和设计安排，已经不是"边境开放"而是属于"境内开放"问题了。实际上，"境内开放"不仅是创新性生产要素对其所在地制度环境较为敏感的现实需求，更是在全球生产分工条件下，实现分布于不同国家和地区价值增值环节"无缝对接"的基本要求。尤其是在"逆向创新"战略下，创新活动及其成果的全球扩散和全球化生产组织，必然要求其国内规则制度等与国际高标准对接。从这一角度而言，所谓的"境内开放"实质上就是要形成与国际高标准通行规则体系相衔接的国内规则制度，这也是新一轮全球经济规则调整和完善的主要方向和发展趋势。

6. 全球经济和分工格局进入重塑和调整发展新阶段

20世纪80年代以来，全球分工的快速发展虽然是由发达国家跨国公司主导和推进的，从而发达国家实际上仍然是经济全球化的最大受益者，但必须承认的是，这种新型国际分工模式也为发展中国家，尤其是像中国这种政治稳定、基本条件具备、战略得当的发展中国家带来了发展机遇（张二震，2018）。伴随全球要素分工的演进，广大新兴经济体和发展中国家群体性崛起就是明证。这种变化使世界经济格局出现了巨大变化和调整，尤其是2008年全球金融危机冲击之后，由于发达国家处于"重灾区"而发展中国家表现相对良好，从而使世界经济重心进一步呈现"东升西降"的变化。当然，犹如前面分析指出的，此期间由于全球经济进入深度调整期，新一轮科技革命和产业革命正在孕育之中，发达国家实施了产业"高端回流"和"重振制造业"的计划，而发展中国家同样期望能够在新一轮产业和技术革命中实现率先突破，从而在某个或某些领域占据新一轮全球化发展的制高点。因此，无论是发达国家的"重振制造业"和产业"高端回流"，还是正在孕育中的新一轮产业革命和技术革命，都将对全球产业和组织范式带来深刻影响，全球经济和分工格局尤其是全球价值链即将甚至可以说已经进入一个重塑和调整发展的新阶段。这也是当前世界经济发展表现出的新趋势和新特点之一。

（二）长三角地区开放型经济发展进入新时代

如果说经济全球化出现的上述新变化、新发展，促使长三角地区开放型经济转型升级和发展更高水平的开放型经济还是一种外部影响的话，那么面临自身比较优势的逐步式微，则是长三角地区开放型经济转型升级的一种内生需求。近年来，无论是从要素成本的变化、能源资源的约束，还是从政策红利空间丧失等方面来看，构成传统低成本的因素都在不断弱化。外部环境趋紧、内部传统优势丧失、开放发展竞争新优势亟待培育等多种因素叠加，是长三角地区开放型经济发展进入新阶段的突出表现，同时也意味着长三角地区需要发展更高水平和更高层次的开放型经济。

1. 失衡"瓶颈"约束日益凸显

受到资源禀赋、地理位置、自然条件以及渐进式开放政策等一系列因素的影响，中国不同区域的开放型经济发展水平差距较大。突出表现为东部地区已经成为中国开放型经济发展高地，而中西部地区则明显成为中国开放型经济发展的洼地。区域发展差距的不断扩大，不仅成为影响经济社会健康和可持续发展的重要制约因素，从开放发展的竞争力角度看，也不利于整体竞争能力的提高。换言之，区域发展失衡对于整体开放发展能力提升的"瓶颈"约束作用越来越显著。这是因为，国家内部区域发展失衡往往会导致极化效应越来越明显，即越是开放型经济发达的地区，对要素的集聚能力就会越强，从而进一步夯实发展的基础；而越是落后的地区，要素流出的速度就会越快，从而进一步弱化发展的基础。另外，发展差距的存在尤其是失衡程度的不断加剧，会影响到区域之间的协同和互动关系，弱化不同区域之间产业和分工协作的基础。国家发展是一个大局，开放型经济发展到一定阶段后，各地区的开放格局要形成一个有效的分工协作体系，才能够提升国家对外开放的整体竞争水平。当前，中国开放发展失衡的"瓶颈"约束作用已经显现，主要表现为沿海地区开放型经济亟待转型升级，但由于国内产业链较短，尚未与内陆地区形成较好的分工协作关系，从而影响了其升级空间，而对于内陆地区来说，也未能搭乘沿海地区相对发达和相对快速的开放发展快车来实现自身的有效发展。从国家层面看是如此，从长三角区域层面看也是如此，即便是从长三角地区的江苏省来看，同样是如此，如江苏的苏南、苏中和苏北地区的发展差距问题就是明证。

2. 传统开放优势逐步丧失

依托传统的低成本竞争优势参与国际合作和竞争，是包括长三角地区在内的中国开放型经济在特定发展阶段的必然选择。从实践角度看，传统低成本优势主要来自两个方面：一是低端生产要素的低成本优势，尤其是长期以来接近无限供给的普通劳动者所形成的低成本优势，这也是学术界通常所说的"人口红利"；二是依托特殊政策导致的要素价格扭曲而产生的低成本竞争优势，通常称之为"政策红利"，如优惠的差别待遇等政策措施。然而，伴随长三角地区经济多年来的高速增长尤其是经济发展进入"新常态"之后，源自上述两个方面的低成本优势都在不断丧失。

一方面，从要素价格变化角度看，长三角地区已经进入生产要素价格集中上升的阶段。近年来长三角地区开放型经济发展面临的"招工难"和"用工荒"问题以及劳动力成本持续攀升的事实，表明我们的确面临着刘易斯拐点。另一方面，依靠优惠和差别待遇的政策红利空间几乎不存在，源自政策红利的动能基本释放完毕。因此，在上述两个方面的因素已经发生深刻变化的条件下，开放型经济传统竞争优势已经逐步丧失，传统发展模式遭遇可持续难题。培育开放发展新优势，成为新阶段中国开放型经济发展面临的紧要任务。

二、在"一带一路"交汇点建设中发展高质量开放型经济

以"一带一路"为建设重点，是在全球经济新形势下以及中国开放型经济发展进入新阶段后，所提出的一个重要倡议。积极响应并努力在"一带一路"建设中发挥好引领作用，长三角地区可以抓住这一重要战略机遇发展更高层次的开放型经济。江苏是中国开放型经济发展大省，也是"一带一路"交汇点，据此，本部分着重以江苏为例，探讨江苏"一带一路"交汇点建设与长三角地区发展高水平开放型经济之间的理论逻辑。对此，我们可以从三个方面理解：一是长三角地区发展高水平开放型经济的基本内涵和内容是什么？二是江苏"一带一路"交汇点建设的主要内容是什么？三是依托"一带一路"交汇点建设是否蕴含了长三角地区高水平开放的基本内容？

面对更为复杂和严峻的国内外经济新形势，长三角地区开放型经济传统发展模式已遭遇可持续难题，亟待转型升级，以发展更高层次和更高水平的开放型经济。而更高层次的开放型经济，一定是指全方位立体式开放经济体系，不仅包括横向维度上的开放范围扩大、领域拓宽，也包括纵向维度上的开放方式创新、开放层次加深的"全面开放"。这一点是党的十九大报告阐述全面开放新格局的题中之义，也是所谓"新格局"的真实内涵所在。发展更高水平和更高层次的开放型经济，为中国特色社会主义新时代开放发展指明了方向。从党的十九大报告内容看，长三角地区发展更高层次和更高水平开放型经济的基本内容和深刻内涵，主要包括以下六个方面。

（一）优化区域开放布局

中国的对外开放具有渐进式发展特征，这一点同样表现在区域开放发展方面。

从区域开放的梯度推进看,中国对外开放首先从沿海地区起步,然后由东向西实现从沿海、沿江到内陆、沿边逐步梯度推进。有关研究文献表明,自党的十八大以来,虽然中西部地区对外开放的步伐加快并取得了一定成效,但总体而言,开放洼地的现状并没有得到本质改变。据《中国统计年鉴（2016）》数据,以 2016 年为例,全国货物贸易出口总额中,东部、中部和西部地区的出口占比分别为 86.54%、7.42% 和 6.04%；在利用外资方面,东部、中部和西部地区实际利用外资占当年全国实际利用外资总额的比重分别为 62.85%、19.9% 和 17.18%。上述三个地区在开展对外直接投资方面的失衡情况更严重。区域开放发展的不平衡性,同时也暗含着存在协调区域经济发展的潜力和巨大空间。过去我们的开放主要基于沿海地区,今后在进一步加大沿海地区开放力度的同时,要更多地考虑中西部地区和沿边地区的对外开放,进一步向西开放。党的十九大报告进一步提出了要"优化区域开放布局,加大西部开放力度"的重要战略部署。以此为方向指引,中国区域开放必将朝着更加均衡和协调的方向发展。

优化区域开放布局问题不仅体现在全国层面,同样存在于长三角地区的区域层面。以长三角地区的江苏为例。江苏外向型经济存在着内部区域发展失衡的问题,苏南、苏中和苏北区域发展差距较大。近年来,苏中和苏北地区的对外开放速度虽然明显加快,但是经济外向度与国际经济、技术、信息交流的速度和质量仍然比较低。江苏省统计局提供的统计资料表明,苏南地区的进出口规模在江苏的占比一直维持在 80% 以上,2015 年全省货物贸易出口总额为 3 386.68 亿美元,其中苏南、苏中和苏北三个区域的出口额分别为 2 833.23 亿美元、369.13 亿美元和 184.31 亿美元,占比分别为 83.66%、10.89% 和 5.43%。在利用外资上,2015 年全省实际利用外资 243.29 亿美元,其中苏南、苏中和苏北三个区域实际利用外资额分别为 155.63 亿美元、42.3 亿美元和 45.36 亿美元,占比分别为 63.96%、17.38% 和 18.64%。可见,无论是从贸易层面考察还是从利用外资层面考察,在内部空间上均呈现区域不平衡发展格局。内部空间格局的不平衡性,说明了存在着协调区域经济发展的潜力。

（二）拓展对外开放空间

一方面,改革开放以来,中国快速而全面地融入经济全球化发展开放型经济,实质上是融入发达国家跨国公司主导的全球价值链分工体系；另一方面,由于全球经济发展的不平衡,导致全球经济的消费重心长期集中在发达经济体市场。由此决定了中国前一轮开放发展主要是向东开放,国际市场的开拓主要集中在发达经济体。这在特定阶段和特定情形下具有必然性和合理性。但随着全球经济进入深度调整期、国际经济格局出现深刻变化以及中国经济发展进入新常态,无论是从规避对部分市场的过度依赖可能会加大开放发展的风险,还是顺应全球经济市场的变化,抑或是改善中国的全球价值链分工地位的需求角度看,进一步拓展对外开放空间都是中国进一步开放发展的重要方向。更确切地说,我们需要在继续巩固与发达国家经贸关系的基础上,积极扩大与广大发展中国家的经贸合作与交流,在继续向东开放的同时加大向西和向南开放的力度,以进一步拓展对外开放发展空间。要将向发达国家和发展中国家开放结合起来,扩大同各国的利益交汇点。尤其是随着"一带一路"倡议的实施,中国未来的开放发展必然在外部空间上得到进一步拓展,也会更加趋于平衡。

拓展对外开放空间问题不仅体现在全国层面,同样存在于长三角地区的区域层面。继续以江苏为例。江苏作为中国外向型经济发展大省,主要是融入跨国公司为主导的全球生产分工体系,生产主要是面对发达经济体的市场需求,从而在外向型经济发展的对外空间格局上,形成了以欧、美、日等市场为主,其他国家和地区市场为辅的布局特征。仍以江苏省出口贸易为例,虽然近年来随着出口市场的多元化发展,江苏对其他国家和地区的出口份额呈增长之势,但欧、美、日三大传统市场仍然在江苏出口贸易中占据半壁江山。江苏省商务厅提供的统计数据显示,2015年江苏省货物出口总额为3 386.68亿美元,其中向欧、美、日三大传统市场的出口额为1 670.21亿美元,占比高达49.31%。从江苏利用外资情况来看,情况同样如此。外资主要来源于发达经济体。总之,从对外空间拓展层面看,江苏前一轮外向型经济发展主要是面向发达经济体;这同时也说明存在着向其他国家和地区拓展的巨大空间。

(三) 构建双向循环系统

开放型经济发展应该是一个既有"引进来"又有"走出去"的双向循环系统。经过40多年的开放发展,我们在"引进来"方面积累了一定经验,可以说是长于"引进来",但"走出去"却经验不足。在全球要素分工体系下,"走出去"不仅是转移过剩产能、缓解贸易摩擦的有效途径,也是直接利用海外资源、拓展外部发展空间、实现资源优化配置的必由之路,更是深化与东道国平等合作、互利共赢的有效途径。因此,"走出去"在很大程度上可以集中体现一个国家(地区)整合和利用全球生产要素的能力以及经济国际化发展水平。一个可喜的变化是,近年来,伴随中国"走出去"战略的实施,中国企业"走出去"的步伐正在加快。联合国贸易发展会议 2017 年 6 月 7 日发布的《世界投资报告（2017）》统计数据显示：2016 年中国对外直接投资达 1 830 亿美元，超过日本首次成为仅次于美国的全球第二大对外投资国。习近平在二十国集团（杭州）峰会开幕式上的主旨演讲中指出"坚持对外开放的基本国策，敞开大门搞建设，从大规模引进来到大踏步走出去"，在党的十九大报告中进一步明确强调"坚持引进来和走出去并重"，必将有利于进一步加快中国"走出去"步伐、构建更加完善的双向循环的开放型经济系统。

长于"引进来"而拙于"走出去"问题，在长三角地区表现得也十分明显。继续以江苏为例。从江苏企业对外投资的总体规模来看，虽然早在 20 世纪 80 年代初，江苏企业就已开展了对外投资活动，但其总体规模很小，与利用外资规模相比更是相差甚远。自 2000 年以来，随着江苏开放型经济发展水平的不断提高，尤其是国家正式提出"走出去"战略之后，江苏企业对外投资的步伐明显加快，投资规模迅速增长，总体上呈现加速上升的趋势。据江苏省商务厅统计数据显示，2018 年，江苏企业对外投资额达 94.8 亿美元，较 2017 年增长 17.9%，是 2000 年的 578 倍。截至 2018 年底，江苏省累计共核准对外投资项目 8 820 个，中方协议投资总额达 637.94 亿美元。与之相比，江苏省利用外资无论在总体规模上，还是在增长速度上均远大于对外投资。2000～2018 年，江苏省实际利用外资平均额为 208.16 亿美元，年平均增长 9.31%，而 2018 年实际利用外资额为 255.9 亿美元，是当年全省企业对外投资总额的 2.67 倍。与"引进来"相比，江苏企业"走出去"仍然处于起步阶段，构建双向循环系统仍然任重而道远。

（四）扩大开放发展范围

从开放发展领域看，长期以来，中国开放型经济主要发生在制造业领域，服务业领域开放相对不足。这种"单兵突进"和"单线发展"的模式，适合于我国开放发展的初期。但在经济全球化进一步深度演进的趋势下，以及中国自身开放型经济发展进入新阶段后，这一传统开放发展模式的可持续性问题日益凸显，已经出现了明显的三个方面的不适应：一是不适应制造业转型升级的需要；二是不适应经济全球化发展新趋势尤其是贸易结构不断向服务贸易倾斜的发展变化；三是不适应由此所推动的全球经济规则的相应变化。因为制造业升级有赖于服务业尤其是高端生产性服务业的支撑和引领，因此，通过扩大服务业开放来反向拉动服务业尤其是高端服务业发展，不仅能够促进制造业转型升级，而且能顺应全球经济发展新趋势，更能由此倒逼国内改革，从而与全球经济规则的新发展相接轨。"扩大服务业对外开放"也是党的十九大报告做出的重要战略部署。伴随开放引领不断从制造业向服务业领域拓展，中国对外开放必将在产业领域层面实现范围更广、结构更加均衡的新格局。

制造业"单兵突进"和"单线发展"的开放模式，在长三角地区表现得也较为明显。这不仅突出表现为长三角地区的服务贸易发展与货物贸易发展规模相当，同时还表现为服务贸易长期以来存在显著逆差甚至有不断扩大趋势。也就是说，在服务贸易进出口及其总额规模迅猛扩大的同时，值得我们注意的一个现象是，服务贸易逆差额规模也呈不断扩大之势。例如，根据历年《长三角统计年鉴》的相关数据，2000年长三角地区服务贸易逆差额仅为-10.51亿美元，但是到2014年，贸易逆差额已经攀升至519.66亿美元，14年间增长了约49.46倍，逆差额年均增长率高达约32.14%。这表明在服务贸易总额规模扩张的同时，服务贸易逆差额也在不断扩大，且服务贸易逆差额扩张之势比总额扩张之势更显著。这在一定程度上说明，长三角地区服务业开放程度还不够，依托服务业开放从而提升服务贸易国际竞争力发展得还不充分，有待进一步提高。

（五）培育创新发展动能

如前所述，全面开放不仅表现在横向维度的范围扩大上，同时也表现在纵向维度上的深化与拓展上。例如，在产业领域开放上，从一般劳动密集型和资本密集型制造业领域向先进制造业领域的开放拓展，就是一种深化；从制造业领域向服务业领域拓展，实质上在产业范围扩大的同时也是开放的深化。再如，在全球经济治理规则体系方面，从简单的既有规则体系的接受者向规则体系的完善者、贡献者转变，也是一种深化。而这一切的基础都取决于产业是否具有国际竞争力。随着传统比较优势的逐步丧失，无论是要保持或者说重塑传统产业竞争优势，还是要在中高端产业领域塑造竞争优势，都离不开技术进步与创新驱动，包括商业模式的创新。创新驱动是经济发展最根本的动力，也是最持久的动力。尤其是在当前全球经济深度调整期，创新已经成为各国参与全球竞争的焦点问题，全球各主要国家均希望寄托于创新而在新一轮经济全球化中占据制高点和控制话语权。正是基于这一特定背景和现实需求，党的十八大以来我国大力实施创新驱动发展战略，并在党的十九大报告中明确提出了"更加注重创新驱动"发展战略。

具体到长三角地区，以开放型经济发展大省江苏为例。外向型经济高速发展的很大一部分原因要归功于江苏尤其是苏南地区的"先行先试"。"先行先试"下的改革深化以及优惠政策支持等，激发了内外资企业的投资热情。另外，城乡二元体制松动促进了农村劳动力的流动，使大量隐性"失业"劳动力转化为现实生产要素成为可能。更为重要的是，优质低廉的劳动力供给，加之各种优惠政策的吸引，正好迎合了国际产业转移的特点。众所周知，跨国公司主导的产业和产品价值增值环节的国际梯度转移，实质上就是跨国公司的资本和技术追逐并与东道国（地区）的廉价劳动生产要素相结合，以降低成本和提升全球竞争能力。由此也带动了本土相关企业尤其是配套企业的发展。因此，大体来看，江苏前一轮外向型经济发展的活力，主要来源于利用低成本生产要素优势形成了所谓生产要素和投资驱动的外向型经济发展模式。可见，在进一步巩固和利用好传统竞争优势的同时，培育创新驱动新动能将是江苏以及长三角地区开放发展的重要深化方向。

（六）从政策性开放到制度性开放

随着国际经济格局的调整尤其是大国力量之间朝着更加均势化的方向发展，全球经济治理基本具备了朝着更加公正合理方向发展的基础和条件。尤其是随着中国日益走近世界舞台中央，无论是从提升中国制度性话语权，从而为开放发展争取更为有利的制度环境角度看，还是从为全球经济治理提升的完善贡献中国理念、中国智慧和中国方案，从而负起一个有担当的大国责任角度看，积极参与全球经济治理，为国际社会提供更多的公共产品，将是未来中国进一步发展开放型经济的必然选择。全球经济治理本质上是一种规则体系设计和制度安排，而且从发展趋势上看，一定是朝着高标准方向演进，因此，要提升全球经济治理话语权和能力，中国首先要完成从政策性开放向制度性开放的优化升级。尤其是发展高层次的开放型经济、提高开放水平对政府职能和政策规范透明的制度性安排的要求日益明显，制度性开放必将成为新阶段中国开放发展的基本要求。总之，从政策性开放向制度性开放升级，不仅是开放发展进入新阶段的必然要求，也是积极参与全球经济治理的基石所在。这也是全面开放的一个重大价值所在。

长三角地区是中国开放的前沿阵地，因此，在制度性开放方面继续走在前列，也是为全国探路的使命所在。在商品和要素流动型开放发展阶段，虽然也伴有各种内部改革等，但"边境开放"仍然居于主要地位或者说是主要开放措施。而"边境开放"显然是国家层面的顶层设计，并非受某个特定地区左右。因此，长三角地区前一轮的开放发展走在全国前列，主要是因为率先抓住了"边境开放"带来的机遇。而制度性开放的本质是从以往"边境开放"向"境内开放"的拓展、延伸和深化，会触及开放中的深水区，因而更具有"试验"和"探路"的特点，在此过程中，有条件的地区如长三角地区，因为有着改革开放成功经验，也具备了一定的物质基础和创新能力，从而在转向规则等制度型开放中，相比其他地区具有"高起点开局"的基础优势。率先在规则等制度型开放方面为全国探路，不仅是长三角地区的责任所在，也是长三角地区的能力所在。

三、江苏加快"一带一路"交汇点建设的战略定位

江苏作为"一带一路"交汇点首先是一个地理概念，但不能只是在地理上定义。应该说，一带一路"交汇点"是一个包括地理、经济、文化等多因素的叠加。就其内涵来说，是指江苏作为探路者，走在全国开放的前列，是"一带"和"一路"的交汇点。江苏作为"一带"和"一路"的交汇点，向东即面向海外，既包括欧美、日韩，也包括海上丝绸之路沿线国家和地区。吸引和集聚先进发展要素，在已经形成的全球制造业中心的基础上，形成科技创新中心、产业创新中心、先进制造业中心，汇聚要素，然后向西辐射；向西既涉及中西部地区，也涉及路上丝绸之路沿线国家和地区。2014年习近平在视察江苏时所提出的江苏要"放大向东开放的优势，做好向西开放文章"的要求，应该是理解江苏加快"一带一路"交汇点建设的战略定位和政策思路的基本出发点。

（一）江苏"一带一路"交汇点建设促进长三角地区高质量发展

基于发展高水平开放型经济的基本内涵，从长三角地区开放发展目前所存在的上述几个方面的问题来看，距离发展高水平开放型经济还比较远。换言之，新阶段长三角地区发展高水平开放型经济的实质，就是要在现有不平衡、不充分的基础上进行多维度拓展与深化。即空间维度上要实现外部地理格局的拓展和内部区域布局的优化；领域维度上要实现制造业开放的深化和服务业开放范围的扩大；系统维度上要实现"引进来"的高质量提升和"走出去"的大踏步加快；体制维度上要实现从政策性开放向体制性开放的升级；治理维度上要为中国完善全球经济治理体系添砖加瓦。因此，基于基本内涵的理解和认识，江苏"一带一路"交汇点建设之所以能够促进长三角地区对外开放高质量发展，一方面，是因为目前长三角地区已经进入一体化发展阶段，江苏开放发展水平和层次的提高必然能为整个长三角地区高水平开放起到推动作用；另一方面，依托"一带一路"交汇点建设，会通过多种作用机制提升江苏开放型经济发展的水平和层次。

2018年底召开的中央经济工作会议提出促进区域协调发展，推动京津冀、粤港澳大湾区、长三角等地区增强中心城市辐射带动力，形成高质量发展的重要助推力。2018年11月，习近平在首届中国国际进口博览会开幕式上发表主旨演讲时宣

布，中央将支持长江三角洲区域一体化发展并将之上升为国家战略。李克强在2019年政府工作报告中也明确提出"将长三角区域一体化发展上升为国家战略，编制实施发展规划纲要"。长三角区域一体化上升为国家战略，意味着长三角地区进入改革开放再出发的新阶段。长三角区域经济一体化，实际上就是把市场打通、行政壁垒取消，让市场竞争充分发挥作用，各地根据区位特点和资源禀赋实现市场经济上的分工。从这一意义上说，在这一新的发展阶段，江苏作为长三角地区重要的开放型经济发展大省，其开放发展水平和层次的提升，必将在区域一体化进程中更好地推动长三角地区开放型经济发展水平和层次的提升。

随着经济全球化发展新形势的演变，放大向东开放优势，更确切地说，向欧、美、日、韩开放，吸引和集聚先进发展要素，必须以制度性开放为抓手。而其中最为重要的就是要进一步优化营商环境。作为制度性开放的关键内容之一，营商环境在新一轮扩大对外开放中扮演着十分重要的角色。为此，江苏必须着力于打造国际化、法制化、市场化、便利化的一流营商环境，尤其是需要对标世界银行全球营商环境评价指标体系等国际标准，在营商环境方面进一步进行规制变化和制度优化。这不仅是吸引和集聚全球高端及创新生产要素的依托所在，也是激活市场微观经济主体的重要机制所在，更是发挥创新性生产要素的潜在创新能力的关键所在。如此才能实现放大向东开放优势，在提升自身创新能力的基础上，才有可能增强向西的辐射能力。

就高水平开放型经济的基本内涵和具体目标来看，可以借助"一带一路"倡议得以实现。借助"一带一路"倡议，江苏可以加大向西和向南开放的力度、加快开放的速度，从而拓展对外开放空间；借助"一带一路"倡议，江苏可以将我国中西部地区纳入国际经济大循环，实现东、中、西部地区对外开放更趋平衡发展；借助"一带一路"倡议，江苏可以加快"走出去"的步伐，加快推动构建双向循环的开放型经济体系；借助"一带一路"倡议，更有助于江苏发挥和利用资本、技术和先进产能优势，从而更有利于培育创新发展新动能；借助"一带一路"倡议，江苏可以向沿线国家提供公共产品，让其分享江苏开放型经济发展的成果；借助"一带一路"倡议，江苏可以积极参与到中国探索包容、普惠、平衡、共赢的开放发展理念和模式的实践中，参与到中国完善全球经济治理、贡献中国智慧和方案的实践中，为中国提供全球公共产品作出江苏贡献。

（二）江苏"一带一路"交汇点建设的现实基础

目前，面对国内国际环境的深刻变化，虽然江苏传统的低成本优势正在弱化，但外向型经济持续多年的快速发展也为江苏在更高层次上参与国际分工，或者说

"放大向东开放优势，做好向西开放文章"奠定了现实基础，这突出表现在以下四个方面。

1. 经济体量基础

随着经济的不断发展，居民收入水平不断提高，购买力越来越强，市场规模随之不断扩大，市场的巨大潜力更加显现，使我国市场对国际资本的吸引力越来越大。江苏省统计局统计数据显示，2018年江苏人均GDP约为1.74万美元，超过了国际货币基金组织公布的2018年世界1.13万美元的平均水平，江苏经济基本已经进入消费驱动的发展阶段。外资企业越来越重视中国的市场规模和潜力，国际资本进入我国的投资取向由成本驱动型为主逐步转向市场驱动型为主，跨国公司的营销和研发环节正加快进入江苏，前面提及的发达国家跨国公司的"逆向创新"战略，必将在江苏外向型经济发展中逐渐实现。国际资本投资取向的转变，为我们引进高端环节和新兴产业带来重大机遇，也有利于促进外资经济扩大技术溢出效应，全面提高外资进入的质量和水平。从"走出去"的角度看，按照国际经验，人均GDP超过4 000美元，一国企业对外直接投资进程就会加快。2018年江苏人均GDP达1.74万美元，对外直接投资年均增速超过50%，增速远远高于同期引进外资速度，从而在一定程度上表明，江苏省本土企业的国际化经营能力正在逐步提升，整合全球资源进行国际化生产经营活动的能力正在逐步提升，建设"一带一路"交汇点有了一定的体量基础。

2. 外贸外资基础

"一带一路"交汇点建设本质上仍然属于开放发展，而作为开放发展重要内容的外贸和外资，显然在其中扮演着极为重要的角色和发挥着极其重要的作用。江苏在对外贸易方面，虽然近年来总体增速与2008年全球金融危机爆发前相比有所下滑，但却呈现明显的结构优化。从贸易方式角度看，2017年一般贸易进出口额占总货物贸易比重为48.1%，比2006年累计提高了19.4个百分点；从产品结构角度看，2017年机电产品出口占全省出口总额比重为65.8%，占全国机电产品出口比重为18.1%，高新技术产品出口占全省出口总额比重达37.9%，占全国高新技术产品出口比重为20.7%。在利用外资方面，近年来同样表现出增速放缓的基本趋势，但以大项目为代表的高质量外资比重却在提升。2018年1~10月江苏全省利用外资中，新设及净增资3 000万美元以上的企业有843家，同比增长20.4%；新设及净增资1亿美元以上的企业有245家，同比增长23.7%。总之，在开放型经济调结构、转方式方面，从贴牌加工到设计加工再到自创品牌发展变化，从传统劳动密集型行业到新兴产业变化,从商品到服务变化,从"大进大出"转向"优进优出"变化,以及从跨境电商、外贸综合服务体系、市场采购等贸易新业态、新方式的不断涌现中,可以看到江苏所取得的初步成就。

3. 创新能力基础

经过多年努力,江苏自主创新能力显著提升,全社会创新氛围日益浓厚,创新活力竞相迸发,创新成果大量涌现,区域创新能力连续两年居全国第一位。《江苏统计年鉴(2019)》的统计数据显示,截至2018年底,江苏全省高新技术企业总数已经超过13 000家,高新技术产业产值占规模以上工业的比重已经超过40%,区域创新能力已经连续多年位居全国前列,研发投入占比达到2.6%,科技进步贡献率超过60%,专利申请与授权、发明专利申请均保持全国第一位。在2018年初国家科学技术奖励大会上,江苏有54个项目获奖,总数居全国第一位。参考世界竞争力指数、科学技术和工业记分牌以及美国麻省创新型经济指数等,江苏省创新主要指标与韩国、芬兰等创新型国家20世纪90年代中后期相当,科技发展正处于快速上升时期,为实施创新驱动战略奠定了坚实基础,为"放大向东开放优势,做好向西开放文章"奠定了必要的创新能力基础。

4. 参与经验基础

不可否认,虽然江苏没有被列入国家"一带一路"规划的重点省份,但对"一带一路"的参与度仍然处于全国的前列,在建设"一带一路"交汇点方面已经取得了初步成绩从而奠定了必要的经验基础。江苏在"一带一路"建设中的外贸、投资占全国较高比重,这得益于江苏已有的对外开放水平。江苏对外开放的程度很高,利用外资连续十年居全国第一位;对外贸易连续十年居全国第二位,约占全国的1/6;境外投资连续三年居全国第三位,投资涉及五大洲90多个国家和地区,投资覆盖率近60%。2014~2016年江苏省对"一带一路"沿线国家的对外贸易进出口总额基本在1 000亿~1 100亿美元。2017年进出口总额达1 294.4亿美元,其中出口为878.2亿美元,进口为416.2亿美元;"一带一路"沿线进出口总额占全省的比重上升至21.8%,对全省进出口增长的贡献率达23%,成为拉动全省对外贸易增长的重要力量。2017年江苏对"一带一路"沿线国家的进出口总额占全国的11.8%,其中进口占全国的9.16%,出口占全国的13.8%,略高于江苏出口占全国的12%这一比重。[①]

---

① 江苏省商务厅。

2014~2017年，"一带一路"沿线国家在江苏累计合同投资总额为84.8亿美元，累计实际使用外资54.4亿美元。2017年，江苏实际利用"一带一路"沿线外资13.8亿美元，占全省的5.2%。截至2017年，江苏赴"一带一路"沿线国家投资项目1 504个，协议投资额为129.4亿美元，实际投资额为53.8亿美元，其中，新增投资项目159个、中方协议投资额为24.9亿美元，分别占全省总量的25.1%、26.9%。2017年，江苏中欧班列发送量突破880列，主要开行的线路有"苏满欧"、"宁满俄"、"连新亚"、"宁新亚"、徐州至塔什干等5条，涉及连云港、苏州、南京、徐州4市，其中"连新亚""苏满欧""宁新亚"线路在全国已形成较强的影响力，其总量也位居全国前列。

综上可见，江苏在参与"一带一路"建设方面已经取得了初步成就，并在很多方面走在了全国前列，为"一带一路"交汇点建设奠定了一定的经验基础。但是，就参与"一带一路"建设总体现状而言，江苏和中央的要求相比还有差距；和国内一些先进地区相比，江苏也存在一些距离。江苏参与"一带一路"建设相关的顶层设计和规划还比较滞后；各地对"一带一路"重视程度存在不平衡现象，某些体制机制和做法与"一带一路"发展不太适应；江苏有些关键平台和支点的建设比较薄弱；在"一带一路"沿线国家的投资与江苏经济实力不太匹配；现代服务业和服务贸易发展相对落后，有关综合服务能力有待提高；等等。服务于长三角地区更高层次开放型经济发展，江苏"一带一路"交汇点建设面临的任务仍然任重而道远。

（三）江苏"一带一路"交汇点建设的战略定位

2017年12月，习近平在视察江苏重要讲话中指出，江苏处于丝绸之路经济带和21世纪海上丝绸之路的交汇点上，要主动参与"一带一路"建设，放大向东开放优势，做好向西开放文章，拓展对内对外开放新空间。这既是习近平对江苏参与"一带一路"建设寄予的厚望，也可以看作对江苏贯彻落实"一带一路"倡议的重要部署。发挥江苏开放型经济大省优势在"一带一路"建设中的作用，首先需要明确其"交汇点"建设的战略定位。对此，我们可以从宏观战略定位、中观产业战略定位和微观企业战略定位三个层面理解。

1. 宏观战略定位

"交汇点"建设的宏观战略定位，虽然从地理位置上说，主要包括陇海线和江苏的沿江地区，但对其的理解绝不能仅仅局限于地理位置上的概念，江苏作为"一带一路"的"交汇点",是一个包括地理、经济、文化等多因素的叠加。对于如何理解江苏"交汇点"问题,实际上在习近平的重要讲话中已经给予了明确的战略定位,即"放大向东开放优势,做好向西开放文章"。所谓放大向东开放优势,就是要求江苏在以往开放发展的经验和基础上,尤其是在已经取得的既有优势的基础上,进一步拓展和深化向东开放的产业领域和范围。通过放大向东开放优势来集聚先进和高端生产要素,结合江苏的自主创新,将江苏打造成为先进制造业和现代服务业的发展高地,成为高端要素和高端产业的集聚区,即所谓的集聚效应。从目前江苏在全球产业格局和技术格局中所处位置来看,先进要素和高端产业的发展,显然必须依托向东开放而实现。所谓做好向西开放文章,主要是指在江苏既有发展优势和规模的基础上,在继续打造先进制造业和现代服务业开放高地的基础上,提升江苏对中西部地区的辐射作用和能力,即所谓的扩散效应。这种扩散效应一方面通过低端产业和成熟技术逐步向中西部地区转移,延伸和延长区域价值链,从而进一步拓展江苏开放发展腹地;另一方面也为江苏迈向中高端腾出发展空间和资源。因此,发挥集聚效应和扩散效应才是江苏处于"一带一路"交汇点的本质所在和应有的战略定位。换言之,依托"一带一路"倡议发展高水平开放型经济,江苏不是要搭乘"顺风车",也不是仅仅着眼于自身发展,而是承载着为"一带一路"建设作出应有贡献的重要使命和价值。这不仅要求江苏在迈向中高端进程中继续发挥引领和走在全国前沿的表率和示范作用,还要在辐射带动中西部地区发展方面起积极作用。这才是江苏加快"一带一路"交汇点建设的正确宏观战略定位。

2. 产业战略定位

从产业发展的角度看,江苏要在"一带一路"建设中发挥集聚效应和扩散效应的"交汇点"作用,显然不能定位于中低端产业,或者说不能仅仅为了迎合中西部地区以及"一带一路"沿线国家的产业需求来发展江苏的产业以形成有效供给。如此的定位标准不仅难以形成真正的拉动和带动作用,而且会降低自身开放型经济发展水平。从产业区域梯度转移尤其是通过扩散效应带动其他地区产业发展时,自身产业结构必须实现高端化发展,实现先进制造业和现代服务业的发展。试想,如果自身产业结构仍然处于产业链的中低端,如何能通过产业和产品生产环节的梯度转移而延长价值链,在区域间形成有效的产业分工体系呢?唯有自身产业结构不断迈向中高端,才能将产业链和价值链的其他环节和阶段逐步延伸至其他地区,带动其他地区的产业发展,形成区域间的协调发展。这种辐射和带动作用显然是建立在自身产业结构不断高级化的基础上的。从集聚效应和扩散效应的关系上看,通过扩散效应带动中西部地区产业发展,首先是以集聚效应为前提和基础条件的，即首先通过集聚先进生产要素实现自身产业结构的优化升级和高端化发展，如此才谈得上在产业层面上支持中西部地区和"一带一路"沿线国家的发展。因此，"交汇点"建设的产业战略定位，绝不是按照中西部地区和"一带一路"沿线国家的需要而发展"平行产业"，而是要在通盘考虑和整体布局下打造开放的产业生态体系。这种产业生态体系中，需要有梯度性、差异性、共生性。江苏必须以中高端产业战略定位来辐射中西部地区和"一带一路"沿线国家的产业发展，而中西部地区和"一带一路"沿线国家的产业发展要能对江苏中高端产业发展提供基本的支撑作用。需要特别指出的是，"一带一路"倡议下江苏与中西部地区及"一带一路"沿线国家开展产业分工和合作，决不能理解为把江苏过剩产能、污染产能转移出去，虽然其中必然有高中低端之分，但这种区分主要是相对的。因此，"一带一路"倡议下江苏要注重绿色发展，或者说注重绿色发展产业链的延伸和拓展。例如，江苏的环保产业、绿色产业在全国均排名第一，如果能进一步放大这一优势，集聚更多更高端的先进要素，将江苏打造成为先进的环境技术或者说绿色技术平台，将江苏构建成为绿色技术转化中心，就能够对中西部地区及"一带一路"沿线国家的绿色产业发展提供技术支持，产生较强的辐射和带动作用。

3. 企业战略定位

企业是参与"一带一路"建设的微观主体，也是推动发展更高层次开放型经济的主体。从"交汇点"的本质内涵和建设需要看，江苏必须实施企业国际化战略，因为国际化企业也即跨国公司是推动经济全球化、促进地区开放型经济发展的最活跃、最重要的因素。江苏实施企业国际化战略，既包括"引进来"的企业国际化，也包括"走出去"的企业国际化。引进国际化企业即跨国公司，实际上就是引进"一揽子"生产要素，尤其是高端生产要素，并力图让引进的跨国公司在江苏落地生根、开花结果，即促进外资企业本土化，而不是形成所谓的浮萍经济，据此推动江苏开放型经济从以往的要素驱动向创新驱动转变。从上述意义上看，"引进来"着重放大向东开放优势，因为通过"引进来"实现先进和创新要素集聚以及高端化发展，更多地需要依赖于传统发达国家市场。"走出去"的企业国际化，主要是指推动江苏本土企业国际化，培育更多江苏本土企业成为跨国公司，鼓励江苏企业"走出去"全方位开拓中西部地区市场和国际市场。这其中，既包括向东开放也包括向西开放，只不过侧重点应该是向西开放。向东开放主要依托一部分有实力的企业走向发达经济体以获取全球资源尤其是外部创新要素，其根本目的仍然在于产业结构调整和转型升级的需要，因而本质上或者说侧重点仍然是属于开放式的要素集聚。向西开放是江苏企业"走出去"的重点所在，也就是让江苏本土企业走到"一带一路"沿线国家去，以获取资源保障、开展产能合作和拓展产业链，甚至是构建自己的全球价值链。向西开放式的企业"走出去"，本质上或者说侧重点是依托要素集聚所形成的优势，对"一带一路"沿线国家产生辐射和带动作用。尤为值得一提的是，江苏企业"走出去"，尤其是对"一带一路"沿线国家进行投资，一定要注意建立良好的形象，如投资项目是否绿色、安全、健康等，要树立正面形象，为中国企业参与"一带一路"建设作出表率。

（四）江苏"一带一路"交汇点建设的政策思路

江苏加快建设面向新时代的"一带一路"交汇点，要在支点构建、平台搭建和完善政府服务等方面，采取切实有效的具体对策。

1. 提升集聚发展要素的能力，是建设"一带一路"交汇点的基础

交汇点不只是交通上的交叉点，更重要的是其具有汇聚发展要素的功能。提高江苏交汇点汇聚发展要素能力和开放能力，要着眼于以下三方面建设。一是依托公路、铁路、水运、航空"公铁水空"交通网建设，完善对接国际和国内的综合交通运输体系与国际化的交通枢纽，并通过更加开放的互联互通政策，更大范围和更加有效地满足人员与物资的运输需求。二是深化全面对外开放，这涉及经济、政治、人文交流等多领域的双向交流，离不开形式多样的对外互信交流、自由贸易政策供给、良好的国际贸易环境创建和口岸市场发育充分等。江苏要加快对外开放体制机制改革，为深化全面开放营造世界一流的外部环境。三是提升企业"走出去"的能力，鼓励企业集群"抱团取暖"以组团或参与境外园区建设等方式"走出去"，通过采取跨国并购、股权置换、境外上市、联合重组等形式，培育一批有国际影响力的跨国公司。发挥江苏在装备制造业和工程建设上的优势，主动参与和承接"一带一路"沿线交通、通信和城市基础设施建设，积极开展能源资源开发、资源产品深加工等国际产能合作。

2. 内部支点建设上要着力提升连云港支点地位

交汇点虽然是一个多因素的叠加，但其地理概念也不应忽视。江苏之所以成为"一带一路"的交汇点，较大程度上是得益于连云港独特的交通地理区位优势。连云港具有得天独厚的地理优势，一方面依托陇海线，是欧亚大陆桥的桥头堡；另一方面又依托30万吨港口，具有海运优势。连云港作为"一带一路"交汇点支点的建设，需着重做好以下三个方面工作。一是加快支点载体建设，如上海合作组织物流园等；积极争取自由贸易港区和推进港口综合保税区建设，以此推动区域性的航运中心、国际物流中心和区域国际商贸中心的发展。二是加快发展高铁等交通建设，发展交通枢纽经济，改变在交通上被边缘化的现状。三是进一步明确支点建设的重点方向。连云港作为桥头堡，向西，参与陆上丝绸之路，是陆上丝绸之路的"末端"；向东，面向大海，是海上丝绸之路的"起点"。连云港应突出海上丝绸之路起点功能，加快出海口建设，充分发挥其作为我国中西部地区和陆上丝绸之路沿线进出海口的作用。

3. 外部支点建设上要着重以国外园区和沿线大型项目为依托

江苏参与"一带一路"建设，无论是基于"走出去"方式整合利用外部资源的需要，还是拓展国际产能合作的需要，无论是基于拓展全球价值链的需要，还是加强贸易和投资互动的需要，以国外园区和沿线大型项目为依托，加快建设外部支点，无疑将发挥重要作用。在这一方面，江苏已经取得了一定经验。例如，红豆集团主导建设的西哈努克港经济特区向全球招商，不仅实现了红豆集团国际产能合作，也为国内外企业搭建了产能合作平台，是"政治互信、经济融合、文化包容"的成功范例。除此以外，江苏目前在境外的国际产能合作区还主要有埃塞俄比亚东方工业园等。在沿线大型项目上，中江集团长期在"一带一路"沿线国家开拓经营，业务涵盖工程承包—城镇投资—国际贸易—咨询服务产业链，已陆续开辟东南亚、中亚、南太平洋、关岛、中美洲等市场。尤其是，中江集团牵头负责投资建设运营的中阿（联酋）产能合作示范园，是首家国家级"一带一路"产能合作园区。中江集团深耕"一带一路"沿线市场，与"支点"内涵、功能完全契合。江苏各地可以充分利用中江集团分布于"一带一路"沿线的众多项目和园区，作为参与"一带一路"建设的支点。

4. 外部支点建设上要着重争取构建大平台

重大的开放必须要有大的平台，要想有大的创新必须要有大的平台来支撑，如自由贸易区和自由贸易港。江苏要加快自由贸易区建设，因江苏参与"一带一路"交汇点建设的两个重点区域——沿江地区和东陇海线具有建设自由贸易港的优势条件，所以江苏还要发挥主观能动性，积极申请和复制自由贸易港的政策、体制和做法。

5. 提升政府资源和服务的整合能力

"一带一路"是国家倡议，参与"一带一路"建设推进国际产能合作涉及国与国之间的关系。因此,江苏"一带一路"交汇点建设离不开政府的推动和对有关资源的整合。境外产能合作园区是两国经济合作的重要载体,需要在两国政府间达成共识和合作。例如,中江集团在阿联酋投资建设的中阿(联酋)产能合作示范园和红豆集团主导建设的柬埔寨西哈努克港经济特区,都是在两国政府共同推动和合作基础上建立起来的。江苏提升政府资源和服务的整合能力,推进"一带一路"交汇点建设,应重点考虑以下方面的力量整合和服务功能提升。一是统筹驻外机构力量,加强省商务厅、省生态环境厅、省外事办公室等部门之间的协作。目前,江苏许多部门在境外分别设有派驻机构,这些派驻机构服务各自部门,力量分散,同时只为一个部门服务,也浪费资源。江苏要对"一带一路"沿线境外派驻机构进行统筹协调和统一管理,充分利用其各自优势和丰富的人脉关系,助推江苏参与"一带一路"建设。二是强化与"一带一路"沿线国家友好省(州)的合作与优势转化。目前江苏缔结友好城市数量很多,这是江苏在"一带一路"沿线开展经贸活动非常重要的资源。要充分发挥这些资源的优势,促使其为江苏参与"一带一路"建设服务。三是加强"一带一路"沿线园区招商的组织协调。在江苏"一带一路"沿线园区的招商工作中,要注意不同国家和地区之间、不同经贸合作园区之间的统筹、配合与协调,促进有效有序招商,防止同质竞争,不断提高招商引资水平和效率;要根据发展条件,逐步推行专业化招商、第三方招商;要促使园区增长方式从"规模速度型"向"质量效益型"转变,加强园区服务体系建设,努力营造有利于入驻企业发展的良好环境。

参考文献

[1] 戴翔:《"全球增长共赢链"的若干基本理论问题》,载于《中共中央党校(国家行政学院)学报》2019年第23卷第1期。

[2] 戴翔:《高质量开放型经济:特征、要素及路径》,载于《天津社会科学》2019年第1期。

[3] 戴翔:《要素分工新发展与中国新一轮高水平开放战略调整》,载于《经济学家》2019年第5期。

[4] 戴翔:《中国制造业国际竞争力——基于贸易附加值的测算》,载于《中国工业经济》2015年第1期。

[5] 戴翔、张二震:《逆全球化与中国开放发展道路再思考》,载于《经济学家》2018年第1期。

[6] 方勇、戴翔、张二震:《论开放视角的包容性增长》,载于《南京大学学报》(哲学·人文科学·社会科学版)2012年第1期。

[7] 方勇、戴翔、张二震:《要素分工论》,载于《江海学刊》2012年第4期。

[8] 顾学明：《以开放发展引领经济全球化步入新时代》，载于《人民日报》2017年3月9日。

[9] 黄群慧、贺俊：《中国制造业的核心能力、功能定位与发展战略——兼评〈中国制造2025〉》，载于《中国工业经济》2015年第6期。

[10] 金碚：《工业的使命和价值——中国产业转型升级的理论逻辑》，载于《中国工业经济》2014年第9期。

[11] 金碚：《论经济全球化3.0时代——兼论"一带一路"的互通观念》，载于《中国工业经济》2016年第1期。

[12] 金碚、李鹏飞、廖建辉：《中国产业国际竞争力现状及演变趋势——基于出口商品的分析》，载于《中国工业经济》2013年第5期。

[13] 金京、戴翔、张二震：《全球要素分工背景下的中国产业转型升级》，载于《中国工业经济》2013年第11期。

[14] 理查德·巴德温、杨盼盼：《WTO 2.0：思考全球贸易治理》，载于《国际经济评论》2013年第2期。

[15] 刘志彪：《从全球价值链转向全球创新链：新常态下中国产业发展新动力》，载于《学术月刊》2015年第2期。

[16] 桑百川：《在金融危机中谋求利用外资的突破》，载于《国际贸易》2009年第5期。

[17] 盛斌：《迎接国际贸易与投资新规则的机遇与挑战》，载于《国际贸易》2014年第2期。

[18] 滕文生：《构建人类命运共同体是世界发展的历史必然》，载于《人民日报》2019年1月11日。

[19] 王永贵：《全球化背景下社会主义意识形态功能探析》，载于《社会主义研究》2009年第3期。

[20] 习近平：《共建创新包容的开放型世界经济——习近平在首届中国国际进口博览会开幕式上的主旨演讲》，载于《对外经贸实务》2018年第12期。

[21] 习近平：《在参加十二届全国人大二次会议上海代表团审议时的讲话（2014年3月5日）》，载于《人民日报》2014年3月6日。

[22] 习近平：《在省部级主要领导干部学习贯彻党的十八届五中全会精神专题研讨班上的讲话》，载于《人民日报》2016年5月10日。

[23] 习近平：《中国发展新起点 全球增长新蓝图》，载于《人民日报》2016年9月4日。

[24] 项松林：《中国开放型经济嵌入全球创新链的理论思考》，载于《国际贸易》2015年第7期。

[25] 张二震：《条件具备，战略正确，全球化对发展中国家更有利》，载于《世界经济研究》2018年第3期。

[26] 张二震、戴翔：《高质量利用外资与产业竞争力提升》，载于《南开学报》（哲学社会科学版）2018年第5期。

[27] 张二震、戴翔:《构建开放型世界经济:理论内涵、引领理念与实现路径》,载于《江苏师范大学学报》(哲学社会科学版) 2019 年第 45 卷第 2 期。

[28] 张二震、戴翔:《完善全球经济治理与中国新贡献》,载于《世界经济研究》2017 年第 12 期。

[29] 张二震、戴翔:《要素分工、开放发展与长三角全面小康建设的基本经验》,载于《江苏社会科学》2017 年第 5 期。

[30] 张幼文、周琢:《中国贸易竞争力的真实结构——以要素收益原理进行的测算》,载于《学术月刊》2016 年第 2 期。

[31] 张幼文等:《要素收益与贸易强国道路》,人民出版社 2006 年版。

[32] Bown C. P., "Monitoring Update to Global Antidumping Database" (2009 - 4 - 8) [2012 - 3 - 31], http://www.brandeis.edu/~cbown/global_ad/, 2009.

[33] Hoekman B., *The Global Trade Slowdown: A New Normal?*, A VoxEU eBook, London: CEPR Press and EUI, 2016.

[34] Irwin, Douglas A., "The Rise of U. S. Antidumping Activity in Historical Perspective", *The World Economy*, 2005, 28: 651 - 668.

第二章

长三角地区历史上"一带一路"的发展及启示

2013年9月，习近平提出了建设"一带一路"的合作倡议。习近平指出："'一带一路'建设是我国在新的历史条件下实行全方位开放的重大举措、推行互利互赢的重要平台。我们必须以更高的站位、更广的视野，在吸取和借鉴历史经验的基础上，以创新的理念和创新的思维，扎扎实实做好各项工作，使沿线各国人民实实在在感受到'一带一路'给他们带来的好处。"[①] 丝绸之路起始于古代中国，是连接亚洲、非洲和欧洲的商业贸易路线，最初用来运输古代中国生产的丝绸、瓷器等商品，后来逐渐成为东西方政治、经济、文化交流的主要通道。丝绸之路按照运输方式分为陆上丝绸之路和海上丝绸之路，陆上丝绸之路是在汉武帝时期开辟的，以长安为起点，经凉州、酒泉、敦煌、西域、阿富汗、伊朗、伊拉克、叙利亚，到达地中海；海上丝绸之路始于秦汉时期，从广州、泉州、宁波、扬州等沿海城市出发，经南洋到达阿拉伯海甚至非洲东海岸。历史上的长三角地区和海上丝绸之路有着很大的联系，其中最为著名的事件就是明朝郑和下西洋。郑和一共七次下西洋，他每一次出行前的准备工作都是在江苏进行的，而浙江也与郑和下西洋有着密切联系，郑和下西洋经过浙江九处海港，浙江宁波等沿海口岸为其船队提供船舶、粮草物资、随船人员等各方面的支持。

---

① 中共中央文献研究室：《习近平关于社会主义经济建设论述摘编》，中央文献出版社2017年版，第268页。

第二章　长三角地区历史上"一带一路"的发展及启示

一、郑和下西洋与海上丝绸之路的开启

（一）江苏与郑和下西洋的渊源

郑和下西洋是一次伟大的历史创举，1405~1433年期间郑和七次下西洋，历时28年，踏足亚洲、非洲几十个国家，最远到达非洲东岸。郑和船队是由100多艘巨舰和200多艘辅助船组成的庞大混合舰队，装载着2万多名船员和数量巨大的物资，在如此广阔的海域进行长时间的远洋航行，这在人类历史上也是空前的。

关于郑和下西洋时在内河的航行路线，有史料记载的有三次。永乐三年（1405年），郑和第一次下西洋，从龙江湾出发，"自苏州刘家河泛海至福建，复自福建五虎门杨帆，首达占城"[①]。永乐七年（1409年），郑和第三次下西洋，从南京龙江湾出发，九月从太仓刘家港开船，十月到达福建长乐太平港停泊，十二月从福建五虎门出海。宣德五年（1430年）十二月，郑和第七次下西洋，也是从南京龙江湾出发，经过徐山、附子山、刘家山，宣德六年（1431年）二月到达福建长乐港，十二月从五虎门出发。可见，郑和下西洋时在内河有固定的航行路线，都是以南京龙江湾为起点，由内河行驶至太仓刘家港，再沿海岸到达福建，然后出海。根据茅元仪《武备志》的记载，郑和下西洋从南京龙江船厂开船，由南京龙江关出水，经太仓刘家港，由福建出海。船队归国时，是按原路返程的，即从福建沿海岸到达太仓刘家港，最后回到南京。

郑和与江苏很有渊源，南京是郑和的第二故乡。永乐三年（1405年），郑和从南京出发第一次下西洋；洪熙元年（1425年），郑和担任南京守备；宣德九年（1434年），郑和病逝于印度古里返回船中，遗体由随船官兵带回国，安葬在南京牛首山南麓。在南京，有关郑和的遗迹保存得较多，并且十分完整，如郑和公园、静海寺、郑和墓、龙江宝船厂遗址公园、天妃宫、渤泥王墓、大报恩寺、净觉寺。南京的马府街因郑和府邸所在地而得名，郑和担任南京守备时，住在马府街上。

南京龙江船厂始建于洪武元年（1368年），也特称为宝船厂，郑和下西洋所用的船只大部分是在龙江船厂制造的。当时的南京城西北处地势开阔，北临长江，水深流缓，江面宽阔，可以停泊多艘大船，是比较理想的造船基地。官府陆续从浙江、江西、湖广、福建、江苏滨江等地的造船中心调来大批优秀的造船工匠，龙江船厂的规模逐渐扩大。为了满足造船所需的木材，明太祖朱元璋下令在朝阳门外的蒋山南面建

[①] 郑鹤声、郑一钧：《郑和下西洋资料汇编》（下编），齐鲁书社1980年版，第218页。

立园圃,种植棕树、桐树、漆树等树木,为永乐年间龙江船厂的迅速发展奠定了基础。龙江船厂的规模很大,"其地东抵城濠,西抵秦淮卫军民塘地,西北抵仪凤门第一厢住官廊房基地,南抵留守右卫军营基地,北抵南京兵部苜蓿地及彭城张田"①。

天妃也称妈祖,是中华民族的海上守护神。永乐五年(1407年),郑和第一次下西洋顺利归国,为了感谢天妃保佑海上平安,明成祖朱棣在南京建立龙江天妃庙,并派太常寺少卿朱焯祭告。永乐七年(1409年),明成祖封天妃为"护国庇民妙灵昭应弘仁普济天妃",为天妃庙赐名为"弘仁普济天妃之宫"。在此之后,郑和每次下西洋之前都会专程前往天妃宫祭拜妈祖,祈求出行顺利、平安归来。

静海寺建于永乐年间,郑和第三次下西洋归国时,明成祖为了表彰郑和出使海外的功绩,同时为了供奉郑和从海外带回来的罗汉画像、佛牙、玉玩,以及种植珍稀树木,在南京凤仪门外建立皇家寺庙,取四海平静、天下太平之意,赐名为静海寺,是中国海上丝绸之路和郑和下西洋的重要历史遗迹。

(二)浙江在郑和下西洋中的作用

浙江独特的地理位置优势造就了其悠久的航运历史,浙江发达的航运为郑和下西洋提供了重要的支持。当时的浙江区域,以长江入海口为依托,沿海许多城市都建立了港口等设施;以大量水系网络为支撑,构建了四通八达的内河航运。浙江在明朝经常受到倭寇的侵扰,为巩固海防,明朝朝廷疏浚了浙江水系网络,进一步开拓了浙江的内河航运。浙江内河航运便利,使浙江在官方运输领域占有主导地位。当时的浙江内陆航道以杭州城为中心,向周围辐射扩散,连接绍、宁、台、温四府;开通杭州到普陀山航道、杭州到湖州府航道、杭州至嘉兴府航道等交通干线。发达的内陆航运成为支持浙江外海航运发展的基础。明代浙江发达的航运网络和设施,为当时郑和下西洋提供了便捷的交通通道。

《郑和航海图》记录郑和下西洋经过浙江9处海港。周运中(2013)在《郑和下西洋新考》一书中,将《郑和航海图》中的江浙部分分为7段,其中浙江占了4段:南汇嘴至舟山岛段、舟山岛至乱礁洋段、乱礁洋至台州卫段、台州卫至蒲门所段。郑和下西洋涉及了浙江地区的许多地方,《郑和航海图》全图记载的中外地名共计500余个,其中浙江地区的地名多达70余个,约占总数的1/7。由此可见,浙江沿海地区在郑和下西洋过程中提供了重要的航运服务与支持。郑和依靠宁波等沿海口岸为其船队提供船舶、粮草物资、随船人员等各方面的支持,才得以在28

---

① 郑鹤声、郑一钧:《郑和下西洋资料汇编》(下编),齐鲁书社1980年版,第15页。

年内七下西洋,将中华文明播撒到印度洋沿岸各国。

浙江先进的造船技术与规模,为郑和下西洋作出了重要贡献。明朝时期,浙江的造船技术高、能力强、规模大。浙江作为明代朝廷指定的重要造船基地之一,承接了大量海船的制造。早在洪武元年(1368年),朱元璋就命令平章汤和"造舟明州,运粮直沽,以给军食";洪武五年(1372年),朱元璋"令温州等浙、闽滨海九卫造海舟六百六十艘,以御倭寇"[①]。郑和下西洋所使用的主力船型为福船中的官船型号,而福船诞生在浙江、福建沿海一带,以"上平如衡,下侧如刀,底尖上阔,首尖尾宽两头翘"[②],有效地提升了船舶抗击风浪的稳定性,从而为郑和远洋航行提供了技术保障。

浙江省是我国开展海外贸易最早的省份之一,约有2000多年的悠久历史。为了建立海上新秩序,浙江成为明初朝廷实行海上新政的重点区域和重要的海内外贸易基地。浙江宁波是明朝三大市舶司港口之一,是明朝的主要港口。当时浙江与外国通商频繁,海上贸易与航海文化已经在浙江有了相当浓厚的基础和氛围,为了更好地进行对外贸易,浙江地区产生了学习外语的风气,甚至于"巷南巷北痴儿女,把臂牵衣学蕃语"[③]。而且浙江地区百姓多习水,民间盛行海外异域习俗,有出海冒险的探索精神。正是有这个海外贸易往来、学习外语的良好基础,所以浙江地区为郑和下西洋提供了大量的翻译人员、船队的艄公等人员,其中一位名字叫马欢[④]的著名翻译官就是浙江会稽人(郑鹤声、郑一钧,1980)。

(三) 江南地区对郑和下西洋的历史作用

明朝初年,统治者制定了休养生息、奖励农桑的治国方略,采取了一系列有利于恢复社会经济的措施,如惩治豪强地主、打击贪官污吏、减轻税收、鼓励垦荒、兴修水利、发展农桑等。在数十年间,农业、手工业和商业都有了显著的发展,由此出现了"洪宣之治"的盛况,江南地区的社会经济达到了巨大的繁荣。

江南地区的繁荣发展,为郑和下西洋创造了经济物质条件。洪武二十六年(1393年),江南地区的耕地为1.66亿亩,只有全国的17%,农业人口达到2740万人,占

---

① 张森:《浙江航运史》(古近代部分),人民交通出版社1993年版,第133页。
② 陈振杰:《郑和包船为福船型的历史文献证据》(下),载于《中国远洋航务》2016年第3期,第108页。
③ (明) 偶恒编:《乾坤清气集》,收录于《影印文渊阁四库全书》第1370册第323~324页。转引自张童心、张翼飞:《简析浙江在郑和下西洋过程中的重要地位》,载于《济南大学学报》(社会科学版)2018年第4期。
④ 马欢著有《瀛涯胜览》,该书记录了马欢跟随郑和下西洋时亲身经历的20个国家的航路、海潮、地理、国王、政治、风土、人文、语言、文字、气候、物产、工艺、交易、货币和野生动植物等状况,该书被公认为研究郑和的最重要的原始文献之一。

"一带一路"交汇点：长三角地区高质量的对外开放

全国人口的45%以上，当年的粮税为1 135万石，占全国粮税的38%（梁方仲，1980）。从农业人口和粮税可以看出，江南地区的农业经济十分发达。除了粮食作物的生产，还在江南地区大规模种植棉花、蚕桑等经济作物。经济作物的大面积种植，不仅提高了江南地区农业的生产力水平，也推动了手工业和商业的发展。江南地区手工业中最发达的是纺织业和造船业。南京、苏州、镇江、松江都设有官办织造局，《明史》中有这样一段记载，可以看出南京、苏州已经成为全国纺织业的中心，"内库所贮诸色绾丝、纱罗、织金、闪色、蟒龙、斗牛、飞鱼、麒麟、狮子通袖、膝襕、并胸背斗牛、飞仙、天鹿，俱天顺间所织，钦赏已尽。乞令应天、苏、杭诸府依式织造"[①]。明初南直隶各府都设有官营造船工场，南京的龙江船厂是当时最大的官营造船工场，船厂有400多户工匠，分为船木梭橹索匠、船木铁缆匠、舱匠、棕蓬匠等不同工种，专门制造黄船、战船、海船等各式船只。随着农业和手工业的发展，江南地区的商业逐渐繁荣起来。南京、苏州、镇江、常州成了重要的工商业城市。江南地区繁荣的社会经济保证了明朝政府可以积攒足够的人力、物力、财力，为郑和下西洋提供了物质保障。

江南地区的发展繁荣，为郑和下西洋供给了造船的高端技能人才。郑和下西洋的船队是当时世界上规模最大的船队，郑和第一次下西洋时，有大型船只62艘，加上其他型号的船只，一共有200多艘（郑鹤声、郑一钧，1980）。这些船只大部分是由南京龙江船厂制造的。郑和下西洋所需的船只不仅对数量有要求，更需要质量精良，能够抵抗住大风大浪。为了满足航海活动的需要，龙江船厂不仅在生产规模上迅速扩展，造船技术也得到了很大的提高。根据李昭祥《龙江船厂志》的记载，龙江船厂制造的船只种类繁多，可以满足郑和船队出海的需求，有扁浅黄船、座船、划船、沙船、一颗印巡船、三板船、哨船、蜈蚣船、两头船、轻浅利便船、马船、快船，都是按照当时的最高规格制造的（郑鹤声、郑一钧，1980）。郑和下西洋所使用的宝船按照尺寸和性能可以分为七等，最大的船只长达四十四丈，宽十八丈，有九桅（郑鹤声、郑一钧，1980）。这些体积庞大、设备复杂、制作精良的船舶充分反映了龙江船厂高超的造船技术。

江南地区的发展繁荣，为郑和下西洋提供了大批惯于海上航行的技能型人才。根据史料记载，郑和每次下西洋的随行船员都超过了2万人，有时甚至达到3万人，这些船员主要是来自江南地区（郑鹤声、郑一钧，1980）。从郑和随行使团成员的记录可以看出，绝大多数人分别属于南京的龙江卫、水军卫、金吾卫、锦衣卫以及江阴、太仓等地的卫所，例如，《星槎胜览》的作者费信，其祖籍吴郡昆山，

---

① 张廷玉：《明史》（卷八二，食货志六），中华书局1974年版，第1997页。

隶属于太仓卫,曾四次跟随郑和下西洋;《西洋藩国志》的作者巩珍,其是南京人,从军时由兵士升任幕僚,跟随郑和出使西洋(郑鹤声、郑一钧,1980)。同样的,船队的水手、民梢、火长、医士很多也都是从江南地区挑选的。

二、郑和下西洋的伟大成就

郑和七次下西洋不仅仅是世界航海史上的伟大成就,他们在亚洲和非洲国家进行的多项活动,更是对中国历史和世界历史的进程作出了巨大贡献。在政治上,郑和下西洋缓和了东南亚各国之间的矛盾,建立了亚非国家间的和平局势,提高了中国的国际威望;在经济上,郑和下西洋推动了亚非国家之间的国际贸易,促进了海上丝绸之路的发展;在文化上,郑和下西洋向亚非国家宣传了中华文化,也增进了中国人民对亚非国家的了解,推动了国家间的文化交流。

(一) 亚非国家间和平局势的建立

在郑和下西洋以前,东南亚和南亚的许多小国由于领土纠纷和宗教信仰的差异,经常发生冲突,地区形势动荡不安。郑和到达南洋以后,凭借强大的军事力量,推行明朝的和平外交政策,告诫那些喜欢挑起事端的国家要安分守己,不能欺凌弱小的国家。同时,郑和从崇扬佛教或者传播伊斯兰教入手,力图使相关国家的百姓拥有统一的宗教信仰,对于平衡国家间的关系、缓解因宗教信仰问题导致的地区间紧张局势起到了非常重要的作用。除此之外,郑和还采取宣传教化、扶助弱小国家的措施,促进国家间和平局势的建立。

当时的东南亚地区,安南、暹罗、爪哇三国比较强大,常常有侵略弱小国家的意图。满剌加被爪哇和暹罗两面夹击,饱受欺凌压迫,为了解除危机,满剌加向中国寻求保护。明朝政府按照和平外交的政策,主持公平正义,维护地区和平,对于满剌加的控诉,明政府派遣专使前往调查,从实际上了解两国间争端的由来,作出比较公允的裁决,然后分别派遣使者前往两国进行调解工作,促使两国解决争端、停止战争。郑和下西洋的前期,明朝政府解决了占城和安南之间、满剌加和暹罗之间、三佛齐和爪哇之间的纠纷。郑和第四次下西洋时,解决了满剌加矫朝命向爪哇索要旧港之地的问题,第七次下西洋时,解决了暹罗侵略满剌加的问题。因此,当时亚非诸国的外交政策,一方面是互相竞争、互相抗衡;另一方面是与中国交好,希望得到中国的承认和保护。

明朝对亚非各国承担起了调解国际纠纷的责任,在海外树立了很好的威信,促进了许多国家和中国的友好往来。永乐六年至永乐十八年(1408~1420年),渤泥、满剌加、苏禄、古麻剌朗四国的国王来到中国进行朝贡。永乐二十一年(1423年),郑和第六次下西洋归来时,锡兰、阿鲁、西洋、古里、阿丹等16国派遣了1 200人的使者带着礼物随郑和船队来中国访问。同时,郑和船队下西洋时受到了亚非国家的热情接待,国王率大臣亲自迎接明朝的使者,已经是屡见不鲜了。暹罗为了纪念郑和使团的来访,还建造了三宝庙,作为永久纪念。可见,郑和使团执行的和平外交政策和处理国际纠纷的谨慎态度,得到了各国的认可和信任,也反映了中国的国际威望。

郑和下西洋为建立亚非国家间的和平局势,促进亚非各国人民间的友谊作出了重大贡献。郑和使团在亚非各国播下了友谊的种子,时至今日,中国与亚非许多国家仍保持着传统友谊。在郑和使团访问过的亚非国家,尤其是在东南亚地区,至今仍然保留着纪念郑和的各种遗迹,还流传着许多关于郑和下西洋的故事传说,进行着各种纪念郑和的活动。

(二) 亚非国际贸易的发展

法国学者弗朗索瓦·德勃雷对郑和下西洋给予了高度评价:"郑和的七十艘宝船载着三万余人开始了中国历史上的第一次海上远征,这次远征将使中央帝国向外部世界开放。……中国发现了亚洲,亚洲也发现了中国……皇帝的旗帜飘扬在南洋各处,从菲律宾到印度,从爪哇到阿拉伯甚至非洲的摩加迪沙。中国的商业获得巨大的发展,强迫当地人纳贡和皇帝赏赐的制度变成持久和均衡的贸易往来。正是在这一时期,印度的港口开始巨大的繁荣。"[①] 可以看出,郑和下西洋是明朝政府对外开放的一种表现,下西洋不再局限于朝贡贸易,而是发展成为持久均衡的贸易往来。

郑和下西洋对亚非国际贸易最基本的作用是市场的扩展,一方面是开拓新市场,另一方面是开发旧市场。元朝汪大渊编写的《岛夷志略》中收录的外国地名只有100个,而《郑和航海图》中包含的外国地名有300多个(南京郑和研究会,1996),新增的200多个地名是中国人之前未曾到过、与中国没有贸易联系的市场,郑和下西洋开拓了这些新市场,使之与中国建立贸易关系。对于那些曾经和中国有过贸易往来的地方,郑和下西洋对这些市场进行了深入的开发。在郑和下西洋以前,由于贸易往来不是很频繁,中国人对于东南亚国家只有模糊的印象。郑和船队

---

① 弗朗索瓦·德勃雷:《海外华人》,新华出版社1982年版,第4~5页。

到达这些国家后，与当地进行贸易往来，并了解当地的风俗，展开了完善的市场调查，在《星槎胜览》《瀛涯胜览》《西洋藩国志》中做了详细的记载，为后人对海外市场的开拓奠定了基础。

在东南亚、南亚、西亚、北非、中非、东非等地出土的明代瓷片和瓷器，是郑和下西洋建立亚非国际贸易网的最好证明。《星槎胜览》《瀛涯胜览》《西洋藩国志》都记载了郑和船队在亚非国家用瓷器以货易货的情况。日本学者三上次男写道："从这个遗址中发现的中国陶瓷片，种类相当丰富，而且质量很高。发现的中国陶瓷片从八至九世纪的唐代直到十六至十七世纪的清代的都有，在这期间中国生产的有名的陶瓷器，差不多在这里都能找到。"① "在开罗许多地方都能碰到中国的陶瓷片。……在巴勃、达尔布、埃尔、马哈路库山丘附近散布着大量优质的中国陶瓷片。其中有大量的南宋、元、明时代的龙泉青瓷；南宋、元、明时代的景德镇青白瓷；元、明、清时代的青花瓷；明清时代的五彩等。"② 东非的索马里、肯尼亚、坦桑尼亚等国的海岸和岛屿上出土的中国瓷器数量惊人，仅在坦桑尼亚海岸发现的中国陶瓷片遗址就有 46 处。菲律宾群岛、缅甸、泰国、越南、马来西亚、印度尼西亚、婆罗洲各岛，也都发现了明朝初年的陶瓷（三上次男，1984）。由此可见，瓷片和瓷器既是郑和建立亚非贸易网最为重要的商品，又是海上丝绸之路建设、发展的最好见证。

（三）亚非国家间的文化交流

郑和船队七次下西洋，促进了中外交往的空前发展，也推动了亚非国家间科学文化的交流，对世界文化的发展作出了重大贡献。

15 世纪初期，中国是世界上文明程度较高、文化高度发展的国家，郑和在对亚非各国进行访问时，努力弘扬中华优秀文化，宣传教化，以提高亚非国家的文化程度，改变其落后的习俗。郑和以睦邻为宗旨，以抚辑海外诸国为己任，用中国先进的文化和精神文明成果来影响海外诸国的精神生活，鼓励其改变不文明的习俗，学习中国先进的科学技术。郑和使团还为当地百姓治疗疾病，传播中医治疗方法，传授先进的生产技术和经验，让当地人民学会建筑城市和掘井取水的知识。中国对马来西亚的影响非常巨大，马来西亚多种武器的制造和应用都来源于中国，当地人衣服装饰也受到中国的影响，如马来西亚的各式礼帽、雨衣、鞋子都有中国的

---

① 三上次男：《陶瓷之路》，文物出版社 1984 年版，第 10 页。
② 同上，第 22 页。

痕迹，丝绸、瓷器也都来自中国。泰国的水浴、爪哇的禁食风俗也都是来源于中国。

郑和下西洋既增进了亚非国家对中国的了解，也开阔了中国人民的眼界。郑和下西洋时，船队所到之处，都会绘制航海图和《天星图》。随行的船员马欣编制了《瀛涯胜览》，记录航行方位、日程、港口气候、民族、习俗、贸易等；费信编制了《星槎胜览》，记载亲历诸国资料；巩珍编写了《西洋藩国志》，记录了20几个国家的地理情况、人民生活和贸易往来。这些资料很好地增强了人们的航海知识和地理知识，也促进了人们对亚非诸国风土人情的了解。

《郑和航海图》是世界上最早的实用性科学地图，也是我国第一幅亚非远洋航海图。航海图用山水写实技法，又辅以文字说明，绘有500多个地名，翔实可靠，英国学者李约瑟（2011）称它为"一幅真正的航海图"。《郑和航海图》一共有40幅地图，把它们拼接在一起，就构成了一张完整的亚洲和非洲之间的航海图，详细地标明了航线所经诸国的方位、航道之间的距离、航行的方向以及礁石浅滩的位置。例如，从太仓到忽鲁谟斯的针路有56线，从忽鲁谟斯返回太仓的针路有53线（郑鹤声、郑一钧，1980），往返针路不同，这是因为在归途中灵活运用了各种针路。航海图在针路上标注了针位和更数，有时还标明了航道的深度和航行时的注意事项。有的图还根据船舶定位的需要，标注了天体的高度。为了确定航海路标，图上绘制了大陆岸线和沿岸的山峰、港湾、河口和岛礁，有的还绘制了城垣、官署、庙宇、宝塔、桥梁、旗杆。

郑和七次下西洋，开辟了稳定的航行路线，为以后亚非国际贸易提供了一条最佳的航线。郑和在七次下西洋的过程中，不断寻找最佳的航行线路，在第七次下西洋时，用《郑和航海图》记录下最佳航线。中国与占城、爪哇、旧港、苏门达剌、南渤里、暹罗、满剌加、阿鲁、彭亨、急兰丹、真腊、新村、杜板等地都有稳定的航线，并标注了航程远近、方向、罗盘针路、山川地势、浅滩暗礁等信息。同时，郑和在七次下西洋的过程中，凭借强大的军事能力，打压了沿途的海盗水匪，保证了最佳航线的安全性。

郑和下西洋打开了通往东南亚各地的海上交通，树立起中国在海外的威望，为华侨开发东南亚创造了有利条件。郑和七次下西洋，一方面努力在东南亚各国宣传中华文化，传授中国的生产技术，促进了当地的经济社会发展；另一方面又在中国国内宣传他们下西洋所经各地的风土人情、物产禀赋，吸引了大批中国人移居到东南亚，他们带去了当时中国较为先进的生产工具和生产技术，从而进一步推动了东南亚各国社会经济的发展和当地人民生活条件的改善。正因为如此，如今在东南亚一带仍然保留着许多纪念郑和的古迹，在印度尼西亚爪哇三宝垄的华人始终相信郑和到过那里，每逢中国农历初一和十五，当地人还会来到郑和塑像前祭拜。在马来西亚的马六甲有三宝山、三宝城、三宝井等古迹，泰国也有三宝港、三宝寺等。

三、近代以来长三角地区的对外开放

（一）近代时期的被迫对外开放

理论上讲，对外开放应该建立在主权独立、自主开放的基础上，这是保证对外开放有序、顺畅运行的关键，但是，近代时期中国的对外开放自一开始就是被动的、被迫的，且带有很强的殖民地或半殖民地色彩。整个近代时期，在西方列强的威逼下，中国被迫开放通商口岸，被迫对外贸易，中国开始了被动、屈辱的对外开放进程。长三角地区因为地处沿海沿江，加上自然条件和经济条件相对较好，所以是近代时期中国被迫开放最早、与外国贸易往来最早的地区之一。

通商口岸的对外开放，经历了由被迫开放到主动开放的过程。甲午战争前是被动地根据不平等条约开放口岸，甲午战争后是以自开商埠为主要方式的主动开放。鸦片战争至甲午战争期间，西方列强为了对中国进行经济侵略、加强对中国商品输出，对中国发动侵略战争和逼迫清政府签订一系列不平等条约。在不平等条约下，中国先后被迫开辟了35处条约口岸[①]，其中在长三角地区开辟了5处，分别是上海、宁波、镇江、芜湖、温州（见表2-1）。西方列强获得了口岸贸易权，掌握了中国的关税。通商口岸与外国的经济联系更加密切和便捷，经济发展更快，但同时也形成了对外依赖性。甲午战争之后至辛亥革命前，西方列强为了加强对中国的资本输出，逼迫清政府开放了更多条约口岸，其中长三角地区开放了3个条约口岸，分别是苏州、杭州和南京（见表2-2）。随着条约口岸的开放，西方先进的资本主义生产方式的侵入和廉价商品的输入，瓦解了中国的小农经济，进而大大推动了中国人商品意识的发展和贸易思想的转变，清政府及有识之士意识到，振兴商务、保护主权的当务之急就在于自行开设商埠、自行管理。光绪初年（1876年），薛福成首论中国自谋商务振兴之法，"地球各国居今日竞争通商，亦势有不得已也。……然则为中国计者，既不能禁各国通商，惟有自理其商务而已"[②]。由郑观应等思想

[①] 这些通商口岸不是根据中国对外贸易的需要设立的，而是资本主义国家根据不平等条约强迫清政府开放的，通常称之为"条约口岸"。
[②] 沈桐生：《光绪政要》（第29卷），转引自唐凌等：《自开商埠与中国近代经济变迁》，广西人民出版社2002年版，第21页。

家于19世纪70年代提出的"商战"主张在1898年开始诉诸实践，由是导致了"自开商埠"的出现。① 1898年清朝皇帝在给军机大臣的谕旨中提出："现当海禁洞开，强邻环伺，欲图商务流通，隐杜觊觎，惟有广开口岸一法。"② 随着西方列强政治、经济侵略的加深，清政府由被迫开放到主动开放，晚清自开商埠36个，其中长三角地区的自开商埠有3个（见表2-3），吴淞更是成了中国最早的自开商埠。虽然江苏自开商埠由于所处时代的限制，发展中存在种种弊端，但依然表现出它们的优越性：政治上，主政者始终把握"隐杜觊觎、以保事权"的宗旨，规划出有鲜明自主性的商埠管理制度；经济上，主政者建置自开商埠取得显著成效，一定程度上达到了自开商埠"振兴商务、扩充利源"的经济目的。

表2-1　　鸦片战争至甲午战争期间长三角地区开辟的条约口岸（1843~1894年）

口岸名称	所在省份	开放日期	所依据的不平等条约
上海	江苏	1843.11.17	《中英南京条约》
宁波	浙江	1844.01.01	《中英南京条约》
镇江	江苏	1861.05.10	《中英天津条约》
芜湖	安徽	1877.04.01	《中英烟台条约》
温州	浙江	1877.04.01	《中英烟台条约》

资料来源：申学锋，《中国近代对外开放史》，经济科学出版社2012年版，第8页。

表2-2　　甲午战争后长三角地区开辟的条约口岸（1895~1911年）

口岸名称	所在省份	开放日期	开辟口岸的依据
苏州	江苏	1896.09.26	《中日马关条约》
杭州	浙江	1896.09.26	《中日马关条约》
南京	江苏	1899.03.22	中法《修改长江通商章程》

资料来源：申学锋，《中国近代对外开放史》，经济科学出版社2012年版，第10页。

表2-3　　清朝在长三角地区自开商埠情况

省份	商埠名称	批准开埠时间	批准开埠时间	备注
江苏	吴淞	1898.04.20	—	总理衙门批准
	海州	1905.10.24	1921	不详
	浦口	1910	1912.08	地方官主持

资料来源：申学锋，《中国近代对外开放史》，经济科学出版社2012年版，第41页。

---

① 杨天宏：《近代中国自开商埠研究述论》，载于《四川师范大学学报》（社会科学版）2001年第6期。
② （清）朱寿朋编：《光绪朝东华录》（第4卷），中华书局1958年版，第4189页。

鸦片战争后，西方国家凭借其在中国获得的政治经济特权，对中国进行经济侵略，而上海以其得天独厚的条件迅速成为近代中国对外贸易的中心和西方国家对中国进行投资的大本营。开埠后，由于上海位于中国沿海海岸线中点，又通过长江连接广阔的内地，襟江带海的地理位置和交通条件，使得它的对外贸易迅速发展起来，不久就位居五通商口岸之首，成为中国对外贸易的中心。以中国的出口大宗茶叶为例，1846年上海出口量占全国出口量的1/7，1851年就增长到1/3，1852年超过全国出口量的一半，1853年几乎达到70%。生丝的出口情况也是如此，19世纪50年代中期以后，生丝的出口几乎全部由上海供给。总之，上海成为连接中国内地和国外市场的窗口。除了贸易往来之外，外国资本还陆续在中国进行投资，上海成了西方列强对中国投资的两个大本营之一。据不完全统计，甲午战争以前，外国在中国投资的半数集中于上海。据美国人雷麦（1937）估计，1902年，外国在上海的投资占总投资额的14.0%；1914年为18.1%；1931年为34.3%（见表2-4）。抗日战争结束后，上海成为外国在中国投资的唯一中心（赵津，2006）。从开埠到19世纪中叶，上海的外资工业企业设立了将近40家，其中船舶修造业超过半数。1895~1911年间，开办资本在10万元以上的新设外资工厂，全国总计91家，其中上海有41家，占45%（申学锋，2012）。

表2-4　　　　　　　　外国在中国投资的地理分布

区域	1902年 投资额（百万美元）	占比（%）	1914年 投资额（百万美元）	占比（%）	1931年 投资额（百万美元）	占比（%）
上海	110.0	14.0	291.0	18.1	1 112.2	34.3
满洲	216.0	27.4	361.6	22.4	880.0	27.1
中国其他地方	177.2	22.5	433.1	26.9	607.8	18.8
未分配的	284.7	36.1	524.6	32.6	642.5	19.8
总计	787.9	100.0	1 610.3	100.0	3 242.5	100.0

资料来源：雷麦，《外人在华投资论》，商务印书馆1937年版，第73页。

上海作为中国近代第一批开放的通商口岸之一，以其得天独厚的条件迅速成为中国对外贸易的中心，极大地影响了同样为中国近代第一批开放的通商口岸之一——宁波的对外贸易前景，引走了宁波的外商和外资，一定程度上造成近代宁波的对外贸易发展甚微。近代宁波港的贸易发展可以分为三个阶段：第一阶段为五口通商时期，其贸易发展十分不景气，至19世纪60年代初，宁波港沦为上海港的一个转运港和支线港。根据海关资料统计，宁波港的中英贸易额，开埠当年（1844年）为111 034英镑，1845 年就下降为 27 893 英镑，降幅达 3/4；1846 年进一步下降至 11 137 英镑，仅为开埠当年的 1/10（见表 2-5）。如表 2-6 所示，与其他四个通商口岸相比，宁波口岸的贸易量甚微，1847 年宁波的贸易额仅为上海的 1/185，仅为广州的 1/442。就宁波口岸的进出口贸易总额而言，开埠当年（1844 年）为 500 000 元，次年缩减为 128 723 万元，1846 年进一步缩减为 43 000 元，此后几年则一直为 50 000 元左右（见表 2-5）。由于开埠之初宁波港进出口贸易的衰落，使得宁波港的转运贸易也一度低落，各种形式的走私贸易却泛滥起来，其中尤以鸦片走私为甚。第二阶段为 19 世纪 60 年代中期至 90 年代中期，宁波港的贸易在曲折中发展，在这一过程中宁波港的港口地位不断下降，贸易由出超变成入超，直接对外贸易也日益衰微。如表 2-7 所示，1865~1894 年，宁波一直处于贸易逆差状态，洋货的净进口额远大于土货的净进口额（见图 2-1）。第三阶段为 19 世纪 90 年代末至新中国成立前，宁波的港口地位进一步下降，对外贸易规模收缩，中间虽因战争等因素有过繁荣，但只是昙花一现。1901 年，宁波港的进出口贸易总值只占全国各埠贸易总额的 2.5%，1911 年降为 1.96%，1921 年又降为 1.46%，1936 年更是降到了 1.12%。[1] 1946 年，宁波的直接对外贸易总值只有 13 万多元，1947 年锐减到 6 万多元，1948 年只有 4 万多元。[2]

表 2-5　　　　　　　　　　五口通商时期宁波港贸易额

年份	中英贸易额（英镑）	进出口贸易总额（元）
1844	111 034	500 000
1845	27 893	128 723
1846	11 137	43 000
1847	12 408	50 000

资料来源：陈建彬，《近代宁波港贸易发展研究（1844—1911）》，浙江师范大学硕士论文，2017 年。

表 2-6　　　　　　1844~1847 年五通商口岸中英贸易额　　　　　　单位：英镑

年份	宁波	广州	厦门	福州	上海
1844	111 034	7 335 140	192 952	—	487 528
1845	27 893	6 814 662	162 972	84 274	2 341 298
1846	11 137	5 545 137	176 372	—	2 162 730
1847	12 408	5 492 000	186 896	—	2 299 422

资料来源：竺菊英，《近代宁波对外贸易衰落原因探析》，载于《浙江学刊》1996 年第 2 期。

---

[1] 宁波市政协文史资料研究委员会编：《宁波文史资料》（第二辑），1984 年印刷，第 13 页。
[2] 同上，第 34 页。

表2-7　　1865~1894年宁波洋货净进口、土货净进口、土货出口值

年份	洋货净进口	土货净进口	土货出口
1865	3 947 270	2 242 363	5 081 457
1866	3 891 446	22 62 419	6 432 297
1867	4 746 215	1 984 741	5 832 585
1868	4 720 063	1 808 661	6 070 721
1869	4 965 140	2 051 169	7 267 416
1870	5 618 493	1 698 964	7 296 576
1871	5 190 789	1 847 821	8 976 484
1872	5 922 646	1 635 503	10 351 148
1873	6 312 646	1 618 714	7 721 672
1874	5 998 926	1 533 539	7 013 845
1875	6 180 252	1 682 131	4 983 932
1876	5 761 476	1 607 048	5 035 897
1877	5 967 638	1 874 807	4 609 208
1878	6 452 924	1 926 660	4 271 018
1879	6 410 259	1 656 138	4 869 972
1880	5 693 549	1 558 852	5 131 929
1881	6 948 856	1 782 941	4 537 223
1882	6 109 280	1 797 576	3 763 870
1883	5 674 046	1 682 576	3 560 428
1884	5 353 484	1 295 633	4 773 272
1885	5 655 854	1 718 215	5 107 028
1886	6 245 897	2 192 033	4 810 377
1887	4 481 687	2 039 361	4 444 484
1888	5 554 647	1 946 446	5 657 732
1889	5 697 317	1 798 942	5 177 781
1890	6 107 790	2 087 035	4 874 590
1891	6 157 435	1 802 906	4 911 963
1892	6 694 707	2 176 701	4 944 334
1893	6 996 717	2 192 662	6 288 626
1894	7 141 334	1 843 342	5 615 081

注：1873年前单位为两，此后单位为海关两。
资料来源：竺菊英，《近代宁波对外贸易衰落原因探析》，载于《浙江学刊》1996年第2期。

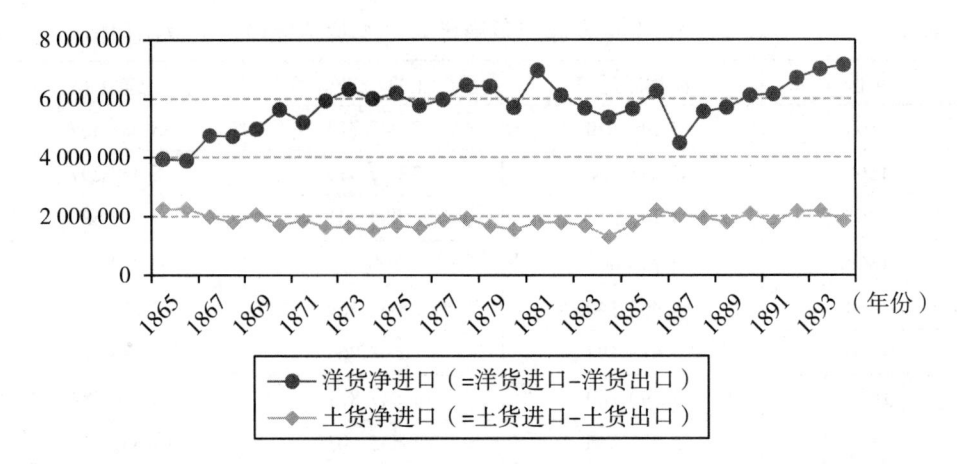

"一带一路"交汇点：长三角地区高质量的对外开放

图 2-1 1865~1894 年宁波港洋货净进口额、土货净进口额变动趋势

注：1873 年前单位为两，此后单位为海关两。

鸦片战争后，由于安徽缺少通商口岸和自然经济的抵制，对外贸易发展缓慢。直到 1877 年，芜湖开埠，安徽有了直接的通商口岸，其对外贸易才迅速发展起来。进入民国时期后，安徽对外贸易并没有延续晚清时快速发展的趋势，而是呈现波动性增长。商品结构上出口以农产品为主，进口以工业品为主。地理结构上以国内贸易为主，主要对象是以上海为核心的中部地区，国际贸易以美国、日本、英国和中国香港为主。对外贸易的发展虽然使安徽沦为列强的原料产地及商品输出地，安徽的矿业、农业和工业等各行业惨遭掠夺和压榨，但是也为安徽发展带来了技术、先进机器等，推动着社会经济的缓慢发展。

总之，近代时期中国的被迫开放，使中国被强行拉入世界经济的轨道，中国对外贸易的发展从根本上为西方列强所操控。

（二）改革开放后的积极主动对外开放

1978 年开始的对外经济开放，成为中国走向繁荣富强的伟大转折点，具有划时代的历史意义。长三角地区以上海为中心，以浙江、江苏两省为核心，拥有"黄金海岸"和"黄金水道"于一身的优越自然条件和独特区位优势，是中国开放性经济发展的重要区域。虽然在改革开放之初，我国对外开放的重点集中在毗邻中国香港和澳门的珠三角地区和闽南地区，但是自 1990 年国务院正式宣布开放开发上海浦东新区后，我国对外开放的核心地带开始转移到长三角地区，以浦东开发开放为龙头，长三角地区通过快速积聚国际资本和民间资本，开放型经济规模越来越大。目前，世界 500 强企业中已有 400 多家在长三角地区落户，大量外资企业的存在，使长

第二章 长三角地区历史上"一带一路"的发展及启示

三角地区的经济国际化程度大幅度提高（国家发展和改革委员会国家合作中心对外开放课题组，2018）。《国务院关于依托黄金水道推动长江经济带发展的指导意见》指出，应"通过先行先试、经验推广和开放合作，充分发挥上海对外开放的辐射效应、枢纽功能和示范引领作用，带动长江经济带更高水平开放，增强国际竞争力"。

长三角地区的对外开放由点到面，逐步深入（见图 2-2）。1984 年，国务院批准开放了 14 个沿海城市，其中长三角地区有 5 个，分别是上海、连云港、南通、宁波、温州；1985 年，长江三角洲地区被国务院批准为沿海经济开放区；1990 年，开发和开放上海浦东新区；2003 年 12 月 8 日，国务院批准设立中国第一个保税物流园区——上海外高桥保税物流园区；2006 年 12 月 17 日，国务院批准苏州工业园区成为中国首个综合保税区；2013 年，我国第一个自由贸易试验区在上海成立，其战略定位是打造开放度最高的投资贸易便利、货币兑换自由、监管高效便捷、法制环境规范的自由贸易园区；2014 年 11 月 17 日，"沪港通"正式运行，为内地和香港投资者开辟了新的投资通道；2017 年，浙江设立自贸区，其战略定位是打造东部地区重要海上开放门户示范区、国际大宗商品贸易自由化先导区和具有国际影响力的资源配置基地。

1984年	国务院批准开放长三角地区的5个沿海城市：上海、连云港、南通、宁波、温州
1985年	国务院批准长江三角洲地区为沿海经济开放区
1990年	开发和开放上海浦东新区；中国首个保税区（上海外高桥保税区）获批成立
2003年	国务院批准设立中国第一个保税物流园区：上海外高桥保税物流园区
2006年	国务院批准苏州工业园区成为中国首个综合保税区
2013年	上海成立第一个自由贸易试验区
2014年	"沪港通"正式运行，为内地和香港投资者开辟了新的投资通道
2017年	在浙江设立自贸区

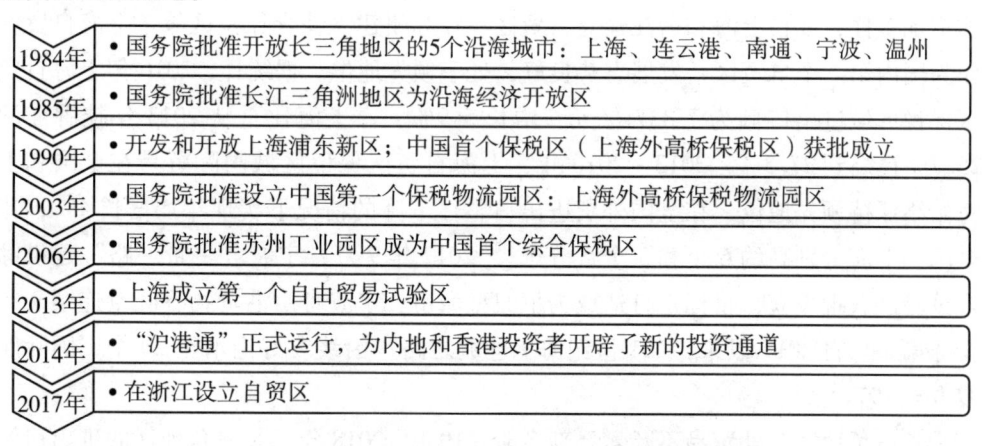

图 2-2 长三角地区对外开放 40 年的时间图谱

资料来源：根据国家发展和改革委员会国家合作中心对外开放课题组所著《中国对外开放 40 年》（人民出版社 2018 年版）第 10 页、第 30 页资料整理得到。

改革开放以来，长三角地区作为中国对外开放的重要区域，对外开放程度较高，位居全国前列。2008~2017 年，就中国 31 个省份区域对外开放指数综合得分（见表 2-8）而言，上海、江苏、浙江始终位于全国前列；就经济开放度而言，上海和江苏位居全国前六位，上海更是长年稳居第一位；就技术开放度而言，上海、江苏、浙江位于全国前列；就社会开放度而言，上海、浙江位居全国前列。

表 2-8　　　　2008~2017 年长三角地区对外开放指数综合得分

当前位序	省份	2008 年	2009 年	2010 年	2011 年	2012 年	2013 年	2014 年	2015 年	2016 年	2017 年
3	上海	42.95	39.9	41.91	44.01	45.49	47.85	47.06	50.32	45.69	44.71
4	江苏	25.47	25.29	26.75	28.8	30.99	34.1	32.3	32.15	34.72	34.01
5	浙江	20.48	19.3	22.36	24.34	26.12	28.51	26.29	27.02	31.44	31.5
14	安徽	8.32	8.92	8.9	9.74	11.23	12.68	13.43	13.8	16.62	18.19

注：对外开放指数综合得分是根据经济开放度、技术开放度、社会开放度综合计算得到的。
资料来源：国家发展和改革委员会国家合作中心对外开放课题组，《中国对外开放 40 年》，人民出版社 2018 年版，第 341 页。

（三）改革开放以来对外开放取得的巨大成就

长三角地区对外开放的深度和广度不断扩展。改革开放以来，长三角地区的对外开放由点到面，由开放沿海城市到沿海经济开放区，开放范围不断扩大。开放形式更加多样，如在上海和浙江建立自贸区、在苏州建立综合保税区等。上海自贸区作为国内第一个自贸区，发展态势良好，处于领先地位。据统计，2016 年上海自贸区保税区域进出口额为 7 837 亿元，增长 5.9%，占上海比重从 2013 年挂牌前的 25.7% 提高到 27.3%。2013~2016 年，上海自贸区保税区域国际贸易在全国和上海始终保持领先地位，在全国外贸进出口整体下降的情况下实现年均增长 4%，比全国和上海分别高约 6 个和 3 个百分点。[①] 2017 年 9 月，宁波"一带一路"建设综合试验区获批设立，目标是打造成为枢纽型城市。宁波舟山港货物吞吐量连续 9 年全球第一。自 2017 以来，"21 世纪海上丝绸之路"沿线友好港增至 20 个，国际航线升至 197 条。[②]

长三角地区对外贸易不断攀登新台阶。1999~2018 年，长三角地区的进出口贸易规模呈扩大趋势，一直保持贸易顺差。2018 年长三角地区进出口总额为 16 751 亿美元，占全国的比重为 36.23%，比 1999 年提高了 11.05%。其中，长三角地区进口总额从 1999 年的 392 亿美元到 2018 年的 7 066 亿美元，增长了 17 倍；出口总额从 399 亿美元增长到 7 160 亿美元，增长了 17 倍。1999~2018 年进出口贸易总额年均增长率为 16.58%，其中出口年均增长率 16.41%，进口年均增长

[①]《上海自贸区保税区国际贸易全国领先》，载于《经济日报》2017 年 3 月 30 日。
[②]《"一带一路"倡议五周年 浙江："走出去"万里平川》，载于《农民日报》2018 年 8 月 11 日。

率为 16.44%。[①]

长三角地区利用外资规模持续扩大。如图 2-3 所示，1999~2017 年，外商投资企业数目持续增加，从 1999 年的 45 987 家到 2017 年的 186 141 家，外商投资企业数量翻了两番；外商投资企业投资总额持续增长，从 2 001.90 亿美元增长到 22 241.14 亿美元，增长了 10 倍。

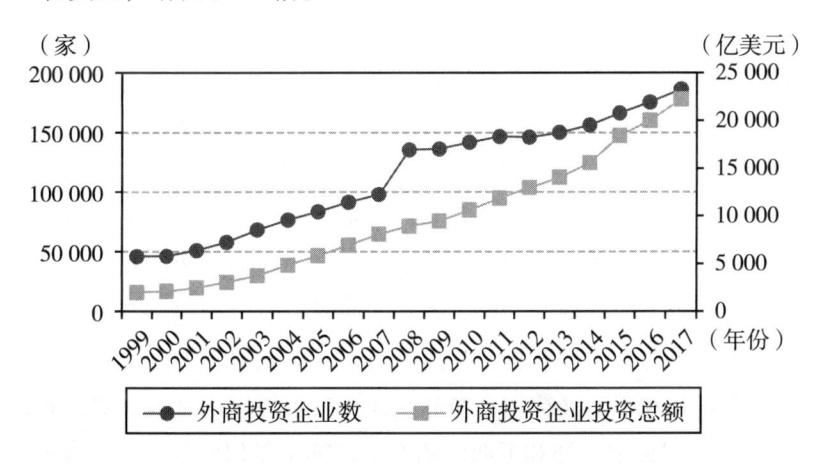

图 2-3　1999~2017 年长三角地区吸收外资的情况

资料来源：根据国家统计局关于安徽、浙江、江苏、上海的相关数据整理计算得到。

四、郑和下西洋以来长三角地区开放发展的启示

(一) 郑和下西洋的历史启示

明朝初年，长三角地区经济的发展和繁荣、社会环境的安定、先进的航海和造船技术以及众多技能型的航海人才，为郑和下西洋奠定了基础。郑和七次下西洋，以勇于开拓的冒险精神、高超的组织能力、精湛的航海技术，率领庞大的船队远涉重洋，到达了 30 多个亚非国家，卓有成效地实践了明朝政府对外开放的和平外交政策，维护了亚非地区的和平稳定，促进了中国与周边诸国的睦邻友好关系，建立了中国在亚非地区的良好国际形象。同时，郑和下西洋开拓了国际市场，促进了亚非间的贸易往来和文化交流，丰富了中国人民对亚非诸国的了解。

郑和下西洋比哥伦布到达美洲大陆早了 87 年，比达伽马绕过好望角早了 93

---

① 根据国家统计局关于安徽、浙江、江苏、上海的相关数据整理计算得到。

"一带一路"交汇点：长三角地区高质量的对外开放

年，比麦哲伦环行世界早了116年。然而，在15世纪传统社会和近代历史的交叉点上，东西方走上了完全相反的道路。开创远洋航行历史的郑和船队在海面上销声匿迹，西方却掀起了世界大航海时代的潮流。最终，西方经历扩张、竞争、发展，逐渐走向强壮，形成资本主义；东方则在闭关、保守、停滞中，慢慢沦为殖民地。明朝中叶以后，封建政府实行海禁政策，走上了闭关锁国的道路，导致中国社会与世界历史的发展差距越来越大，造成了将近400年的大断层。邓小平在中央顾问委员会第三次全体会议上指出："现在任何国家要发达起来，闭关自守都不可能。我们吃过这个苦头，我们的老祖宗吃过这个苦头。恐怕明朝明成祖时候，郑和下西洋还算是开放的。明成祖死后，明朝逐渐衰落。以后清朝康乾时代，不能说是开放。如果从明朝中叶算起，到鸦片战争，有三百多年的闭关自守。如果从康熙算起，也有近二百年。长期闭关自守，把中国搞得贫穷落后，愚昧无知。"[①]

历史是现实之根，更是现实之鉴。郑和下西洋虽然已经过去几百年了，但是对今天依然有很大的借鉴意义。对长三角地区而言，应该牢牢把握"一带一路"的巨大发展契机，弘扬郑和下西洋精神，充分发挥长三角地区的区位优势，积极主动投身到"一带一路"建设中。郑和下西洋始发于江苏不是偶然的，江苏自古以来就有非常发达的水上航运系统，有着高超的造船技术和优秀的航海人才。中国近代洋务派成立轮船招商局，发展中国的近代航运，也是在江苏进行的。江苏有着优越的自然条件和地理位置，气候温和、常年不冻，沿海沿江含沙量小，不易堵塞。江苏位于我国东海岸线的中心地带，拥有优良航运条件的长江穿省而过，连接着沿江流域众多省份的广阔腹地，并且濒临东海、太平洋，不仅是我国南北沿海海运的重要枢纽，也是联通五大洲、四大洋的商贸盛地。江苏沿海分布着许多优良的港湾，适宜建立深水码头，停靠航运巨轮，内河沿江也有漫长的深水岸线，适合建立港口，大型港口有连云港、南通港、张家港、江阴港、镇江港、南京港，中小港口更是数量庞大。

习近平总书记在视察江苏时指出："江苏处于丝绸之路经济带和21世纪海上丝绸之路的交汇点上，要主动参与'一带一路'建设，放大向东开放优势，做好向西开放文章，拓展对内对外开放新空间。"因此，江苏要充分发挥"一带一路"交汇点作用，更好地与"一带一路"国家相融相通，更好地融入世界经济大循环，实现人流、物流、资金流、信息流在江苏的高效配置，实现物质、人才、文化在江苏的交汇。同样，上海、浙江和安徽也应积极、主动地抓住"一带一路"发展机遇，以促进对外开放更高质量发展新局面的到来。

[①] 《邓小平文选》（第3卷），人民出版社1993年版，第90页。

（二）近代时期中国被迫开放的启示

虽然封闭性和保守性是封建专制国家的本性，但是我国历代封建王朝中实行绝对闭关政策的情况还是很少见的。早在秦汉时期，我国就有对外开放的活动；汉朝时期，张骞出使西域开创"丝绸之路"之先河；唐朝时期，由于实行开放政策、对外交往频繁，以致当时的长安成为世界上著名的大都市；宋朝时期，封建统治者十分重视海外贸易，海上丝绸之路是当时世界上最重要的商路；元朝时期和明朝初期，我国的对外文化交流依然十分频繁，明初郑和七次下西洋更是开创历史、彪炳史册。然而，到了明朝中期，为防范外国入侵，明朝政府开始实行闭关锁国政策，后来的清朝继承和发展了闭关锁国政策。长期的闭关锁国，割断了中国与世界的正常联系，使整个中国社会进入一种越闭关越落后、越落后越闭关的恶性循环锁定状态。

闭关锁国政策不仅拉大了中国与世界发展的差距，而且使中国人形成了一种夜郎自大、盲目排外的国民心态，使得近代中国在鸦片战争之后的被迫开放中始终学习西方不到位、总结失败教训不到位。也就是说，由于长期实行闭关锁国，所以到了近代初期，即使中国的大门被迫打开，但真正愿意"睁眼看世界"、真正能够"睁眼看得懂"世界的人却少之又少、屈指可数，致使中国与西方国家发展的差距继续不断拉大。

1840年鸦片战争以后，在西方列强坚船利炮的逼迫下，中国被迫对外开放。与此同时，中国也被西方列强强行纳入世界经济体系。近代中国的被迫开放，首先是从条约口岸的开埠通商开始的。长三角地区由于濒临大海，加之该地区经济发展相对较好，从而为西方列强所觊觎而成为近代中国被迫开放最早的地区。1842年中英两国政府签订《南京条约》，英国强迫中国开放广州、福州、厦门、宁波、上海五处为通商口岸，而这其中的上海、宁波就位于长三角地区，成为近代中国第一批被迫对外开放的城市。自此以后，长三角地区在整个近代时期都是中国开放程度最高的地区。

长三角地区被迫开放以后，紧随坚船利炮而来的便是西方资本主义国家的商品与资本。西方列强不论是商品输出还是资本输出，其目的性都是十分明确的：侵略、压榨中国，便利、富裕自己。虽然西方列强侵略中国、强迫中国开放，其初衷是让中国成为它们的殖民地，永远使中国保持落后，以便任由它们来宰割，但是，列强强迫中国开放，对近代中国社会的发展和资本主义的产生反而起了启动和催化的作用（杨德才，2004）。罗荣渠（2003）认为，这些冲突打开了中国长期封闭性发展的格局,是中国通向现代世界的纪元。也就是说,近代中国在列强的强迫开放中还是实现了一些发展的。近代时期,长三角地区既是中国最开放的地区,又是中国发展最好的地区,纵观整个近代中国(尤其是长三角地区)被迫开放的历史,有着极其重要的三点启示。

一是被迫开放强化着中国社会的半殖民地性。近代中国所开放的条约口岸都是在不平等条约下被迫进行的,这是中国主权不断受到欺凌、不断丧失的表现,更是近代中国社会半殖民地性的典型表现,是中华民族的奇耻大辱。近代半殖民地性质的对外开放,导致近代中国的海关权由外国人长期把持,对外贸易商品的定价权、协定关税权等都掌握在外国人手里。半殖民地性质的对外开放,不可能实现并维护中国主权的独立、完整,也就不可能实现中华民族的自主独立、国富民强。

二是被迫开放加深了中国产业结构的轻型化、依附性。列强强迫中国开放,无非是看中了中国广大的市场与丰富的资源。中国该发展什么、不该发展什么,都不是中国人自己能够决定的。西方列强按照它们的意图,弱化并遏制中国相关产业的发展,使近代时期的中国工业结构呈现严重的轻型化特征,从而对列强的依附性不断加深。所以,在被迫开放的背景下,一个国家是不可能建立起真正健全的、工业化了的产业体系的,即被迫开放下的发展不可能是真正的发展,欲通过发展实现国家独立、民族富强也只能是个幻想。

三是被迫开放锁定了中国生产技术的落后性。近代之初,先进的中国人就提出了"师夷长技以制夷"的主张,然而,在近代中国被迫开放的背景下,中国被动地成为世界经济体系的一部分,加上中国社会长期没有技术积累,尽管近代中国加快了模仿"坚船利炮"的力度与进度,但无论如何努力,近代中国对西方技术的依赖程度日益加深,整个中国社会生产技术的落后状况不可能有根本性的改观。因被迫开放而产生的对外技术依赖性,锁定了近代中国的技术水平,使中国社会的生产技术总是大大落后于西方列强,而落后的生产技术进一步恶化了中国落后挨打的命运。

(三)改革开放以来积极主动开放的启示

1978年党的十一届三中全会以后,我国开始实行对外开放。这次开放是在主权完整、国家独立背景下的积极主动开放,是顺应历史发展趋势的开放。纵观1978年以来40多年的改革开放,我国紧紧抓住了世界经济发展的重大机遇,实现了经济的腾飞,中国的发展不仅富裕了人民、强盛了国家,还为世界经济发展作出了贡献,赢得了世界的尊重。今天的中国,要继续发展经济,就必须继续扩大和深化对外经济开放。

改革开放以来,长三角地区充分利用国际国内两个市场、两种资源,保持经济快速增长,经济总量占全国比重不断提高。特别是20世纪90年代以来,浦东的开发开放掀起了国际产业向长三角地区转移的浪潮,外商直接投资带动了经济的快速发展,加速了产业布局一体化的进程。目前,长三角地区已形成以上海为龙头、苏浙为两翼、安徽为腹地的城市群发展态势,被公认为我国经济最具活力、开放程度最高、创新能力最强的区域之一,同时也是当今世界最具活力的地区之一。

综合来看,改革开放以来,长三角地区对外开放的不断深化及其发展留给我们的启示主要有以下四个方面。

第一,紧抓机遇,顺势发展。党的十一届三中全会后,我国最先对外开放的地区是深圳等四个特区,然而,由于区位优势、历史因素等的影响,长三角地区很快就被纳入我国最先开放的地区行列中,尤其是1990年上海浦东开放以后,整个长三角地区迅速成为我国对外开放面积最大、力度最深、影响最广的地区。长三角地区紧紧抓住对外开放的机遇,顺势而为,大胆地"引进来""走出去",使长三角地区很快成为对外贸易、外商投资、外企进驻的最重要的地区。俗话说"机不可失",长三角地区经过40多年的改革开放发展取得巨大的成功,就在于善于把握机遇、利用机遇,顺势发展。

第二,市场导向,借势发展。对外开放,就是要学习他国的长处、利用他国的资源。西方发达国家成功的主要经验之一就是充分发挥市场机制配置资源的作用,我国对外开放必须同国际通行的市场规则接轨,实行市场经济体制。改革开放以来,长三角地区积极以市场为导向,充分利用市场机制,引进外国(或境外)的资本、技术和人才,主动配套,借势发展,外资外企大量集聚于此,这不仅大大弥补了本地资本短缺、人才奇缺的不足,而且带动促进了本地企业产业、经济社会的全面发展,使长三角地区成为中国最发达的地区之一。当前,我国的改革开放还在继续深化和扩大,遵循市场决定资源配置这个市场经济的一般规律,无论在深化改革中还是在扩大开放中,都是必须要长期坚持的。

第三,以我为主,主动发展。习近平在党的十九大工作报告中说:"开放带来进步,封闭必然落后。"当然,这个开放必然是积极而主动的开放。党的十一届三中全会以来的中国对外开放,是中国共产党领导的一场主动开放。1982年9月,邓小平在党的十二大开幕词中指出:"独立自主,自力更生,无论过去、现在还是将来,都是我们的立足点。"正因为如此,所以我们在对外开放中要独立自主、主动应对。长三角地区在改革开放以来的对外开放中,不论是对资本的选择还是对企业产业的甄别,都充分考虑了我国的发展现状及未来需要,以我为主,积极引进,促进发展。

第四,互利互惠,共赢发展。习近平指出:"中国人民坚持立足国情、放眼世界,既强调独立自主、自力更生,又注重对外开放、合作共赢。"① 改革开放以来的中国发展,绝不是以牺牲他国利益为代价来实现的。正是由于我国的对外开放始终坚持互利互惠、共赢发展,所以在中国的不断发展进程中,进入中国的外资外企也因之而获得发展、受益良多。长三角地区成为外资外企在中国的最大聚集区,除了因为长三角地区具有良好的自然、历史条件外,还因为这个地区可以给外资外企提供最好的营商环境、最低的商务成本、最优的人才供给,让它们获得更多利益和更大发展。因此,只有真正的互利互惠、共赢发展,对外开放才会走得更远更深。

参考文献

[1] 国家发展和改革委员会国家合作中心对外开放课题组:《中国对外开放40年》,人民出版社2018年版。

[2] 李约瑟:《中国科学技术史》第五卷《地学》,科学出版社、上海古籍出版社2011年版。

[3] 梁方仲:《中国历代户口、田地、田赋统计》,上海人民出版社1980年版。

[4] 罗荣渠:《现代化新论》,商务印书馆2003年版。

[5] 南京郑和研究会:《走向海洋的中国人:郑和下西洋590周年国际学术研讨会论文集》,海潮出版社1996年版。

[6] 三上次男:《陶瓷之路》,文物出版社1984年版。

[7] 申学锋:《中国近代对外开放史》,经济科学出版社2012年版。

[8] 杨德才:《中国经济史新论(1840—1949)》,经济科学出版社2004年版。

[9] 张童心、张翼飞:《简析浙江在郑和下西洋过程中的重要地位》,载于《济南大学学报》(社会科学版)2018年第4期。

[10] 赵津:《中国近代经济史》,南开大学出版社2006年版。

[11] 郑鹤声、郑一钧:《郑和下西洋资料汇编》(上编),齐鲁书社1980年版。

[12] 周运中:《郑和下西洋新考》,中国社会科学出版社2013年版,第116页。

---

① 习近平:《开放共创繁荣,创新引领未来——在博鳌亚洲论坛2018年年会开幕式上的主旨演讲》,载于《人民日报》2018年4月11日。

第三章

"一带一路"交汇点建设的基础和新定位

江苏位于我国东部沿海地区,是长三角地区的重要组成部分,是我国经济发展基础最好、经济开放水平最高、综合经济实力最强的省份之一。改革开放以来,江苏积极参与国际分工,大力引进国际先进生产要素,充分发挥自身比较优势,开放型经济发展取得引人瞩目的伟大成就。习近平在2014年视察江苏重要讲话中,为江苏指出了未来的发展方向和定位。习近平要求江苏按照国家统一规划和部署,主动参与"一带一路"建设,放大向东开放优势,做好向西开放文章,拓展对内对外开放新空间。当前,江苏正在着力推动产业优化升级,以创新作为经济增长新动能。这为江苏积极参与"一带一路"建设奠定了坚实的基础。面对高质量发展的新要求,江苏要在已有基础上,创新对外开放模式、拓展对外开放空间,不断提升对外开放水平。

一、江苏参与"一带一路"建设取得积极成效[①]

改革开放以来,江苏经济实现跨越式发展,经济总量持续扩大,经济实力不断增强。1978年江苏地区生产总值只有249.24亿元,尔后以年均高达约12%的增长速度快速发展。截至2018年,江苏地区生产总值已达92 595.4亿元,比1978年增长了370倍,占全国比重超过10%。1978~2018年江苏地区生产总值及名义增长率情况如图3-1所示。2018年江苏人均地区生产总值达到11.5万元,按当年汇率折算

---

① 若无特别说明,本部分数据均来源于历年《江苏统计年鉴》。

为1.74万美元，不仅在我国名列前茅，在国际上也超过了中等偏上收入国家水平。

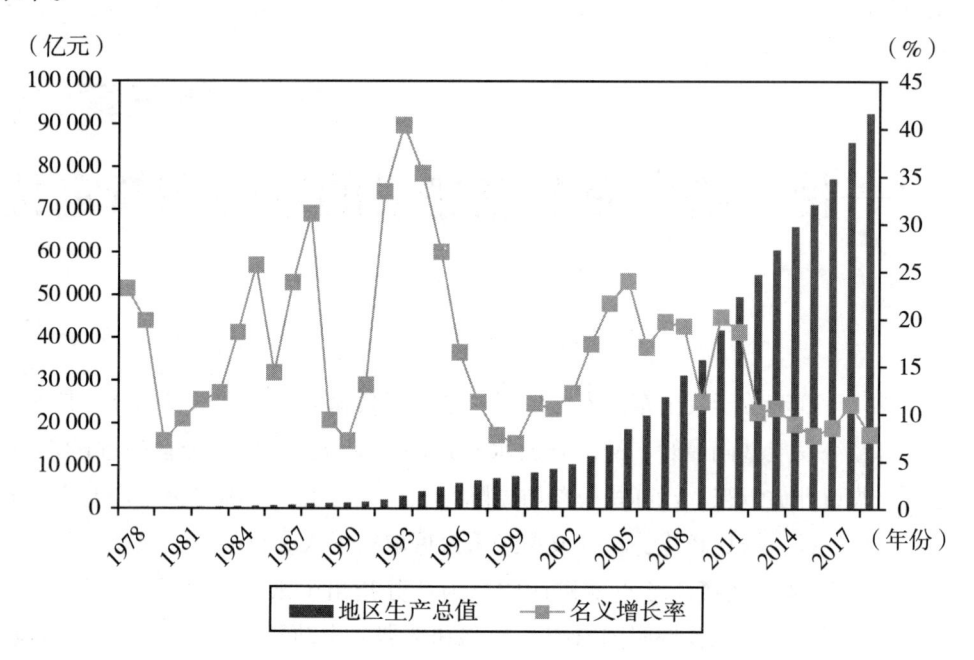

图3-1 1978~2018年江苏地区生产总值及名义增长率

在江苏经济高速增长过程中，开放型经济发挥了十分关键的引擎作用。江苏是我国最早参与国际分工和世界经济大循环的地区之一，从20世纪80年代开始，江苏就开始实施"两头在外"的外向型经济发展战略，通过利用两个市场和两种资源，促进江苏经济发展。

在当前强调高质量发展的背景下，江苏一方面继续积极发挥传统比较优势；另一方面通过进口国际先进生产设备和其他优质要素资源，大力营造国际竞争新优势，不断提高江苏经济发展的质量和效益。特别是，根据习近平提出的改革走在前列、开放服务大局的要求和江苏参与"一带一路"建设的指示精神，江苏正以"一带一路"为统领，推动形成全面开放新格局，以高水平开放为全省高质量发展提供强有力支撑。

（一）对外贸易发展不断取得新成就

1. 对外贸易规模不断扩大

江苏是全国外贸大省，对外贸易在江苏经济发展中占据非常重要的地位，改革开放以来，江苏对外贸易快速增长并不断跨上新台阶，对外贸易主要指标长年名列全国前茅。2014~2018年，虽然江苏对外贸易增长速度有所放缓，但总体上依旧保持较好的增长态势（见图3-2）。2018年江苏进出口总额为6 640.4亿美元，同比增长12.4%，其中，出口4 040.4亿美元，同比增长11.3%；进口2 600亿美元，同比增长14.2%。与2014年相比，进出口总额增长17.79%，出口增长18.19%，进口增长17.18%。

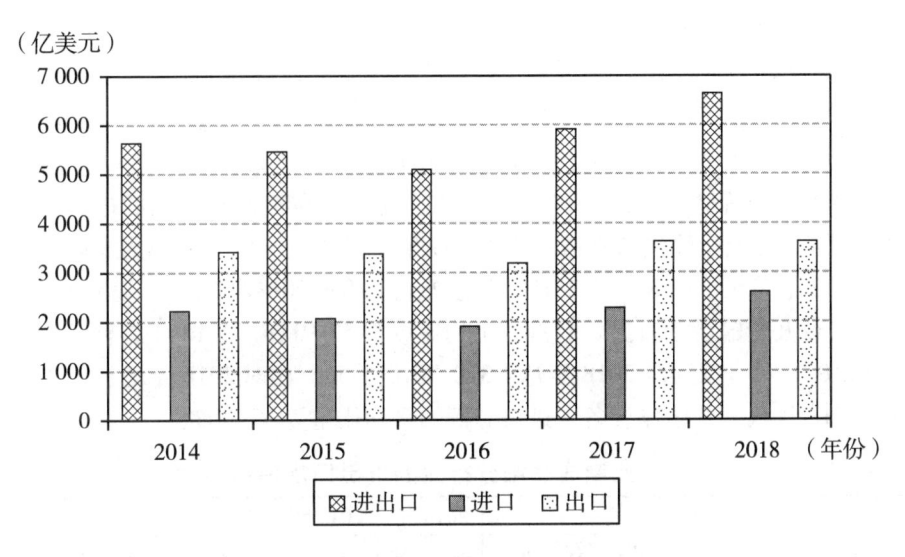

图3-2 江苏对外贸易发展变化

资料来源：《江苏统计年鉴》（2015~2019年）和江苏省商务厅。

2. 对外贸易商品结构不断优化

改革开放以来，江苏对外贸易产品结构不断优化，在出口产品中工业制成品比重明显提高、初级商品比重不断减少，工业制成品已占据了商品出口绝大多数份额，对提高江苏对外贸易竞争力起到了积极作用。其中，在出口产品方面，2018年江苏出口额为4 040.40亿美元，其中，工业制成品出口占比为98.54%，高于2017年的93.91%，2014~2018年工业制成品出口平均占比为96.60%；在进口产品方面，2018年江苏进口额为2 600.00亿美元，其中，工业制成品进口占比为83.15%，2014~2018年工业制成品进口平均占比为83.10%（见表3-1）。工业制成品出口额和占比大于进口额和占比，说明江苏的工业制造业技术有较大发展，在加大科研投入、利用进口工业制成品技术外溢效应等方面取得了明显成效。

表 3-1　　2014~2018 年江苏进出口贸易商品规模和结构

项目	2014 年	2015 年	2016 年	2017 年	2018 年
进出口总额（亿美元）	5 637.62	5 456.14	5 096.12	5 911.39	6 640.40
进口额（亿美元）	2 218.93	2 069.45	1 902.68	2 278.4	2 600.00
初级产品占比（%）	14.89	12.24	12.26	13.16	16.85
工业制成品占比（%）	82.95	84.54	83.66	81.19	83.15
出口额（亿美元）	3 418.69	3 386.68	3 193.44	3 632.98	4 040.40
初级产品占比（%）	1.64	1.51	1.61	1.52	1.46
工业制成品占比（%）	97.15	97.01	96.38	93.91	98.54

资料来源：《江苏统计年鉴》（2015~2019 年）和江苏省商务厅。

在工业制成品细分行业中，机械及运输设备产品能较好地体现一个国家（地区）的技术进步情况。从表 3-2 可以看出，无论是在工业制成品的进口还是在出口中，江苏机械及运输设备都占一半以上份额。其中，2014 年机械及运输设备出口达 1 871.73 亿美元，2018 年达 2 031.80 亿美元，相对 2014 年增长了 8.55%。2014~2018 年机械及运输设备占出口总额的平均比重为 55.91%。2014 年机械及运输设备进口达 1 011.27 亿美元，2018 年达 1 310.80 亿美元，相对 2014 年增长了 29.62%。2014~2018 年机械及运输设备占进口总额的平均比重为 57.70%。

表 3-2　　江苏工业制成品细分行业的进出口规模和占比

	项　目	2014 年	2015 年	2016 年	2017 年	2018 年
进口	工业制成品细分行业规模（亿美元）	1 840.54	1 749.47	1 591.87	1 849.92	2 161.00
	化学成品及有关产品（亿美元）	390.45	337.98	308.83	338.78	415.80
	按原料分类的制成品（亿美元）	171.96	151.65	143.91	164.83	—
	机械及运输设备（亿美元）	1 011.27	989.83	899.68	1 106.16	1 310.80
	杂项制品（亿美元）	266.39	269.58	238.40	239.62	—
	化学成品及有关产品占比（%）	21.21	19.32	19.40	18.31	19.24
	按原料分类的制成品占比（%）	9.34	8.67	9.04	8.91	—
	机械及运输设备占比（%）	54.94	56.58	56.52	59.79	60.66
	杂项制品占比（%）	14.47	15.41	14.98	12.95	—
出口	工业制成品细分行业规模（亿美元）	3 321.42	3 285.58	3 077.73	3 411.89	3 975.60
	化学成品及有关产品（亿美元）	249.43	231.55	232.56	262.84	344.20
	按原料分类的制成品（亿美元）	569.71	545.44	515.41	529.91	—
	机械及运输设备（亿美元）	1 871.73	1 889.85	1 739.62	1 981.17	2 031.80
	杂项制品（亿美元）	630.39	618.59	589.37	637.82	—
	化学成品及有关产品占比（%）	7.51	7.05	7.56	7.70	8.66
	按原料分类的制成品占比（%）	17.15	16.60	16.75	15.53	—
	机械及运输设备占比（%）	56.35	57.52	56.56	58.07	51.11
	杂项制品占比（%）	18.98	18.83	19.15	18.69	—

资料来源：《江苏统计年鉴》（2015~2019 年）。

3. 对外贸易方式中一般贸易占比逐年上升

对外贸易方式显示着一个国家（地区）参与国际分工的层次和效益。总体上看，改革开放以来，江苏对外贸易主要有一般贸易和加工贸易两种方式。其中，在20世纪90年代之前，一般贸易方式是江苏对外贸易的主要方式。但是，随着90年代以来利用外资的增多，加工贸易方式在江苏对外贸易中的地位开始上升。由于加工贸易所获取的附加值有限，因此，随着近年来江苏对外贸易的转型升级，加工贸易在江苏对外贸易中的比重有所下降，一般贸易的比重有所上升。

从表3-3可以看出，2014~2018年，江苏代表本土企业和产业贸易竞争力的一般贸易发展加快，占比提高。2014年江苏进出口总额为5 637.62亿美元，其中一般贸易进出口额为2 485.40亿美元，占比为44.10%；2018年江苏进出口总额为6 640.40亿美元，其中一般贸易进出口额为3 238.30亿美元，占比上升到48.80%。尤其是在对外贸易出口中，2014年江苏出口额为3 418.69亿美元，其中一般贸易出口额达1 583.44亿美元，占比46.32%；2018年一般贸易出口额达1 756.40亿美元，占比为48.35%。

表3-3　　　　　　　2014~2018年江苏对外贸易情况

项　目	2014年	2015年	2016年	2017年	2018年
进出口总额（亿美元）	5 637.62	5 456.14	5 096.12	5 911.39	6 640.40
一般贸易进出口额（亿美元）	2 485.40	2 388.30	2 439.60	2 842.40	3 238.30
占进出口总额的比重（%）	44.10	43.80	47.9	48.10	48.80
进口额（亿美元）	2 218.93	2 069.45	1 902.68	2 278.4	2 600.00
一般贸易进口额（亿美元）	901.92	835.77	885.19	1 086.04	1 206.10
占进口总值的比重（%）	40.65	40.39	46.52	47.67	46.38
出口额（亿美元）	3 418.69	3 386.68	3 193.44	3 632.98	3 633.00
一般贸易出口额（亿美元）	1 583.44	1 552.49	1 554.37	1 756.4	1 756.40
占出口总值的比重（%）	46.32	45.84	48.67	48.35	48.35

资料来源：《江苏统计年鉴》（2015~2019年）。

4. 与"一带一路"沿线国家对外贸易取得新进展

改革开放以来，江苏积极实施对外贸易市场多元化战略。通过实施市场多元化战略，一方面，有助于在继续巩固和发展传统市场的同时，加快开拓新兴市场；另一方面，可以有效缓解个别国家贸易保护主义和区域集团化的消极影响，在国际市场竞争中争取有利地位。

特别是，自我国提出"一带一路"倡议以来，江苏积极发展和"一带一路"沿线国家的对外贸易，将加强与"一带一路"沿线国家的贸易往来作为既是响应国家"一带一路"倡议的举措，也是实施对外贸易市场多元化的有力措施。目前，江苏已经和"一带一路"沿线的28个国家进行对外贸易往来。2017年和2018年，江苏对"一带一路"沿线国家的进出口总额分别达1 290.10亿美元和1 355.60亿美元，与2014年相比分别增长了16.46%和10.83%。2014~2018年江苏与"一带一路"沿线国家的对外贸易规模如图3-3所示。

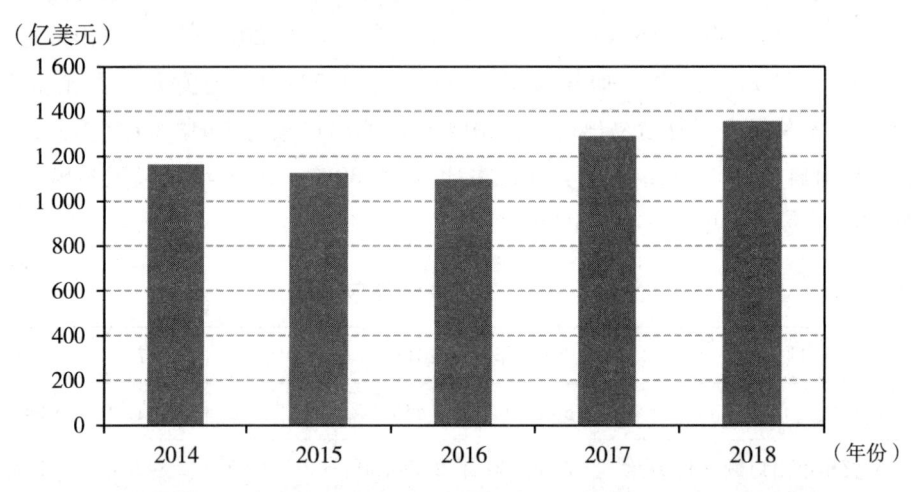

图3-3 2014~2018年江苏与"一带一路"沿线国家的对外贸易规模
资料来源：《江苏统计年鉴》（2015~2019年）和江苏省商务厅。

（二）利用外商投资量质齐升

1. 利用外资规模不断增加

改革开放以来，江苏凭借土地、劳动力、资源等低成本优势，不仅利用外资规模不断扩大，而且结构不断优化。通过利用外资，既推动了江苏经济高速增长，又吸纳了大量国外优质要素资源，有效地提升了江苏产业的国际竞争力。

2018年江苏省新增外商投资项目3 384个，同比增长2.9%；实际利用外资255.90亿美元，同比增长1.81%；协议利用外资605.20亿美元，同比增长9.19%。2014~2018年，江苏协议利用外资除2015年有所降低外，其他年份都呈现增长态势，其中，2016年同比增长9.60%，2017年同比增长28.48%，2018年同比增长9.19%；实际利用外资2015年同比下降13.83%，2016年同比增长1.10%，2017年同比增长2.41%，2018年同比增长1.81%。2014~2018年江苏利用外资情况如表3-4所示。

表3-4　　　　　　　　　　江苏利用外资情况　　　　　　　　单位：亿美元

项目		2014年	2015年	2016年	2017年	2018年
协议利用外资	合　计	431.87	393.61	431.39	554.26	605.20
	合资经营企业	66.19	61	85.19	138.39	—
	合作经营企业	0.98	1.91	9.51	2.49	—
	独资经营企业	351.25	322.28	331.59	408.67	—
	外商投资股份制企业	13.45	8.42	5.1	4.71	—
实际利用外资	合　计	281.74	242.75	245.43	251.35	255.90
	合资经营企业	42.93	46.04	54.5	79.11	—
	合作经营企业	0.95	1.44	2.28	1.34	—
	独资经营企业	232.27	185.62	182.54	165.93	—
	外商投资股份制企业	5.59	9.65	6.1	4.96	—

资料来源：《江苏统计年鉴》（2015~2019年）。

2. 外资投资行业结构不断优化

江苏利用外资主要集中在第二产业和第三产业（即服务业）。从表3-5可以看出，2018年江苏第一产业实际利用外资额为2.87亿美元，占比为1.13%；第二产业实际利用外资额为125.21亿美元，占比为49.33%，其中，制造业实际利用外资额占江苏省利用外资总额的44.02%；第三产业实际利用外资额为125.76亿美元，占比为49.54%，其中，房地产业、批发和零售业以及租赁和商务服务业分别占江苏省利用外资总额的20.61%、7.28%以及10.61%。制造业、房地产业、批发和零售业以及租赁和商务服务业四个行业利用外资额累计占江苏利用外资总额的82.52%。随着江苏积极推动利用外资的转型升级，近年来江苏利用外资质量和水平都有明显提升，例如，外资在科研、技术服务和地质勘查业领域的投资逐步增加，2018年达8.25亿美元，占江苏利用外资总额的比重上升到3.25%。

表 3-5　　　　　　　江苏利用外资的行业分布情况　　　　　　单位：亿美元

	行业	2014 年	2015 年	2016 年	2017 年	2018 年
第一产业	农业	5.73	4.8	4.8	3.04	2.87
第二产业	采矿业	0.41	0.44	0.19	0.02	0.06
	制造业	145.56	112.67	104.6	111.81	111.73
	电力、燃气等	3.06	5.94	4.04	5.79	6.08
	建筑业	4.34	5.73	17.17	22.76	7.34
第三产业	交通运输	10.87	8.85	6.57	7.32	7.37
	信息传输、计算机和软件业	1.97	3.38	2.24	3.22	6.39
	批发和零售业	21.5	21.35	26.57	20.71	18.47
	住宿和餐饮业	1.07	1.01	0.58	0.16	0.69
	金融业	9	10.08	7.45	6.09	3.74
	房地产业	50.6	37.83	30.41	34.6	52.32
	租赁和商务服务业	19.46	22.53	29.46	22.39	26.93
	科研、技术服务和地质勘查业	5.32	4.98	6.84	8.63	8.25
	水利、环境和公共设施管理业	1.9	1.61	2.45	2.83	1.60
	合计	280.79	241.20	243.37	249.37	253.84

资料来源：《江苏统计年鉴》（2015～2019 年）。

3. "一带一路"沿线国家积极在江苏投资

"一带一路"倡议的提出为沿线国家在江苏投资提供了新的机遇。2014～2018 年，"一带一路"沿线国家在江苏累计投资 1 237 个项目，合同外资额为 115.7 亿美元，实际使用外资额为 70.0 亿美元。其中，2018 年沿线国家在江苏投资 278 个项目，占全省比重为 8.3%；合同外资额为 30.6 亿美元，占全省比重为 5.1%；实际使用外资额为 15.7 亿美元，占全省比重为 6.1%。2014～2018 年江苏利用"一带一路"沿线国家外资情况如图 3-4 所示。

（三）对外投资稳步发展

1. 对外投资区域和领域不断增加

随着"一带一路"的推进和越来越多江苏企业"走出去"，江苏对外直接投资平稳增长，对外投资的区域和领域不断扩大。2018 年江苏对外投资项目为 786 个，协议投资总额为 94.84 亿美元。按照投资机构划分，主要以企业投资为主，

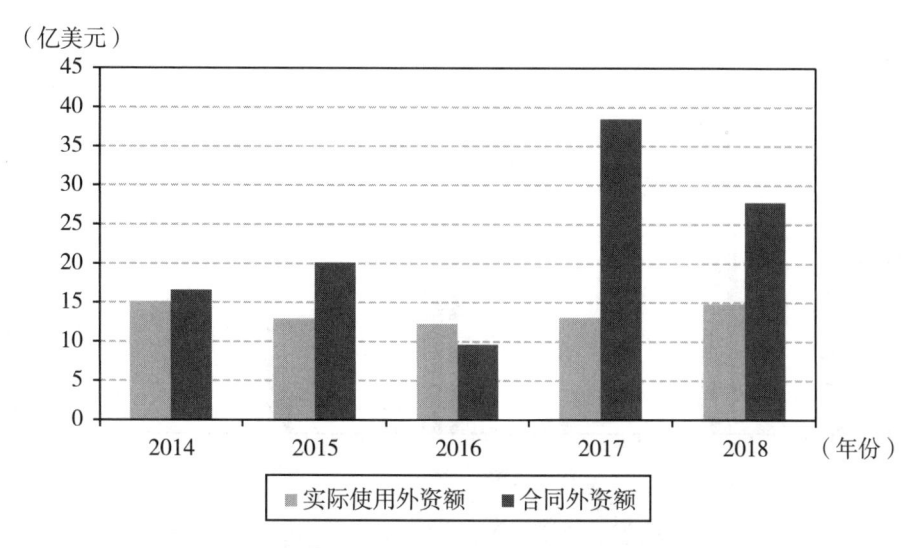

图 3-4 2014~2018 年江苏利用"一带一路"沿线国家外资情况

资料来源:《江苏统计年鉴》(2015~2019 年)和江苏省商务厅。

平均占比 95%。按照主体类型划分,民营企业在境外投资占主体地位,平均占比 75%;其次为外资企业。按业务类型划分,参股并购类项目为主要形式,平均占比 97%。在对外投资总体项目中,非贸易型项目是主要形式,平均占比 68%,参股并购类项目占 32%。2014~2018 年江苏对外投资项目数量和金额情况分别如图 3-5 和图 3-6 所示。

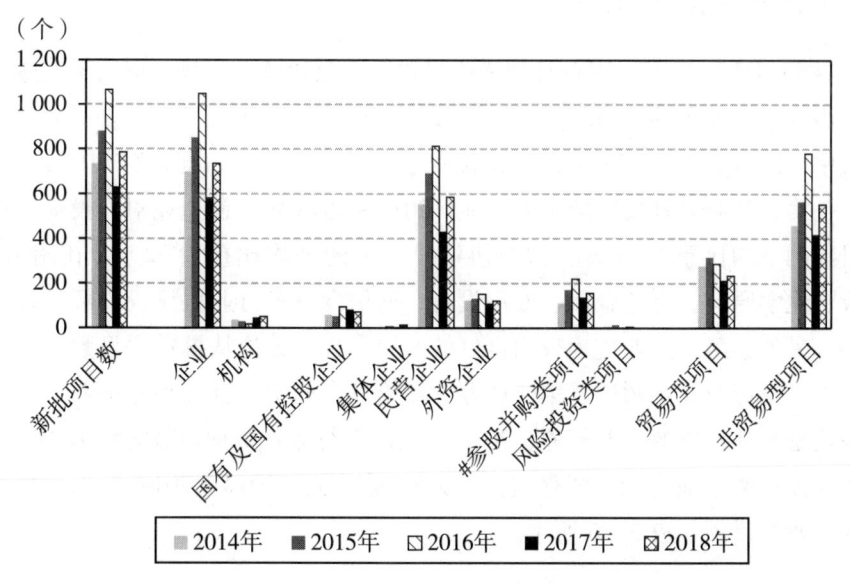

图 3-5 2014~2018 年江苏对外投资项目数量情况

资料来源:《江苏统计年鉴》(2015~2019 年)和江苏省商务厅。

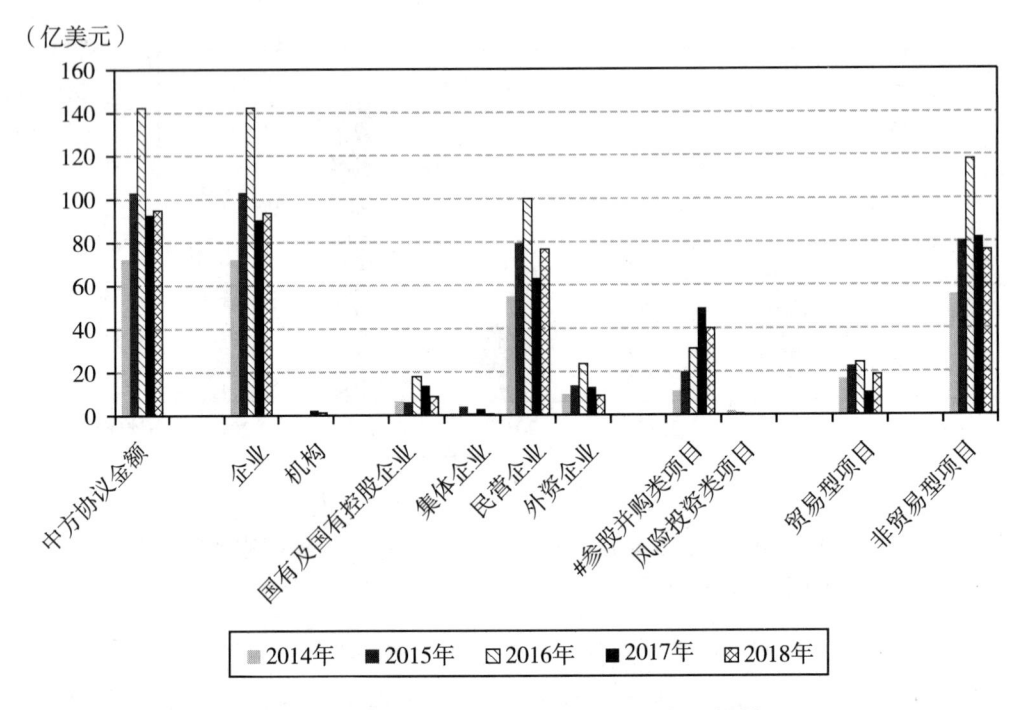

"一带一路"交汇点：长三角地区高质量的对外开放

图 3-6 2014~2018 年江苏对外投资金额情况

资料来源：《江苏统计年鉴》（2015~2019 年）和江苏省商务厅。

2. 对外投资结构不断优化

2014 年以来，江苏利用自身制造业强省的产业和技术优势，加大了实体经济对外投资步伐，对外投资结构不断优化。2018 年，江苏第二产业对外投资项目 324 个，其中，制造业项目 259 个，协议投资额 41.16 亿美元，同比分别增长 17.6%，制造业是第二产业对外投资的主要行业。2014~2018 年，制造业对外投资项目数占总项目数的平均比重为 30%，占总协议投资额的平均比重为 32%。在制造业中，纺织业、化学原料、有色金属、专用设备、通信设备等行业协议投资额呈现逐年递增趋势。另外，第三产业也表现出良好的发展态势。无论从投资项目数还是从协议投资额看，第三产业都超过了第二产业。在第三产业中，批发和零售业、租赁和商务服务业是对外投资的主要行业，2018 年这两个行业投资项目数分别为 218 个、65 个，协议投资额分别为 15.08 亿美元、9.59 亿美元。2014~2018 年江苏对外投资的不同行业协议额如表 3-6 所示。

表 3-6　　2014~2018 年江苏对外投资的不同行业协议额　　单位：亿美元

项目	2014年	2015年	2016年	2017年	2018年
协议总额	72.16	103.05	142.24	92.71	94.84
第一产业	0.49	1.24	4.82	1.22	1.14
第二产业	25.59	38.86	52.97	48.32	46.61
采矿业	2.59	7.27	6	3.43	0.01
制造业	20.2	25.69	38.66	35.02	41.16
纺织业	1.75	1.43	1.61	0.75	4.44
纺织服装、鞋、帽制造业	0.49	1.08	2.46	0.02	1.2
家具制造业	0.06	0.19	0.9	0.01	0.66
化学原料及化学制品制造业	3.25	0.51	2.01	9.87	2.18
医药制造业	0.51	1.08	1.58	2.02	4.09
非金属矿物制品业	0.04	2.4	0.17	1.45	0.43
有色金属冶炼及压延加工业	0.49	4.53	3.98	0.42	5.18
金属制品业	1.85	0.99	4.06	0.15	0.63
通用设备制造业	0.48	1.81	0.99	4.01	1.57
专用设备制造业	6.06	2.34	3.26	0.92	5.27
交通运输设备制造业	0.89	1.24	2.23	2.34	1.57
电气机械及器材制造业	1.21	4.98	7.59	4.09	0.63
通信设备、计算机及其他电子设备制造业	0.37	0.72	3.57	0.4	8.65
工艺品及其他制造业	0.07	0.35	0.28	0.69	0.72
电力、燃气及水的生产和供应业	1.17	1.76	2.1	7.68	4.39
建筑业	1.62	4.14	6.21	2.2	1.05
第三产业	46.08	62.94	84.44	43.17	47.09
交通运输、仓储和邮政业	0.3	1.49	0.13	0.98	3.18
信息传输、计算机服务和软件业	0.96	2.64	3.29	2.48	1.82
批发和零售业	12.77	21.44	29.01	7.84	15.08
租赁和商务服务业	18.21	20.93	24.68	8.73	9.59
科学研究、技术服务和地质勘查业	2.36	1.9	10.09	5.08	6.49
水利、环境和公共设施管理业	0.04	0.23	1.1	1.55	8.22
居民服务和其他服务业	0.95	2.3	1.26	1.55	0.21
教育	0	0.15	0.42	2.47	1.72

资料来源：《江苏统计年鉴》（2015~2019年）。

3. "一带一路"沿线投资不断推进

江苏利用自身工业和制造业大省优势,积极对接"一带一路"沿线国家的要素优势、市场优势,大力推进国际产能合作。截至2018年,江苏已经赴"一带一路"沿线国家投资项目累计达1 701个,协议投资额162.6亿美元。2014~2018年,江苏投资国别由38个增至56个,投资行业门类由37个增至71个。2018年江苏在沿线国家新增投资项目235个、协议投资额20.8亿美元(见图3-7),分别占全省总量的29.9%、24.5%,投资项目数同比增长46.8%。其中,制造业项目116个、协议投资额11.9亿美元,同比分别增长52.6%、15.6%。制造业中的通信设备、计算机及其他电子设备制造业,纺织服装、鞋、帽制造业,通用设备制造业,以及专用设备制造业增长尤为突出。2014~2018年江苏对"一带一路"沿线国家的协议投资额如图3-7所示。

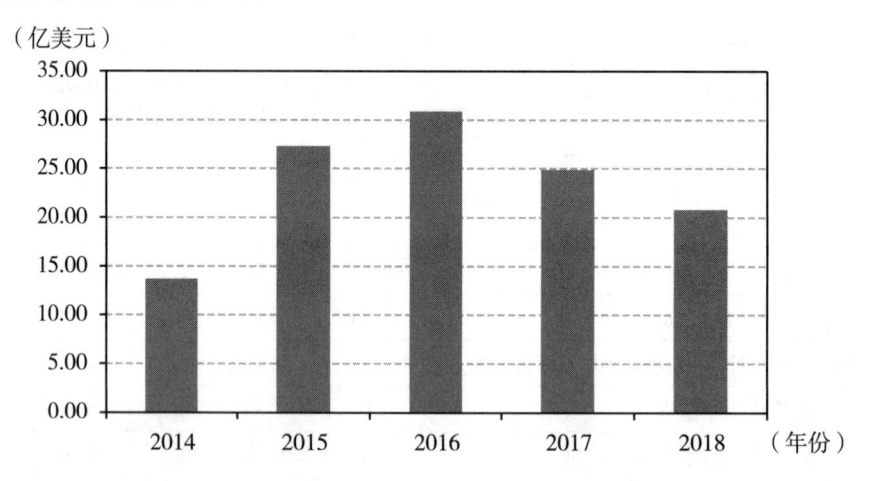

图3-7 2014~2018年江苏对"一带一路"沿线国家的协议投资额
资料来源:江苏省商务厅。

(四)境外载体集聚效应更加显著[①]

1. 境外载体建设总体情况

江苏的境外载体主要体现在境外园区的投资建设方面。江苏工业化已进入成熟期,很多企业具备了境外投资合作的基础条件。特别是"一带一路"倡议提出后,越来越多的企业将目光投向海外,"走出去"开展投资合作,整合利用全球要素资

---

① 本部分案例资料和数据由江苏省商务厅提供。

源，更好地拓展海外发展空间。随着企业境外投资步伐加快，在不同国家和地区投资的政治风险、金融风险、法律风险、管理风险等问题也逐步显现，境外园区在帮助企业"抱团出海"、集聚发展、规避风险等方面发挥的作用尤为重要。

境外园区是指中国企业通过在境外设立中资控股的独立法人机构，投资建设的基础设施完备、主导产业明确、公共服务功能健全、具有集聚和辐射效应的产业园区。园区内汇集各个产业，容易形成产业链条和相互合作，能够发挥园区的产业聚集效应。通过产业园区的投资建设，有助于规避非经济因素导致的各种境外投资风险，更好地发挥企业规模经济效应，更充分地利用当地各种资源和政策优势。

目前，江苏已投资建设有西哈努克港经济特区、埃塞俄比亚东方工业园、中阿（联酋）产能合作示范园三个国家级境外经贸合作园区，还有印度尼西亚东加里曼丹岛农工贸经济合作区、江苏—新阳嘎农工贸现代产业园、印度尼西亚吉打邦农林生态产业园3家省级境外园区。截至2018年底，这6个境外国家级和省级园区已累计投资22.66亿美元，入区企业297家，总产值24.5亿美元，为当地创造就业岗位4.3万个。江苏在境外的园区建设，无论对当地经济社会发展，还是对江苏加强和对方经贸关系、帮助江苏企业更好地"走出去"，都发挥了积极作用。

2. 境外载体建设案例

（1）柬埔寨西哈努克港经济特区（以下简称"西港特区"）。以红豆集团为主的4家无锡企业和1家柬埔寨企业合资合作建设的柬埔寨西哈努克港经济特区是我国首批通过商务部、财政部考核确认的境外经贸合作区之一，也是江苏唯一一个签订双边政府协定、建立双边政府协调机制的国家级合作区。2015年，在中柬两国政府的关心和支持下，西港特区的开发建设取得飞速发展，引入企业22家。截至2018年底，西港特区累计引入包括工业、服务行业在内的企业（机构）118家，解决当地就业人数2.1万人，已累计实现投资总额约6.22亿美元，累计实现总产值7.94亿美元。

（2）中阿（联酋）产能合作示范园。位于阿联酋阿布扎比工业区规划建设的中阿（联酋）产能合作示范园，由江苏省属国有企业中江国际集团联合苏州工业园区、江宁经开区、扬州经开区和海门经开区共同组建"江苏省海外合作投资有限公司"作为示范园投资主体，历经双方政府部门主导、投资主体全程参与和多轮艰苦谈判，于2017年7月签字和正式揭牌。中阿（联酋）产能合作示范园从一开始就坚持高起点规划、高效率推进、高标准建设，组建精干运营团队，注重金融服务领域的创新突破，为入园企业提供长期稳定的高质量服务。截至2018年底，示范园已全面开工建设,已有 15 家企业签署入园投资框架协议,估计投资额近 60 亿元,将为当地创造 2 500 余个工作岗位,力争将示范园打造成为"一带一路"建设重大标志性项目以及中国和阿联酋交流合作的重要品牌。

（3）埃塞俄比亚工业园。2016 年 6 月,江苏省发展改革委与埃塞俄比亚投资局签署《推进国际产能和装备制造合作备忘录》,明确提出"支持昆山等有经验有条件的开发园区对埃塞输出管理经验"。近两年来,从基础设施、招商引资,到政策体系、管理运营,再到企业注册、一站式服务,昆山全程辅导培训。2017 年 4 月,昆山开发区派出管理人员入驻阿瓦萨工业园参与管理,有效输出了江苏开发区运营管理模式。此外,江苏阳光集团主动将其部分产能转移到非洲的埃塞俄比亚,在埃塞俄比亚阿达玛工业园建设大型纺织服装生产基地。该项目分两期建设,其中第一期投资 5 亿美元。项目投产后,每年生产出口约 1 000 万米精纺面料和 150 万套西装,解决了当地 800 多名工人的就业。

（4）印度尼西亚冶金工业园。江苏德龙镍业公司建于 2010 年,从业人员超 5 000 人,主要从事镍铁合金生产销售。建有 19 条 RKEF 生产线,2018 年实现销售额 326 亿元。2015 年,该公司在印度尼西亚纳威（Konawe）工业园投资开建年产 300 万吨镍铁合金的冶炼工业园,总占地面积 500 公顷,总投资 50 亿美元。目前一期已投产,实际投资约 4.7 亿美元。二期项目 2016 年由德龙公司与福建象屿集团公司合伙投资 150 亿元,为产能 300 万吨高镍铁项目;三期 80 亿元项目计划由德龙公司独资。2018 年 7 月,印度尼西亚德龙镍合金产业园区获批 2 200 公顷土地。

（5）乌兹别克斯坦利泰纺织工业园。江苏金昇集团是一家以机械装备制造为主业的民营企业,成立于 2000 年,通过科技创新、国际合作、资本运作等,公司从一个专业从事纺织机械制造的企业发展成为集机械制造、纺织工程、建筑房产等产业的多元化企业集团。2014 年,金昇集团签署协议,在乌兹别克斯坦卡尔希地区投资建设 12 万锭高档精梳纺纱厂项目。项目总投资 1 亿美元,占地 30 公顷。首期项目达产后,年产棉纱 2.3 万吨,实现了从德国等发达国家并购先进纺机技术消化吸收,再"走出去"到"一带一路"沿线国家乌兹别克斯坦,利用该国优质棉花资源就近投资设厂生产。

二、江苏在"一带一路"交汇点建设中的新定位

当前,我国经济已由高速增长阶段转向高质量发展阶段。推动高质量发展既是

我国保持经济持续健康发展的需要，也是适应我国社会主要矛盾变化和全面建成小康社会、全面建设社会主义现代化国家的必然要求，更是遵循经济规律发展的必然要求。改革开放以来，江苏开放型经济发展取得了很大成就，但是，目前一方面传统发展模式无法适应江苏高质量发展的要求；另一方面由于国内外环境的变化，江苏开放型经济亟待转型升级和打造竞争新优势。

为了更好地在"一带一路"建设中放大向东开放优势，做好向西开放文章，拓展对内对外开放新空间，江苏在"一带一路"交汇点建设中必须要有新定位、新战略。面对当前国际和国内形势的重大变化，江苏在"一带一路"交汇点建设中的新定位、新战略，应该重点围绕以下几个方面展开。

1. 着眼世界格局新变化，遵循产业国际转移新规律

近年来，全球经济增速持续放缓。全球经济增速的下降，必然导致市场需求不振，在此背景下，江苏过去借助强劲外部需求的"以量取胜"开放型经济增长模式难以为继。不仅如此，随着近来世界经济发展中的"逆全球化"因素增多，贸易保护主义、单边主义明显抬头，以及更具低成本优势的新兴经济体参与竞争，更加重了江苏开放型经济发展和"一带一路"交汇点建设的困难与挑战。

然而也要看到，当前全球新一轮科技革命和产业变革正处于重要的交汇期，以数字化、网络化、智能化为标志的信息技术革命正深刻改变着当今世界的战略格局，云计算、大数据、互联网和人工智能等现代信息技术的应用，使开放型经济的内涵和方式都发生重大变化。在新一轮科技和产业革命影响下，数字经济发展迅速，国际经济格局发生重大变化，国际产业加速转移，全球经济治理面临较大调整。更多不同发展水平的国家（地区），将在全球价值链分工中承担不同的角色，分享不同的利益。WTO报告表明，目前全球价值链分工类别不断增多，国际分工已经拓展为全球劳动密集型产品价值链分工、技术密集型产品价值链分工、生产性服务价值链分工以及全球创新价值链分工等。

2. 促进产业结构优化升级，推动构建现代产业结构新体系

近年来，江苏积极推进产业结构调整，加快改造提升传统产业，着力培育战略性新兴产业，快速发展服务业特别是现代服务业，在加快构建现代产业新体系上取得显著成绩。但是，从整体上看，江苏目前产业发展中仍然存在国际竞争力有待提升、大多数产业仍处于国际产业链中低端环节、企业技术创新能力有待加强、产业发展新旧动能转换有待加快等问题。

因此，江苏在"一带一路"交汇点建设中的新定位、新战略，要突出创新驱动,以智能化、绿色化、服务化、高端化为引领,加快完善结构合理、特色明显、优势突出的现代产业体系;要积极抢占产业发展制高点,增强产业发展新动能,创新产业发展新路径,打造产业竞争新优势;要积极发挥本地区大专院校密集的条件,加大科技创新支持力度,改革和完善科技创新体制,推进产业结构深层次调整,提升产业集聚效应;要进一步积极培育以技术、品牌、质量、服务为核心的对外贸易竞争新优势,加快科技创新成果的转化、孵化速度,通过鼓励科技型和高附加值企业对外贸易发展,带动高技术、高品质、高附加值产品和装备制造产品的生产和出口;要进一步发挥进口贸易的作用,尤其是技术溢出效应显著的关键设备和中间品进口,不断推动江苏的国际分工向全球价值链高端攀升。

3. 构建开放型经济新体制,推动打造高水平对外开放新格局

江苏在"一带一路"交汇点建设中的新定位和新战略,要对标世界一流营商环境,立足更大力度的改革、更大幅度的开放;要主动应对全球化竞争新要求,破除体制机制的各种弊端。当前,尤其是要进一步扩大开放领域,减少外资准入限制,进一步优化外商投资环境,包括完善外商投资监管体系、推进准入前国民待遇加负面清单的管理模式等方面,更好地集聚国内外高层次人才;要不断创新利用外资方式和拓宽利用外资渠道,在更大范围内利用和整合全球优质资源,积极承接先进制造业和现代服务业的国际转移与升级;要加强知识产权保护,鼓励更多外资企业总部和研发机构向江苏转移,并提供相应的财税优惠支持;要加快公平竞争制度建设,优化审批流程、健全统一规范和公开透明的营商法规体系。

要加快江苏自贸区建设,拓展外资企业融资渠道,深化市场信用体系建设,创新监管体系和方式,既要给予市场足够的便利与自由空间,也要将政府的工作做到位。要推动政府工作重点由"重审批"转为"重监管",从关注事前审批转到事中事后监管上来,并且通过加强公共产品供给为企业经营降低成本;要强化政府部门的担当意识和服务意识,加强执行人员的素质培养,提高服务意识和业务能力;要通过各种信息传播手段,加强宣传引导;建立健全全省统一的外资投诉处理机制,及时回应和解决外资企业反映的问题;对于外商关注的重点难点问题,要及时研究解决,回应社会关切,合理引导预期;要通过提供更为优质的金融服务、人力资源服务、知识产权交易服务以及"宜居"环境和生态服务等,不断提高江苏在营商环境方面的"软实力"和新优势。

此外,江苏在"一带一路"交汇点建设中的新定位和新战略,还有三个问题需要高度重视。

(1) 通过扩大内需与出口导向并重,实现对内开放与对外开放协调推进。改革

开放以来，江苏经济发展主要是遵循出口导向发展战略，依靠丰富的劳动力资源大力发展劳动密集型产业，通过满足国际需求赢得国际分工利益与自身经济增长。然而，这种经济发展模式的局限性已越来越明显。2018年4月召开的中共中央政治局会议，就提出了"把加快调整结构与持续扩大内需结合起来"。

实际上，经济的发展和现代化产业建设，可以基于外需和扩大内需两个维度。江苏作为全国经济大省，内需规模相当大。内需规模由最终消费支出和固定资产投资总额两部分构成。2014~2018年，江苏内需方面呈现较高的增长态势（见图3-8）。其中，2014年最终消费支出为31067.33亿元，固定资产投资总额为28796.18亿元；到2018年，最终消费支出已增加到44988.60亿元，固定资产投资总额扩大到55915.21亿元，即2018年江苏的内需总规模达到100903.81亿元。这是江苏拉动经济增长的十分重要的市场资源。

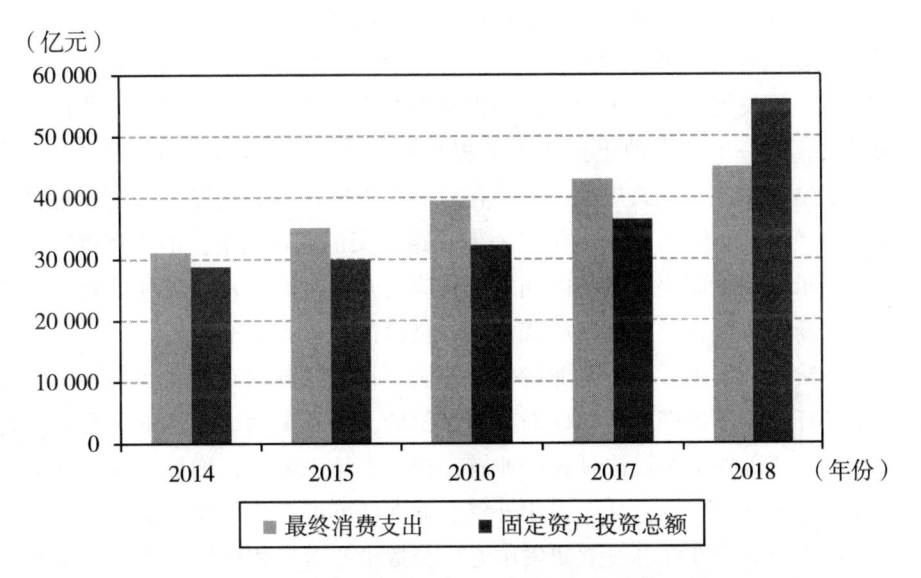

图3-8 2014~2018年江苏内需市场规模

资料来源：江苏省商务厅；2017年和2018年江苏省统计局公布的统计公报。

这里强调内需的重要性，不是否定外需对江苏经济发展的重要性。改革开放以来，江苏通过利用外资等措施，主动、积极融入全球价值链分工体系，许多企业成为全球性供应链的成员，这一优势江苏不应该放弃。江苏对外贸易依存度平均为0.5左右，也说明了这一点。当前，江苏重点是要突出扩大内需与出口导向并重，通过持续释放内需的优势和潜力，一方面降低江苏经济发展面临的国际风险，另一方面挖掘经济增长新功能。

（2）通过提高招商引资质量，摆脱传统重化工业项目招商的路径依赖。招商引资是加快经济发展和工业化进程的重要途径。江苏发展传统重化工业，是基于我国20世纪的经济基础而提出的。江苏沿江沿海地区对发展重化工业具有天然的比较优势，因此，在前一轮开放中江苏依托这一比较优势，引进了许多传统重化工业大项目，推动了沿江沿海地区的经济发展。但是，随着"工业4.0"时代的到来，工业结构和现代产业体系正在发生深刻的变化，智能化、数字化、绿色化正在成为现代产业的发展方向。

因此，江苏在"一带一路"交汇点建设的招商引资中，要更新理念和思路，摈弃过多强调传统重化工业招商的做法。实际上，江苏规模以上工业增加值多年排全国首位，其中电子、机械、纺织产值更是位居全国第一。像新材料、节能环保、医药、软件、新能源等新兴产业发展迅速，规模均居全国前列。为此，江苏包括经济相对欠发达的苏北地区的招商引资也要因地制宜，发展适合当地的高科技产业和生态产业，并且在国际产能合作中推动江苏产业的转移和升级。

（3）通过国际化与本土化协同推进，推进从规模扩张型开放向内涵发展型合作转变。区域经济发展包括两个层面：一个是数量上的规模扩张，也就是所谓的外延式规模扩大；另一个是借助于技术水平提高的规模扩张，也就是所谓的内涵式扩张。在一般情况下，外延式规模扩张存在着规模报酬递减的规律，即随着规模的不断扩大收益是不断下降的。江苏在"一带一路"交汇点建设中，不适宜再以外延式扩张方式谋求发展，而要选择与内涵发展相应的开放策略，将引进和消化吸收与本地的自主创新有机结合，实现开放式创新，培育江苏核心竞争力。

在前一阶段开放中，外资企业特别是跨国公司在江苏的布局主要是加工组装的劳动密集型环节，不仅产业链短，而且附加值低。随着劳动力成本的上升，还易发生梯度转移。江苏要努力设法延长产业链，提高本地采购率，增加外资企业对本地人才、市场、配件的依赖，从而强化外资企业在江苏的溢出效应；要大力发展总部经济，鼓励外资企业在江苏设立研发中心、分拨中心等，积极推动本土企业与外资企业的配套和合作。跨国公司的发展水平，相当程度上决定着一个国家（地区）的国际竞争力，江苏要高度重视发展江苏本地跨国公司，确定一批重点企业进行培育和扶持，要借鉴日本综合商社和韩国大企业集团的经验，鼓励和引导这些企业通过实行"横向一体化、垂直一体化和混合一体化"战略，迅速做大做强。近几年江苏民营企业"走出去"的步伐明显加快，占比持续上升，已成为江苏海外投资主力。江苏要在支持民营企业"走出去"中，选择和打造一批重量级跨国生产经营企业，从多方面提升江苏内涵式发展水平。

参考文献

[1] 洪银兴：《进入新阶段后中国经济发展理论的重大创新》，载于《中国工业经济》2017

年第 5 期。

［2］黄繁华、徐国庆：《基于全球价值链视角的中美制造业实际有效汇率研究》，载于《国际贸易问题》2018 年第 8 期。

［3］崔苏卫、夏网生：《江苏后加工贸易时代的特征及对策》，载于《江苏商论》2015 年第 10 期。

［4］温丽琴、卢进勇：《"一带一路"战略与山西对外投资产业布局》，载于《国际经济合作》2016 年第 3 期。

第四章

"一带一路"交汇点的区位选择与空间布局

2013年我国提出了共建"一带一路"倡议。2014年12月习近平在视察江苏时,进一步提出"江苏处于丝绸之路经济带和21世纪海上丝绸之路的交汇点上",要求江苏"放大向东开放优势,做好向西开放文章,拓展对内对外开放新空间"。准确、充分认识"一带一路"交汇点的区位选择与空间布局,对江苏分析和把握"一带一路"带来的机遇与挑战,推动江苏更高质量转型发展和更高水平对内对外开放,具有十分重要的意义。

一、"一带一路"交汇点的区位选择与建设要求

"一带一路"交汇点不仅是陆上丝绸之路与海上丝绸之路的地理交汇点的概念,还涉及地理、经济等多个学科,涵盖经济、交通、人才、贸易、文化等多层认知,横跨国家、省域等多个尺度,因此"一带一路"交汇点的区位选择是由地理区位、经济因素、历史文化等多重因素所决定的,不是单一因素的产物。建设"一带一路"交汇点,需要科学界定交汇点的内涵,全面认识区位选择影响因素,充分认识"一带一路"交汇点建设的要求。

(一)"一带一路"交汇点的内涵

"一带一路"交汇点是陆上丝绸之路和海上丝绸之路的陆地和海洋的地理连接点,也是经贸往来的生产要素和商品的集散点;另外,还是

内外部优秀文化交流和融通的融汇点。交汇点集经济、交通、人才、贸易、文化等多要素于一体，不仅涉及国家层面的东西双向开放，而且涉及江苏省内不同区域的协作开放，体现更高质量、更高水平、更高层次对内对外开放合作的要求。

1. "一带一路"交汇点的学科概念

"一带一路"交汇点不仅是陆上丝绸之路经济带与21世纪海上丝绸之路交汇的结合点，更是一个地理学与经济学等多学科叠加的概念。地理学上的交汇点是地理区位上的海洋和陆地的连接点，是凭借区域良好的海陆兼备的区位条件实现陆海统筹联动发展的联合点。"一带一路"交汇点具体的空间承载载体不仅限于海陆交汇的港口，还可拓展到对外交流联系的航空港及其他能够实现地理空间联系的载体。经济学上的交汇点是生产要素与商品的集散点，在资源配置和产品分配过程中实现生产要素与商品的集聚和扩散，以实现贸易和市场机会的契合。交汇点具有经济的集聚效应与扩散效应并存的特点，即一方面体现在放大对外开放的新优势来集聚先进高端生产要素，提升自身经济创新能力，发展先进制造业和现代服务业，形成高端要素与高端产业的集聚区；另一方面表现为在依托集聚先进高端生产要素与高端产业的基础上，扩大对经济发展存在梯度差异的相对欠发达地区的外部辐射与生产要素的扩散作用，通过产业与技术转移腾出产业转型发展的空间和资源，延伸区域产业价值链条，深化价值链上下游的区域分工合作，拓展对内对外合作发展新空间。

2. "一带一路"交汇点的认知概念

"一带一路"交汇点是多要素汇聚与流通的集合体，其最大特点就是集人流、物流、信息流、资金流和经贸往来于一体，是经济、交通、人才、贸易、文化等多要素综合的交汇点。对于"一带一路"交汇点的认知可以从其集散要素的角度出发，全面综合认识"一带一路"交汇点概念的特质。

经济上的"一带一路"交汇点，是参与国际分工合作与经贸往来基础上的生产要素与商品市场交易与流通的集散点。通过交汇点上生产要素和商品的内外畅通流动，能促进产业链接、提升服务区域经济能力、增强对对内对外经济交流合作的支撑。海陆联运的建设与发展是"一带一路"建设的重要环节，交通上的"一带一路"交汇点是海上丝绸之路的海运通道与陆上丝绸经济带的新亚欧大陆桥的国际海陆联运通道的接驳点，"一带"以铁路运输为主、"一路"以海运为主，"东船西铁"两种运输方式互联互通，向东连接环太平洋与南亚，向西沟通中亚与欧洲，从向东向西双向开放的角度扩展开来看，一定程度上交通交汇点也是"公铁水空"等多种交通疏运方式的交汇点，交通交汇点的首要功能是运输功能，为要素的流通提供道路连通、物流畅通的保障。人才方面的"一带一路"交汇点是国际人才培育、交流、互动的交汇平台，人才是"一带一路"建设的桥梁和纽带，交汇点人才的交流与互动，一方面是优秀人才"请进来"的智力资源的汇聚；另一方面是人才"走出去"，为与"一带一路"沿线国家开展科技合作、教育合作、经贸合作、文化交流等提供优秀人才支撑。贸易畅通是"一带一路"建设的关键内容和核心环节，是促进"一带一路"沿线国家经济繁荣与区域合作的重要手段（宋周莺等，2017），贸易上的"一带一路"交汇点是国际商品会展交易、贸易畅通的节点，一方面可以进一步扩大我国中西部地区对外贸易的畅通性；另一方面为中亚地区提供东向出海口，增强中亚国家与美、日、韩以及东南亚地区的贸易往来，使中亚地区与亚太地区成为重要的经济贸易伙伴。贸易交汇点提高了转口贸易市场潜力，为东西贸易往来中机械设备、工矿产品、农副产品等重要贸易产品的交易提供便利。文化上的"一带一路"交汇点是内外部优秀文化展示交流与融通的融汇点，是"一带一路"沿线国家间相互了解的切入点，交汇点为各国提供文化交流与展示的机会，提升"一带一路"沿线国家的文化融通，为陆海文明融合交汇、多元文化交流创造机会，增进"一带一路"相关国家的民心相通、政治互信，推进"一带一路"沿线国家的文化交流合作和文化贸易发展。

3. "一带一路"交汇点的尺度概念

"一带一路"倡议是经济全球化深入发展、世界经济格局变化以及中国自身发展模式转变背景下（刘卫东等，2018），国家新时代对外全面开放的重要战略抉择，目标是构建全方位开放新格局，开展更大范围、更高水平、更深层次国际区域经济合作，共同打造开放、包容、均衡、普惠的区域经济合作架构（国家发展改革委等，2015）。中国"一带一路"倡议是规模最大、最宏伟的全球连通性项目。立足于国家尺度的东西双向开放的战略需求，"一带"是要将中国与欧亚大陆联系起来，"一路"是通过海洋把中国与亚洲沿海、中东、东非和欧洲联系起来（赵穗生等，2019），因此，国家尺度上"一带一路"的交汇点，是海洋与陆地的统筹点、区域与世界的贯通点、经贸与人文的融合点、历史与未来的交织点。"一带一路"交汇点不是单一的海陆连接的港口城市。江苏地理上处于海陆交汇处，是我国沿海中部连接"一带一路"最便捷、最重要的交汇点，是"连接南北、沟通东西"的交汇点。经济上，江苏依托长三角城市群的经济影响力，通过全省整体协作式开放，辐射带动中西部发展，是服务东北亚、中亚和欧洲的交汇点。江苏兼具江海联动与沿江产业基础优势的沿江地区，具有海陆联运与港口资源优势的东陇海线，具备海洋经济资源、作为出海门户的沿海地区，以及广大腹地应共同协作建设，依托良好的区位优势与产业支撑，保证江苏全省域共同发挥"一带一路"建设的战略支点作用。

（二）"一带一路"交汇点区位选择的影响因素

"一带一路"交汇点的区位选择是基于国家"一带一路"建设的现实需求与客观基础条件，服务于"一带一路"倡议战略布局的重要选择。"一带一路"交汇点是地理区位上的海洋和陆地的连接点、经济上的生产要素与商品流通的集散点、文化上的内外部优秀文化展示交流与融通的融汇点，交汇点的选择不是单一因素所能决定的，而是受地理区位、经济基础、历史文化等多方面因素的共同影响。

1. 地理区位因素

地理区位对于国家战略决策的制定有重要影响，其中，自然地理区位、政治地理区位、经济地理区位等共同影响着"一带一路"交汇点的选择。自然地理区位上天然的海陆交汇位置是陆上丝绸经济带与海上丝绸之路交汇点的首要选择，良好的海陆兼备的地理区位条件为"一带一路"交汇点建设提供了陆海统筹联动发展的基础。地理空间上，选择江苏作为"一带一路"交汇点，可以将由欧亚路桥通道联系的欧洲与环太平洋地区两大地带有机地联系起来，缩短海陆联系的时空距离，如从远东到西欧经过"一带一路"交汇点直接连通新亚欧大陆桥海陆联运全程 10 870 公里，西行比绕过好望角缩短 15 130 公里，比经苏伊士运河出直布罗陀海峡海上少 9 100 多公里，向东比经巴拿马运河缩短 12 100 公里（古龙高等，2019），大大缩短了欧亚和环太平洋地区两大地带间海陆联运的空间距离。

政治地理区位因素与国家主体行为选择关系密切，对于国家利益有着重要的保障作用。江苏地处我国东部沿海的中部地带，靠近东北亚，面向环太平洋地区，"一带一路"交汇点建设有利于通过沿欧亚大陆配置战略资源，发挥"一带一路"推动欧亚大陆整合的作用，重塑中国的地缘经济优势，从而在全球层面塑造更加有利的战略态势（杜德斌等，2015）。"一带一路"交汇点将"一带一路"海陆发展有机联系起来，超越了传统"中心—边缘"的思维模式，克服了海权—陆权两分法的对立性，有助于共建"利益共同体"和"命运共同体"，打造新型国家关系（科林·弗林特等，2016；刘文波，2016）。

经济地理区位因素是"一带一路"交汇点选择的重要基础因素。国家（地区）间的经济地域空间关系影响着相互间的经济战略导向。在航线、港口、主要交通线、交通枢纽等的空间关系上，江苏地处东部沿海，具有便利的对内对外海运与内河航线以及优越港口基础，陆上东起连云港的亚欧大陆桥连接欧亚大陆，依托便利的交通线与密切的经贸联系，江苏形成了陆上与海上东西双向的能源、矿产主要原料、燃料地的空间关系，有利于提升东西双向的能源与矿产空间经济联系的贯通性。

2. 经济因素

综合经济基础、内外向经济联系与开放程度、地区经济增长带动能力等经济因素影响着"一带一路"交汇点的选择。江苏雄厚的综合经济基础将为"一带一路"交汇点建设提供可靠的经济保障，对于交汇点建设具有重要的支撑作用。与此同时，江苏良好的"三二一"产业结构与产业链延伸基础有利于其参与国内国际产业分工合作，增强经济要素集聚与扩散能力，提高对外联系能力与对内的辐射能级，使江苏在对内对外的经济社会联系中具有重要的经济地位。良好的对内对外经济联系与开放程度是"一带一路"交汇点建设的先决条件，江苏对外开放起步早，对外投资与贸易往来频繁，对外开放的程度高，创新开放人才基础优越，具有较强的对外交往和贸易能力，可以为"一带一路"境外合作提供服务与保障，在对外联系与交往中具有重要的联通作用。地区经济增长带动能力是"一带一路"交汇点选择的充分必要条件。一般而言，交汇点多是当地社会经济发展的重要"增长极"，依据经济增长极理论，江苏经济辐射带动能力强、创新发展能力强、要素汇聚与扩散能力强，能够成为"一带一路"东西两大轴带上重要的经济增长极。

3. 历史文化因素

良好的对外历史文化交流关系与基础，能使"一带一路"交汇点发挥沿线国家不同文化交流与展示的平台作用，增强交汇点对外交流的"软实力"。人文交流是"一带一路"建设的重要驱动力，文化传播与交流能增进"一带一路"沿线国家和民众的交流与认知，塑造相互欣赏、理解、尊重的人文格局，构建文化交融的命运共同体（杨荣国等，2018）。江苏文化资源丰厚，具有丰富的历史文化资源，改革开放以来，江苏对外文化交流联系不断增强，近年来通过推进实施"一带一路"人文交流品牌塑造计划，与"一带一路"沿线国家间人文交流合作的广度与深度不断增加。

(三)"一带一路"交汇点的建设要求

"一带一路"交汇点建设要求放大向东开放优势,做好向西开放文章,拓展对内对外开放新空间,这就要求"一带一路"交汇点具备大规模要素汇聚和扩散的能力、对外交往和贸易的能力、企业"走出去"的能力以及强大的境外合作服务与保障能力。

1. 大规模要素汇聚和扩散的能力

"一带一路"交汇点作为参与国际分工合作与经贸往来基础上的生产要素与商品市场交易与流通的集散点,资金、人才、信息、商品货物等生产要素和产品的快捷高效的大规模集聚与扩散是实现交汇点经济功能的关键,为此需要交汇点具有大规模要素汇聚和扩散的能力。大规模要素的汇聚与扩散可实现交汇点地区在更大范围配置要素资源,强化内外部优势资源的对接融合,加快经济转型升级步伐,提高经济发展质量和效益,提升区域整体影响力与整体竞争力。交汇点所具有的大规模要素汇聚和扩散能力,在向东和向西开放上会提升丝绸之路经济带的层次,提高交汇点的对外开放资源配置能力与资源转换功能,促进内外部要素资源流动与资源利用水平的提升,为"一带一路"交汇点建设提供强有力的要素支撑与保障。为此,交汇点需要加强以下两方面建设:一是要依托"公铁水空"交通网建设,完善对接国际和国内的综合交通运输体系,建设国际化的交通枢纽,构建畅通便捷的生产要素流动的运输通道;二是要提供更加开放的互通政策,创造要素流动的宽松环境,在更大范围内满足人员、资金、技术、信息、物资的流通与运输需求,全面提升交汇点地区要素的汇聚和扩散能力。

2. 对外交往和贸易的能力

对外交往和贸易能力是"一带一路"交汇点实现"放大向东开放优势,做好向西开放文章,拓展对内对外开放新空间"的重要支撑。对外交往和贸易能力体现在经济、政治、人文交流等双向交流水平的提升、对外开展合作新空间的拓展、对外经贸联系强度的增加等方面。对外交往能力是提高"一带一路"交汇点对外开放水平的必然要求,对外贸易能力是"一带一路"交汇点发挥"一带一路"对外贸易门户功能的关键,提高对外贸易能力能够增强交汇点应对与规避国际贸易风险的水平,促进"一带一路"建设对外经贸关系的深化、贸易规模的扩大和贸易结构的优化。具有强大对外交往和贸易能力的交汇点,意味着需要不断开展形式多样的对外经贸交流活动,增强对外经贸文化联系;要增加自由贸易政策的供给,创造贸易畅通的更加有利的政策环境;要加快自贸区建设,创建良好的国际贸易环境;要促进口岸市场充分发育,构建便利高效的对外贸易口岸等。

3. 企业"走出去"的能力

作为参与"一带一路"建设的微观主体,企业"走出去"是"一带一路"交汇点拓展对外开放新空间的重要途径与方式,企业所具有的"走出去"能力是交汇点对外开拓合作新空间的重要力量来源。企业"走出去"的能力体现了企业参与"一带一路"国际分工和配置全球资源的水平,也反映了企业规避境外投资风险的能力。借助于"一带一路"倡议,企业"走出去"能够规避国际贸易壁垒,破解资源短缺、环境容量限制、劳动力成本上升等发展"瓶颈",为企业转型升级提供新路径,拓展向外发展新空间。企业"走出去"能力的提升需要企业"抱团取暖",以园区跨国发展或集群式的方式组团"走出去",增强风险防范意识,重视培育国际复合型人才,以跨国并购、股权置换、境外上市、联合重组等方式展开对外合作,培育一批有国际影响力的跨国公司,开展国际化的企业发展战略,主动参与境外交通、通信、城市基础设施建设和能源资源开发、资源产品深加工等国际项目合作等。

4. 强有力的境外合作服务与保障能力

"一带一路"对外合作中面临着东道国的政治、经济、法律、外汇等风险,如一些学者认为,中亚、东南亚、南亚等地区在地缘政治历史发展过程中长期被认为是"破碎地带",政治、经济发展极不稳定,局部地区战乱动荡,面临着安全局势的动荡、区域发展的不稳定、非传统安全等潜在风险(Irshad et al., 2015; Esteban, 2016)。主要的对外投资风险包括域外势力影响和所在国领导人更替带来的政治风险,包括汇率波动、市场管制等在内的经济风险,以及企业法律、生态环境等方面的风险(徐鹤等,2016;赵明亮,2017)。交汇点强有力的境外合作服务与保障能力是推进"一带一路"参与主体"走出去"开拓境外合作的重要保障。"一带一路"交汇点的境外合作服务与保障能力主要体现在三个方面。一是政府的政策与应急机制保障。政府可以提供双边的政策、法律等咨询服务,企业境外投资保险补贴、贷款贴息等化解投资风险和融资支持政策等政策保障,以及应对突发事件的应急服务机制保障等。二是市场主体化解境外投资风险的保障。例如,通过保险公司提供商业保险等市场化方式降低企业境外投资风险。三是社会主体的保障与服务。充分发挥地域性的行业协会、企业协会等商业协会团体的市场咨询、生产经营协调能力，为"走出去"的企业开展境外合作提供服务。

二、"一带一路"交汇点建设的新机遇与新挑战

江苏对外开起步早，外向型经济发达，作为"一带一路"交汇点，有着良好的对外开放的区位条件与发展基础，为"一带一路"交汇点建设创造了较好条件。当前，"一带一路"倡议为江苏扩大对外开放空间、提升对外开放水平带来新的机遇，但与此同时江苏也面临着许多新挑战，需要认真加以应对。

（一）"一带一路"交汇点建设的新机遇

"一带一路"倡议是我国新时代打造对外全面开放新格局的重要战略部署，交汇点的建设为江苏发展更高层次开放型经济带来了新机遇。江苏兼具沿海沿江区位和交通优势，对内交通联系便捷，对外与周边国家联系便利，交汇点的建设有利于增强江苏对内对外经贸往来和合作联系，拓展江苏对内对外开放的新空间；有助于江苏发挥"为天下先"的重要地域特质，立足自身优势，争当率先转型、创新发展先锋，推动江苏与"一带一路"沿线国家在更宽领域、更高层次上开展交流合作，提升全面对外开放的水平。在交汇点建设中，江苏向东开放便于获取更多外部优质要素资源，向西开放能扩大与我国中西部地区的联系，有利于在更大范围配置资源要素，加强外部优质要素和内部优质资源的对接融合，更好地提升优质要素资源的集聚与扩散能力，加快经济转型升级步伐，提高经济发展质量和效益。江苏经济与"一带一路"沿线国家具有较强的互补性、梯度差异性，凭借已有的对外投资与贸易的雄厚基础，交汇点建设将会为江苏扩大对外投资提供新机遇。作为江苏全域协作参与的集体行动，交汇点建设将为江苏省内不同地区协作提升对外开放型经济发展质量与水平创造条件。借助于交汇点建设，江苏可以更好地统筹不同区域的协调发展，推动不同区域各展所长、协同共进，从而提升全省经济的整体竞争力和开放型经济的可持续发展能力，并且在日趋激烈的国内外竞争中掌握主动权、赢得新优势。此外，"一带一路"建设、"长江经济带"、"长三角区域一体化"、"长三角城市群建设"、"苏南国家自主创新示范区"、"江苏沿海地区发展规划"等多重国家战略在江苏密集叠加，为"一带一路"交汇点的建设提供了综合的战略支撑，也会有力地助推江苏省对内对外开放水平提升、产业转型稳步推进和区域协调发展优化。

(二)"一带一路"交汇点建设的新挑战

在当前国际国内地缘政治和经济地理格局剧烈变化的背景下,江苏虽然仍具有较强的全国乃至全球的开放优势,但也开始面临一系列的挑战(陈雯等,2015)。江苏是我国东部沿海的经济强省、全国开放型经济最为发达的省份之一,在前一轮的开放型经济发展中取得了巨大的成就,但主要表现在发展的速度与发展的体量上,对标"一带一路"交汇点建设的更高水平开放型经济要求,还存在诸多不足与现实挑战。例如,开放型经济发展不平衡,"引进来"与"走出去"不平衡,总体上长于"引进来","走出去"相对不足;开放型经济发展还不充分,受技术、人才等要素禀赋制约,目前在全球化分工中主要以嵌入跨国公司主导的全球价值链低端形式参与国际分工,对发达国家技术依赖较强,参与国际分工获取的经济效应不高,制造业发展"大而不强";开放型经济内外部环境约束与挑战并存,土地、劳动力等要素成本上升、生态资源环境约束增加、传统政策红利空间丧失等,加之对外开放新的投资风险挑战,致使江苏参与国际分工的传统优势正在弱化,传统固有开放模式的路径依赖面临严峻挑战;另外,江苏产业层次总体处于全国的"高原"但不处于"高峰",产业层次相对较高但缺乏综合竞争力强的企业与品牌;对外开放发展空间格局上,"一带一路"倡议的实施将形成沿海、沿江、沿边全方位的开放格局,江苏所具有的沿江和沿海兼具的独特开放优势在逐步弱化。当前,我国其他省份积极参与"一带一路"建设,竞争激烈,如广东率先发布广东省参与建设"一带一路"的实施方案,上海制定了服务国家"一带一路"建设、发挥桥头堡作用的行动方案,浙江建立了参与"一带一路"建设工作"1+X"领导体制,福建制定了21世纪海上丝绸之路核心区建设方案等。2016~2017年,江苏与"一带一路"沿线国家进出口贸易额居全国第二名,但与第一名广东存在不小的差距(见表4-1)。

表4-1　2016~2017年与"一带一路"沿线国家进出口贸易额居前五位省份对外贸易情况

省份	2016年 进出口额(亿美元)	2016年 全国占比(%)	2017年 进出口额(亿美元)	2017年 全国占比(%)
广东省	1 995.6	20.9	2 387.1	24.4
江苏省	1 098.6	11.5	1 516.4	15.5
浙江省	1 052	11.0	988.1	10.1
北京市	958.5	10.1	880.5	9.0
上海市	842	8.8	860.9	8.8

资料来源:《"一带一路"贸易合作大数据报告》(2017年、2018年)。

三、"一带一路"交汇点建设的格局、定位与方向

"一带一路"倡议是我国新时期打造对外全面开放新格局的重大战略部署，"一带一路"交汇点建设也是江苏提升全面开放水平和发展高质量开放型经济的必然要求。高质量建设"一带一路"交汇点，需要科学把握"一带一路"交汇点建设的定位与方向，从省域全局视角认识参与"一带一路"交汇点建设的区域格局和空间安排。

（一）"一带一路"交汇点建设的区域格局

作为"一带一路"交汇点，江苏全域协作参与"一带一路"交汇点建设，依据各区域发展的区位条件与经济内外联系基础条件差异，因地制宜、发挥各自优势，共筑"一带一路"交汇点空间布局。在空间格局上，主要呈现"一面、三通道"的区域格局，即全省域为"面"、沿海通道为"弓"背、沿江和东陇海通道为两根"箭"。

1. 全省域参与"一带一路"（面）

"一带一路"交汇点不是单个海陆连接的港口城市所能承载的，而是需要江苏全省域参与交汇点建设。江苏能够成为"一带一路"交汇点，较大程度上得益于连云港新亚欧大陆桥桥头堡的地位与作用，但交汇点不仅限于连云港重要海陆交汇点，也包括航空港的航空交汇点等，交汇点建设是江苏依托自身海陆条件与经济基础的全省域整体协作的全面开放。江苏全域参与"一带一路"交汇点建设，既是源自江苏优越的区位条件和发展基础，更是江苏发展高质量开放型经济的现实需要。江苏要立足于原有的传统贸易对象、对外经贸联系的基础与优势，交汇点建设的主要方向在海上而不是陆上，海上是"龙头"，陆上是"龙尾"。未来交汇点建设方向，是在"一带一路"中的21世纪海上丝绸之路上全面开放，要着力扩大对外开放的新空间，全面提升开放型经济的发展质量与水平。

2. 三通道（线）

一是连云港—徐州的东陇海通道线。连云港是新亚欧大陆桥的桥头堡，是陆上丝绸之路和21世纪海上丝绸之路最直接的交汇点，海陆区位和港口资源优越。徐州是东陇海线综合枢纽城市、"一带一路"的重要节点和淮海经济区的中心城市，

陆上交通优势明显，拥有相对广阔的发展腹地。徐州与连云港联合形成的东陇海通道线成为"一带一路"重要的交汇点区域，依托连云港30万吨港口扩容和高铁建设以及徐州交通枢纽的地位，向东可服务于东亚、东南亚、南亚等地区，发挥在对外贸易与航运上的优势，向西则通过加快中哈物流合作基地和上海合作组织（连云港）国际物流园的载体建设，利用特有的交通运输能力和国际物流资源，促进与中亚、中东欧地区的经贸发展和产能合作。连云港—徐州的东陇海通道线未来的主要方向是面向西陆上丝绸之路经济带，增强江苏"一带一路"交汇点向西的辐射带动能力。

二是沿长江通道线。江苏沿江地区具有对外开放的江海联动区位、沿江产业基础和主要的对外贸易节点优势，成为"一带一路"的重要交汇点。沿江地区拥有400多公里的长江黄金水道，沟通长江中下游地区，连接大海，具有国际交通和物流优势，沿江八市的经济实力、产业基础和开放型经济发展水平均居江苏省首位，已成为江苏"一带一路"交汇点建设的重要平台载体。其中，在对外贸易上，2014～2017年江苏沿江八市与"一带一路"沿线国家年均进出口贸易额、年均进口贸易额和年均出口贸易额分别为1 090.05亿元、739.025亿元和351.075亿元，年均占比分别为93.24%、92.34%和95.16%（见表4-2）；在利用外资上，2014～2017年沿江八市累计吸引"一带一路"沿线国家投资企业821家、实际利用外资48.7亿美元，在全省所占比重分别为85.61%、89.49%；在国际产能合作上，沿江八市与"一带一路"沿线国家建立了良好的合作基础，如无锡红豆集团主导建设的柬埔寨西哈努克港经济特区、江阴阳光集团在埃塞俄比亚设立的生产基地等一批产能合作园区与基地，以及扬州与"一带一路"沿线国家开展的运河文化合作等。沿江地区未来交汇点建设中的主要方向是面向东海上丝绸之路，同时参与长江经济带建设，辐射带动中西部地区经济发展。

表4-2　　　　　2014～2017年江苏沿江八市
与"一带一路"沿线国家的贸易情况

年份	进出口 贸易额（亿美元）	进出口 全省占比（%）	出口 贸易额（亿美元）	出口 全省占比（%）	进口 贸易额（亿美元）	进口 全省占比（%）
2014	1 080.60	92.84	714.50	91.80	365.90	94.89
2015	1 050.90	93.43	716.40	92.51	334.60	95.41
2016	1 025.40	93.41	714.70	92.42	310.70	95.78
2017	1 203.30	93.29	810.50	92.61	393.10	94.70

资料来源：江苏省商务厅。

三是沿海通道线。从连云港到南通的海港是海上丝绸之路的前哨，是"一带一路"交汇点的重要出海门户，沿海地区是"一带一路"交汇点建设空间格局的重要弓背。同时，沿江地区是陇海兰新沿线地区和长江中上游地区出海通道的战略要冲，处于"一带一路"倡议和长江经济带建设两大国家新战略的交汇点，区位优势独特，港口、土地后备资源丰富，在服务带动中西部地区发展、完善东部沿海地区经济布局、促进区域协调发展中具有重要战略地位，是"一带一路"倡议和长江经济带两大国家战略实施的前沿阵地。在港口资源上，连云港由5大港区形成服务中西部、面向东北亚的"一体两翼"组合大港格局，南通港由12港区组成（其中沿江港区9个），拥有共5个国家一类开放口岸（2个江港、2个海港和1个空港），是上海国际航运中心组合港北翼重要港口，盐城港由4个港区组成，滨海港、响水港区获批国家一类口岸；在土地资源上，沿海地区海岸滩涂资源丰富，以每年2万多亩的速度增加，江苏沿海滩涂资源约占全国滩涂资源总面积的1/4，占江苏省土地后备资源总量的近90%，为发展深水港口石化、造船等临港产业提供了后备土地资源。

连云港—徐州东陇海通道、沿长江通道、沿海通道构成江苏建设"一带一路"交汇点的三条通道（线），成为"一带一路"交汇点建设的重要发力地区，三通道联动发展可以增强区域发展协调性，构建并优化南北互动以及沿海、沿江、沿边"三沿"联动的区域发展新格局。在此之外，江淮生态经济区等作为交汇点建设开放区域的腹地，也将受其辐射带动。

（二）"一带一路"交汇点建设的定位

作为我国东部沿海的经济发达省份，江苏区位条件优越、综合经济基础雄厚、对外投资与贸易往来频繁、对外开放程度高、产业链延伸基础优、创新开放基础好，为"一带一路"交汇点建设奠定了良好的基础。依据"放大向东开放优势，做好向西开放文章，拓展对内对外开放新空间"的交汇点总体定位，结合江苏"一带一路"交汇点建设的客观基础与区域格局，可以从区域产业定位、区域创新定位和区域开放合作定位三个方面，认识"一带一路"交汇点定位。

1. 区域产业定位

江苏工业化起步早、水平高，实体经济发达，制造业实力强，产业体系完善，是我国参与全球产业链分工的重点区域。"一带一路"倡议为江苏积极开展对外产能合作、推进产业链延伸、促进产业转型升级，以及参与国际产业分工，由全球价值链中低端向中高端转变提供了机遇。在"一带一路"交汇点建设中的区域产业定位，需要结合江苏产业发展已有基础与产业转型升级、参与国际产业分工合作的需求，重点发展国际先进制造业和现代服务业、生态经济及现代海洋经济相关产业等，积极参与全球价值链的分工合作。

国际先进制造业和现代服务业。江苏制造业实力强、基础雄厚，尤其是沿江地区装备制造业规模大、综合竞争力强，已经初步发展成为全球重要的制造业基地；与此同时，沿江地区现代服务业也得到较快发展。在"一带一路"交汇点建设中，沿江地区应发挥自身产业基础优势，引领先进制造业、现代服务业的双轮驱动，对标"一带一路"交汇点建设要求，瞄准世界先进制造业和现代服务业前沿，构建世界先进制造业中心和现代服务业基地，为江苏参与"一带一路"建设提供产业基础的强力支撑。一是依托沿江港口经济与园区建设，做大做强装备制造、新材料、物流等临港优势产业，积极培育和壮大电子信息、新能源、节能环保、新医药、金融商务、科技研发与服务外包等新兴产业，推动互联网、大数据、人工智能和实体经济深度融合，加快制造业转型升级和优化发展能力，打造若干规模和水平居国际前列的先进产业集群，推动产业由中低端向中高端攀升，提升在全球分工价值链中的地位，建设具有国际竞争力的世界先进制造业中心。二是立足沿江地区先进制造业发展的需求，聚焦现代服务业重点领域和关键环节，大力发展现代金融、现代航运物流服务、人力资源服务等生产性服务业，推进现代服务业向专业化和价值链高端延伸发展，形成沿江地区以新经济为引领、服务经济为主导、智能制造为支撑，实体经济、科技创新、现代金融、人力资源协同发展的现代产业体系，促进先进制造业和现代服务业互动融合的发展，满足开放型经济发展需求，实现更高质量、更有效率、更可持续的发展。

现代海洋经济产业。江苏省海洋资源丰富，沿海地区具备港口、后备土地资源等海洋资源。在"一带一路"交汇点建设上，沿海地区应充分利用海洋资源优势，转变传统重化工发展思路与理念，摆脱对传统产业、重化工业的路径依赖，优化资源配置能力，着重培育和发展海洋经济，包括海洋捕捞、海洋生物产业、海洋旅游、海洋生物制药等大海洋产业，加快产业转型升级步伐，提升现代海洋经济发展的核心竞争力；利用医药产业发展基础，进一步拓展医疗、养生、旅游产业等大健康产业，形成医药产业的完整产业链条，创造产业新优势。

生态经济产业。生态文明和绿色发展理念已经融入"一带一路"建设，发展生态经济是绿色"一带一路"建设的重要内容与现实需求。江淮生态经济区等广大腹地地区生态本底条件好，但生态环境也相对脆弱，发展生态经济产业是其现实条件的必然选择，同时"一带一路"对外开放需要对外生态经济产业的合作与交流，腹地地区要以生态经济产业为主导，统筹产业布局，推动产业要素优化组合，着力发展现代循环农业、生物质产业、节能环保产业、新兴信息产业、新能源产业等生态经济产业，促进地区与产业发展的生态化、生态经济的产业化，构建绿色低碳环保的生态经济模式，为交汇点建设提供生态产品与服务的供给保障；同时发挥自身生态经济发展的优势，提升对内对外生态经济合作的质量与水平。

2. 区域创新定位

区域创新能力的提升能够有力推动"一带一路"建设，同时，加强创新能力开放合作也是"一带一路"建设的重要内容。江苏科技创新资源丰富，综合创新能力居全国前列。在"一带一路"交汇点建设中，江苏要充分发挥科技创新资源优势，结合产业合作与发展的需求，支持有条件的地区建设国际产业创新中心与国家创新中心，以创新驱动支持"一带一路"交汇点建设。江苏沿江地区是科技创新资源富集地区，创新型产业发展有基础，在"一带一路"交汇点建设中应瞄准世界产业科技前沿领域，加快完善以市场为导向的产业创新生态，建设一批具有全球引领性的产业创新平台载体，培育产业创新龙头，率先突破一批关键核心技术，强化知识产权运用与保护，打破条块分割，支持构建"水（源）、土（壤）、生（物）和气（象）"资源环境产业链条，形成研发、转化、孵化、产业化体系，成为全球产业技术创新网络的重要节点、创新成果的转化应用中心和高新技术产业培育的高地，争创国际产业创新中心；立足于区域创新能力提升的要求，差异化定位，建设国家科学中心，重点发展集成创新新一代信息技术、水土气环境整治和生态修复等资源生态环境改善技术、创新发展新能源技术等，为"一带一路"建设提供创新技术支持，为国家科技创新增加新动能，共同建设"一带一路"交汇点的科技创新策源地；充分发挥沿江地区创新资源，推进"一带一路"创新合作，融入全球创新体系，协同构建沿江地区产业创新生态体系和全球化的创新利益共同体。

3. 区域开放合作定位

区域对内对外的开放合作是"一带一路"交汇点定位的重要内容。江苏作为我国东部沿海经济发达省份，外向型经济发达，对外经贸联系密切，对外开放程度高，开放合作基础好。在"一带一路"交汇点建设的开放合作中，江苏要进一步发挥自身开放合作的优势，创新开放合作方式，依托沿江与沿海兼具的海陆区位优势，建设对外开放合作重要门户，发挥江淮生态经济区的生态资源优势，建设绿色经济开放合作基地，不断创新开放合作的广度与深度，深化高质量和高水平开放合作理念，提升对内对外的合作开放水平。

开放合作的重要门户。沿海与沿江地区借助"一带一路"交汇点建设契机,发挥已有改革试点平台作用,释放改革创新红利,加强与内部地区合作共同参与"一带一路"交汇点建设。连云港利用海陆交汇优势,扩大海陆双向开放,依托亚欧大陆桥服务中西部,联动东北亚;盐城积极参与新亚欧大陆桥经济走廊和淮海经济走廊建设,增强内外部经济联系;南通充分利用长江经济带出海门户的优势,加强与上海、苏南的合作,促进南通重要出海门户建设。沿江地区搭建"一带一路"商贸交流平台,鼓励推动机械制造、化工等传统优势产业走出去,加强与"一带一路"沿线国家的产能合作,促进对内辐射带动中西部地区发展,对外拓展国际经贸交流和投资合作,形成"一带一路"和长江经济带海陆双向开放的重要门户。

绿色经济开放合作基地。江淮生态经济区等广大腹地地区参与"一带一路"交汇点建设,发挥自身绿色生态资源禀赋优势,开展绿色"一带一路"经验与技术输出,构建"一带一路"绿色技术与产业合作基地。绿色"一带一路"建设是分享生态文明理念、实现可持续发展的内在要求,也是参与全球环境治理、推动绿色发展理念的重要实践,更是服务打造利益共同体、责任共同体和命运共同体的重要举措。腹地地区依托生态经济先行先试的发展经验,积极探索参与绿色"一带一路"建设的经验和绿色技术的输出,积极将资源节约与环境保护经验融入国家产能合作与共建生态环保园区过程中,推进绿色投资、绿色贸易、绿色金融的开展,同时促进绿色技术集聚转化与输出,加强绿色、先进、适用技术在"一带一路"沿线发展中国家的转移转化,为绿色"一带一路"建设提供技术支持,实现"一带一路"建设中经济发展和生态保护双赢。

(三)"一带一路"交汇点建设的方向

依据"一带一路"交汇点建设的总体定位与建设要求,江苏"一带一路"交汇点建设的区域发展方向有两个层面:一是将江苏作为整体单元,立足扩大双向开放,即既要扩大向西开放也要扩大向东开放;二是就江苏省内不同区域而言,参与"一带一路"交汇点建设的发展方向,要高度重视江海联动、陆海联合等区域间的协作共建。

1. 双向开放扩大开放能力

双向开放扩大开放能力是"一带一路"交汇点建设的重要方向。江苏要依托海陆交汇的区位优势与对内对外开放合作的基础,加快江苏自贸区建设,创造良好的对外开放合作环境。在向东开放上,要发挥江苏面向东亚、东南亚、南亚等地区的贸易与航运优势，进一步扩大向东开放的水平与能力，加大吸引优势项目、先进技术、高端人才等高端要素的力度，推动经济增长和产业转型升级；在向西开放上，江苏要重视物流、产能等合作，支持有条件的地区建设"一带一路"交汇点率先开放的先导区、先行基地等，探索双向开放扩大开放能力的路径，充分释放双向开放叠加效应，增强地区集聚与扩散人流、物流、资金流和信息流等要素资源流的能力，提升对外开放合作竞争力，辐射带动中西部地区的发展。

在向西开放上，江苏东陇海地区的主要方向是面向西陆上丝绸之路经济带开放。新亚欧大陆桥是丝绸之路经济带运输主通道，东陇海沿线集聚了江苏全省 2/3 的国家级综合枢纽和 1/2 的重要铁路货运枢纽，应充分发挥亚欧大陆桥与物流合作园区要素集聚与流通的载体作用，加快深化中哈物流合作基地和上海合作组织国际物流园合作载体建设，强化基础设施互联互通，可放大连云港至阿拉山口、霍尔果斯的铁水联运示范通道效应，发挥徐州东陇海线综合枢纽的作用，增强重点向西开放服务的交通运输能力，发挥向西亚欧大陆桥主通道的支撑作用，增强与中亚、中东欧地区的经贸与文化联系，重点开拓向西开放合作的市场空间，拓展集聚要素的更大范围，提升融合参与国际分工合作的层次，促进对外贸易和产能合作，增强江苏"一带一路"交汇点向西的辐射带动能力。与此同时，连云港发挥港口海运优势与徐州陆上交通优势，扩大向东开放能级，重在吸引项目、资金、技术、人才等要素资源，徐州、连云港共同构筑东陇海沿线双向开放新格局。

在向东开放上，江苏沿江地区是向东开放的重点地区，也是构建"一带一路"交汇点建设率先开放的先导区。基于沿江地区是全省对外经济贸易的主要地区，江苏一方面要抓住"一带一路"交汇点建设的契机，加快江苏自贸区建设，并且主动申报建设自由贸易港；另一方面要借助长三角区域一体化上升为国家战略的机会，将太仓港、苏州港并入上海港区构建上海自由贸易港体系，或者将江阴以下的沿江港口与上海合作组成一个江海门户的自由贸易港区，推进经济优势与港口航道资源优势的结合，通过共建共享实现港口资源重整，提升江苏港航服务能力与竞争力。要提升交通能力，将港口、中欧班列与国际航空结合，构建综合的交通运输体系，沿江部分港口可以充分利用 -12.5 米航道优势开展近中洋航线，重点航空港可增加境外合作园区所在国家（地区）的定向航班，共同服务于"一带一路"贸易往来。要提升自主创新能力与营销服务能力，沿江地区应尽快学习上海全面创新改革的政策、经验和海外人才吸引政策等，在全省率先探索，提升区域自主创新能力。要塑造区域品牌，用塑造品牌来塑造具有品牌能力的"高峰"企业，提升企业"走出去"的资源配置能力，增强国际营销与服务能力。要总结推广典范经验，对沿江地区"走出去"的企业、境外合作园区、市场开拓等成功典型经验及时进行总结，由点到面地去树立典型，在全省乃至全国予以推广。与此同时，江苏要进一步扩大向西开放，创新与中西部地区合作的方式，增强对中西部地区的辐射带动作用。

江苏沿海地区要构建"一带一路"建设先行基地。江苏沿海地区拥有独特的区位优势和沿海港口优势，相比其他地区海洋港口资源优势突出。在"一带一路"交汇点建设中，江苏沿海地区的重点是依托已有海洋港口，进一步加快"公铁水管空"五位一体的陆上交通、航空运输、管道运输等建设，重点推进过江通道、沿海高铁、主要港区铁路支线、航空港建设，构建"立体互通、水陆并进、南北交融"的完善的综合交通网络，提升对内对外基础设施的互联互通，提升沿海地区与"一带一路"沿线国家的通达能力。要大力发展多式联运，完善集疏运体系，形成面向国际、承接东西、连接南北、高效畅通的交通与商贸物流枢纽，促进沿海地区优质要素资源吸引，集聚发展新兴产业，形成具有强力示范带动作用的"一带一路"建设的先行基地。

2. 陆海联合与江海联动发展

江苏"一带一路"交汇点建设是立足于全省域的全面整体协作建设，因此，江苏省域内的沿江、沿海地区要发挥江海联动优势，同时内陆与沿海地区联合形成合力，其他地区可作为广大腹地，积极融入沿江、沿海与东陇海地区，从而形成区域协作参与区域协调发展态势，共同参与"一带一路"交汇点建设。

江海联动。沿江地区拥有长江黄金水道与沿海黄金海岸的叠加优势，统筹沿江沿海资源与产业布局，推进江海联动发展，能够促进沿江地区港口经济发展，共享沿江长江经济带和"一带一路"开放开发的机遇。江苏要合理统筹沿江与沿海的空间布局，以江撑海，促进沿海地区加快发展以科技含量大、技术水平高、环境友好为重要特征的海洋战略性新兴产业。整合沿江与沿海的港口资源，建设江海联动港口体系，促进港口物流、港口服务等产业融合，做大做强特色港口特色产业，促进江海一体化发展、江海联动枢纽建设，形成具有先进水平的江海联动发展基地。

陆海联合。连云港、徐州是国家"一带一路"倡议规划明确的重要节点城市，是沿东陇海线经济带的核心区域。其中，徐州是亚欧大陆桥经济走廊重要节点城市、东陇海线的综合枢纽城市和淮海经济区的中心城市，陆上交通优势明显，相比连云港有更大的经济发展腹地与工程装备制造业优势；连云港有着海陆交汇的区位优势与港口资源优势。"一带一路"交汇点建设支点区域的两个城市，各有所长，优势互补。提升徐州战略地位，将为连云港的发展带来产业、人员、物流等方面更加有力的支撑与经济发展腹地，连云港的港口、海洋经济以及开放优势将对徐州国际化发展起到助推作用,因此,徐州和连云港的"陆海联合"能够更好地发挥沿东陇海线经济带的区位和资源优势,合力打造新欧亚大陆桥经济走廊重要增长极,增强连云港—徐州东陇海地区经济发展的核心竞争力和辐射带动能力,提升对中西部地区的辐射带动作用。在交通建设上,江苏要加大对徐连高铁项目、徐宿连航道整治工程的支持,提升徐州和连云港之间快速交通联系的通达性,增强徐州和连云港陆上与内河航运的联系;在产业布局上,要强化两地产业分工合作,提升两地产业关联度,优化产业链布局,深化徐州连云港产业合作层次;在资源共享上,推进资源共享,如将连云港港口综合保税区等服务功能延伸至徐州,提升徐州经济的国际化程度等。

沿江、沿海与东陇海地区以外的江淮生态经济区等其他地区,是江苏"一带一路"交汇点建设的广大腹地,对江苏全面开放格局建设起着重要的腹地支撑作用。这些地区应积极接受沿江、沿海和东陇海地区交汇点建设的辐射和带动,加强和沿江、沿海与东陇海地区的联动协调发展。要抓住"一带一路"交汇点建设的重要战略机遇,强化对内对外联系与开放水平,创新和完善区域联动协作的新模式,共同推进江苏"一带一路"交汇点建设。

参考文献

[1] 陈雯、李平星:《江苏如何抢占"一带一路"战略先机》,载于《唯实》2015年第4期。

[2] 杜德斌、马亚华:《"一带一路":中华民族复兴的地缘大战略》,载于《地理研究》2015年第34卷第6期。

[3] 古龙高、古璇、赵巍:《"一带一路"交汇点的理论阐释与路径探索——基于连云港丝绸之路经济带陆桥通道视角的研究》,载于《城市观察》2019年第3期。

[4] 古龙高:《新亚欧大陆桥经济方略》,东南大学出版社1998年版。

[5] 国家发展改革委、外交部、商务部:《推动共建丝绸之路经济带和21世纪海上丝绸之路的愿景与行动》,外文出版社2015年版。

[6] 科林·弗林特、张晓通:《"一带一路"与地缘政治理论创新》,载于《外交评论》(外交学院学报)2016年第33卷第3期。

[7] 刘卫东、宋周莺、刘志高等:《"一带一路"建设研究进展》,载于《地理学报》2018年第73卷第4期。

[8] 刘文波:《"一带一路"战略构想的地缘政治分析》,载于《天津师范大学学报》(社会科学版)2016年第1期。

[9] 宋周莺、车姝韵、张薇:《我国与"一带一路"沿线国家贸易特征研究》,载于《中国科学院院刊》2017年第32卷第4期。

［10］徐鹤、齐曼古丽·依里哈木、姚荣等：《"一带一路"战略的环境风险分析与应对策略》，载于《中国环境管理》2016年第8卷第2期。

［11］杨荣国、张新平：《"一带一路"人文交流：战略内涵、现实挑战与实践路径》，载于《甘肃社会科学》2018年第6期。

［12］赵明亮：《国际投资风险因素是否影响中国在"一带一路"国家的OFDI：基于扩展投资引力模型的实证检验》，载于《国际经贸探索》2017年第33卷第2期。

［13］赵穗生、郭丹等：《中国的顶层设计："一带一路"倡议的战略目标、吸引力及挑战》，载于《东北亚论坛》2019年第3期。

［14］Esteban M., "The China-Pakistan Corridor: A Transit, Economic or Development Corridor", *Strategic Studies*, 2016 (9): 63 – 74.

［15］Irshad M. S., Qi X., Arshad H., "One Belt and One Road: Dose China-Pakistan Economic Corridor Benefit for Pakistan's Economy?", *Journal of Economics and Sustainable Development*, 2015, 6 (24): 200 – 207.

第五章

与"一带一路"沿线国家的产能合作

国际产能合作是共建"一带一路"的重要内容,江苏积极落实"一带一路"交汇点建设精神,立足制造大省优势,把握沿线国家需求,大力推进国际产能合作,无论在国际产能合作的数量还是质量上,都不断取得新进展、新突破。通过深耕沿线国家市场,把握市场需求特征、放大制造强省优势、化解合作风险,江苏国际产能合作不断迈上新台阶。

一、研究背景

(一) 国际产能合作现状

习近平在 2014 年底视察江苏时指出,江苏处于丝绸之路经济带和 21 世纪海上丝绸之路的交汇点上,要主动参与"一带一路"建设,放大向东开放优势,做好向西开放文章,拓展对内对外开放新空间。江苏积极落实习近平指示精神,出台了《江苏省推进国际产能和装备制造合作三年行动计划(2016—2018)》(2016)、《关于将连云港建成我国沿海新型临港产业基地加快建设"一带一路"重点节点城市的意见》(2016)、《江苏省鼓励发展的非金融类对外投资产业指导目录》(2017)、《关于高质量推进"一带一路"交汇点建设的意见》(2018)等实施政策,切实担当起"一带一路"交汇点建设的责任和使命。自从推进交汇点建设以来,江苏拓展了开放型经济发展的新空间,与沿线国家产能合作不断取得突破。江苏已构建了以国际产能合作为导向的省内产业转型升级开放新格局,形成了以十大境外产业园为载体、八大优势行业为重点的国际产能合作新模式。在持续深耕欧、美、日、韩等发达国家和地区市场的基础上,江苏积极发掘"一带一路"沿线国家市场新机会,积极探索形成江苏优势产业主导的国际价值链。

据江苏省统计局统计,截至2018年6月,江苏省赴"一带一路"沿线国家投资项目1596个,协议投资额141.1亿美元。投资国家由2014年的38个增加至2018年6月的46个,投资行业门类由37个增加至63个。其中,2018年上半年,江苏省在沿线国家新增投资项目112个、协议投资额11.7亿美元,分别占全省总量的29.8%、22.8%,投资项目数同比增长60%。江苏省第二产业对沿线国家投资项目60个,其中,制造业项目49个,同比增长53.1%,通信和计算机、服装鞋帽、通用设备和专用设备制造业表现尤为突出。截至2017年底,江苏在拉丁美洲的哥伦比亚、墨西哥、智利、秘鲁四国设立企业52家,累计协议投资额6.6亿美元。江苏也积极利用来自"一带一路"沿线国家的投资,2014年至2018年6月,"一带一路"沿线国家在江苏省累计投资1087个项目,累计合同外资额99.3亿美元,累计实际使用外资65.3亿美元。其中,2018年上半年,江苏实际利用"一带一路"沿线外资10.9亿美元,占全省比重为7.2%。江苏还积极开展在"一带一路"沿线国家的工程承包合作项目。2017年,江苏省对外承包工程新签合同额达108亿美元,首次过百亿美元;对"一带一路"沿线国家的承包工程新签合同额67.6亿美元,同比增长89%。2018年上半年,对外承包工程新签合同额15.7亿美元,同比下降52.9%,占比46.5%(上年同期占比62.8%);完成营业额20.1亿美元,同比下降6.7%。承包工程市场国别由2014年的42个,增加至2018年6月的50个。先后举办"携手江苏、共赢发展——'一带一路'沿线国家投资说明交流会""霍尔果斯—东门"经济特区投资合作推介会等20多场经贸推介活动。其中,马尔代夫、尼日利亚、柬埔寨、肯尼亚、孟加拉国是江苏省对外承包工程前5位国家。

江苏国际产能合作的境内载体日益完善。连云港加快打造新亚欧陆海联运通道标杆示范,港口重要基础设施建设稳步推进,中哈物流合作基地稳定运营,与霍尔果斯口岸共建"无水港"和上海合作组织(连云港)国际物流园获批国家级示范物流园区,新亚欧大陆桥安全走廊国际执法合作论坛影响力不断提升。徐州、南京、苏州等"一带一路"重要节点城市发挥自身优势特点,联动融合、协同发展,参与"一带一路"建设成效明显,沿海地区、苏北地区对"一带一路"交汇点建设的支撑作用不断增强。徐州与中国华信能源有限公司签订协议,共同建设约8平方公里区域,并以此为载体,与格鲁吉亚波季自由工业区组成"中格共同市场合作区",打造服务于投资、物流、贸易和金融合作的示范窗口和中亚地区人民币跨境结算的试点区等。

（二）国际产能合作经验

江苏在国际产能合作中，坚持政府推动、企业主导、市场化运作，突出园区建设管理经验丰富的特色优势，注重将市场配置要素资源决定性作用与更好发挥政府作用相结合，深入推进供给侧结构性改革与支持企业"走出去"发展相结合，江苏产能优势、园区经验与"一带一路"沿线国家的资源禀赋、市场要素相结合，在经贸合作、工程承包、园区平台等领域与沿线国家积极合作，探索"重资产投资运营"和"轻资产管理输出"境外园区建设新模式，夯实了交汇点建设载体支撑功能，形成了多种力量协同、园区经验输出、价值链条整合的国际产能合作新局面，境外载体集聚效应更加显著。

目前，江苏在"一带一路"沿线国家已设立5个经贸代表处，包括：柬埔寨西哈努克港经济特区、埃塞俄比亚东方工业园2家国家级境外经贸合作区；印度尼西亚东加里曼丹岛农工贸经济合作区、江苏—新阳嘎农工贸现代产业园2家省级产业集聚区；哈萨克斯坦"霍尔果斯—东门"经济特区、中阿（联酋）产能合作示范园2家共建园区。其中，2个国家级、2个省级园区累计占地面积431.1平方公里，基础设施投资总额5.1亿美元，入区企业217家，投资总额13.6亿美元，总产值18.5亿美元，为当地创造就业岗位3.2万个，上缴东道国税费8 120万美元，对江苏省企业参与"一带一路"建设和国际产能合作、促进东道国经济社会发展发挥了积极作用。江苏省部分海外产业园区基本情况如表5-1所示。

表5-1　　　　　　江苏省部分海外产业园区基本情况

名　称	投资企业	所到国家	所在城市	主导产业
东方工业园	江苏其元集团	埃塞俄比亚	杜卡姆	冶金、建材、机电
埃塞俄比亚毛纺产业园（拟建）	江苏阳光集团	埃塞俄比亚	阿达玛	毛纺产业
柬埔寨西哈努克港经济特区	江苏红豆集团	柬埔寨	西哈努克	纺织服装、五金机械、轻工家电
中坦现代农业示范产业园	江苏大宏纺织集团	坦桑尼亚	新阳嘎省克左比区	现代农业以及关联产业
江苏—新阳嘎农工贸现代产业园	江苏海企技术工程股份有限公司	坦桑尼亚	新阳嘎省	现代农业以及关联产业

续表

名　称	投资企业	所到国家	所在城市	主导产业
金昇纺织工业园区	江苏金昇实业	乌兹别克斯坦	什卡达里亚州首府卡尔希市	纺织服装
镍铁合金工业园	江苏德龙镍业	印度尼西亚		镍铁合金加工
加里曼丹岛农工贸经济合作区	江苏双马化工	印度尼西亚		农林种植与产品加工

资料来源：王兴平等，《江苏海外产业园区发展的现状、问题和对策研究》，江苏社科网，2017年。

目前，江苏在推进国际产能合作和海外园区建设中，逐步发展和摸索出以下两种主要模式。

1. 红豆集团打造的产业平台带动多国产能合作模式

红豆集团主导建设的柬埔寨西哈努克港经济特区，既实现了红豆集团国际产能合作，也为国内外企业搭建了产能合作平台，是"政治互信、经济融合、文化包容"的成功范例。

一是园区建设与地方经济社会发展需求紧密结合。西港特区重点发展劳动密集的服装产业，既满足地方市场需求，也能有效解决当地就业。目前，园区所在地波雷诺县70%的家庭在特区工作，解决约2万人的就业。

二是园区建设中输出江苏园区开发的理念、管理模式与招商引资办法。将国内五通一平园区建设模式、政府"一站式"公共服务平台建设、集中化教育培训等园区后勤服务等江苏园区建设经验与地方发展需求相结合；面向全球招商，引入包括工业、服务行业在内的企业（机构）118家，其中中资企业100家，第三国企业12家，柬埔寨企业6家。将园区打造成中国主导、地方合作、他国参与的国际产能平台，是建立以我为主、整合全球资源、组建价值链的有益探索。

三是重视和当地政府的良性互动。即企业与政府协同，形成产能合作深入的合力。红豆集团将国内公益活动经验引入西港特区，开展"一对一"帮扶贫困学生、资助柬方人员培训、开展公益慈善慰问活动等，嵌入地方社会文化网络之中。西哈努克省与江苏省无锡市在医疗、卫生、教育等各领域的合作与交流，推动了无锡柬埔寨航线的开辟，促进了国际合作和交流，提高了西港特区的根植性。

2. 中江集团价值链延伸带动国内产业"走出去"模式

中江集团是全国最早获批对外经营权的8家综合性外经企业之一，也是江苏唯一带有"中国"字号的省属国有企业。该模式的主要经验和特点包括以下三点。

一是形成建筑产业链。中江集团形成了工程承包—城镇投资—国际贸易—咨询服务产业链，陆续开辟东南亚、中亚、南太平洋、关岛、中美洲等地市场，2014~2018年新承接海外工程项目336个，累计合同总额高达35.15亿美元，连续23年入选美国ENR《工程新闻纪录》评定的"全球250家最大国际承包商"百强行列。

二是探索价值链整合。中江集团充分发挥承揽项目技术资金、市场开拓的经验优势，引领国内多家建筑分包和劳务企业共同开展外经业务，带领建筑工人和多行业劳务人员走出国门，2017年累计出口达38 762美元；探索形成了项目导向、整合国内资源、原材料供应、设计监理、市场推广的组团出口模式，以完整价值链向海外市场提供高品质产品。

三是提升价值链地位。中江集团牵头负责投资建设运营中阿（联酋）产能合作示范园，实现了由外经窗口公司向国际工程承包跨国公司、园区运营集团转型。园区建设规划12.2平方公里，总投资额超70亿元人民币，是全国首家"一带一路"产能合作园区，目前已有15家企业签署了投资框架协议，总投资额突破60亿元。中江集团大胆尝试，积极谋划建立"中阿（联酋）产能合作示范园金融服务平台"，推动示范园产能合作项目直接使用人民币投融资，助推人民币国际化。

（三）国际产能合作中存在的问题

在江苏国际产能合作的不断深化和发展中，也存在问题和不足。这些问题不仅在江苏国际产能合作中存在，而且应属于我国开展国际产能合作中普遍存在的共性问题。

一是配套支撑能力不足。例如，由于对投资目的地国家政策、法律法规、投资环境、市场信息、文化风俗等政策环境不熟悉，国内中介服务机构缺少境外调查、法律审查、资产评估等国际调查经验，以及国际中介服务机构收费高、沟通联系不便、效率不高，造成"走出去"企业很难进行细致的法律、财务等方面调查。不仅如此，国内专业人才储备不足，缺乏既懂当地语言、文化和法律，又精通业务经营的综合型人才。一些企业习惯按照国内思维理解沿线国家投资环境，结果导致安全防范意识不够、项目落地与地方需求不匹配，遭遇了很多风险。

二是配套政策不完善。国际合作产能与金融国际化密不可分，金融国际化与产能不匹配会影响交汇点建设。这方面问题包括：（1）"优贷不优"问题。目前我国援外优惠、贷款年利率为2%~3%，优惠度为20.28%，低于国际组织35%的优惠度标准。实际上，世界银行以及日、韩等国提供贷款的利率均不超过1%甚至更低。（2）境外项目融资问题。民营企业、中小企业海外项目贷款一般难以获得国内金融支持。"外保内贷"和"外保外贷"突破难，即企业在境外设立的实体经营年限短，缺少自己的信用记录，很难在国外得到信贷支持；国内银行出于风险评估的考虑，一般不接受企业境外投资形成的土地、房产、股权、设备等资产作为贷款抵押物。（3）风险分担问题。我国海外项目保险费率高且需要主权担保，客观上提高了企业融资成本和推进的难度。

三是竞争无序化。一方面，企业间缺乏协调，单打独斗多于"抱团合作"，恶性竞争时有发生。例如，中江集团在国际产能合作中，遇到了国内企业互相压价的竞标行为，导致成交价格大幅低于市场合理价格水平或中资企业平均水平，扰乱了已中标或正在议标项目的商务洽谈。另一方面，各地为推动产能合作，竞相角逐国际产能合作项目，造成了内耗，有损开展国际产能合作的整体效果。例如，针对中欧班列的铁路物流补贴，就扭曲了市场配置机制。

二、"一带一路"沿线国家需求分析

（一）沿线国家发展概况

一般认为，目前"一带一路"沿线主要国家包括东亚蒙古国、东盟10国、西亚18国、南亚8国、中亚5国、独联体7国、中东欧16国以及中国等65个国家。下面从收入水平、城镇化阶段、工业化阶段三个方面简要介绍这些国家的发展概况。

1. 收入水平

根据世界银行标准，沿线国家中高收入国家、中高等收入国家、中等收入国家、中低等收入国家和低收入国家分别为2、24、12、11和15个，在32.29亿总人口中，低收入国家人口规模最大，达19.93亿人（见表5-2）。低收入、中低等收入、中等收入、中高等收入和高收入国家人口占比分别为61.7%、17.0%、7.4%、13.7%和0.3%。

表 5-2　　　　　2016 年"一带一路"沿线国家收入水平概况

分组	人均收入（现价美元）	总人口（亿）	国家（个）	国家
低收入国家	599 ~ 2 117	19.93	15	阿富汗、也门、尼泊尔、东帝汶、塔吉克斯坦、孟加拉国、吉尔吉斯斯坦、柬埔寨、巴基斯坦、缅甸、老挝、越南、印度、乌兹别克斯坦、摩尔多瓦
中低等收入国家	2 117 ~ 4 829	5.49	11	埃及、菲律宾、不丹、乌克兰、约旦、斯里兰卡、蒙古国、亚美尼亚、印度尼西亚、格鲁吉亚、阿尔巴尼亚
中等收入国家	4 829 ~ 7 998	2.38	12	马其顿、波黑、伊拉克、塞尔维亚、阿塞拜疆、泰国、白俄罗斯、伊朗、土库曼斯坦、黎巴嫩、黑山、保加利亚
中高等收入国家	7 998 ~ 42 167	4.41	24	马尔代夫、罗马尼亚、哈萨克斯坦、马来西亚、俄罗斯、土耳其、克罗地亚、拉脱维亚、匈牙利、波兰、立陶宛、阿曼、爱沙尼亚、斯洛伐克、沙特阿拉伯、捷克巴林、希腊、斯洛文尼亚、塞浦路斯、文莱、以色列、科威特、阿联酋
高收入国家	42 167	0.08	2	新加坡、卡塔尔

资料来源：作者根据世界银行数据库数据分析整理而得。

如果将沿线国家视为整体，那么收入水平分布决定了与沿线国家的国际产能合作。

一是多层次收入决定了沿线国家产品需求多样化。马斯洛理论把需求分成生理需求、安全需求、社交需求、尊重需求和自我实现需求五类，依次由较低层次到较高层次。沿线国家需求层次极为丰富，有利于开展多个领域的国际产能合作。

二是经济基础较为薄弱。大多数国家国民经济仍以农牧业为主，产业结构处于较低的层次，生产的产品以原材料与初级产品为主，消费水平尚处于大量使用传统日用工业品的阶段，国内的生产难以自给；从长远来看，这些国家要实现工业化和建立完整的工业体系，还有一段很长的路要走。

三是中低端需求人口占比较高，市场需求主要处于低级阶段。由于满足低层次需求的产品多为本地生产的简单产品，这一定程度制约了国际产能空间。从发展角度看，如果沿线国家居民收入提高和消费升级，那么国际产能合作空间会十分广阔。

2. 城镇化阶段

世界银行发布的《2009年世界发展报告》中指出，不同城镇化水平的城市发展，隐含了对产能需求的不同特征。（1）城镇化率25%～50%为城市化初期，城市发展方向为增加城市密度。发展重点包括增加基础教育、健康、饮用水和公共卫生供给。（2）城镇化率50%～75%为城市化中期，城市发展策略为增加城市密度、缩短距离。发展重点包括增加土地使用规制以及扩大基本公共服务、交通基础设施的供给。（3）城镇化率75%以上为城市化后期，城市发展策略为增加城市密度、缩短距离、消除分割。发展重点包括土地税及利用管制、继续扩大基本公共服务供给、提高交通基础设施管理水平等。本书据此将沿线国家划分为三类（见表5-3）。

表5-3　　　　　　2016年"一带一路"沿线国家城市化阶段

城市化率	国家
<50%	斯洛文尼亚、马尔代夫、摩尔多瓦、菲律宾、埃及、波黑、老挝、不丹、巴基斯坦、乌兹别克斯坦、吉尔吉斯斯坦、也门、孟加拉国、缅甸、越南、东帝汶、印度、阿富汗、塔吉克斯坦、柬埔寨、尼泊尔、斯里兰卡
50%～75%	保加利亚、俄罗斯、土耳其、伊朗、捷克、蒙古国、匈牙利、乌克兰、伊拉克、爱沙尼亚、拉脱维亚、塞浦路斯、立陶宛、黑山、亚美尼亚、波兰、克罗地亚、阿尔巴尼亚、叙利亚、马其顿王国、塞尔维亚、阿塞拜疆、罗马尼亚、印度尼西亚、格鲁吉亚、斯洛伐克、哈萨克斯坦、泰国、土库曼斯坦
>75%	卡塔尔、科威特、以色列、巴林、黎巴嫩、阿联酋、约旦、沙特阿拉伯、希腊、阿曼、文莱、白俄罗斯、马来西亚、新加坡

资料来源：作者根据世界银行数据库数据分析整理而得。

城镇化不仅仅表现为城镇空间的扩展，更重要的是表现为人口的集聚和城镇人口规模的扩大。城市化进程意味着一方面将继续扩大城市数量和规模；另一方面对城市基础设施提出更高的要求，如道路、给排水、电力、通信、垃圾和污染物处理等，这些基础设施建设不仅是为满足城市人口生活的基本需要，也是为现代消费品进入居民消费领域所准备的基础条件。

城市化将带动房地产业建设、基础设施建设、市政工程建设，直接扩大对第二产业中的冶金、建材、建筑、装备制造、电子信息等行业的需求；同时还将扩大对房地产、现代物流、设计规划、咨询服务、金融保险等第三产业的需求。以上产业都将延伸产业链条，产业相关效应明显，其发展能够扩大投资需求。由此引发的投资可以消耗大量的钢铁、水泥等建筑材料，极大地缓解冶金、建材等行业产能过剩的压力。

从城镇化不同的发展阶段来看，交通基础设施始终是建设的重点方向，因此以交通设施为导向的产业链应当是合作的重点领域，它包括三个层次：一是交通基础设施建设，建立由铁路、公路、航空、航海、油气管道、输电线路等组成的综合性立体互联互通网络；二是交通装备，包括车辆、船舶、飞机等运输装备；三是交通信息化，包括通信网络、信息服务等。

3. 工业化阶段

由于发展阶段与需求密切相关，将为产能合作奠定基础。工业化发展阶段理论有助于确定城市化水平以及产业未来的可能发展方向，其理论核心是：随着收入水平的提高，需求结构变动促使产业结构变化，由收入水平增长引起的需求结构变化促使工业结构演化。综合考虑人均GDP、城镇化率和产业结构，在"一带一路"沿线国家中处于工业初期、起步、中期、后期以及后工业期的国家分别为10、8、13、28和5个，工业化后期国家主要分布在西亚中东地区（8个）以及中东欧地区（13个）（见表5-4）。

表5-4　　　　　2016年"一带一路"沿线国家工业化阶段

工业化阶段	收入水平（现价美元）	城镇化率	国家
起始	832~1 663	<40%	阿富汗、尼泊尔、孟加拉国、巴基斯坦
			吉尔吉斯斯坦、塔吉克斯坦
			柬埔寨、缅甸、东帝汶
			也门
初期	1 663~3 326	40%~55%	印度、不丹
			埃及
			乌克兰、摩尔多瓦
			越南、菲律宾
			乌兹别克斯坦
中期	3 326~6 653	55%~70%	蒙古国
			约旦、伊拉克、格鲁吉亚、阿塞拜疆
			斯里兰卡
			印度尼西亚、泰国
			阿尔巴尼亚、马其顿、波黑、塞尔维亚、亚美尼亚

续表

工业化阶段	收入水平（现价美元）	城镇化率	国家
后期	6 654 ~ 12 486	70% ~ 90%	罗马尼亚、克罗地亚、拉脱维亚、匈牙利、波兰、立陶宛、爱沙尼亚、斯洛伐克、捷克、希腊、斯洛文尼亚、黑山、保加利亚
			俄罗斯
			土库曼斯坦、哈萨克
			沙特阿拉伯、阿曼、巴林、伊朗、黎巴嫩、土耳其、塞浦路斯
			马来西亚、文莱
			马尔代夫
后工业化	>12 486	>90%	以色列、科威特、阿联酋、卡塔尔
			新加坡

资料来源：作者根据世界银行数据库数据分析整理而得。

工业化阶段理论指出，各发展阶段代表性产业分别为：（1）工业化初期，由于资本短缺、技术落后、劳动力成本低而且比较丰富、市场需求主要为轻纺工业品，所以必然是以轻工业和劳动密集型产业为主导的"轻型"产业结构，以食品、皮革、纺织等产业为代表。（2）工业化中期，随着工业化的推进、轻工业的发展，城市化、农业机械化和基础设施建设大规模展开，资本需求的巨大增长改变了市场需求和生产的条件，自然形成以重工业为主导的"重型"产业结构，以非金属矿产品、橡胶制品、木材和木材制品、石油化工、煤炭制品等产业为代表。（3）工业化后期，收入的增加使得恩格尔系数大幅下降，改变了人们的消费结构，导致服务需求的大量增长，劳动生产率的提高使得服务产品需求增加。

总体来看，2016年世界城市化平均水平为53.85%，制造业增加值平均为15%，服务业增加值占比为58.3%，沿线主要国家城镇化严重滞后于工业化发展水平。从产业结构来看，沿线主要国家制造能力较低、产业门类不全、自给能力弱的特征较为明显，这为制造领域产能合作奠定了基础。

（二）收入水平与居民消费需求分析

居民消费需求规模是开展国际产能合作的重要参考。本书根据最终消费支出以及居民消费支出占 GDP 的比重,估算出各个国家居民消费需求规模:首先,根据最终消费支出比重计算出最终消费规模;其次,将最终消费区分为政府消费和居民消费计算出居民消费市场规模。

1. 最终消费

最终消费市场总规模大约 89 884 亿美元,按照收入分组,低收入、中低等收入、中等收入、中高等收入和高收入国家占比依次为 26.7%、5.5%、10.2%、45.2% 和 2.4%;按照区域分组,中东欧、东亚及东南亚、南亚、蒙俄、中亚和西亚中东地区的占比依次为 15.1%、18.8%、23.8%、10.3%、2.1% 和 29.9%。中高等收入国家最终消费市场规模最大,约为 40 618 亿美元。若按照区域划分,则西亚中东地区市场规模最大,达 26 839 亿美元(见表 5-5)。

表 5-5 "一带一路"沿线国家消费需求规模

组别	人均收入 (现价美元)	国家 (个)	总人口 (亿)	最终消费 (亿美元)	居民消费 (亿美元)
低收入国家	599~2 117	15	19.93	24 030	20 416
中低等收入国家	2 117~4 829	11	5.49	13 904	11 910
中等收入国家	4 829~7 998	12	2.38	9 138	7 026
中高等收入国家	7 998~42 167	24	4.41	40 618	30 407
高收入国家	42 167	2	0.08	2 194	1 507
中东欧	—	21	1.89	13 580	10 409
东亚及东南亚	—	11	6.42	16 931	13 971
南亚	—	8	17.66	21 379	18 198
蒙俄	—	2	1.47	9 241	6 906
中亚	—	5	0.70	1 914	1 565
西亚中东	—	17	4.15	26 839	20 219
合计	—	64	32.29	89 884	71 267
江苏	—	—	—	5727	4 124

资料来源:作者根据世界银行数据库数据分析整理而得。

2. 居民消费

居民最终消费市场总规模大约 71 268 亿美元,按照收入分组,低收入、中低等收入、中等收入、中高等收入和高收入国家占比依次为28.6%、16.7%、9.9%、42.7%和2.1%；按照区域分组，中东欧、东亚及东南亚、南亚、蒙俄、中亚和西亚中东地区的占比依次为14.6%、19.6%、25.5%、9.7%、2.2%和28.4%。中高等收入国家居民消费市场规模同样最大，约为30 407亿美元。若按照区域划分，西亚中东地区市场规模仍为最大，达20 219亿美元（见表5-5）。

3. 市场需求与人口分布不一致

南亚地区人口规模最大达17.66亿人，最终消费、居民消费规模分别为21 379亿人和18 198亿美元；西亚中东地区人口规模在南亚和东南亚地区之后，但最终消费和居民消费规模最高，分别为26 839亿美元和20 219亿美元（见表5-5）。这种不一致性增加了合作的复杂性：如果按人口规模区分市场，收入较低将导致产品附加值难以提高，但也将成为低端产能的主要目标；如果按照市场规模区分市场，虽无法满足工业化规模生产要求，但也是城市高附加产品发展的契机。

4. 需求结构

收入水平与消费转换从最终消费需求角度阐明了"一带一路"沿线国家需求结构。利用世界银行1997年的收入水平与消费结构数据，可估算出相应市场结构：（1）根据1996~2016年美国消费者物价指数，将2016年各国人均GDP的现价美元折算为1996年美元；（2）按人均GDP分组并将各国居民消费加总；（3）与世界银行消费结构数据相乘得到各个收入组的各项消费；（4）按照消费项目将各个收入组加总，可得该项目总消费额。据此可以得到"一带一路"沿线国家居民消费的基本轮廓，即消费结构仍以食品消费为主，占比达31%，其他消费、居住和交通通信消费占比分别为21%、12%和10%（见表5-6）。进一步可知，一是随着收入水平增加，食、衣、住、行支出比重将会下降，但食、住消费支出比例仍较为重要。人均收入1 000美元以下时，食品、衣着和居住占比分别为48%、8%和11%，而人均收入在20 000美元以上时，食品支出仅占11%，居住、医疗保健和交通通信占比分别为18%、12%和12%。二是随着收入水平增加，难以归类的消费比重将会扩大，当人均收入达到20 000美元以上时，其他支出占比33%。这部分消费可视为个性化消费，因此当收入增长时，消费分层现象更加明显。三是全球经济增长将促使消费结构呈现长期性结构变化，表明收入增长与消费结构转换具有普遍意义。

表 5-6　　　　　　2016 年"一带一路"沿线国家需求结构

收入	需求	食品	衣着	居住	医疗保健	教育	交通通信	其他
<1 000 美元（%）	4 311	48	8	11	3	6	7	18
1 001~4 000 美元（%）	34 287	38	9	10	7	7	9	21
4 001~10 000 美元（%）	19 967	27	8	14	7	7	9	28
10 001~20 000 美元（%）	7 342	15	7	15	9	7	13	33
>20 001 美元（%）	5 366	11	5	18	12	8	12	33
合计（美元）	22 181	5 810	8 766	4 889	5 000	6 783	17 761	22 181
需求结构（%）	31	8	12	7	7	10	25	31

资料来源：作者根据世界银行数据库数据分析整理。

综合来看，沿线国家居民消费具有以下三个特征。第一，大多数沿线国家市场规模较低。以 2016 年江苏国内生产总值和 2015 年最终消费支出、居民消费支出比重计算出江苏最终消费规模以及居民消费规模分别为 5 727.4 亿和 4 123.7 亿美元，沿线国家中仅有印度尼西亚、土耳其、俄罗斯和印度的消费规模高于江苏（见图 5-1）。

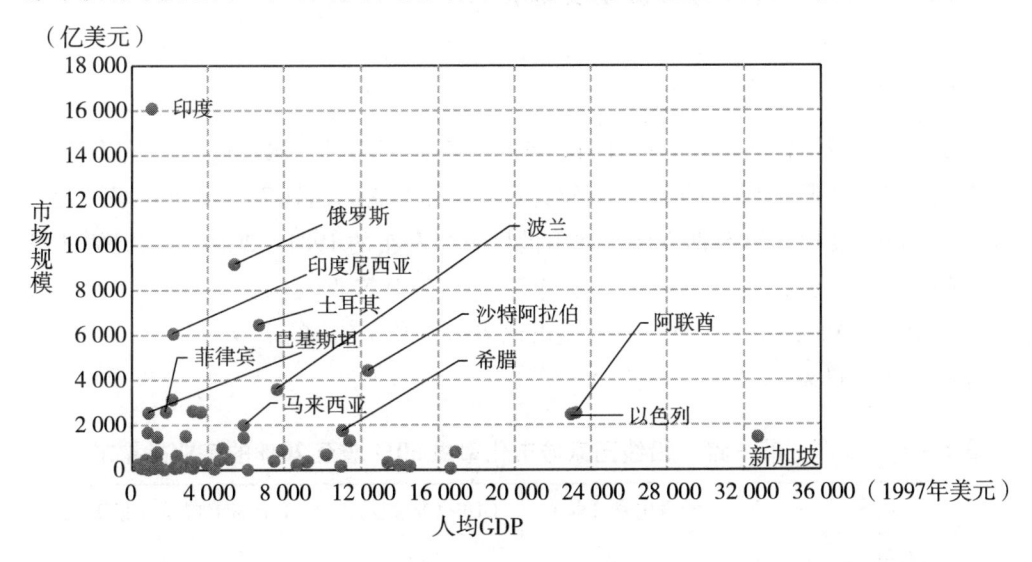

图 5-1　2016 年"一带一路"沿线国家收入水平与居民消费市场规模
注：约旦、吉尔吉斯斯坦、马尔代夫用相同收入水平国家的最终消费比重平均值替代。
资料来源：作者根据世界银行数据库数据分析整理而得。

第二，各区域内部需求差异较大。例如，东南亚 11 国各个收入水平层次均有国家分布。沿线国家收入水平差异巨大，以最终消费规模为例，规模最小的不丹仅为 15 亿美元，规模最大的印度则为 16 092 亿美元，均值为 1 405 亿美元，标准差为2 529亿美元。这给按区域统筹市场开发带来较大困难。

第三，有35个国家的消费结构仍然以食品、衣着、居住消费为主，市场规模合计51 671亿美元，其中食品消费占比较高，约为40%；有25个国家消费多样化趋势较为明显，食品、居住、交通通信等消费支出较多，但其中食品支出占比呈明显下降趋势，仅为15%~37%，交通通信需求则扩大至9%~15%；有4个国家个性化消费需求较高，但市场规模仅为7 183亿美元。虽然将沿线国家视为整体可得出收入水平差距形成层次丰富的市场需求的判断，但是沿线大部分国家的消费仍以"食、衣、住"为主。

需求特征影响产能合作的路径选择，如果江苏以国别为对象开展国际产能合作，将可能因为大部分国家自身市场规模狭小，制约了国际产能合作的空间。进一步地，进入狭小市场面临的挑战也更多，很可能市场开拓成本较高以至于许多领域的国际产能合作缺乏盈利可能性。因此，以区域而不是国别为对象谋划市场开拓十分重要。

（三）工业化阶段与城镇建设需求

1. 工业需求

工业化是城镇化的基础，只有当具备相应产业部门时，城镇化才得以实现。本书以城市化率低于50%的22个国家为对象，测算它们达到70%城市化率的工业需求。首先，使用面板数据方法，利用世界银行发布的1981~2016年数据估计城镇化的制造业弹性，得出低收入、中低等收入和中等收入国家的弹性值分别为0.697、0.406和0.368；其次，估计城市化率小于50%的国家快速城镇化到70%的工业品需求（见表5-7）。

表5-7　"一带一路"沿线国家城市化率由50%增至70%的工业品需求

国家	城镇化率（%）	GDP（亿美元）	工业需求规模（亿美元）
斯里兰卡	18.4	813	10 662
尼泊尔	19.0	211	969
柬埔寨	20.9	200	2 430
阿富汗	27.1	195	1 418
印度	33.1	22 638	340 663
东帝汶	33.4	18	13

续表

国家	城镇化率（%）	GDP（亿美元）	工业需求规模（亿美元）
越南	34.2	2 053	27 522
缅甸	34.7	632	11 455
孟加拉国	35.0	2 214	33 582
也门	35.2	273	2 563
吉尔吉斯斯坦	35.9	66	878
乌兹别克斯坦	36.5	672	11 136
巴基斯坦	39.2	2 789	28 449
不丹	39.4	22	139
老挝	39.7	158	1 193
波黑	39.9	169	1 955
埃及	43.2	3 328	39 957
菲律宾	44.3	3 049	42 683
摩尔多瓦	45.1	67	638
马尔代夫	46.5	42	57
斯洛文尼亚	49.6	447	4 893
土库曼斯坦	50.4	362	4 449

资料来源：作者根据世界银行数据库数据分析整理而得。

2. 沿线国家制造能力不足

由于国内市场规模以及全球分工影响，沿线国家城镇建设需求难以自给自足。以东盟为例，2016年除马来西亚焦炭成品油及核燃料行业增加值占工业增加值比重为15.45%外，其余国家均低于5%。基本金属增加值占比最高的是泰国，仅为4.7%。显然，从联合国工业发展组织发布的数据来看，即便将东盟国家作为一个整体，它们在工程装备、重化工业、电力能源等领域自给难度依然较大，依靠自身力量实现城镇化短时期无法实现（见图5-2）。但是，需要指出的是，随着东盟一体化程度持续推进，极有可能出现区内价值链替代外部产品输入的格局，这时产能合作将面临更多的竞争和非关税壁垒。有鉴于此，我国应积极参与东盟区域价值链建设，力求把握关键环节。

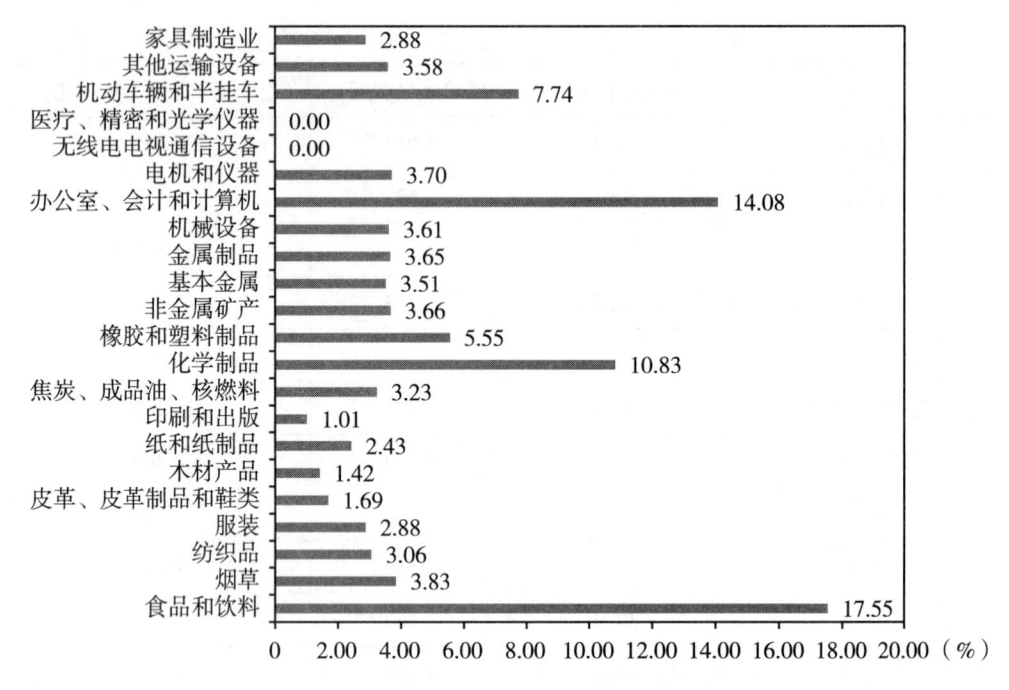

行业	数值
家具制造业	2.88
其他运输设备	3.58
机动车辆和半挂车	7.74
医疗、精密和光学仪器	0.00
无线电电视通信设备	0.00
电机和仪器	3.70
办公室、会计和计算机	14.08
机械设备	3.61
金属制品	3.65
基本金属	3.51
非金属矿产	3.66
橡胶和塑料制品	5.55
化学制品	10.83
焦炭、成品油、核燃料	3.23
印刷和出版	1.01
纸和纸制品	2.43
木材产品	1.42
皮革、皮革制品和鞋类	1.69
服装	2.88
纺织品	3.06
烟草	3.83
食品和饮料	17.55

图 5-2　2016 年东盟制造业增加值结构

资料来源：作者根据联合国工业发展组织（UNIDO）数据库数据整理而得。

3. 东盟国家难以形成完备的工业体系

2016 年，柬埔寨工业增加值前三大部门分别为服装，纺织品，皮革、皮革制品和鞋类，占比分别为 45%、34%、8%；印度尼西亚工业增加值前三大部门分别为食品和饮料、化学制品、机动车辆和半挂车，占比分别为 21%、13%、9%；马来西亚工业增加值前三大部门分别为办公室、会计和计算机，焦炭、成品油、核燃料，食品和饮料，占比分别为 21%、15%、14%；缅甸工业增加值前三大部门分别为木材产品、纺织品、纸制品，占比分别为 47%、23%、9%；菲律宾工业增加值前三大部门分别为食品和饮料，办公室、会计和计算机，机动车辆和半挂车，占比分别为 26%、18%、16%；新加坡工业增加值前三大部门分别为办公室、会计和计算机，化学制品，机械设备，占比分别为 32%、24%、13%；泰国工业增加值前三大部门分别为食品和饮料，机动车辆和半挂车，办公室、会计和计算机，占比分别为 19%、14%、12%；越南工业增加值前三大部门分别为办公室、会计和计算机，食品和饮料，非金属矿产，占比分别为 21%、17%、6%。这些国家将长期依赖中国工业制品。

4. 东盟产业特征及与中国的产能合作

东盟从中国进口的产业贸易具有以下四个显著特征：一是中等技术产业呈现稳

步增长趋势，在汽车、工业加工品和工程机械领域占比逐步提高。这表明，随着中国中等技术产品技术水平和营销能力的不断提高，在东盟国家的市场份额逐步扩大。二是在初级产品、资源依赖型产品领域基本保持稳定。初级产品和资源依赖型产品需求往往反映消费者偏好，因而较为稳定。三是低技术产业如纺织服装进口仍呈现增长态势，如果考虑到产业转移趋势，很可能是由生产基地转移后导致的转口贸易所至。四是在高技术领域，东盟从中国进口呈现下降趋势，由于高技术产品附加价值较高，因此这一趋势值得关注（见表5-8）。

表5-8　　　　　　　　东盟与中国进出口贸易结构

	项目	2010年	2011年	2012年	2013年	2014年	2015年	2016年
东盟从中国进口结构	初级产品	6.8	7.1	7.1	6.5	6.8	6.8	6.4
	资源依赖型产品	3.2	3.6	3.9	3.6	3.5	3.5	3.5
	低技术	8.0	9.1	9.5	8.9	8.9	9.4	9.9
	中等技术（汽车）	1.7	1.7	2.1	2.2	2.3	2.5	2.8
	中等技术（加工品）	9.4	10.1	11.6	11.4	10.8	12.2	12.4
	中等技术（工程机械）	21.8	22.6	23.1	24.0	23.8	23.4	24.0
	高技术（电子）	49.1	45.9	42.8	43.5	43.9	42.2	40.9
东盟向中国出口结构	初级产品	21.8	27.3	23.8	23.8	20.6	20.8	22.7
	资源依赖型产品	13.7	15.2	15.3	13.9	12.9	12.5	13.5
	低技术	1.8	2.0	2.3	2.8	3.6	4.6	5.5
	中等技术（汽车）	0.7	0.6	0.7	0.7	0.9	1.1	1.0
	中等技术（加工品）	12.2	12.5	12.9	13.5	14.5	12.9	13.2
	中等技术（工程机械）	6.7	7.0	7.2	8.0	9.1	9.0	8.5
	高技术（电子）	43.2	35.4	37.8	37.3	38.4	39.1	35.7

资料来源：世界贸易组织网站。

东盟向中国出口的产业贸易具有以下四个显著特征：一是初级产品和资源依赖型产品出口总体稳定。这反映了中国对东盟粮食、木材、矿石等产品需求的长期性。二是低技术和中等技术产品出口有所增加。这间接表明东盟国家产业发展取得一定成效。三是在汽车、工程机械领域存在波动，反映了东盟正在培育新产业。四是高技术领域呈现下降趋势，这意味着中国国内高技术产品的替代性正在增强。由于东盟是发达国家的制造业基地，因此跨国公司布局了电子原配件生产组装，而且此类产品附加价值较高，出口规模占比也较高。但随着中国国内电子产业快速发展，东盟该领域的优势正在弱化。

中国与东盟在机电仪器类、纺织衣帽类、橡塑皮革类和玩具家具类产业上存在较强的竞争性，这些主要是资本密集型、技术密集型和劳动密集型产业，而在资源密集型的农食产品类、化矿金属类和木材纸张非金属类产业上的竞争性较弱；中国与东盟在机电仪器类、纺织衣帽类、橡塑皮革类和木材纸张非金属类产业上具有较强的互补性，而在农食产品类、化矿金属类和玩具家具类产业上具有较弱的互补性；双方在机电仪器类、纺织衣帽类、橡塑皮革类产业上既存在较强的竞争性，又存在较强的互补性，造成这种现象的主要原因是中国与东盟这三类产品在世界市场上的出口结构较为相似，存在激烈的竞争关系，而在双方贸易中，这三类产品的贸易结构又有所不同，并且存在一定的产业内贸易特征。中国与东盟国家中经济发展相对发达的新加坡在机电仪器类、纺织衣帽类、橡塑皮革类产业上存在较强的竞争性，在机电仪器类、化矿金属类、橡塑皮革类产业上存在较强的互补性。中国与东盟国家中经济发展中等水平的泰国、印度尼西亚和菲律宾等国家在机电仪器类、纺织衣帽类、橡塑皮革类、玩具家具类和木材纸张非金属类产业上存在较强的竞争性。

综合来看，随着工业化和城镇化的推进，沿线国家城镇化建设需求庞大，其中供给能力不足的 39 个快速城镇化的国家在石化、钢铁、水泥、电力及引致的工程装备等领域可能形成庞大需求，这将助推江苏的国际产能合作。

三、江苏产能与"一带一路"沿线国家需求的适配性分析

（一）江苏产业发展特点

江苏统计局发布了《江苏改革 40 年》系列专题统计分析，本书据此进行归纳整理，提炼出江苏产业发展的价格突出特征。

一是经济实力较强。2017 年江苏实现人均地区生产总值 107 189 元，按汇率折算约为 15 876 美元，高于全球平均水平，约为发达经济体平均水平的 35%。与 2017 年世界银行最新发布的 12 056 美元高收入标准相比，江苏已超过高收入门槛 3 820 美元。2017 年已达全国的 1.8 倍，其中苏南地区按汇率折算已超 2.2 万美元，约为全国的 2.5 倍。与世界主要经济体相比，江苏处在不断赶超的进程中。20 世纪 90 年代，江苏人均 GDP 还不到全球平均水平的 1/10，约为发展中经济体平均水平的 1/3；到 21 世纪开端，江苏已实现对发展中经济体的赶超，人均 GDP 约为全球

平均水平的1/4；2012年，江苏人均GDP首次超过全球平均水平，2014年又进一步超越世界银行高收入标准。站在当前的起点上，江苏下一阶段目标应是达到发达经济体人均GDP平均水平的50%，向韩国、西班牙、意大利等发达国家看齐。

二是产业结构持续优化。改革开放以来，江苏三次产业贡献率分别为：第一产业1.2%，第二产业68.6%，第三产业30.2%，第一产业的贡献率最低，第三产业次之，第二产业的贡献率最大。2000年以来，第一、第二、第三产业贡献率分别为1.5%、59%、39.5%，第二产业的贡献率总体上高于第三产业，但呈现波动式下滑态势，而从第三产业的贡献率走势看，近年来呈明显提升态势。尤其是2016年出现了拐点，第二产业对GDP的贡献率由2015年的51.8%下降至38.7%，第三产业贡献率由2015年的46.5%升至60.8%，贡献率首次大幅高于第二产业22.1个百分点。2017年，第一、第二、第三产业贡献率分别为1.6%、42.4%、56%，第三产业的贡献率较上年略有回落，但仍高于第二产业。

三是民营经济发展较快。从法人单位的经济类型看，近年来江苏积极调整和优化所有制结构，大胆进行战略性重组，使国有经济逐步撤离一般性竞争行业，取得了明显成效。江苏国有法人单位数量从1996年的7.4万家、2001年的7.2万家，下降到2004年的5.6万家以后，一直徘徊在5万~6万家，2017年为6.0万家，多年来仅有小幅微调。集体法人单位1996年为16.9万家，2001年为10.4万家，2004~2007年年均4万多家，2008年为2.5万家，之后一直徘徊在2万~3万家，2017年为2.8万家，多年来数据保持稳定。国有集体法人单位数量很大程度上体现了江苏经济体制改革进入深层次阶段攻坚战的战略目标。与此同时，江苏私营经济呈现几何级数的高速增长态势：私营法人单位1996年不足1万家，2001年"井喷式"增长到15.7万家，2004~2005年为20多万家，2006~2014年从30多万家增长到98万家，2015年为117.7万家，2016年为145.9万家，2017年为192.6万家。改革开放40多年来，随着人们对私营经济发展认识上的转变和各级政府的大力支持，江苏私营法人单位从无到有、从少到多，经过多年的发展完善，目前已形成相当的规模，成为推动江苏经济持续、快速、健康发展的重要力量。

四是外贸国内地位较高。江苏货物进出口总额由1978年的4.3亿美元跃升到2017年的5 911.4亿美元，增长1 383倍，年均递增20.4%。其中，出口总额突破3 600亿美元，达3 633亿美元，增长867倍，年均递增18.9%；进口总额达2 278.4亿美元，实现了年均29.7%的高增长。与此同时，江苏在全国对外贸易中的份额、地位不断提高。江苏进出口总额占全国的比重由1978年的2.1%提高到2017年的14.4%，其中，出口总额占比由4.3%提高到16.1%，进口总额占比由0.1%提高到12.4%。江苏外贸出口额从2000年起连续18年位居全国第二位，成为全国外向型经济发展的重要推动力量,为提升中国世界贸易大国地位作出了重要贡献。

(二) 江苏产能优势领域

江苏是制造业大省,制造业总量2011~2018年连续8年位居全国第一;2017年全省规模以上工业企业利润总额超万亿元,排名第一;到2017年底,全省制造业上市公司288家,总市值超2.5万亿元,均居全国前列。经过40多年的改革发展,江苏的制造业发展取得巨大成就,历经多次转型,确立了制造业大省的地位。制造业是江苏产能合作的优势领域,具有以下三方面特征。

一是制造门类齐全,且部分行业国内优势地位突出。江苏制造业门类齐全,产品涵盖了《国民经济行业分类》制造业的31项行业。产业链比较完备,已形成从初级产品到深加工比较完整的产业链。2012~2016年规模以上工业企业销售产值、主营收入和利润总额占全国比重均在14%以上。其中,13个行业的专业化程度较高,有5个行业的销售产值占全国的20%以上(见表5-9)。

表5-9 江苏产能优势领域 单位:%

行业	占全国比重 2012年	占全国比重 2016年	区位商 2012年	区位商 2016年
仪器仪表制造业	38.64	39.31	2.70	2.64
化学纤维制造业	36.55	35.37	2.55	2.37
电气机械和器材制造业	23.10	23.21	1.61	1.56
计算机、通信和其他电子设备制造业	23.10	19.16	1.61	1.29
铁路、船舶、航空航天和其他运输设备制造业	22.79	18.58	1.59	1.25
化学原料和化学制品制造业	19.53	20.40	1.36	1.37
纺织服装、服饰业	19.52	19.32	1.36	1.30
纺织业	18.61	17.78	1.30	1.19
通用设备制造业	17.11	18.80	1.19	1.26
金属制品业	16.16	16.19	1.13	1.09
木材加工和木、竹、藤、棕、草制品业	15.41	17.16	1.08	1.15
专用设备制造业	15.37	17.13	1.07	1.15
黑色金属冶炼和压延加工业	13.88	14.84	0.97	1.00

资料来源:江苏统计信息网。

二是高新技术产业持续增长。2017年，江苏高新技术产业实现产值6.79万亿元，比2009年增长3.09倍，年均增长15.1%。2017年高新技术产业实现出口交货值1.25万亿元，占全部规模以上工业企业出口交货值的55.5%，比2009年增长1.80倍，年均增长7.6%。2017年江苏高新技术产业新产品产值为0.91万亿元，占全部规模以上工业企业新产品产值的62.0%，高新技术产业新产品产值率为13.4%，高出规模以上工业企业新产品产值率4.2个百分点。2017年江苏高新技术产业产值占规模以上工业企业总产值的比重为42.66%，比2009年提高12.62个百分点，对全省经济发展的贡献份额进一步提高。

三是部分产品国内优势突出。2017年，江苏新材料、节能环保、医药、软件、新能源、海洋工程装备等产业规模居全国第一位，新一代信息技术产业规模居全国第二位。节能环保产业占全国的比重达25%，光伏产业占全国的比重近50%，海洋工程装备产业占全国市场的份额超过30%。工业机器人、新能源汽车、3D打印等智能制造逐步实现产业化。机械、石化、纺织行业主体装备40%达到国际先进水平，85%的骨干企业实现生产装备自动化。

（三）供需适配性分析

当前，江苏以8个优势产业与"一带一路"沿线国家开展产能合作。但由于立足自身优势产业展开，未能兼顾沿线国家需求，供需适配性可能影响产能合作绩效，具体来看主要包括四个方面的问题。

一是动力机制不足。江苏经济发展形成了跨国公司主导价值链分工格局，与国际产能合作目标可能不一致。江苏发展形成了外资与本土资源和廉价劳动力组合的生产模式，具有"两头在外"的特点。江苏是欧、美、日、韩等国家和地区的跨国公司在全球布局中的重要环节，现有生产格局主要是为了满足欧、美、日、韩等发达国家和地区所需，跨国公司利润最大化目标与"一带一路"建设目标之间可能存在不一致，江苏与沿线国家合作是为了寻求市场新空间，但这些市场早已是跨国公司全球资源配置的一环。当目标冲突时，跨国公司势必优先考虑公司利益，这将制约国际产能合作的实现。江苏制造业与"一带一路"沿线国家产性适配性如图5-3所示。其中，在对外贸易领域，2017年江苏国有企业、集体企业、私营企业和外商投资企业出口占比分别为10.3%、1.6%、29.8%和58.2%［见图5-3（a）］，而同期广东进出口总额中私营企业占比达43%、浙江私营企业占比达67.7%，可见江苏形成了明显的外商占主导贸易格局。这意味着江苏产品流向由跨国公司配置，当发达国家跨国公司主导全球价值链时，它们为实现自身利润最大化决定产品流通渠道和目的地，仅当

"一带一路"交汇点：长三角地区高质量的对外开放

"一带一路"倡议符合其利益时，它们才会配合，否则"一带一路"倡议难以得到它们的支持。2017年，广东、江苏、浙江、山东和上海与"一带一路"沿线国家的进出口总额排名前五，分别占中国与"一带一路"沿线国家的24.4%、15.5%、10.1%、9.0%和8.8%，合计达67.8%，[①] 江苏与广东有一定差距。

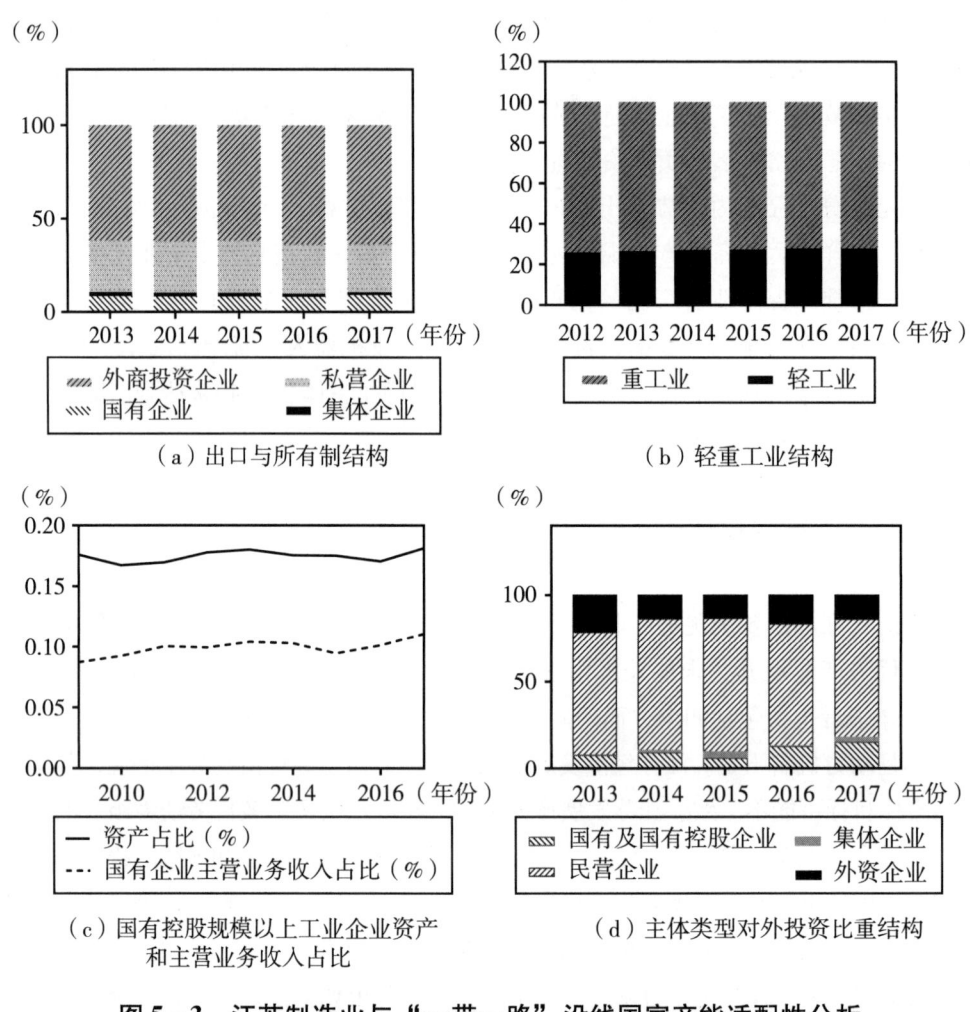

（a）出口与所有制结构

（b）轻重工业结构

（c）国有控股规模以上工业企业资产和主营业务收入占比

（d）主体类型对外投资比重结构

图 5-3 江苏制造业与"一带一路"沿线国家产能适配性分析

资料来源：江苏统计信息网。

二是中间品生产规模远大于消费品，与沿线国家"衣食住"个人需求不相匹配。2017年，江苏轻重工业比为27.9∶72.1，而广东和浙江轻重工业比分别为35.2∶64.8

[①] 国家信息中心、"一带一路"大数据中心等：《"一带一路"贸易合作大数据报告2018》，商务印书馆2018年版。

和 37.8∶62.2，由于重工业产品为生产个人消费品的中间投入品，因此不利于江苏产业进入终端消费市场，但这个环节恰恰是附加价值较高的环节，中间品生产贸易远大于消费品，表明江苏优势产能并不能即时满足沿线国家个人消费需求，在需求庞大且多样化的"衣食住"领域需求上，江苏竞争力可能弱于其他省份。如果沿线国家发展水平较弱且市场狭小，与消费品制造业相关的加工装备产业也难以"走出去"。重工业比例过高可能产生两个结果：一方面，在重工业领域，如装备制造、石化领域开展合作的实力较强，合作项目规模也较大，更容易取得成绩；另一方面，一定程度上限制了合作领域，针对居民消费需求缺乏应对手段。江苏曾是国内家电大省，产业规模居全国前列，现在已被广东、山东、安徽等省超过，差距不断拉大，而且行业内已经没有著名的企业和品牌。家电行业曾拥有熊猫、春兰、小天鹅、新科等一批国内知名品牌，如今或破产倒闭，或被外企收购，在家电、消费类电子产品等领域出现"品牌空白"的尴尬情形，轻工领域产能合作没有优势。

三是国有企业实力较弱，与沿线国家城镇建设需求不相匹配。城镇建设需求显然对大型国有企业更有利，无论是轨道交通、核电能源等高端装备还是港口设施、城镇开发等大型建设领域，中央企业在承包国外重大工程项目、劳务合作上具有领军优势，同时中央企业的资源整合能力也强于地方国企。2017年江苏国有控股企业1 071家，占全省企业数量的2%，资产总计21 152.3亿元，占全部制造业资产的18%，主营业务收入占比为11%，竞争力相对较弱，从两个方面影响合作：一方面，在大型项目建设时江苏企业只能从属于中央企业，成为中央企业价值链的一个环节，尽管从总体上来看对国家并无不利之处，但从区域竞争力角度来看，江苏海外投资的主导权、资源配置权以及收益分配权相对弱化。另一方面，由于中央企业雄厚的资金优势和较高的地位，风险承担能力较强，可以在高风险区域进行长期投资而不计较短期损失，江苏如能在中央企业主导的城镇建设价值链中占据有利地位，也可降低风险、提高收益。

四是民营企业是国际产能合作主力。海外投资中方协议金额中，2013~2014年，民营企业占比维持在68%~71%的水平。江苏民营企业对"一带一路"沿线国家出口增长14.9%，增幅高于全省平均水平1.0个百分点。境外并购成为江苏民营企业对外投资的主要方式。2017年，江苏民营企业实施海外并购项目81起，中方协议投资额达38.4亿美元。江苏民营企业对"一带一路"沿线的风险应对准备不足，全省70%以上的中小微企业对于沿线国家的基本状况不了解、不熟悉（蒋伏心等，2016），即便是一些产品有特色、竞争有优势的民营企业，虽然正在积极地筹划和准备，但其关心更多的是产品推向国际市场后怎样赚得更多的市场利润，对于可能遭遇的市场风险缺乏应对预案。特别是那些没有参与过国际经济竞争的民营企业，存在先抓住机遇"走出去"的侥幸心理。有的民营企业为了缩短注册和通关时间，贸然地将注册企业、货物通关等重要的经营业务委托给所在国的灰色中介进行；有的民营企业根本不知道怎样有效地利用领事保护、第三方合作者等制度，存在着极大的安全隐患。

在"一带一路"沿线国家产能合作方面，江苏的产业优势并不会像在国内那样突出，这是因为：一是跨国公司主导的全球资源配置的经济特点与江苏参与沿线国家产能合作的历史使命不协调。二是江苏产业的结构性特征与沿线国家个人消费需求和城镇建设需求不匹配。江苏唯有创新产能合作机制，才能有效打破受制于江苏供给和沿线国家需求的适配性。沿线国家需求居于次要地位，2017年江苏对沿线国家的出口规模约为878亿美元，仅相当于沿线国家总需求89 884亿美元的1%。三是在价值链格局既定条件下，江苏力求与沿线国家开展产能合作构筑新型开放格局，但原有格局将会在资源配置组合上加以掣肘。显然，既有的经济发展模式促成了江苏经济的辉煌，但也制约了其与沿线国家产能合作的深化。

四、江苏国际产能合作模式选择

（一）国际产能合作模式

工业革命以来，世界经历了数次大的产业转移：第一次国际产业转移浪潮推动了"世界工厂"从英国向美国的第一次变迁，美国跃升为全球最大的工业化国家；第二次产业转移的输出地是美国，输入地是日本和联邦德国；第三次国际产业转移输出地为日本和德国，输入地是"亚洲四小龙"；20世纪80~90年代，第四次国际产业转移中的输出地不仅包括美国、日本、德国等发达国家，还有新兴工业化国家和地区，发展中国家成为此次国际产业转移的最大受益者。

中国改革开放40多年，正是通过对外开放打开国门，承接了国际产能对中国的转移，才有今日的经济发展成果。产能合作模型的核心在于如何进入外部市场，如果一国市场完全国际化，除了关税外无其他壁垒，产能合作方式选择较为简单；但非关税壁垒种类繁复多样，是产能合作进程的重要阻碍。为绕开关税和非关税壁垒，形成了多样的投资贸易方式。现有的国家产能合作包括投资和贸易两种，其中，国际直接投资方式包括股权投资和非股权投资两种类型，股权投资又包括拥有全部股权和拥有部分股权。非股权投资包括"法人式"和"非法人式"合作经营、国际技术转让与技术投资、国际租赁和国际工程承包。国际贸易方式包括逐笔售定、包销、代理、寄售、拍卖、招标与投标、期货交易、对销贸易等。

产业转移浪潮形成的基于产业组织理论的两种全球化解释，包括欧美主导的跨国公司主导模式、日本的边际产业转移模式以及中国的政府搭台、企业合作形式。

跨国公司主导模式有利于跨国公司利益最大化。市场的不完全竞争是跨国公司进行国际直接投资的根本原因，而跨国公司特有的垄断或寡占优势是其实现对外投资的关键，产品所固有的生命周期所带来的价格变化决定了跨国公司对外直接投资的必然趋势，各国企业之间的产品交换形式与国际分工、国际生产的组织形式加速了跨国公司的发展。跨国公司为实现其内部生产的一些产品成为另一些工厂生产的投入而进行投资和资源配置。就生产而言，由产业部门间分工向同一产业部门分工发展，由产品分工向生产过程分工发展；就国际贸易而言，由中间产品贸易取代最新产品贸易，由企业内贸易取代国家间贸易。

边际产业转移模式有利于本国资源获取导向的产业转移。先进国家将不具比较优势的产业转移到后进国家，后进国家通过学习先进国家的技术和经验，能够实现经济的发展和科技的进步，形成"雁行模式理论"，描绘出先进国家通过对外贸易和产业转移，带动后进国家取得经济增长的国际产业转移形态。由于各国资源禀赋存在差异，投资国将边际产业转移到承接国，再从承接国进口产品，可以充分发挥承接国在资源、劳动力等方面的比较优势，从而降低生产成本，既可以将先进技术和管理模式应用到承接国，也可以降低投资国的进口成本，实现二者的双赢。

政府搭台、企业合作形式。中国的国际产能合作吸收了以往全球化的经验和教训。以往全球化形成的是公司跨国经营—制度障碍反馈—政府协商协调的模式，中国主导的全球化模式首先强调政府基于各自立场和发展阶段，形成一套制度安排，立足中国制造产能的事实，探索在国际产能合作中实现各自发展目标，尽可能做到将中国制造业的性价比优势同发达经济体的高端技术相结合，向广大发展中国家提供"优质优价"的装备，帮助它们加速工业化、城镇化进程，以供给创新推动强劲增长。这种基于全球视野的包容性发展理念，也势必给中国带来更多红利。借助国际产能合作，积极参与全球市场竞争和价值链重构，是推动中国产业转型升级、促进中国经济迈向中高端的重大机遇。

（二）国际产能合作的路径

立足"一带一路"倡议的长期目标，基于但不限于江苏经济发展特征，在全球配置资源，以"买全球、卖全球"的思路构建包容性区域价值链，促进"一带一路"沿线国家共同繁荣。包容性区域价值链包括以下两层含义。一是建立利益共享机制。在优势领域,尽可能形成以江苏企业为主,国内其他地区、发达国家及沿线国家企业共同参与的利益共享格局;在非优势领域,江苏应搭建中央企业与地方民营企业、国有企业合作的平台,协调利益共享机制,积极配合中央企业进行市场开拓。二是促使江苏企业主导、整合国内和国际价值链环节,江苏企业可不拘泥于省内产业而选择全球资源配置,力争在价值链中占据有利地位,形成对目标市场提供服务和产品的区域价值链条。

国际产能合作必须把握分类指导、区域整合和重点突破三个原则。由于"一带一路"沿线国家需求规模差异大、产品需求多样化程度较高,以及多数国家国内市场狭小,应按三原则开拓市场:首先,分类指导要求产能合作的产业选择与进入方式应充分考虑国家发展水平、需求规模和产业体系完备程度;其次,区域整合建立在分类指导基础上,不以国别为对象而是以所在区域若干国家为合作对象,确保市场规模足够庞大以满足产品盈利所需;最后,重点突破强调国内生产能力与沿线国家需求的联动,选择重点领域重点产业突破,鼓励企业探索多样化需求,也鼓励江苏企业利用市场机会整合国内产业,共同开拓市场。依据这三个原则,区分最终消费需求和城镇建设需求两个市场,设计资源组合方式、产能合作领域以及进入方式,切实提高江苏产能合作绩效。具体包括:

一是鼓励民营公司向跨国公司转型。民营企业在最终消费市场开拓、市场机会把握等领域具有得天独厚的优势,同时由于江苏国有企业实力相对较弱,因此应大力鼓励有实力的民营企业"走出去",联合开拓沿线国家市场,在人口过亿的单个国家以及辐射能力较强的国家设立区域性分部,转型成为跨国公司。鼓励生产环节支持产能与当地就业结合,支持民营企业联合当地企业协调渠道建设,为产品销售奠定基础,构建包容性价值链。

二是探索跨境电商大众参与新路径。把握沿线国家个人需求层次多元化特征,积极发展跨境电商,江苏省应搭建跨国政府协作平台,推动跨境电商布点,鼓励本土电商与沿线国家电商联合开展业务,畅通商流物流,大力拓展民间自发贸易空间。政府应加强"巧实力"建设,制作满足地方需求的影视动漫作品,传播消费理念,促进民营企业产品销售,塑造江苏品牌形象。

三是占据价值链高端环节。首先,力争主导"衣食住行"价值链。应按照沿线国家发展水准,设计标准化家庭的标志性产品组合,拓展江苏产品影响力,树立江苏制造高质量、性价比最高的品牌形象,培育产品忠诚度。在这些国家收入提高甚至成长为较高收入国家时,保障江苏制造仍然具有较强的市场竞争力。其次,积极参与央企城镇建设价值链。江苏应发挥建筑业大省和强省优势,把握沿线国家城镇化快速增长的需求,关注发达国家的基础设施更新需求,审时度势,甘当配角,积极配合中央企业开展业务，力争占据价值链有利位置。

四是探索项目导向价值链整合模式。支持鼓励企业和居民发现市场机会并谋划项目，吸收国内外及当地企业联合共同组建价值链。突出价值链环节整合，将国内外企业中竞争优势最为明显的环节整合起来，形成一个专门为项目服务的临时性合作组织。江苏应搭建与中央企业沟通合作的渠道，确保在发现市场机会的同时也能在中央企业主导的价值链中获得有利地位。在个人消费品领域，应形成由江苏企业主导、整合国内外企业优势环节，向沿线国家提供原材料生产、设计展示、市场推广的完备价值链。

（三）国际产能合作的主要模式选择

洪银兴（2017）对中国各地参与国际产能合作的模式选择做了较为详尽的阐述，认为产能合作的关键是建立使各国比较优势能得以充分发挥的合作机制，在参与"一带一路"建设中提高中国企业的国际竞争力，与相关国家实现产能互补、互利共赢，因此产能合作模式设计包括三个层次：一是在制度层面上，"一带一路"倡议和国际产能合作的目标是开拓新市场、塑造有利于中国发展的外部环境，国家和各地理应投入其中；二是在激励机制设计上，既要考虑企业利润最大化，也应系统考虑外交安全等利益，区分产能合作目标以及实施主体，分别设计激励机制，有利于国家和各省份各司其职，形成合力；三是在产业合作上，要突出两类价值链布局，即以科技优势为导向的高端技术主导价值链和以禀赋比较优势为导向的转移加工环节价值链。

根据洪银兴（2017）的构想，应着重把握以下三个重点方向。一是加强分类指导。由于世界各国发展差异明显，对在国际产能合作中高度依赖中国的国家，在注重项目建设的同时，应加强"软实力"影响，确保国际产能合作的持续性；对那些对中国依赖程度相对较低的国家，应抓住关键领域的重点环节推动国际产能合作。二是推动省级协调。随着国际产能合作的深入发展，项目投资对政治的依赖将会加大。江苏应在缔结省级合作协议上发挥重要功能，营造有利于江苏企业国际产能合作的有利环境。三是坚持开放合作。要保证投资与本地需求、劳动力相结合，部分领域可考虑与发达国家合作，共同进入第三方市场。

据此从操作层面可概括为资源组合—合作领域—进入方式三个选择环节。资源组合选择是指如何组建产能合作主体，它可以是中央企业、国有企业、民营企业、跨国公司及当地企业的有机组合；合作领域选择则可利用中国优势产业谋划合作项目，也可发掘潜在的市场需求；进入方式选择是直接投资、产品贸易、工程承包、劳务合作及技术转让等方式的权衡。系统考虑地缘政治、恐怖袭击、政策易变等风险因素，对市场狭小且风险高的国家以贸易为主，对市场规模大且风险高的国家适度考虑项目投资。综合市场规模和结构特征，江苏国际产能合作选择如表5-10所示。

表5-10　　　　　　　　　江苏国际产能合作选择

地区	资源组合选择	合作领域选择	进入方式选择
中东欧	联合发达国家跨国公司共同进入	（1）力争主导衣食住行价值链（2）积极谋求参与中央企业主导的城镇建设价值链的高附加值环节（3）在个别国家力争主导形成城市建设价值链	直接投资、国际贸易、劳务合作
东南亚	江苏企业为主与当地企业联合		直接投资、国际贸易、劳务合作
南亚	江苏企业为主与当地企业联合		国际贸易、劳务合作
蒙古国、俄罗斯	中央企业为主、江苏企业配合		国际贸易
中亚	中央企业为主、江苏企业配合		国际贸易
西亚、中东	联合发达国家跨国公司共同进入		国际贸易

资料来源：作者根据世界银行数据库资料分析整理。

五、国际产能合作的风险和防范

（一）国际产能合作的主要风险

国际产能合作是中国发展中的新生事物，面临较强的不确定性。一方面，"一带一路"沿线国家发展差异巨大，可以为产能合作提供广阔空间；另一方面，产能合作也面临地缘政治、金融风险和变现风险等不确定性，影响产能合作收益。但是，大部分风险并不是江苏所独有的，而是中国国际产能合作所面临的普遍性问题。

1. 地缘政治风险

"一带一路"沿线国家是产能合作的重点区域，但地缘政治复杂制约了区域内合作的深度和广度。以政策沟通、设施联通、贸易畅通、资金融通、民心相通为主要内容的"一带一路"倡议，贯穿欧亚大陆，东连亚太经济圈、西接欧洲经济圈，涵盖政治、经济、外交、安全等诸多领域，不可避免地会对地区乃至全球各国基于地理因素的政治关系产生深刻的影响，也将为中国带来巨大的地缘政治利益。因此，"一带一路"的地缘政治意义是不可否认的，但也面临重要的地缘政治风险。

一方面，可能会激起区域大国主动参与地缘政治博弈，从而给"一带一路"倡议的实施造成地缘政治障碍。"一带一路"倡议的实施导致沿线国家的地缘政治地位发生改变,尤其是会凸显某些国家的地缘政治价值,它们会成为"一带一路"倡议实施过程中地缘政治的关键点或关节点。地缘政治格局变动引发产能合作风险有以下两种形式。一是基于国家利益主动地参与到与中国的地缘政治博弈中。例如,2002年,印度和俄罗斯、伊朗共同发起"北南走廊计划",提出修建从印度经伊朗、高加索、俄罗斯直达欧洲的国际运输通道。二是在其他地缘政治利益相关方的挑动下被动地卷入与中国的地缘政治博弈中。例如,日本多次插手中国在海外的高铁项目,使得中国已签约的墨西哥高铁项目遭毁约,还通过降低工程造价和提供低息贷款的方式获得泰国北线、东南线、东北线高铁项目,致使投入大量前期工作的中方企业无功而返。

另一方面,部分地区合作机制脆弱。1970~2014年的恐怖主义事件分布整体呈现"北非—中东—西亚—中亚—南亚—东南亚"的弧形震荡地带,南亚和中东是陆上恐怖主义集中区域,东南亚则是海上恐怖主义的热点区域。此外,根据恐怖主义指数进行安全形势评估的结果显示,"一带一路"沿线国家中40个处于和平状态,15个处于危险状态,11个处于震荡状态,伊拉克、阿富汗、巴基斯坦、印度、叙利亚5个国家处于高危红色区(赵敏燕等,2016)。

2. 合作国家内部风险

江苏国际产能合作中较大一部分集中在交通装备、劳务承包领域,项目实施时间长,涉及款项巨大,在较为稳定的环境中可通过较长周期获得回报,对合作国家内部风险偏好较低。合作国家内部风险可能导致投资回报远低于预期,有些风险随着合作深入可以逐步克服,但有些风险则高度不确定。内部风险包括两部分:一是制度因素导致合作成本超出预期。例如,东道国在政治制度、社会习俗、文化观念、宗教信仰等方面与国内差异明显,"水土不服"现象时有发生;部分国家和地区工会组织较为强势,罢工运动较频繁;环保标准过高,社会责任过重,导致产能合作项目超出预算;东道国产业基础与配套设施欠缺,其承接产能的产业基础、配套设施和公共服务非常不完善。二是国内政治经济不确定性高,包括:(1)国内经济发展的不确定性。例如,俄罗斯因国际制裁而导致贸易条件恶化,巴西因经济下行导致需求萎缩,增加了国际产能合作变现的难度。(2)国内政治的不确定性。例如,缅甸的民族问题突出,内部政策变动频繁,政策连续性差。

(二)国际产能合作风险防范

总体来看,尽管"一带一路"沿线国家存在种种问题,但这些问题是发展中国家长期以来就存在的，并不是因为与中国开展产能合作而发生的。因此，建立相应的风险防范机制，灵活安排合作方式，一定程度上可化解规避风险。

一是建立重点地区的风险评估与监测体系。鉴于东南亚国家在国际产能合作上的重要性，建议江苏成立专门研究团队或智库，以东南亚国家为重点，开展深入细致的研究，长期关注东南亚政治、经济、文化、制度等多个层面的发展变化，为国际产能合作奠定基础。

二是探索境外投资项目实施前第三方机构评估。对于投资规模大、建设周期长、影响较大的项目，应由政府主管部门、金融机构和研究机构协助提供第三方风险评估报告，协助企业明确风险来源、风险识别和风险管控。

三是建立风险处理机制。在国家部委支持下，探索形成国际产能合作重点地区风险处理机制，通过海外商会协会协助做好风险发生后的应对与处理。探索建立与国家商业保险机构合作，支持开发针对中小微企业国际产能合作的保险产品，帮助江苏中小微企业提高风险防范能力。依托海外商会协会，积极谋划提供国际产能合作的律师审计、金融会计、保险商务等综合性服务，帮助企业海外维权和应对风险。

参考文献

［1］洪银兴：《中国企业走出去应该是价值链走出去》，新巴山轮会议，2017年。

［2］蒋伏心等：《"一带一路"战略背景下的江苏民营企业发展》，载于《决策参阅》2016年第25期。

［3］钱纳里：《发展的型式：1950—1970》，经济科学出版社1988年版。

［4］赵敏燕、董锁成、王喆等：《"一带一路"沿线国家安全形势评估及对策》，载于《中国科学院院刊》2016年第31卷第6期。

第六章

"一带一路"交汇点上以我为主全球价值链的构建

江苏较早参与经济全球化进程,江苏的经济和技术基础相对于"一带一路"沿线国家具有较强竞争力。江苏可以遵循比较优势规律,通过国际产能合作形式,推进国际产能合作和梯度转移,在实现自身产业结构优化调整的同时,构建以本省优势产业或企业为核心主导的"一带一路"区域价值链分工体系,进而嵌入本地区以发达国家跨国公司为主导的全球价值链分工体系中,形成本地区双向"嵌套型"的全球价值链分工体系。本章首先分析嵌入发达国家主导的全球价值链所产生的经济效应;然后分析中国如何利用"一带一路"倡议构建以我为主的全球价值链分工网络。在此基础上,具体分析作为"一带一路"交汇点的江苏引导企业构建以我为主全球价值链的思路、路径。

一、引 言

关于全球价值链分工的性质和形成的研究,相关文献的主要思路和观点分为以下四个方面:(1)基于交易成本视角的文献研究指出,足够的市场厚度使得中间品供应商和最终品生产商之间容易达成准确的匹配关系,从而降低生产一体化的积极性,有助于开展垂直专业化分工(Grossman and Helpman, 2003);(2)基于企业生产率异质性的贸易模型强调,当生产率达到一定水平之上时,企业会选择出口、离岸外包或外商直接投资(Melitz, 2003);(3)基于契约不完全理论的文献解释了一个生产阶段序列上或上游环节厂商和下游环节厂商都有对产品加工进行专用性投资的动机，但是由于合约摩擦和各国合同法、不充分的合约实施的影响，在各阶段投入品互补、最终品需求弹性较高的情况下，存在一个临界点，临界点之前的上游各阶段投入品生产适合采取外包方式，在临界点之后的各生产阶段纵向一体化，反之，在最终品需求弹性较低的情况下，相对上游的生产阶段倾向于一体化，而下游环节倾向于外包方式（Antràs，2003）；（4）基于生产阶段技术特征差异及匹配角度的文献，将全球价值链假设为这样一个生产阶段序列，即每个阶段上中间产品加工存在一定出错概率，一旦出错就会发生中间产品损失，越在后端的加工阶段，要求出错概率越小，否则出错的损失越大，这就对企业技术水平的要求越高，通常是技术先进的发达国家企业配置在这些阶段。相对而言，在较为前端环节，中间产品经历的加工环节较少，低技术能力的发展中国家企业能够胜任这些环节的加工，更多地配置在这些前端阶段或者出错率较低的组装阶段上。这样在全球价值链上，发达国家企业通常与其所处下游阶段邻近的发达国家企业进行加工贸易，加工的产品附加值和工资水平相对较高，发展中国家企业则通常与其所处上游阶段邻近的发展中国家企业进行加工贸易，相应的产品附加值和工资水平较低（Costinot，2013）。

在这些文献研究中，一般都假定发达国家由于自身的技术禀赋优势，在各国之间不断重新配置生产，利用各国比较优势来获取"技术多样化红利"。发展中国家囿于高级要素发展的不足，只能凭借丰富的人力资源和未开发的土地、环境等自然禀赋吸引发达国家中间产品和技术转移，引发和带动国内产业分工深化和发展，获取"人口红利"和"自然资源红利"。发达国家跨国公司容易利用其核心能力来约束发展中经济体企业的知识创造与能力提升，使发展中国家陷入长期的"低端锁定"困境。这种"嵌入式困境"导致发展中国家只能通过承接低端转移产业进行"等距离"发展，从而在市场、技术两方面落入双重追赶的两难境地。与此同时，在对2008年全球金融危机期间由于制造业"空心化"导致的一系列问题进行深入思考和总结后，西方主要发达国家纷纷出台制造业回流政策，如美国的"再工业化战略"、欧洲的"2020战略"、日本的"重生战略"等，都力图在市场、资源、人才、技术、规则、标准等方面的竞争中夺得一席之地甚至主导权。这意味着，在新时期许多发展中经济体在参与全球价值链分工时将面临发达国家"高端回流"和其他发展中国家"低端分流"的双重竞争。后危机时期，国际经贸格局的重大变革导致我国利用传统优势继续参与全球价值链的扩展空间越来越小，如何通过转变国际分工嵌入模式形成新的对外贸易竞争力，避免陷入"中等收入陷阱"和"比较优势陷阱"，成为当前我国经济发展的焦点。以"一带一路"建设主导区域经济一体化或将是我国在新时期转移国内过剩产能、推进产业结构升级、实现国际分工地位提升的重要途径（黄先海、余骁，2017）。

"一带一路"沿线65个国家以发展中国家和新兴国家为主，人口和经济总量分别占全球的63%和29%，自然资源丰富，但是缺少资金、技术和管理经验。中国经过几十年来的技术、资金积累，已经具备了成熟的生产能力和一定的研发能力，能够从事加工、组装以外的高附加值环节（Kaplinsky and Farooki，2011）。中国与"一带一路"沿线国家在产业间和产业内的互补性均强于竞争性，且中国占据了价值链的高附加值环节，具备主导区域价值链（RVC）的条件（魏龙、王磊，2016）。但是，和以往对外开放加入全球价值链（GVC）的发展战略不同，"一带一路"倡议下推动的RVC，不是通过引进外资、技术和管理经验来发展自己，而是通过输出资金、技术和管理经验，推动周边国家的发展和繁荣，从而带动中国自己的经济转型升级和区域发展再平衡（贾国庆，2015）。

二、融入全球价值链的发展效应

（一）积极效应

改革开放以来中国已然由贸易小国转变为贸易大国，也已成为全球价值链分工中不可或缺的重要一环和枢纽国。

杰瑞弗（Gereffi，1999）认为，加入由发达国家所主导的全球价值链分工体系，发展中国家就会自动实现本土企业的价值链升级，从关注零部件到设计自己的产品再到拥有自主品牌，本土企业即可完成转型升级。理论上说，发展中国家的企业通过承接全球价值链中的生产与组装环节参与全球市场，有利于企业提高技术能力，促进经济成长。具体来说，这一促进效应可能通过以下渠道实现（刘志彪、张杰，2009）：（1）发展中国家的企业通过代工，低成本甚至免费地获得了产品设计、技术或流程改良等方面的知识；（2）发展中国家的企业能够获得发包商提供的消费者对于产品的要求（即需求情形），发包商也会向这些企业提供关于生产、流程改良的相关知识；（3）发达国家的企业会为联系较为紧密的发展中国家企业提供直接的技术培训和指导，使其符合技术、质量要求；（4）由于当前世界市场的需求变动极为迅速，各国对于商品的质量以及环境要求不断提高，为了保持竞争优势，发达国家的企业往往会在一定程度上协助发展中国家企业形成自主创新能力，从而提高价值链整体的反应能力，适应不断变动的外部环境。从某种意义上说，中国开放发展的伟大实践，就是融入全球价值链，不断实现经济发展和产业升级的过程。

1978年中国货物进出口总额仅为206亿美元，2015年增加到39 530.3亿美元，比1978年增长192倍，年平均增长16.6%。其中，出口增长尤为迅速，2015年中国货物出口总额已达22 734.7亿美元，比1978年增长210倍，年平均增速高达17.0%（见图6-1）。和货物贸易相比，中国服务贸易发展相对滞后，但自2001年底加入世界贸易组织后,服务贸易增速加快。2002 年中国服务贸易进出口总额为 855 亿美元,2015 年达到 7 130 亿美元。其中,服务出口总额为 2 882 亿美元,服务贸易年均增长率为 18.6%(见图 6-2)。与此同时,随着全球价值链贸易的繁荣,中间品贸易也得到快速发展,1995~2014 年一直保持增长趋势,除 2009 年受金融危机影响中间品进出口额出现下降外,中国中间品进出口总额从 1995 年的仅 1 485 亿美元增加到 2014 年的 23 997 亿美元,比 1995 年增长 16 倍,年平均增长 16.8%。但 2015 年中国中间品进出口总额开始出现下降,2016 年为 20 797 亿美元。其中,中间品出口额从 1995 年的仅 529 亿美元增加至 2016 年的 8 884 亿美元,年均增速为 13.7%。从中国中间品贸易占世界中间品贸易的比重来看,一直到 2015 年,中国中间品出口、进口占世界中间品出口、进口的比重一直都处于上升趋势,分别从 1995 年的 2.09%、3.07%增长到 2015 年的 10.73%、13.89%,2016 年占比分别降至 8.57%、11.31%(见图 6-3)。

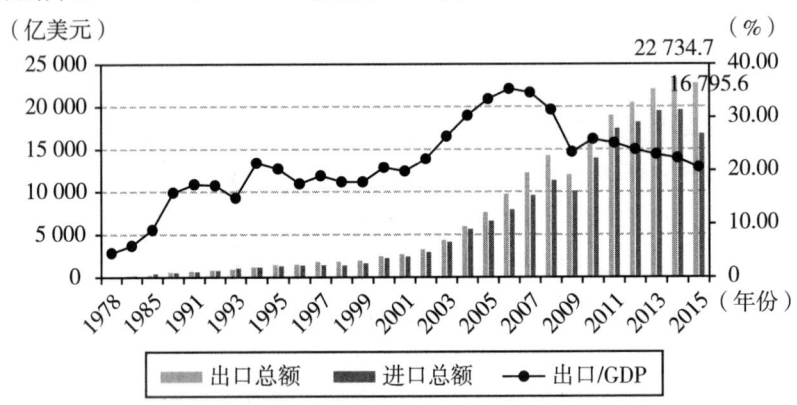

图 6-1　1978~2015 年中国对外货物贸易变化

资料来源:历年《中国统计年鉴》。

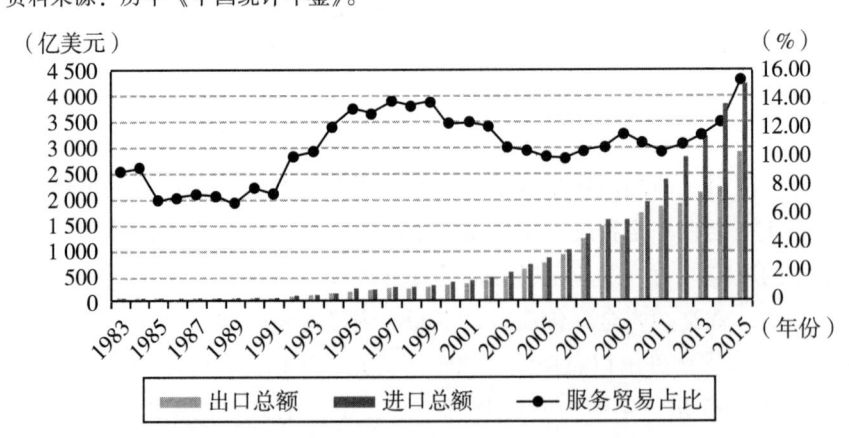

图 6-2　1983~2015 年中国对外服务贸易变化

资料来源:历年《中国统计年鉴》。

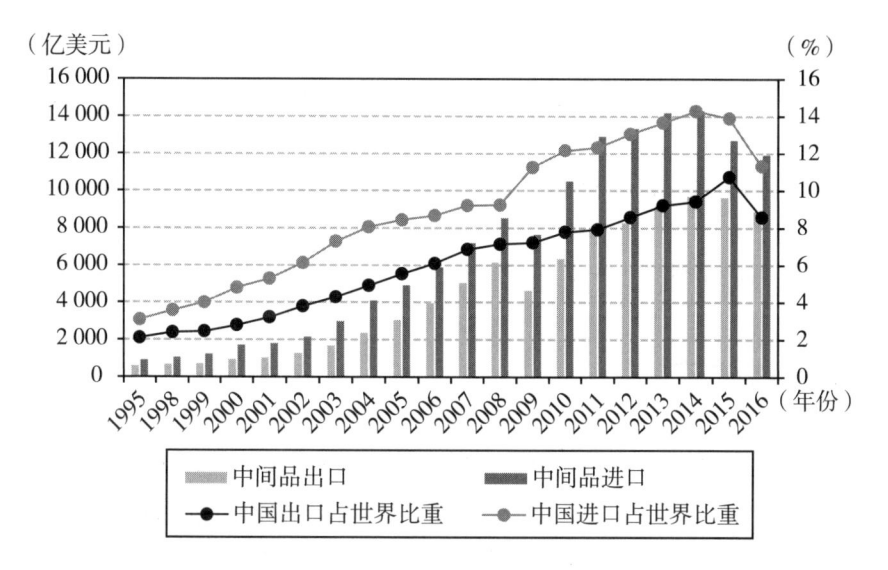

图 6-3　1995~2016 年中国中间品贸易变化

资料来源：裴长洪，《经济新常态下中国扩大开放的绩效评估》，载于《经济研究》2015 年第 4 期；UN Comtrade 数据库。

借鉴谷歌（Google）用以展现网页相关性和重要性的 PageRank 算法，测算一国在分工网络中的中心度，以此反映国际分工中各国的枢纽地位。一国的中心度越高表明该国在分工网络中的枢纽地位越高。从图 6-4 可以看出，1991~2016 年中国枢纽地位指数整体呈现上升趋势。1991 年中国的枢纽地位指数为 0.0133，居全

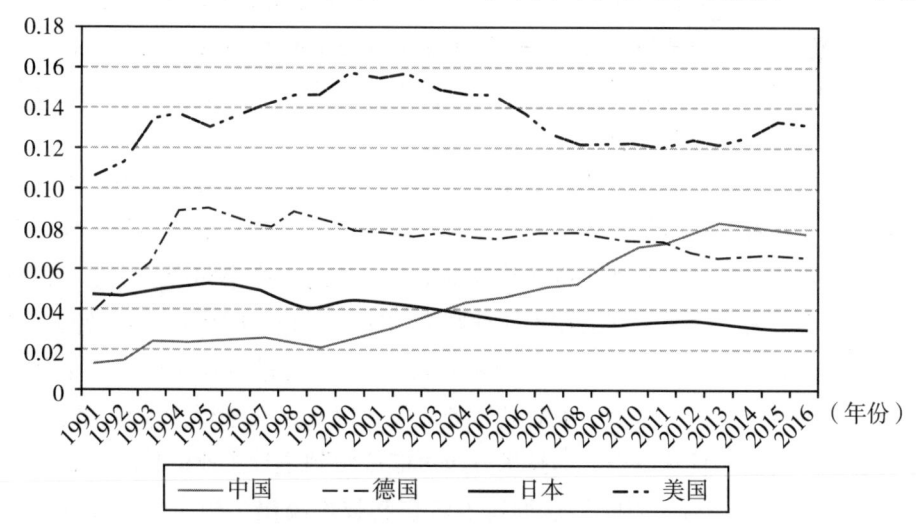

图 6-4　1991~2016 年主要国家的枢纽地位指数趋势

资料来源：UN Comtrade 数据库；洪俊杰、商辉，《中国开放型经济发展四十年回归和展望》，载于《管理世界》2018 年第 10 期。

169

球第 16 位，处于相对边缘位置，美国、日本等主要发达经济体为中心国；1993～1999 年，中国的枢纽地位指数处于持平状态；2000～2008 年为稳定发展期；2008 年全球金融危机后进入快速提升期，而美国、德国、日本等发达国家的相对枢纽地位均呈现下降趋势；2013～2016 年中国的国际分工枢纽地位呈现相对平稳状态。中国于 2004 年超越日本，其枢纽地位排在美国、德国、英国、法国和加拿大之后，居世界第 6 位；于 2012 年超越德国，成为全球第二大枢纽国。

（二）消极效应

核心技术对外依赖程度高，价值链低端锁定明显。格拉姆（Gramer，1999）却认为，局限于自身的比较优势，欠发达国家被迫处于全球价值链的初级产品生产环节，因此可能长期被锁定在发展的"低端道路"上，并在收益分配方面受到难以逆转的残酷剥削，从而无法实现升级。罕穆瑞和斯密茨（Humphrey and Schmitz，2004）等也认为，在"被俘获"的全球价值链中，发展中国家企业的升级进程很可能被发达国家的大买家压制或者"被俘获"于全球价值链的低端环节，很难向价值链的高端攀升，更不存在升级过程中的所谓"自动"实现机制。张兴瑞（2011）区分了参与全球价值链对于从属者的两种效应：经济增长效应和结构封锁效应，前者指参与全球价值链对于经济成长的促进作用，而后者则指嵌入全球价值链很有可能抑制企业的创新能力，使企业在价值链中被长期锁定在低端，难以向高处攀升。学者们将嵌入全球价值链后，发展中国家的企业无法获得核心技术或前沿技术，而被长期锁定在技术含量低的零部件制造组装环节中，无法进入研发、设计、销售等高附加值环节的现象称为"低端锁定"（兰宏，2013）。

关于全球价值链中从属企业的低端锁定问题，刘志彪、张杰（2009）指出，从主导企业方面来看，产生低端锁定的原因有三点：（1）全球价值链中的主导企业虽然会对从属企业进行技术转移，帮助其改良工艺，提高生产率和产品质量，以维持最终产品的竞争力，但无差别的技术转移则会加速从属企业的成长，帮助其实现自主创新能力，而一旦这些从属企业"羽翼丰满"，有能力进行自主研发和创新，则会直接与原主导企业进行竞争，威胁其市场地位。因此，在进行技术转移时，主导企业会进行筛选，一旦从属企业的技术升级可能威胁到主导企业的核心利益时，主导企业便会"隔离"与"阻断"这种技术转移和技术溢出，相当于在升级过程中设置技术隔离带，使产业升级仅限于产品和工艺升级，使得从属企业被限制于"代工—出口—微利化—品牌、销售终端渠道与自主创新能力缺失—价值链攀升能力缺失"的循环中。（2）主导企业将从属企业纳入其全球供应链中，从属企业在供应链中除了负责订单的生产外，不需要冒风险和承担责任。换句话说，主导企业为从属企业"包办"了许多后者在正常市场环境中需要考虑的问题。长此以往，就会导致从属企业企业家精神和创新意识的退化，加深从属企业对于主导企业的依赖。

(3) 在全球价值链环境中，主导企业往往掌握了关键核心技术和行业标准话语权，而国际大买家也往往掌控了国际终端市场的销售通路，因此，即便从属企业摆脱了对于主导企业的依赖，开始独立地研发创新并寻求开拓国际市场时，也会直接遭遇主导企业设置的专利和标准壁垒，或是遭到国际大买家的挤压，难以形成足够的竞争力。

发达国家的中间品出口比例远高于最终品出口比例，如美国2014年中间品出口占比为65.42%，同期中国的占比只有49.98%。[①] 从进口来看，现阶段，中国80%左右的关键技术、多数高端装备以及核心零部件与元器件依赖进口，缺乏核心技术的"中国制造"在国际分工网络中已延续了几十年，中国对全球价值链的控制也只是以"组装者"的身份存在。中国是发达经济体的高科技中间品需求者，自1992年以来，发达经济体向中国出口的高科技产品中，中间品占比在多数年份均高达50%，2001~2011年期间该比重高达60%~70%。表6-1列示了中国从发达经济体进口高科技中间产品的演变情况。从表6-1可以看出，1992~2016年间中国从发达经济体进口的高科技中间产品中，1992年电话机等通信设备的进口占高科技中间品进口的20.04%；2001年以集成电路为主的高科技中间品的进口比重为29.48%；2016年用于无线电发送设备、摄像机、投影机等设备的零部件成为主要进口对象，进口比重高达29.89%。虽然中间品进口比重发生了相对变化，但进口占比位于前几位的商品基本没有发生较大变化且大部分中间品的进口额均有大幅提升。核心技术的缺乏导致中国在全球价值链分工中被锁定于发达国家价值链低附加值环节，突出表现就是加工贸易盛行，出口国内附加值率较低（见图6-5和图6-6）。

表6-1　　　　中国从发达经济体进口高科技中间品演变

商品名称	1992年 进口额（亿美元）	1992年 进口比重（%）	2001年 进口额（亿美元）	2001年 进口比重（%）	2016年 进口额（亿美元）	2016年 进口比重（%）
用于无线电发送设备、摄像机、投影机等设备的零部件	0.93	5.97	41.67	13.58	307.55	29.89
办公室用机器零部件	1.14	7.35	68.95	22.48	158.80	15.43
半导体器件	0.29	1.86	21.18	6.9	146.08	14.20
印刷电路	0.09	0.61	9.99	3.26	76.58	7.44

---

① 作者根据WIOD数据库中的世界各国投入产出表计算而得。

续表

商品名称	1992年 进口额（亿美元）	1992年 进口比重（%）	2001年 进口额（亿美元）	2001年 进口比重（%）	2016年 进口额（亿美元）	2016年 进口比重（%）
电话机等通信设备	3.12	20.04	23.36	7.6	59.70	5.8
涡轮喷气/螺旋桨发动机及其他燃气轮机	1.97	12.63	6.64	2.16	48.09	4.67
电力数字控制器	1.03	6.62	4.03	1.31	43.60	4.24
集成电路	0.40	2.56	90.45	29.48	26.61	2.58

资料来源：UN Commtrade 数据库；洪俊杰、商辉，《中国开放型经济发展四十年回归和展望》，载于《管理世界》2018年第10期。

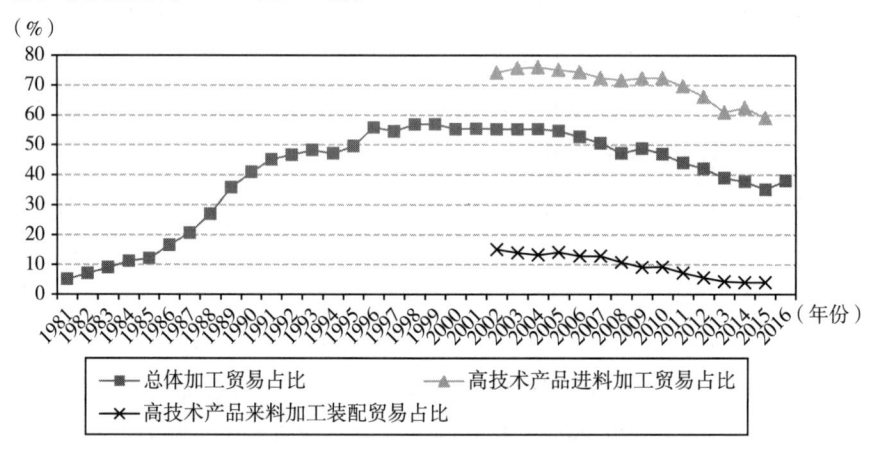

图 6–5　1981~2016 年中国加工贸易变化

资料来源：《中国贸易外经统计年鉴（2016）》《中华人民共和国2016年国民经济和社会发展统计公报》，以及历年《中国科技统计年鉴》。

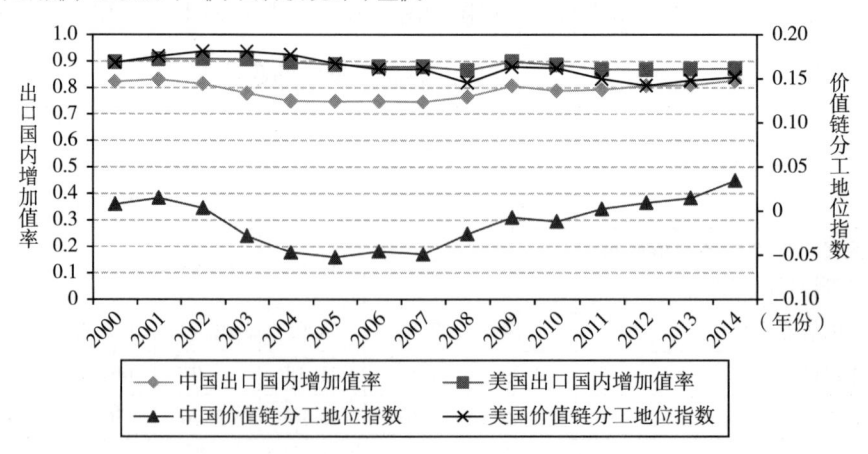

图 6–6　2000~2014 年中国和美国出口国内增加值率与全球价值链分工地位指数

资料来源：作者根据 WIOD 数据库数据计算而得。

三、构建以我为主全球价值链的支撑

长期以来中国都是全球价值链的参与者和从属者,以"一带一路"建设主导区域经济一体化或将是我国在新时期实现国际分工地位提升,从嵌入欧美日主导的全球价值链转换为自我主导的区域价值链的重要途径(黄先海、余骁,2017)。

(一)中国由嵌入全球价值链向主导"一带一路"区域价值链转换的条件

1. 中国与"一带一路"国家的互补性强于竞争性

区域价值链这一独特组织形式的产生,首先要求各国或地区的企业在各价值产业环节呈现互补性。如果双方在同一环节竞争过于激烈,结果是一方被淘汰、被取代。因此,中国与"一带一路"沿线国家满足这一互补性,是形成"一带一路"区域价值链、完成全球价值链向区域价值链转换的前提条件。当一国试图主导一条价值链时,则需要该国产业在价值链内的分工环节具有控制其他环节的核心能力,这种能力在生产者驱动的价值链中表现为研发、生产能力,在采购者驱动的价值链中体现为设计、营销能力(Gereffi,1999)。虽然表现形式不同,但是核心能力均对应着价值链中的高端环节和高附加值环节(张辉,2006)。在全球价值链中这些环节长期被欧美日等发达国家和地区占据,所以中国难以主导全球价值链。在"一带一路"区域价值链中能否占据这些环节,将成为中国是否能够主导区域价值链的必要条件。

比较中国与"一带一路"沿线国家优势产业的重合度,可以判断两地产业层面竞争性的强弱。基于总出口的增加值分解方法,对显性比较优势(RCA)指数进行改进,完成贸易增加值对出口额的替换。随着价值链垂直分离和"碎片化"程度的不断加深,国际分工的主导形式经历了由产业间分工转向产业内分工、由产业内不同产品分工转为产品内不同工序分工的变化(John Humphrey,2002),RCA指数已经无法满足度量各国在产品内部各工序环节的竞争性和互补性的要求。借鉴魏龙、王磊(2016)的做法,采用中间产品获得的增加值替代总体的贸易增加值,衡量其在价值链中的竞争力。

首先求得增加值统计口径下的RCA指数,考察中国与"一带一路"沿线国家在不同产业间的产业互补性与竞争性。按照日本贸易振兴会提出的 RCA 指数强弱划分标准，当 RCA<0.8 时，该产业国际竞争力弱；当 0.8≤RCA<1.25 时，该产业具有一定的国际竞争力，但不显著；当 1.25≤RCA<2.5 时，这一产业国际竞争力较强；当 RCA≥2.5 时，该产业具有极强的国际竞争力（沈国兵，2007）。

综观表 6-2，在这一划分标准下，17 个产业中双边处在同一档次的产业仅有 6 个，更多的产业在国际竞争力方面差别显著。中国国际竞争力较强以上的产业部门为纺织业、服装皮革羽绒及制品业以及电气和光学设备制造业；"一带一路"沿线国家在采掘业和石油加工、核燃料加工业等资源要素部门优势明显，双方不存在重叠，说明中国与"一带一路"沿线国家的产业竞争性较弱。中国的农业、食品制造及烟草加工业以及石油加工、核燃料加工业等产业国际竞争力弱，而"一带一路"沿线国家的这些产业均有一定的竞争力；在服装皮革羽绒及制品业、橡胶与塑料制品业以及电气和光学设备制造业等中国竞争力较强的产业，"一带一路"沿线国家均处于劣势，展示出双边具有较强的产业互补性。在产业互补中，中国处于优势的产业部门多为未分类的机械制造业、电气和光学设备制造业以及其他制造业等高技术产业；劣势明显的产业部门主要是农业、采掘业以及石油加工、核燃料加工业等传统产业与资源型产业。双方这样的产业态势结合"一带一路"倡议的推动作用，不仅有利于"一带一路"区域价值链的形成，也体现出中国对区域价值链高端产业的控制力，在产业层面具备了从嵌入全球价值链向主导区域价值链转换的条件。

表 6-2　　2014 年中国 17 个产业 RCA 指数与 RGVCA 指数

产业	RCA 指数（增加值）			RGVCA 指数（增加值）		
	中国	沿线国家	相除	中国	沿线国家	相除
农业 C1	0.395	1.485	0.266	0.765	1.060	0.722
采掘业 C24	0.104	2.304	0.045	0.953	1.003	0.950
食品制造及烟草加工业 C3	0.568	1.097	0.518	0.627	1.634	0.384
纺织业 C4	3.005	1.074	2.800	1.170	0.966	1.211
服装皮革羽绒及制品业 C5	3.095	0.826	3.748	0.723	0.986	0.733
木材加工及家具制造业 C6	0.904	1.204	0.751	0.862	0.968	0.890
造纸印刷业 C7	0.356	0.602	0.591	0.934	1.023	0.913
石油加工、核燃料加工业 C8	0.179	2.032	0.088	1.053	1.012	1.041
化工和化学制品业 C9	0.686	0.971	0.706	1.091	0.842	1.296
橡胶与塑料制品业 C10	1.427	0.720	1.984	0.865	1.026	0.843
非金属矿物制品业 C11	1.356	0.840	1.616	0.891	0.987	0.903

续表

产业	RCA 指数（增加值）			RGVCA 指数（增加值）		
	中国	沿线国家	相除	中国	沿线国家	相除
金属冶炼及压延加工业 C12	0.783	0.949	0.825	0.941	0.990	0.951
未分类的机械制造业 C13	1.082	0.555	1.951	0.889	1.056	0.842
电气和光学设备制造业 C14	2.254	0.593	3.803	1.163	0.884	1.316
交通运输设备制造业 C15	0.692	0.479	1.445	1.146	0.701	1.635
其他制造业 C16	1.656	1.155	1.433	0.936	0.787	1.189
服务业 C17	0.741	0.799	0.928	0.981	0.967	1.014

资料来源：魏龙、王磊：《从嵌入全球价值链到主导区域价值链——"一带一路"战略的经济可行性分析》，载于《国际贸易问题》2016 年第 5 期。

2. "一带一路"沿线国家间的贸易联系

随着时间的推进，"一带一路"沿线国家间贸易网络的密度明显增强，说明整个网络中各国与其他国家的联系越来越紧密。而从各区域内部来看，东盟是贸易相互联系最紧密的地区，而西亚各国之间的贸易联系则相对不紧密，这主要是由于西亚地区产业结构类似，都是以能源矿产等初级原材料产品为主，产业链短，贸易产品存在相斥性，因此尽管地理距离较近、文化相似，但相互之间的贸易联系依然不强。从区域间联系来看，中国与东盟、西亚、南亚、中亚、蒙俄等区域联系都非常紧密，只与中东欧地区的联系相对不够紧密；而俄罗斯则与中东欧地区、中亚地区联系最为紧密；东盟地区主要与中国、南亚和西亚地区联系紧密（邹嘉龄、刘卫东，2016）。

3. "一带一路"沿线国家对区域内协同发展的积极诉求

截至目前"一带一路"建设主要涉及 65 个沿线国家（包括中国），基本涵盖了亚非所有发展中国家，覆盖总人口数超过世界人口的 60%，GDP 总量约占全球的 1/3，沿线区域资源禀赋丰裕，劳动力充足且成本低廉，发展潜力巨大。仅从贸易与投资方面来看，根据图 6-7 的计算结果可知，2006~2014 年"一带一路"沿线国家在贸易与投资方面的增速大大超过以发达国家为主的跨大西洋贸易区域。2006~2014 年期间，"一带一路"沿线国家的贸易和投资增速分别为 10.6% 和 7.6%（黄先海、余骁，2018），而同期跨大西洋贸易区域的贸易和投资增速仅分别为 4.5% 和 -2.5%。即使是后危机时期，"一带一路"沿线国家的表现仍明显好于跨大西洋贸易区域的国家。

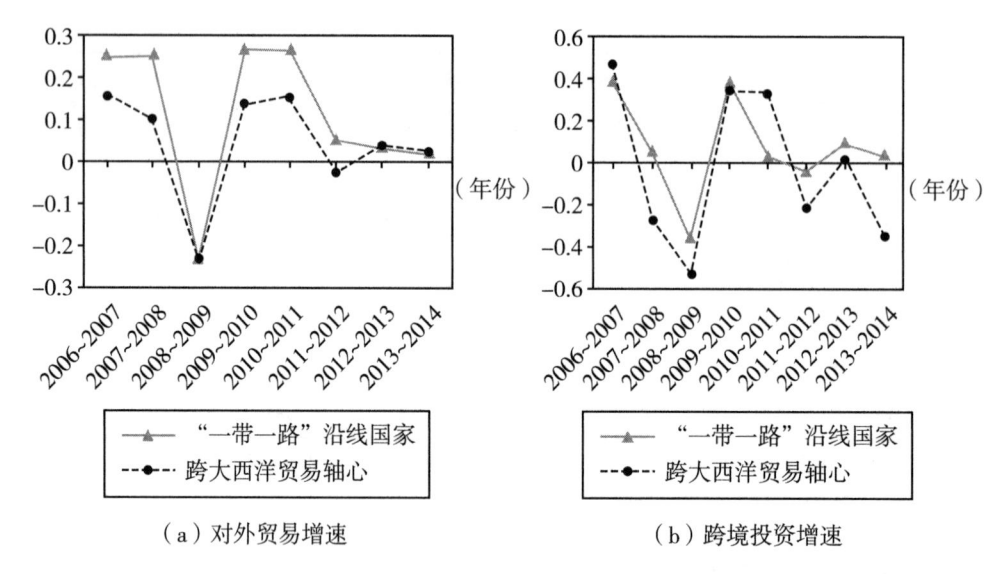

"一带一路"交汇点：长三角地区高质量的对外开放

(a) 对外贸易增速　　　(b) 跨境投资增速

图6-7　2006~2014年贸易和投资增速：
"一带一路"沿线国家与部分贸易区域的对比

注：(1) 所有计算结果的原始数据均以当年美元计价；(2) "一带一路"沿线国家数据以包括中国在内的65个沿线国家数据加总而得；(3) 参照李丹、崔日明（2015）的研究，以大西洋贸易轴心（包括美国、加拿大和欧盟15国，由于希腊数据存在缺失予以剔除）作为对照；(4) 对外贸易为各国货物贸易与服务贸易的进出口总额；(5) 跨境投资为各国FDI流入与流出量之和。

资料来源：黄先海、余骁，《以"一带一路"建设重塑全球价值链》，载于《经济学家》2017年第3期。

初期由于地理位置、基础设施、政策环境等因素的限制，"一带一路"沿线部分发展中国家被天然排除在全球价值链分工体系之外。以基础设施为优先建设领域的"一带一路"倡议旨在为沿线国家搭建参与国际分工的基础，这些区域通常不是美、日等国跨国企业愿意进入的投资领域，且基础设施也不是美、日等国经济输入的主要方式。同时，沿线发展中国家大都处于工业化初中期阶段，要素资源丰裕而技术资金短缺，吸引外资、争取外援、参与区域分工以谋求经济发展的意愿强烈；而另一部分相对较发达的沿线国家或受到西方的经济制裁（如俄罗斯），或在欧盟中影响力长期较低（如中东欧地区），导致这些国家（区域）亟须寻求新的对外经贸合作伙伴。"一带一路"沿线各国离中国较近的天然地理位置优势、贸易产品与资源禀赋方面存在的较大互补关系、基础设施互联互通导致的区域经济地理重构，以及自贸区或跨境电商平台兴起引致的贸易模式革新等，将使更多沿线发展中国家参与到国际分工中来，通过发挥贸易投资的乘数效应实现经济发展的共赢。对于全球市场参与度较小且具有许多小规模生产商的国家，参与区域经济一体化可能是其达到国际认可的生产效率与质量水平的一个跳板。

(二) 江苏构建以我为主全球价值链的优势

1. 江苏综合经济基础雄厚

江苏经济体量大、经济发展水平高，是我国经济大省。总体来看，江苏省已进入服务经济社会。2017年江苏实现地区生产总值85 900.9亿元，比上年增长7.2%，其中，第一产业增加值为4 076.7亿元，增长2.2%；第二产业增加值为38 654.8亿元，增长6.6%；第三产业增加值为43 169.4亿元，增长8.2%。全省人均地区生产总值107 189元，比上年增长6.8%。全员劳动生产率持续提高，全年平均每位从业人员创造的增加值达180 578元，比上年增加17 907元。产业结构加快调整。2017年，三次产业增加值比例调整为4.7∶45.0∶50.3，服务业增加值占GDP比重比上年提高0.3个百分点；高新技术产业产值比上年增长14.4%，总量占规模以上工业总产值比重达42.7%，比上年提高1.2个百分点；战略性新兴产业产值增长13.6%，总量占规模以上工业总产值比重达31.0%，比上年提高0.8个百分点。将江苏省与"一带一路"沿线国家进行比较，可以发现2017年江苏省的经济体量按当年美元计算占到"一带一路"沿线国家的44.8%，其中，江苏省制造业增加值占"一带一路"沿线国家的23.34%。[①]

2. 江苏对外经济贸易开放程度高

作为中国南北文化交流融汇的重要地区，江苏经济发达，文化积淀深厚，历史上就与海上和陆上丝绸之路沿线的国家和地区存在着密切的经济及文化联系。改革开放以来，江苏对外投资与贸易往来日益频繁，经贸合作覆盖率高，对外开放的程度高。从对外经济发展结构来看，2016年江苏省出口总额达到3 129.11亿美元，其中以工业制成品出口为主。在工业制成品出口内部，机械及运输设备出口占比较高，而机械及运输设备当中又属电力机械、器具与电气零件的出口规模最大，其次是办公机械及自动数据处理设备、电信及声音的录制及重放装置设备、通用工业设备及零件。出口国家和地区主要集中在亚洲，除了对日本、韩国以及中国港澳台地区的出口，其余均是"一带一路"沿线国家，对其出口额占对亚洲地区总出口额的比重达44.43%。从境外投资来看，投资主要集中在服务行业，集中投资规模较大的是批发零售、租赁与商务服务、科学研究、技术服务与地质勘查业，信息传输、

---

① 作者根据历年《江苏统计年鉴》计算得出。

计算机服务业与软件业的投资规模相对小一些。制造业内部投资规模靠前的是电气机械及器材制造业、金属制品业、有色金属冶炼及压延加工业以及通信设备、计算机及其他电子设备制造业。境外投资主要也集中在亚洲，其中绝大部分是对中国香港的投资，对"一带一路"沿线国家的投资占对亚洲总投资的36.92%。①

3. 江苏科教资源丰富

改革开放以来，江苏始终走在对外开放的第一方阵，重要领域和关键环节的改革创新走在全国前列，开放型经济规模和水平全国领先，"引进来"与"走出去"的企业数量众多，创新开放的营商环境优越，有国家级开发区33家，是我国对外开放起步最早、开放程度最高的区域和参与全球分工的重要门户。江苏的科教资源十分丰裕。近年来，全省科研机构数量大幅增长，从2011年的9 061家一直增加到2016年25 402家，增长了2.8倍，其中，规模以上工业企业达23 564家，高等院校的数量达1 055所；科研活动人员的数量2015年达117万人，其中大学本科及以上学历占到59.96%；全省的研究与发展经费内部支出不断上涨，从2011年的1 288.02亿元增长至2016年的2 016亿元，占全省GDP的比重为2.66%。从代表一定创新能力的发明专利来看，2016年江苏省发明专利授权数量增长迅速，从2010年的7 120项增长到2016年的40 952项，增长了将近5.68倍。②

4. 江苏产业链延伸基础优

江苏工业化起步早，是我国民族工业重要的发祥地和参与全球产业链分工的重点区域，当前工业产值居全国首位，工业化水平高。实体经济发达，产业门类齐全，重点产业竞争优势明显，形成了一批超千亿元、超万亿元级产业，光伏产业技术水平居世界前列，新能源、新材料、节能环保等新兴产业规模均居全国前列；制造业实力强、基础雄厚，尤其是装备制造业规模强大，综合竞争力居全国首位，其中交通运输装备制造业具有占全国40%和世界20%市场份额的船舶工业基地，同时拥有徐工集团等工程机械行业的龙头行业；产业体系完善，近年来现代农业、现代工业、现代服务业发展较快，产业结构逐步由中低端向中高端转变；产业链延伸的趋势逐步呈现，近年来"走出去"的企业不断增加，积极参与全球价值链分工合作。

从以上分析可知，江苏省有能力既可以通过技术溢出、逆向跨国并购等方式从发达国家承接、吸收、转化或者二次创新新技术、新产品，又可以作为"一带一路"区域价值链内前沿技术的主导方，通过区域产能合作、跨境投资（建设工业园

---

①② 作者根据历年《江苏统计年鉴》计算得出。

区）等途径合理安排区域分工协作与利益分配，在沿线国家构建包容性的全球价值链，带动沿线国家经济快速发展。

四、构建以我为主全球价值链的思路与路径

（一）以我为主全球价值链构建思路

对于"一带一路"沿线大部分发展中国家而言，发展制造业是从低收入迈向高收入过程中不可跨越的阶段，而这些国家发展制造业的资金、技术或产业体系都不足，特别需要依靠外来的产业转移或投资。从高收入国家向低收入国家进行产业转移的历史轨迹来看，有两个共同点：一是资本输出国与输入国之间存在显著的发展差距，主要表现就是人均 GDP 差距；二是在产业层次上有明显的体现。中国的人均收入已经处于中高等收入国家水平，而江苏省的人均收入更是远高于中国总体水平，在周边国家中只有少数国家高于中国，高于江苏省的更是少之又少。对于以工资为主要构成的制造业而言，收入水平差距将会极大促成产业转移。而基于中国自身经验，通过向沿线国家进行产业转移、建立工业园区的方式充分发挥沿线国家的比较优势，帮助它们孵化与培育新型产业、拓展国家市场，是将其纳入全球分工体系，构建包容性的全球价值链的重要举措。怎样才能最有效率地进行产业转移，实现双方收益最大化呢？

首先，选取在"一带一路"沿线进行产业转移的目标国。林毅夫、张建华（2012）指出人均收入水平高于本国水平100%，或者20年前人均收入与本国相同，且始终保持经济增长的国家，可作为目标学习国家。因此，当"一带一路"沿线国家把中国作为其目标学习对象时，选择中国产业向外转移时，只需要反向而行，计算与"一带一路"沿线国家的人均 GDP 差距。因此，江苏省各市县可根据自身的人均 GDP 与"一带一路"沿线国家的人均 GDP 之间的发展差距，选定本地区可进行产业转移的国家范围。例如，以无锡市为例，2016 年无锡市的人均 GDP 达141 258 元，折合成现值国际元大约为 4 万美元，20 世纪 90 年代中后期无锡市的人均 GDP 折合现值国际元大约为 7 000 美元。按照20年标准（100%差距）以及经济持续增长选择对象国，可以重点选择 2016 年人均 GDP（现值国际元）在 7 000 ~ 20 000 美元左右的国家。[①] 以下这些国家满足无锡市向外产业转移所需要的 20 年发

---

① 作者根据历年《江苏统计年鉴》计算得出。

展差距需求，分别是阿尔巴尼亚、亚美尼亚、阿塞拜疆、白俄罗斯、不丹、波黑、保加利亚、克鲁吉亚、印度尼西亚、黎巴嫩、马其顿、马尔代夫、蒙古国、菲律宾、泰国、土耳其、土库曼斯坦、乌克兰。如果进一步放宽发展差距的要求，考虑人均GDP在2 000~7 000美元的国家，可加入印度、越南、乌兹别克斯坦、老挝、缅甸、摩尔多瓦、巴基斯坦、孟加拉国、吉尔吉斯斯坦、柬埔寨、塔吉克斯坦和尼泊尔等。

其次，进一步确定这些国家承接产业的能力。如果一些国家的制造业能力偏弱，在相当长一段时期内难以发展出有出口能力的制造业，就不太具备承接产业转移的能力。国际经验表明，工业发展的趋势一般是从轻工业向重化工业再向高加工度工业升级，也即从劳动密集型工业向资本密集型再向技术密集型转变。按照联合国工业发展组织的标准可以从制造业人均增加值、制造业占GDP比重、中高级技术制造业占比、制造业出口占总出口比重、制造业出口中的中高技术占比这五个方面来考察一国在发展制造业上的潜力与竞争力。具体做法是将上述国家归类在不同的发展阶段，分别是中高收入组、中低收入组和低收入组，然后将不同组别中国家的五个方面制造业能力指标与这一组别的国际平均水平进行比较，如果组别中国家的制造业能力指标超过国家平均水平，就表明这个国家有一定的制造能力。从指标水平来看，处于中高收入组的泰国除了制造业人均增加值低于中高收入国家平均水平外，其余四项指标水平均高于这一组别的国际平均水平，泰国在承接制造业带动经济发展上有较大潜力与竞争力。第二组别中，只有菲律宾一国有两项指标（中高级技术制造业占比、制造业出口中的中高级技术占比）超过国际平均水平，其他满足一项指标的国家有印度尼西亚（制造业占GDP比重）、印度和巴基斯坦（制造业出口占总出口比重）。因此，这些国家也有一定的发展潜力。第三组别中，孟加拉国所有指标都超过国际平均水平，其次是满足三项指标的柬埔寨、塔吉克斯坦，吉尔吉斯斯坦和尼泊尔只满足两项指标（制造业出口占总出口比重、制造业出口中的中高级技术占比）。

因此，如果以五项指标满足程度排序的话，排第一位的是孟加拉国；其次是柬埔寨、塔吉克斯坦和吉尔吉斯斯坦；再次是约旦、菲律宾和尼泊尔；排第四位的是满足一项指标的国家，包括印度尼西亚、印度和巴基斯坦；排第五位的国家则包括埃及、越南和斯里兰卡。

最后，处于不同收入阶段的国家，促进经济发展与拉动就业所依靠的主要产业不同，因此，有必要对转移的产业进行筛选。劳动密集型低技术制造业为低收入和中低收入国家进入这些产业提供了巨大机遇，这些国家可以利用这些产业作为其实现工业化的跳板。低技术制造业不需要大量资本投资，对工人的技术要求也相对较低，更多考虑的是工资成本，而这正是低收入国家所具有的比较优势。按照人均收入与制造业各产业就业趋势演变的国际经验来看，在低收入阶段，食品与饮料、纺织业、服装是吸纳最多就业的三大行业。在一国进入中上或高收入阶段后，纺织和服装两个产业的就业水平将会显著降低，特别是服装业。服装产业的就业在孟加拉国、斯里兰卡、越南等国的制造业中占据主导地位，纺织业的就业在塔吉克斯坦、埃及、孟加拉国、印度、尼泊尔等国份额也较高，这些国家基本都属于典型的劳动密集型产业发展中的国家。因此，越南、孟加拉国、斯里兰卡等国可作为产业转移的理想目标国，塔吉克斯坦、埃及、孟加拉国、印度、尼泊尔等国适合纺织业的产业转移。当步入中等和中上收入发展阶段，要以提高劳动生产率为主要目标，此时中等技术产业可以带来投资机遇。尽管中等技术产业创造的就业不多，但其劳动生产率都较高，可以生成投资资源，带动经济发展。这些产业主要包括钢材、砖材、水泥、塑料等，其中大部分还是发达国家需求很大的中间产品，因此，承接这些产业转移还可以开拓国际市场，增加外汇储备。另外，在进行制造业转移过程中，与制造业密切相关的服务业也要进行适当的对外投资。"一带一路"沿线大部分国家的服务业发展相对滞后，产业链很不完善，在一定程度上会增加制造业生产成本，制约制造业发展壮大。因此，包括法律服务、咨询与调查等商务服务业，以及教育培训、金融保险、医疗健康等服务业都可以适当地在"一带一路"沿线国家进行投资，可以降低制造业的生产成本，提高制造业的知识含量与差异化程度，最终提高制造业的附加值。值得注意的是，在当今以价值链分工为主要特征的全球化中，产业转移更多强调的是某一环节的转移，如将服装产业中的加工制造环节转移出去，自身保留服装的设计和品牌管理等。

江苏在今后的国际化进程中要进一步优化对"一带一路"沿线国家投资的空间布局与产业布局，形成一个以"环""链""网"共同支撑的包容性的价值链分工体系。在"环"上，江苏省一是要不断降低对发达国家加工贸易出口的依存度，从以加工组装为主转向以产品设计、品牌管理与增值服务提供为主，从以组装型产品生产为主向以核心零部件、先进仪器、高端装备生产为主；二是利用"一带一路"沿线各国不同的比较优势进行相应环节的转移与投资，实现各环节的规模经济，提升各环节的生产效率。

改革开放以来，江苏凭借其低廉的劳动力成本等优势以及"引进来"战略的支撑，形成了"两头在外"的外贸模式。这种外贸模式因其在国内的循环链条和运行环节短而导致迂回程度低，压缩了国内产业链在空间上延伸的可能性，也降低了产业的增值程度。作为"一带一路"区域价值链上的核心，江苏一方面可以与西方发达国家以及区域内具有领先技术的沿线国家开展大量中间品贸易合作，学习转化中间品的技术溢出,生产进口中间品的变异品,增加产品种类,延伸产业链;另一方面可以通过境外投资,将相对低端的任务环节转移出去,集中人力、物力和财力向价值链高端环节开拓,加强附加值高的核心零部件的技术创新,截断"两头在外"的贸易模式。发达国家跨国公司基于比较优势的空间布局使得不同产品链条相互交织嵌套形成价值网,跨国公司是不同链条上的系统集成者,而发展中国家处于价值链上的孤立环节。江苏同绝大部分"一带一路"沿线国家在经济水平上存在相当高的离散性,江苏可以基于自身经济发展水平以及与沿线各国在资源禀赋和需求结构上的互补性,通过嵌入大量不同种类、档次产品的价值网络实现规模效应与效率提升,获取价值链的发展主导权。

(二)以我为主全球价值链构建路径

1. 总体路径

江苏作为中国制造业最发达的地区之一,充分地利用全球价值链融入了制造业全球价值链分工体系,形成了参与国际分工和国内分工组成的较为丰富的产业体系。在"一带一路"建设的推动下,各产业国际分工与转移出现了新的再平衡机会,江苏作为"一带一路"的交汇点,成为多条制造业全球价值链分工进行再配置、再平衡的重要节点,成为"一带一路"建设中以我为主的区域价值链与融入发达国家主导的全球价值链之间相互贯通、产业梯度转移的交汇点。

江苏较早参与全球化进程所积累的经济、技术基础,相对于"一带一路"沿线国家具有较强竞争力,而"一带一路"沿线国家的要素成本与比较优势不尽相同,各自所处的发展阶段也不尽相同,因此,江苏可以遵循比较优势规律将部分低端、过剩产业(区段)和过剩产能通过国际产能合作的形式梯度转移到处于较低发展水平的沿线国家,实现自身产业结构优化调整的同时,构建以本省优势产业或企业为核心主导的"一带一路"区域价值链分工体系,并可以嵌入到本地区以发达国家跨国公司为主导的全球价值链分工体系中,形成本地区双向"嵌套型"的全球价值链分工体系。这种价值链分工结构不同于发达国家通过链条控制实现对以低廉要素成本嵌入价值链的后发国家的"俘获式锁定",而是处于核心枢纽位置的企业通过衔接全球价值链与区域价值链,为沿线国家与发达经济体开展公平对话与经济合作提供平台与基础,以沿线后进国家的发展诉求为主要出发点,通过"一带一路"建设将亚、欧、非地区部分长期被排除在现今国际分工体系外的发展中国家纳入全球分工体系中,以"互利共赢"为宗旨,共同打造跨区域整合的新国际分工框架,共享全球化红利。

基于"一带一路"沿线国家差异明显的比较优势,实施"差异化"国际化战略，提高江苏与"一带一路"沿线国家参与全球价值链分工的利益所得。具体而言，第一，"一带一路"沿线也存在技术相对领先的国家，因此，抓住"一带一路"建设的契机，通过此前融入发达国家全球价值链分工体系所积累的经济、技术基础，江苏已经具备一定的能力和基础与这些经济体在技术创新、产品创新等方面开展交流合作，旨在进一步提升本土企业的创新能力。江苏优势企业可以通过直接投资于这些国家的科研机构或技术开发公司、并购目标企业或与之合资建厂或合作研发等多种方式，利用和整合这些国家的创新资源。江苏可以利用其广阔的需求规模以及需求层次的高端化，吸引这些国家到本地设立研发机构等，开发出符合本土市场需求的高端商品。

第二，"一带一路"沿线大部分国家在资源、劳动力成本上拥有比较优势，江苏的优势企业可以重新安排其生产的空间布局。之前提出的"腾笼换鸟"策略强调东部沿海省份应该将低端的加工制造产业转移到中西部地区，自身向全球价值链的中高端攀升。这种战略现在可能会受到"一带一路"倡议的挑战，因为"一带一路"沿线部分国家拥有更低的劳动力成本，再加上当地政府的更多政策支持以及交通基础设施的完善，降低了双方之间的协调沟通成本，使得在"一带一路"沿线国家投资生产的成本相对更低。因此，江苏优势企业可以到"一带一路"沿线国家设立生产加工区，充分降低生产成本，提高经济效益。生产加工区的建立也可以为当地创造就业、增加财政收入，当地可以通过"干中学"逐步提高生产效率，因而深受当地人民与政府的青睐。而且，"一带一路"沿线国家的需求结构也呈现多样化，同样有对高质量的消费品、中间品或资本品的需求，为中国企业的创新提供了广阔的市场支持。另外，"一带一路"沿线国家也可以利用江苏相对丰裕的科教资源、人力资源和服务业优势，将一些任务环节外包给江苏企业，或直接进行跨境投资，通过技术溢出提高自身的生产技术。江苏与"一带一路"沿线国家可以充分发挥各自的比较优势，相互开展广泛的商贸和投资合作。

我们将与"一带一路"沿线国家之间的分工协作称为第二层次的价值链分工体系，将之前与发达国家之间的分工协作称为第一层次的价值链分工体系，第一层次的分工体系与第二层次的分工体系之间并不是相互隔离的，而是相互支撑、相互促进的关系。没有通过第一层次的分工承接、转化、应用发达国家的先进技术与产品，积累一定的经济、技术基础，也就不会形成第二层次的主导"一带一路"区域经济一体化的分工体系。在"一带一路"建设中，中国企业可以作为核心枢纽连接着第一层次的全球价值链分工体系与第二层次的价值链分工体系，为"一带一路"沿线国家与发达国家开展公平对话与经济合作提供平台与基础，在带动区域经济协同发展的同时，也可以实现对现有全球价值链体系的制衡与补充。

2. 分行业具体路径

江苏的中、低技术制造业发展水平在全国处于前沿，中、低技术制造业的比较优势通常表现在低成本的劳动力、土地等要素上，在目前美国对中国进口商品征税、对出口退税商品进行反倾销调查等背景下，江苏在中、低技术制造业产品分工中享有的关税、出口退税等优惠条件将不复存在，这意味着江苏中、低技术制造业在全球价值链中向价值链高端攀升的过程中，来自发达国家的竞争压力更大了。对于发达国家来说，中、低技术制造业的比较优势更依赖于生产过程的自动化、智能化程度以及相应的生产装备体系。

因此，在"一带一路"建设中，江苏中技术制造业构建以我为主的全球价值链的主要思路，应是抓住目前新一代人工智能技术革命的机遇，积极发展物联网技术，提高生产过程自动化、智能化程度，增强中技术制造业竞争力，进一步提升中技术制造业在全球价值链中的分工地位，尽可能扩大相对于发达国家在该制造业上分工地位的优势。考虑到新一代人工智能技术等先进的信息技术、元器件与装备来源于发达国家高技术制造业，江苏在高技术制造业扩大、融入该产业全球价值链的同时，应将其技术、元器件和装备引入中技术制造业中，使高技术制造业与中技术制造业在江苏内部形成国内价值链。对于"一带一路"沿线国家，江苏应发挥海陆交通交汇点的优势，拓展"一带一路"沿线国家在原材料或初级中间产品上的供应来源，为江苏中技术制造业提供成本较低、较为充分的供给保障。

在低技术制造业上，江苏应积极扩大向"一带一路"沿线国家转移低技术制造业生产环节和生产能力，充分利用某些"一带一路"沿线国家劳动力丰富、投资成本低、市场进入管制少的优势，同时在本土加强总部、品牌建设，在研发、品牌上与发达国家企业进行竞争。

本土低技术制造业生产、加工转移到"一带一路"沿线国家后，将原来在本土企业所集聚的生产要素再配置到中、高技术制造业中，其中，在中技术制造业中，使更多的江苏企业保持和扩大现有的竞争优势，进一步提升其全球价值链分工地位，进入以我为主的发展阶段；在高技术制造业中，使更多的江苏企业进入高技术制造业全球价值链，并逐步攀升分工地位。江苏高技术制造业在全球价值链中的分工地位攀升后，可以通过技术溢出支持江苏中、低技术制造业以我为主的全球价值链建设。江苏通过"一带一路"建设，逐渐形成高、中、低技术制造业全球价值链交换点，进而形成以我为主的区域价值链，然后嵌入现有的全球价值链，形成双向"嵌套"型全球价值链分工新体系（见图6-8）。这种双向"嵌套"型全球价值链分工体系包含两层含义：一是建立利益共享机制。在优势领域，尽可能形成以江苏企业为主，国内其他地区、发达国家及沿线国家企业共同参与的利益共享格局。二是江苏企业要力争主导、整合国内和国际价值链环节，江苏企业可不拘泥于省内产业而选择全球资源配置，在价值链中占据有利地位更为重要。

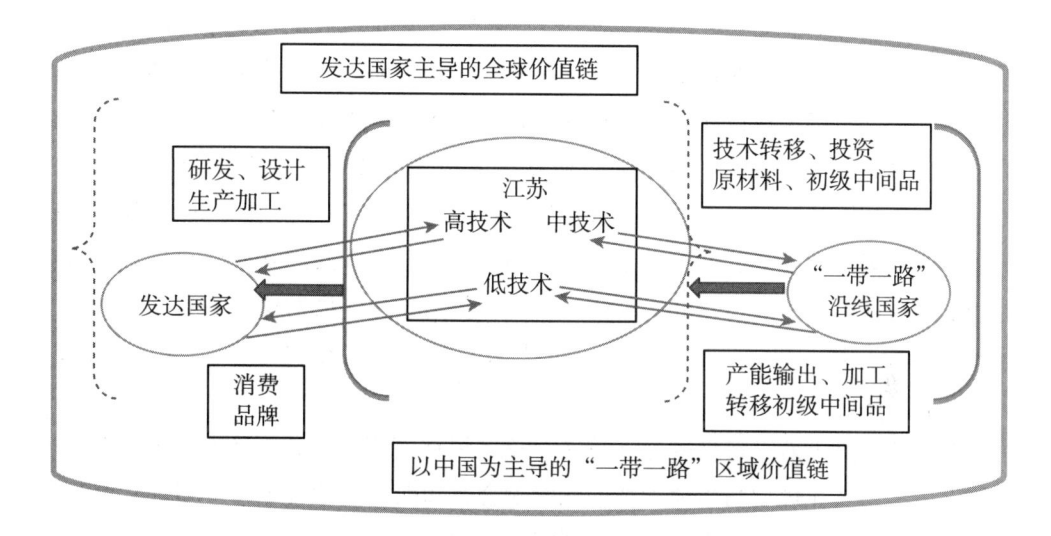

图 6-8　以中国企业为枢纽的双向"嵌套"型全球价值链分工新体系

（三）纺织服装行业：红豆集团

自"一带一路"倡议提出以来，我国纺织品服装对"一带一路"沿线国家的出口频现亮点。据中国纺织品进出口商会统计，2016 年，我国对"一带一路"沿线国家纺织品服装累计出口 891.5 亿美元，占总出口的比重达 33.4%；2017 年，我国对"一带一路"沿线 64 个国家的纺织品服装出口累计达 914.7 亿美元，同比增长 2.9%，出口占比升至 34.1%；2018 年，我国对"一带一路"沿线国家出口纺织品服装 952.6 亿美元，同比增长 4.1%，占纺织服装出口总额的 34%。

2015 年以来，传统市场的经济波动对我国纺织品服装出口的负面传导效应开始显现。以服装为例，2015 年和 2016 年我国服装及衣着附件出口额分别为 1 758.86 亿美元和 1 594.47 亿美元，同比分别下降 6.35% 和 9.35%。这期间，受"一带一路"倡议实施的影响，我国服装对部分新兴市场出口实现快速增长。2016 年，我国对沙特阿拉伯、吉尔吉斯斯坦、菲律宾、哈萨克斯坦和伊拉克的服装出口金额同比分别增长 34.84%、71.54%、24.88%、30.03% 和 26.43%。新的出口市场正在开拓和培育中。据中国海关统计，2018 年，我国纺织品服装出口额同比增长 3.66%，其中，对越南、巴基斯坦、印度尼西亚、泰国和哈萨克斯坦的纺织原料及纺织制品同比分别增长25.31%、4.34%、19.29%、6.91%和1.93%。

总体来看，2018年以来我国对"一带一路"沿线部分国家的纺织原料及纺织制品出口额的增长对整体出口起到正向拉动作用。"一带一路"沿线国家为我国外向型出口企业带来了新的机遇。与此同时，在"一带一路"建设持续推进的影响下，越来越多的服装企业走出国门，把参与"一带一路"建设作为企业转型升级的重要途径。红豆集团在柬埔寨西港特区的投资是成功的典型样板。

柬埔寨为发展经济，积极推动工业化，出台了《2015—2025工业发展计划》，对外来产业、资金、设备、技术需求迫切，中国与柬埔寨开展国际产能合作互有需求。由红豆集团主导，联合中柬企业在柬埔寨西哈努克省共同开发建设的西哈努克港经济特区就是为企业搭建的实现国际产能合作的平台，借助这个平台，把中国企业"走出去"与柬埔寨当地经济发展的需求有效对接，在"一带一路"框架下，实现互利共赢。

西港特区是柬埔寨最大的经济特区，总体规划面积为11.13平方公里，在发展定位上，实现产业规划与当地国情的深度融合，确保特区建设可持续发展，以纺织服装、五金机械、木业制品、轻工家电等为主导产业，同时集出口加工区、商贸区、生活区于一体。全部建成后，将形成300家企业（机构）入驻、8~10万名产业工人就业的配套功能齐全的生态化样板园区。[①]

目前，已有109家企业入驻该区，其中92家已产生经营，区内从业人员达1.6万人。[②] 其中，除了中国企业，还包括美国、日本、法国等发达国家的企业。A股上市公司红豆股份、中银绒业、瑞贝卡以及香港上市公司申洲国际入驻，入驻企业涉及服装、家具、管材、金融保险等行业。在西港特区建厂有三个优势：一是成本低，人工成本为每人每月200美元左右；二是可以获得欧美国家的关税优惠；三是根据柬埔寨国家政策，有税收减免。

西港特区引入柬埔寨发展理事会、海关、商检、商业部、劳工局、西哈努克省政府入区办公，为企业提供"一站式"服务；建立了劳动力市场，定期在特区内举办人力资源劳工招聘会；联合无锡商业职业技术学院共同开展培训工作，为特区内员工提供语言及技能培训，培养产业工人，为企业营造了"引得进、留得住、发展好"的运营环境，让所有入园企业在这个平台上能够实现共赢发展；坚持把融入当地、造福民众、奉献社会作为立足之本，不断扩大就业，改变当地群众谋生渠道、

[①] 《红豆致力建设"西港特区"获认可》，中共江苏省委新闻网，2017年5月15日。
[②] 《西港特区引入企业109家》，载于《无锡商报》2017年4月21日。

提高当地群众生活水平；热心公益慈善，造福当地百姓；加深西哈努克省与江苏省无锡市在医疗、卫生、教育等各领域的合作与交流，惠及周边百姓。今后，应全力推动产业集聚化、招商国际化，完善商业、居住、教育、医疗等配套功能，打造特区2.0升级版，努力将西港特区打造成为"一带一路"建设的样板工程、共赢工程、友谊工程。

柬埔寨的经济发展与产业承接能力符合江苏进行产业转移和投资的目标国要求。另外，相对柬埔寨的经济发展来说，红豆集团在纺织服装行业拥有一定的产业发展与技术优势，而柬埔寨劳动力成本低，因此，可以通过设立经济特区的境外投资方式将相对低端的任务环节转移，从而降低国内中间产品和最终产品的成本、增强产品竞争力，而且从转移的生产环节和产品中释放出的生产要素，包括高技能劳动力，可以在国内行业内、行业间进行再配置。这些生产要素一方面重新配置到能够支付更高工资的高端加工制造环节；另一方面进入研发、设计、总部等高级生产服务部门，潜在地增加了这些部门的创新能力，增强了在国际分工中攫取高端垄断收益的能力。而随着创新的增加，企业可外包的生产环节和产品种类进一步增加，获取产品生产的规模经济与范围经济进一步扩大，所主导的产品附加值或相对价格可能会进一步增加，这又反过来进一步为产品的持续创新提供了激励。企业产品创新增加的同时，对全球价值链分工的需求和投资规模会进一步扩大，从而有助于带动发展中国家在相关产业全球价值链上分工环节或任务的扩展边际和集约边际的提高，进一步拓展进行技术学习的广度与深度，带动经济的持续发展。

五、结论和建议

全球价值链的本质是企业为了实现利润最大化，根据各个国家要素禀赋、生产经营成本等在各国配置其生产、经验活动环节等。企业总部、生产基地对各国生产要素禀赋、生产经营成本等的要求存在显著差异。"一带一路"沿线国家总体上处于发展早期阶段，劳动力、土地、矿产等要素价格较低，但这并不是吸引大规模中低技术制造业的充分条件。鉴于大多数"一带一路"沿线国家都是人口较少的中小国家，各国经济发展阶段、文化、政治制度等差异较大，各国承接的规模经济有限。中国经济发达省份都有动机借助"一带一路"建设实现"腾笼换鸟"，实现产业结构的优化升级，实现新旧动能转换。因此，江苏在将中低技术制造业生产加工环节向"一带一路"沿线国家转移，构建以我为主的双向"嵌套"型全球价值链分工体系时，应根据"一带一路"沿线国家的禀赋优势实行多类型、包容性的投资策略。

第一，针对劳动力资源丰富、土地资源丰裕的国家，建设大规模的劳动力密集型中低技术制造业生产加工基地，吸引江苏制造企业将生产加工环节转移，同时吸引西方中低技术制造业生产加工环节的转移，通过投资来源国的多元化，既避免当地政治干预的风险，又降低进入发达国家的壁垒，充分利用东道国的市场准入优惠。例如，江苏无锡的红豆集团将服装加工生产环节转移到柬埔寨西港特区，同时吸引美国、法国、意大利等国中低技术制造业企业的投资。

第二，针对劳动力资源较少、地理位置异质性（如口岸资源）、土地资源和矿产资源丰富的国家，建设大规模的资本密集型生产加工基地，通过大规模基础设施投资，改善这些国家的交通、通信条件，充分降低江苏中低技术制造业中资本密集型生产环节投资、产品运输和市场运营成本。

第三，针对适宜在本土发展的中低技术制造业，如机电、工程产品、光伏产品、船舶产品等，这些产品的生产没有必要也不可能都安排在本土，可以按照形成以我为主导的全球价值链的思路，将最低技能生产加工环节分布在"一带一路"沿线国家。这既可以带动所在国家融入全球价值链，也可以在"一带一路"沿线国家获取最合适、最经济的资源与市场。这种以我为主的全球价值链，既体现自主，又体现可控。

参考文献

[1] 黄先海、余骁：《以"一带一路"建设重塑全球价值链》，载于《经济学家》2017年第3期。

[2] 洪俊杰、商辉：《中国开放型经济发展四十年回顾与展望》，载于《管理世界》2018年第34卷第10期。

[3] 贾庆国：《大胆设想需要认真落实"一带一路"亟待弄清和论证的几大问题》，载于《人民论坛》2015年第9期。

[4] 兰宏：《全球价值链下的学习障碍和低端锁定研究》，华中科技大学硕士学位论文，2013年。

[5] 李丹、崔日明：《"一带一路"战略与全球经贸格局重构》，载于《经济学家》2015年第8期。

[6] 林毅夫、张建华：《繁荣的求索：发展中经济如何崛起》，北京大学出版社2012年版。

[7] 刘志彪、张杰：《从融入全球价值链到构建国家价值链：中国产业升级的战略思考》，载于《学术月刊》2009年第9期。

[8] 魏龙、王磊：《从嵌入全球价值链到主导区域价值链——"一带一路"战略的经济可行性分析》，载于《国际贸易问题》2016年第5期。

[9] 张兴瑞:《全球价值链分工双面效应下中国县域产业升级研究——基于长三角地区全国百强县的实证》,复旦大学博士学位论文,2011年。

[10] 邹嘉龄、刘卫东:《2001~2013年中国与"一带一路"沿线国家贸易网络分析》,载于《地理科学》2016年第11期。

[11] 张辉:《全球价值链下地方产业集群升级模式研究》,载于《中国工业经济》2005年第9期。

[12] 钟飞腾:《"一带一路"产能合作的国际政治经济学分析》,载于《山东社会科学》2015年第8期。

[13] Antràs P., "Firms, Contracts, and Trade Structure", *Quarterly Journal of Economics*, 2003, 118 (4): 1375–1418.

[14] Costinot A., Vogel J. and Wang S., "An Elementary Theory of Global Supply Chains", *Review of Economic Studies*, 2013, 80 (1): 109–144.

[15] Grossman G. M., Helpman E., "Outsourcing versus FDI in Industry Equilibrium", *Journal of the European Economic Association*, 2003, 1 (2/3): 317–327.

[16] Gereffi G., "International Trade and Industrial Upgrading in the Apparel Commodity Chain", *Journal of International Economics*, 1999, 48 (1): 37–70.

[17] Gramer, C., "Can African Industrialize by Processing Primary Commodities?: The Case of Mozambican Cashew nuts", *World Development*, 1999, 27 (7): 1247–1266.

[18] Humphrey, J. and Schmitz, H., "China Governance and Upgrading: Taking Stock", in Schmitz, H. (ed), *Local Enterprises in the Global Economy: Issues of Governance and Upgrading*, Cheltenham: Elgar, 2004: 349–381.

[19] Kaplinsky R., Farooki M., "What are the Implications for Global Value Chains when the Market Shifts from the North to the South?", *Policy Research Working Paper Series*, 2010, 4 (5205): 13–38 (26).

[20] Melitz M. J., "The Impact of Trade on Intra-Industry Reallocations and Aggregate Industry Productivity", *Econometrica*, 2003, 71 (6): 1695–1725.

第七章
"一带一路"交汇点建设

江苏地理位置特殊,在空间上处于陆上丝绸之路和海上丝绸之路的交叉点上。江苏"一带一路"交汇点建设,要立足于增强和完善交汇点的人流、物流、信息流、资金流等枢纽功能,通过交汇点的聚集和扩散作用,将江苏打造成为优秀人才集聚地、优质要素集聚地和高端产业集聚地,促进江苏高质量全面发展。

一、不同地区协力建设"一带一路"交汇点

"一带一路"交汇点建设是江苏省全域协作参与"一带一路"建设的重要行动,是推动江苏更高质量发展开放型经济的需要。江苏各地区要充分发挥自身的资源禀赋优势与对内对外开放基础,协作合力参与"一带一路"交汇点建设,主动开展对内对外的多领域全方位合作。这会对推动江苏省全域开放、提升全面开放水平、培育对外开放新优势、促进区域协调发展、实现经济转型升级与高质量发展产生深远的影响。

(一)连云港—徐州东陇海线地区

连云港—徐州东陇海线依托自身港口、陆上大通道的优势,在交汇点建设中,连云港要积极促进国际枢纽港与经济转型发展,徐州要着力打造区域中心城市与全国综合交通枢纽,共同提升东陇海地区放大向西开放的功能。

1. 连云港国际枢纽港与经济转型发展

"一带一路"交汇点建设增强了连云港新亚欧大陆桥的东方桥头堡的地位与作用。随着我国与欧洲、中亚、东亚、东南亚等地区的沟通与联系越来越紧密，会带动港口国际航运与物流发展，提升港口海陆联运能力，提高港口的港航服务能力，使其成为中亚与陇海兰新沿线地区最便捷的出海通道和区域性国际枢纽港。要以港口为依托，拓展远洋航线、加密日韩等近洋航线，推进宿连航道建设，推进上海合作组织（连云港）国际物流园铁路专用线建设，加快连云港 30 万吨级航道二期工程及码头工程建设，构建集"公铁水空管"于一体的多式联运体系，进一步完善港口功能，建设连接"一带一路"沿线国家的综合交通枢纽和物流中心；要加快上海合作组织（连云港）国际物流园、中哈（连云港）物流合作基地建设，提高中国（连云港）丝绸之路国际物流博览会等的影响力，以此来打造区域性的航运中心、国际物流中心和区域国际商贸中心；要积极发展临港产业，转变传统发展理念，高标准推进石化、钢铁产业发展，摆脱传统产业依赖与发展路径，利用海洋资源大力发展海洋经济，发挥地区医药产业优势，着力推进以医药为核心的大健康产业，打造特色创新集群，推动港口经济转型升级，推进"港产城"融合发展，成为"一带一路"交汇点建设的强支点。

2. 徐州区域中心城市与全国综合交通枢纽

徐州是"一带一路"的重要节点城市，江苏要促进东陇海线铁路交通干线的运输能级提升，扩大徐州对内合作与对外开放水平，拓展全面振兴的新空间，提升徐州作为新亚欧大陆桥经济走廊主要节点城市的综合实力与内外部联系；增强徐州作为淮海城市群中心城市的辐射带动能力，带动释放东陇海线经济带蕴含的资源优势和发展潜力，实现区域优势互补，缩小江苏自身南、北、中地区发展差距，为促进苏北振兴和全面建成小康社会提供更加有力的支撑。徐州是新亚欧大陆桥经济走廊东端重要枢纽城市，要加快连徐高铁建设，推动大陆桥沿线地区高效联通，加快推进"一带一路"对外基础设施的互联互通建设，构建综合交通运输网络，这将进一步巩固提升徐州作为全国综合交通枢纽城市的地位，增强东西向交通枢纽的作用，提高苏北地区的海陆空综合运输能力；在产业上，要着力发展现代装备制造业、新能源产业、现代商贸物流业，同时深化国际产能合作，加快徐工欧洲研发中心等开放平台载体建设，推动资源要素向西开放和经贸往来，努力建设"一带一路"交汇点上高水平的产业集聚区、经贸往来合作高地。

3. 东陇海地区放大向西开放的功能

向西开放是东陇海地带参与"一带一路"交汇点建设的主要方向，徐州与连云港陆海联合，能够充分发挥东陇海地区陆上综合交通枢纽与沿海港口的海陆交通优势，要将陆上徐州的经济腹地与连云港港口经贸相结合，充分发挥战略支点城市的作用。徐州和连云港共抓向西开放的战略机遇，可增强地区间快捷交通连通性，更好地发挥新亚欧大陆桥通道作用，扩展区域要素的集散功能。要进一步畅通与中亚、西亚的商贸流通、文化交流，不断拓展向西开放经贸合作的广度和深度；要打造东部沿海地区"一带一路"向西开放的战略高地，形成全方位、多层次、宽领域的开放合作新格局，放大东陇海地区向西开放的功能。

（二）沿江地区

沿江地区具有港口航运、先进制造业、外向经济开放、产能合作基础等优势，并且与"一带一路"国家和地区经贸联系密切。未来在"一带一路"交汇点建设中，要发挥对外开放先天优势，继续率先推进改革开放探索，进一步提升对外交通运输能力，增强制造业集成能力。

1. 改革开放率先探索

沿江地区作为"一带一路"交汇点建设的重要区域，依托自身优势条件，抢抓江苏自贸区和上海自贸区增设新片区的机遇，积极争取申报建设自由贸易港或作为上海自贸港的组成部分建设江海门户的自由贸易港区，复制上海自贸区和上海全面创新改革的经验与制度，推动自由贸易试验区可复制经验全面落地；要借助长三角区域一体化建设的机遇，凭借沿江地区港口贸易的基础，积极参与上海的进口博览会，提升沿江地区进口贸易的水平，发挥苏、锡、常产业基础雄厚的优势，有重点、有选择地支持企业"走出去"，在国际产能合作上取得更大突破；要推动沿江城市的经济国际化、人文国际化、城市品牌国际化，提高交汇点上大城市的国际化水平，增强城市国际形象与国际影响力。

2. 对外交通运输能力提升

与"一带一路"沿线国家经贸往来的增加，将为沿江地区拓展近中洋航线、航空港建设带来的机会与发展空间。要将沿江港口作为近中洋航线起点，积极开辟近中洋航线，增加与"一带一路"沿线国家的航班，同时积极开展与陆上丝绸之路经济带沿线国家的中欧班列，实现对"一带一路"沿线主要国家的全覆盖。以南京作为江苏"一带一路"交汇点建设的枢纽城市，沿江地区立足陆海联运、江海联运需求，推进北沿江高铁和南沿江高铁等沿江铁路大通道建设，发挥长江-12.5米深水航道优势，加快拓展中远航洋航线。以东部机场集团组建为契机，推进南京禄口机场国际航空枢纽、无锡硕放区域性国际机场等建设，强化机场航空资源整合，共同拓展"一带一路"沿线国家航线，构建海陆空综合互联互通的内外交通运输体系，着力打造江海联动国际物流中心和江海直达运输集散基地，提升区域对外交通运输能力。

3. 制造业集成能力增强

沿江地区在"一带一路"交汇点建设中，要着力推进区域创新能力的提升，增强科技创新国际合作，完善与"一带一路"沿线国家的产业创新技术合作伙伴关系网络。建设全球产业创新资源集聚平台，促进制造业企业与国际知名高校院所加强产学研合作，鼓励参与"一带一路"建设的微观主体——企业加大研发投入及技术引进消化再吸收，提升企业的自主创新能力。塑造自主品牌，实现在全球价值链上由代工向自主品牌的"进阶"，迈向全球价值链的中高端。围绕制造业区域开放布局优化、产业转型升级需求，着力加快中外产业创新技术转化的平台与载体，推进产业创新技术的落地转化，促进制造业转型升级与现代制造业发展。鼓励制造业企业引进科技领军人才，强化产业技术创新，增强区域制造业的技术集成能力与对外的资源配置能力。

4. 开放典范经验的树立与推广

沿江地区在参与"一带一路"建设中"走出去"一大批企业，探索建设了比较成功的境外合作园区等。目前江苏的国家级境外经贸合作区有柬埔寨西哈努克港经济特区、埃塞俄比亚东方工业园等，省级境外产业集聚区有印度尼西亚双马农工贸合作区、坦桑尼亚江苏—新阳嘎农工贸现代产业园等。其中，无锡红豆集团主导建设的柬埔寨西哈努克港创造了根植于人民的园区建设经验，为江苏对外产能合作积累了大量经验。江苏需要对已有对外合作成功典范的经验进行总结与推广，以更好地提高沿江地区企业"走出去"的能力，提升区域对外开放水平，进而成为"一带一路"建设成功经验的先发传播与扩散区域，扩大江苏对外的影响力与竞争力。要依托对外产能合作基础，重点打造苏、锡、常国际产能合作示范城市。其中，苏州要充分发挥在开放载体、国际制造、科技创新等方面的示范带动作用，加快构建一批高水平、国际化开放载体平台；无锡要发挥重点企业引领作用，加强境外园区建设，带动更多企业"抱团出海"、集群发展；常州要着力打造中以创新园、苏澳合作园区，积极拓展国际产能合作空间。另外，沿江地区应积极引导工程机械、轨道交通、新型电力、船舶和海洋工程等装备制造企业走出去，积极承担"一带一路"沿线国家基础设施建设。

（三）沿海地区

江苏沿海地区是"一带一路"交汇点建设的重点地区，要借助"一带一路"海陆联动发展契机，积极创新发展海洋经济，突破东部沿海发展凹陷地带困境，构建"一带一路"建设的增长极。

1. 经济增长极

沿海地区作为对外开放的前沿，"一带一路"建设将强化沿海地区与新亚欧沿线及东北亚地区的合作，提升沿海地区的对外开放水平。沿海地区要挖掘发展潜力，利用交汇点要素集聚契机，发挥沿海区域自身优势，发展相关沿海地域优势产业，打造"一带一路"建设先行基地、江海联动发展基地、开放门户合作基地；要发挥连云港"一带一路"交汇点核心区先导区、盐城国家可持续发展实验区、南通陆海统筹发展综合配套改革试验区等优势，建设一批具有影响力的海洋经济园区，形成海洋产业创新集聚高地；要依托港口资源优势和开放优势整合沿海港口功能，加强沿海三市（连云港、盐城和南通）港口资源与沿江港口合作，共建江海联运的港口体系；要强化与上海港口合作，打造上海国际航运中心北翼江海陆联运服务中心，共同搭建港口战略联盟，提升沿海港口通航能力与口岸功能；要统筹港口、机场、铁路建设，打造江海联运枢纽，构建出海新通道，将南通建设作为交汇点重要出海门户；要着力提升沿海城市现代化和国际化水平，培育江苏沿海新的重要增长极，推进整个江苏区域共同协调发展。

2. 海洋经济

"一带一路"交汇点建设，为江苏海洋经济向海洋价值链高端攀升带来了新的机遇。江苏要围绕产业结构调整与经济转型升级，聚焦推动海洋产业的高端化、品牌化、高附加值化，促进现代海洋产业与海洋战略性新兴产业发展，推动海洋产业结构的整体升级与转型；要在重点打造沿海主导产业、临港产业的基础上，大力发展海工装备、海洋能源、海洋生物医药、海水淡化与利用等新兴产业，重点培育海洋运输、海洋旅游等海洋服务业；要促进重大海洋经济载体的差异化建设，推进海洋经济空间结构优化；要鼓励企业承揽境外重大海洋工程和产业项目，拓展与沿线国家在海洋资源开发、海洋产业合作、深海技术研究等多方面合作的深度和广度。此外，绿色经济理念应该成为"一带一路"建设的指导思想，要促进海洋经济生态化建设，依据沿海地区资源环境容量和承载能力，科学布局发展空间，统筹开发生产、生活、生态岸线，推动沿海地区走绿色、循环、低碳海洋经济发展之路。

（四）江淮生态经济区

江淮生态经济区是江苏"一带一路"交汇点建设的重要腹地地区，江苏要依托良好的生态条件，融入全省"一带一路"交汇点建设中，重点开展生态环境保护与治理，强化生态经济技术集聚转化与输出，为绿色"一带一路"建设提供示范。

1. 生态环境保护与治理

2017年发布的《关于推进绿色"一带一路"建设的指导意见》和《"一带一路"生态环境保护合作规划》，已经将绿色生态环保的理念贯穿于"一带一路"建设。江苏要促进区域重要生态功能服务区的保护与治理，要立足于江淮生态经济区生态基础，加强对生态相对敏感地区的"水、土、气、生"环境的保护与修复治理；探索建立和完善区域间生态补偿机制，对于为区域所提供的生态产品与服务予以生态补偿；参与对内对外的生态治理合作，积极开展环境保护、污染防治、生态修复、循环经济等领域合作，提升区域生态环境保护与治理能力；要以生态文明和绿色发展理念为指引，主动参与绿色"一带一路"建设。

2. 绿色"一带一路"建设的示范

江苏要发挥生态资源禀赋优势，以自然资源资产价值增值为重点，积极参与"一带一路"对外生态产业的交流与合作，发展现代循环农业、生物质产业、节能环保产业、新兴信息产业、新能源产业等，推进传统产业绿色改造，促进地区产业发展的生态化、生态经济的产业化，构建绿色低碳的产业体系；建设绿色产业集聚区，提升产业集聚集约发展水平，使绿色成为新的经济增长点。要将生态环境优势转化经济高质量发展优势，促进优质农产品与优势农业龙头企业"走出去"，特别是到"一带一路"沿线农业资源丰富的国家，以共建现代农业示范园区等形式，提高地区生态经济品牌国际影响力与生态经济产品的产销能力，构建"一带一路"沿线重要优质农产品供应基地、优质食品加工基地；推进绿色基础设施建设，开展绿色国际产能合作，创新绿色金融与绿色贸易等，为全国绿色"一带一路"建设探路，为"一带一路"的绿色、可持续发展提供江苏示范与江苏方案。

3. 生态经济技术集聚转化与输出

在"一带一路"交汇点要素吸引与集聚过程中，绿色生产技术的集聚，能够为江淮生态经济区的生态经济发展提供绿色技术支撑。江苏要进行绿色生产技术的先行先试，促进绿色、低碳、环保产业的发展。要积极支持有关项目的开展和技术研发，实施科技计划项目及高附加值专利培育项目，开展技术攻关、装备研发以及成果转化与示范应用；要推进绿色生态科研项目、技术成果与江淮生态经济区发展的对接，实现绿色生态技术集聚与转化；搭建创新载体与平台，支持在省内外研科研院所设置生态经济技术研发与成果转化机构，建设创新创业孵化平台与创新资源共享平台，支持创新创业与新兴业态发展；推进绿色技术与经验的对外推广与应用，增强生态经济技术示范功能，提升地区生态经济的外向影响力；开展与"一带一路"沿线国家和地区的生态经济技术合作，引进、吸收先进的生态经济技术以及先进的生态种养、精致生产、品牌运作、营销方式、政策扶持等生态农业经验，支持有条件的地区重点打造绿色经济合作基地。

二、"一带一路"交汇点建设的主要内容

（一）"一带一路"重要节点的合作建设

1. 境外园区建设是打造支点的有效途径

境外园区是依托开发区建设的经验开展国际产能合作的重要抓手，其优势在于能够产生"集群效应"。企业可以获得被投资国对园区的优惠政策，同时也可以规避其他国家的贸易壁垒风险。

境外园区是两国经济合作的重要载体，需要两国政府达成共识、相互合作。例如，中江集团在阿联酋投资建设的中阿（联酋）产能合作示范园和红豆集团在柬埔寨主导建设的西哈努克港经济特区都是在两国政府合作的基础上建立的，并取得了良好成绩。

要确定一批企业和开发区作为支点实行市场化运作。明确一批重点企业作为支点，如中江公司、红豆集团；组建对外投资企业，进行绿色投资开发、招商引资、建设运营。这方面江苏已做了有益的探索，并取得了明显的成效。明确一批重点开发园区，如昆山开发区正在与埃塞俄比亚工业园区开展运营管理合作，通过输出管

理和服务开展合作也是一种有效的方式，可以成为一种对外合作的新模式，其他发展较好的开发区可学习借鉴。推广红豆集团成功在境外投资建立园区的经验。红豆集团成功扎根于柬埔寨的重要一点在于依托了柬埔寨人民。柬埔寨是多党执政国家，党派斗争激烈，但无论哪个党派都需要人民手中的选票，因此与当地居民保持良好的互动关系是规避党派竞争影响企业利润的重要方法。除了风险控制外，风险转移也是保证企业利润的重要方法。红豆集团通过与中国出口信用保险公司的合作成功将包括战争在内的所有风险转移。由此，建立标杆企业无疑对其他在境外投资设立园区的企业提供了宝贵的经验财富。

2. 把节点连接成产业链和供应链

关于产业链，权威的解释是指一种或几种资源通过若干产业层次不断向下游产业转移直至到达消费者的路径与过程，是产业层次、产业关联程度、资源加工深度以及满足需求程度的综合反映。产业关联性越强，链条越紧密，资源的配置效率就越高；产业链越长，说明产业加工达到的深度越深。这就意味着产业链能够使产业链条内的各个企业形成紧密的联系，形成整体效应。由于企业处在产业链不同端点上，对产业整体效应的影响也是不同的。一般来讲，那些掌握核心技术的企业处于产业链中高端，决定着其他企业的命运。尤其是，产业链在不同国家之间形成，直接决定了国家之间在产品生产上的主动和被动地位。

长三角地区在改革开放的过程中，围绕产业链的转移和打造，引进大项目，实行产业链招商，一些地方已经形成了完整的产业链。特别是，产业链招商对江苏迅速形成具有优势的主导产业，推动经济的发展，起到了积极作用。但核心企业和核心竞争力还不强，企业配套协作还有很大的空间。围绕自主可控和高质量发展的要求，长三角地区的企业要增强在世界市场中的主导和引领作用，强化产业链的核心环节和核心竞争力，打造若干既有控制力又有国际竞争力的现代产业的内核。

在招商引资中，引进目标不能简单地把资本大小作为考量，引进和培育科技型、成长型企业是有效的选择。中小企业创新动力强，反应迅速，是产业化的重要细胞。通过培育科技成长型中小企业，让它扎根本土，成长为本土大企业，成为产业链条上的核心企业，这是许多新兴产业发展的成功路径。要为科技型中小企业提供良好的创新创业环境，积极鼓励这类企业间的并购重组，通过创新成果的聚集加快发展。

与支点和节点地区开展平等的合资合作，延长产业链条。长三角地区的龙头企业既要与国际大企业开展战略合作，也要积极与"一带一路"国家开展协作配套，加快产业链和供应链的形成，特别是与拥有技术优势、品牌优势和市场优势的国外企业合作，通过并购和协作配套等方式与当地企业建立密切的上下游关系。政策导向不仅要注重区域导向，更要注重产业导向，以产业关联性和产业链整合为依据进行招商和项目落地。对于已有的合作企业，也要更加重视相关配套体系建设，努力形成各企业密切配合、专业分工与协作完善的网络体系。

3. 在对内对外开放中形成极化效应

江苏连云港的开放和交汇点建设需要"跳出连云港发展连云港，跳出港口发展港口"，把培育和形成产业连接作为主题，与徐州、宿迁地区一起，在东陇海线区域打造苏北的经济增长极。徐州已经成为淮海地区的中心城市，可以积极利用其经济的集聚功能，与连云港经济的发展结合起来，增强区域经济实力和竞争力，在更大的区域内建设"一带一路"交汇点。东陇海线区域在苏北作为一个整体区域，通过加强合作，特别是加强重工业、旅游、运输等产业的合作，面向中原地区，增强邻海区域对中西部省份的吸引力，在苏北形成对人流、物流、信息流、资金流的汇聚能力。把连云港—霍尔果斯串联起来的新亚欧陆海联运通道打造为"一带一路"合作倡议的标杆和示范项目，推动中哈物流基地、上海合作组织出海基地等提档升级。徐州按照淮海经济区中心城市和丝绸之路经济带上重要物流集散中心的定位，打造江苏向西开放门户、淮海经济区对外开放枢纽。通过做好向西开放文章，加快形成东陇海线区域的极化效应。

放大向东开放优势，提升沿江地区开放合作水平。在当前沿江经济带建设和苏、浙、皖、沪共同参与长三角一体化建设的新背景下，江苏沿江八市要积极探求与上海、浙江、安徽等诸市合作的新途径，在长江中下游区域形成各城市的不同定位，产业优势互补，共同发挥积聚效应和发散效应，在新阶段高水平开放背景下，持续发挥苏南区域经济增长极的作用。在新一轮的长三角区域一体化建设中，苏南各市应积极对接上海，就现代服务业的发展积极向上海学习，并借鉴现代服务业的成功经验，形成江苏经济发展的新动力。与上海市毗邻的南通市，可以充分利用上海市服务业发达的扩散效应和带动作用，依托产业园区，加强与上海的产业对接。

在提升对内开放水平方面，进一步促进苏南苏北合作，采用南北共建的方式，充分发挥江苏的后发优势和先发优势，以先发优势带动后发优势。苏南苏北共建要着重于产业转移和制造业的转移、开发区的共建。苏南沿江八市重点发展高端制造业、现代服务业和服务外包产业，苏北连云港、宿迁、淮安等地制造业不发达，在新的对内开放格局下，可以将苏南的一些产业转移至苏北，将苏南管理开发区的成功经验输出到苏北地区，以促进苏北地区经济的发展。

（二）将开发区建设成为现代产业园区

开发区是江苏的一大特色，江苏省内开发区数量较多，是其经济发展的增长极，是开放型经济最重要的组成部分，引领了我国对外开放平台建设。目前，以苏州工业园区为代表的江苏各地开发区，贡献了江苏全省 1/2 的经济总量和财政收入、4/5 的进出口额和利用外资额，成为对外开放的"试验田"和"排头兵"。当江苏开放型经济转向高质量发展时，必然要求对开发区的资源进行有效整合，对开发区的发展模式需要进行再创新。建设现代产业园区总体上要增强开发区的竞争优势，改变以往开发区主要依靠政策的比较优势实现超越发展的路径，以"一特三提升"为统领，着力打造特色创新集群，着力提升土地产出率、资源循环利用率和智能制造普及率，着力推进开发区向现代产业园区转型升级，全面提高开发区的发展质量。探索跨区域合作共建应成为现代产业园区建设的重要内涵，通过与"一带一路"沿线国家的开放合作和共建，以及鼓励长三角区域内开发区的合作共建，更好地促进区域一体化和高质量发展。

政府对开发区的管理和服务应该更加注重系统性、整体性和协同性。当前总的来说，开发区的产业发展和资源整合还是局限在相对有限的区域内，一般是以行政区域为界，整合的深度和广度还是有限。开发区之间不仅资源利用的效率存在差异，而且易造成产业结构雷同，不利于产业特色的形成。因此，开发区发展已经到了必须突破现有行政和区域的界限，在更大范围内进行产业布局和资源整合的阶段。要实行跨开发区整合，主要包括两个方面：一是由具有单一"产业经济"功能转向多元"城市经济"功能，由区域"孤岛"转向现代化新城，实行产城融合；二是对分布于不同地理空间上的开发区主导产业选择雷同的，应加大跨开发区产业整合，大力发展"飞地经济"。对苏中、苏北开发区普遍存在的产业集中度不高等问题，要加大省级政府的协调力度，采用产业转移、企业转移的方法，提高开发区的产业集聚度。

江苏需再造高能级、标志性开放大平台。以建设基于全球需求的现代化产业体系的新定位，打造一批高质量外资集聚区、高品质产品出口基地、高水平境外经贸合作园区；在开发区向现代产业园区转型的过程中，要继续培育示范园区，苏州工业园区是全国的开放标杆，具备良好的创新机制，要强化创新引领作用，更好地发挥国家级境外投资服务示范平台的作用，加快开放创新综合试验等先行探索；要复制推广上海自贸区的成功经验，推进开放领域体制机制改革创新，实行高水平的贸易和投资自由化、便利化政策，构建与国际高标准相衔接的经贸规则体系。

(三)促进要素和服务的集成

江苏在参与"一带一路"建设中需要更加注重系统性、整体性和协同性,特别需要突出系统思维,整体谋划推进,提升资源的整合能力,遵循发展规律,提升政府的服务能力。

江苏许多部门都在境外有派驻机构,各自服务于本部门,力量分散,同时只为一个部门服务也浪费资源,可以进行整合,由一个部门统一管理,为全省各部门以及地方和企业提供综合性服务,充分发挥驻外机构的作用。江苏现有正式缔结友好城市315对,其中与"一带一路"沿线国家缔结友好城市92对,友城总数多年居全国第一位。这是开展经贸合作的重要资源,要做好转化文章。江苏企业在境外开发园区时,省级层面应及时与境外园区所在省州建立友好关系,着眼于长期投资,将对外交往的优势转化为经济上长期合作的优势。

政策的一致性和协同性非常重要。要避免"政出多地"和各地、各市、各省之间的过度竞争。特别是中国在境外园区的投资,要避免在同一个国家同时出现不同地方投资不同的园区,造成境外园区之间的过度竞争,这不利于我国境外园区的发展。在投资集中的区域,如东非地区等,要加强招商工作的统筹,促进有效有序招商,防止同质竞争和内部过度竞争。在中欧班列的开通问题上,山东、河南、江苏、浙江、湖南、四川、重庆等诸多省份、各重要节点城市,都开通了中欧班列,货运竞争激烈,且各省份、各城市均有补贴,这种价格补贴实际上扭曲了货运规律,需要从政策层面上进行协调一致。同时,政策需要聚焦,针对重点、节点和支点,集成政策,打造经济增长极,形成示范和扩散效应。

加强风险的统筹管控。无论是政府全程推动在境外建设的园区,还是民营企业主导在境外建设的园区,在园区建设和企业"走出去"的过程中,都需要做好风险的防范和控制。在境外投资时,投资企业可能会面临多重风险,如政治风险、战争风险、市场风险、金融风险等,及时规避不可控的风险、积极管理可控的风险,是企业境外投资的成功经验。在"一带一路"沿线国家进行境外投资,因这些国家以新兴市场为主,市场成长的潜力大、风险也大,所以除了需要企业自身防范和控制风险,还要建立专门的系统的风险控制机制,加大信用保险政策的支持力度,扩大信用保险的覆盖面,创新信用保险产品,积极提升中国出口信用保险公司对投资风险的信用保险作用。另外,为了更好地防范风险,在境外投资和产业合作时,要积极发挥行业商会的作用。

在企业"走出去"之前,政府服务要先行。政府要提供境外投资国的经济、政治、文化、习俗、社会等诸多方面的信息，对投资和未来经营中的风险做好全面应对。企业境外投资需要扎根于所在国的当地人民，不仅仅给投资国人民带来就业和收入水平的提升，更重要的是惠及当地人民，给他们送去教育、医疗等社会福利，特别是，中国企业在"一带一路"沿线的经济欠发达国家投资时，需要将企业生产经营和改善当地人民的健康、教育等事项密切相连，只有惠及当地人民，企业才能规避政治风险，长期扎根于投资国。

（四）推进生产、贸易、品牌与市场国际化

江苏省的优势是生产制造，不足是太注重生产制造。江苏省是制造大省，打造具有国际竞争力的先进制造业基地必须与品牌国际化、营销网络国际化结合起来，而不能单方面独进，要用系统思维综合谋划，推进"丝路贸易"促进计划。

加快培育知名国际化品牌。国际化品牌不只是企业竞争力的体现，也能为国家和地区带来良好的声誉和国际形象。在推进企业国际化的过程中，必须以国际营销网络建设为依托，大力推动品牌国际化：一是鼓励中华老字号企业到国外、境外设分店分号，进一步放大品牌效应；二是在境外重点地区建设贸易（展示）中心，支持企业到境外设立销售总部、专卖店、零配件销售中心、仓储配送中心、售后服务中心等；三是鼓励生产企业与流通企业联合拓展海外营销渠道；四是打造跨国零售集团与国内流通企业产品展示与对接平台，帮助国内供应商进入国际采购营销网络；五是大力发展跨境电子商务，逐步建立线上线下有机结合的立体化国际营销网络；六是鼓励企业开展境外商标注册、出口认证等基础性工作，加强出口产品诚信质量体系建设和知识产权保护工作。

培育国际化商品市场与建立境外生产制造基地互动互进。以双向投资带动沿线国家贸易增长，将优化沿线市场布局和进行产业布局结合起来，加大国际产能合作力度，带动原材料、初级产品出口和促进优质农产品、战略性资源进口；依托境外经贸合作区建设和产业特点，推进相应专业市场的建设；把建生产基地与建市场结合起来；推动国内专业市场国际化；引导大型交易市场向内外贸一体化转型发展，扩大对外贸易，吸引境外客商在专业大市场内驻场采购；鼓励省内大型市场到主要贸易伙伴国设立专业市场，吸纳国内外企业进驻经营，在培育市场的同时，逐步建立生产基地。

注重发挥投资贸易工程的互补效应。对外投资与贸易之间有两种效应：替代效应和互补效应。例如，美国的对外投资是建立在贸易替代型结构基础上的；日本则与美国情况不同，日本的资源开发型投资占很大比重，而在制造业方面的投资也属

于"贸易创造型",对外投资不仅没有替代本国同类产品出口,相反却带动了与此类产品相关的其他产品的出口。江苏应充分利用投资与贸易之间的互补效应,通过产能合作,有效规避贸易摩擦,并且通过境外生产和销售,进一步巩固国际市场份额。

外贸工作的着力点由出口环节向两端延伸。前一阶段,江苏发展对外贸易主要是为了追求出口创汇、扩大出口规模。发展外贸的路径主要体现在促进产品出口环节,往往采取低价销售的策略,有些商品换汇成本非常高,其直接后果就是导致贸易摩擦,造成资源的浪费等。随着经济发展阶段的变化,这种战略的边际成本越来越高,出口的后劲明显不足。在新一轮发展中,江苏省必须调整发展外贸的路径,重点从产品出口环节向两头拓展,由单纯扩大出口转向自主知识产权、自主品牌和营销网络建设上;大力培育自主知识产权和自主品牌,建设一批出口基地,引导地方特色产业转型升级,增强产业的核心竞争力和抗风险能力,提高在国际市场上的定价权和话语权;努力扩大一般贸易出口,提高一般贸易的国际竞争力;支持企业通过并购、对外投资等多种途径建立国际营销网络和售后服务网络,增强自主营销能力。

稳步扩大自沿线国家进口要与物流畅通结合起来。"有进有出"才能实现双向贸易,也才能促进贸易和物流的持续发展。要培育壮大进口商品交易中心,加强自沿线国家进口紧缺资源、原材料和大宗商品;用好国家级、省级进口平台,扩大适合国内市场需求的沿线产品进口。推进中哈(连云港)物流合作基地和上海合作组织(连云港)国际物流园提档升级,提供物流支持。优化整合中欧班列,按照"打造特色、分类集中、巩固中亚、拓展中欧"的发展思路,推动形成以连云港、南京、苏州、徐州为枢纽,其余各市为组货点的发展格局,提升班列运行服务水平。

参考文献

[1] 曹休宁:《基于产业集群的工业园区发展研究》,载于《经济地理》2004年第4期。

[2] 宋周莺、车姝韵、张薇:《我国与"一带一路"沿线国家贸易特征研究》,载于《中国科学院院刊》2017年第32卷第4期。

[3] 王缉慈:《产业集群和工业园区发展中的企业邻近与集聚辨析》,载于《中国软科学》2005年第12期。

[4] 徐鹤、齐曼古丽·依里哈木、姚荣等:《"一带一路"战略的环境风险分析与应对策略》,载于《中国环境管理》2016年第8卷第2期。

[5] 杨荣国、张新平:《"一带一路"人文交流:战略内涵、现实挑战与实践路径》,载于《甘肃社会科学》2018年第6期。

[6] 赵明亮:《国际投资风险因素是否影响中国在"一带一路"国家的OFDI:基于扩展投资引力模型的实证检验》,载于《国际经贸探索》2017年第33卷第2期。

[7] 赵穗生、郭丹:《中国的顶层设计:"一带一路"倡议的战略目标、吸引力及挑战》,载于《东北亚论坛》2019年第3期。

[8] Esteban M., "The China – Pakistan Corridor: A Transit, Economic or Development Corridor", *Strategic Studies*, 2016 (9): 63 – 74.

[9] Irshad M. S., Qi X., Arshad H., "One Belt and One Road: Dose China-Pakistan Economic Corridor Benefit for Pakistan's Economy?", *Journal of Economics and Sustainable Development*, 2015, 6 (24): 200 – 207.

第八章

服务业助力"一带一路"交汇点建设

共建"一带一路",是我国根据全球形势的深刻变化,统筹国内国际两个大局,全面谋划全方位扩大开放的重大举措。作为全国经济大省的江苏,积极参与"一带一路"建设,不仅可以拓展江苏对内对外开放新空间、营造江苏经济增长新动能,而且对加快江苏经济结构转型升级、统筹江苏不同区域协调发展,都有十分重要的积极影响。

服务业是现代经济的主导产业,对经济发展起着基础性、全局性的作用。服务业是共建"一带一路"的重要内容,既影响着"一带一路"建设的规模,也左右着"一带一路"建设的质量和潜力,对推动"一带一路"交汇点高质量发展,更是发挥着重要的引擎作用。当前,在信息技术影响下,服务业态和商业模式创新不断,服务业网络化、智能型、平台化和跨界融合态势日益明显。研究服务业助力"一带一路"交汇点高质量发展,无疑具有重要的理论和现实意义。

一、服务业在"一带一路"交汇点建设中的地位和作用

"一带一路"倡议秉持"和平合作、开放包容、互学互鉴、互利共赢"的发展理念,通过聚焦互联互通、深化务实合作,推动沿线各国在更大范围、更高水平、更深层次开展经贸往来与合作。"一带一路"倡议满足了沿线各国人民渴望共享发展机遇、创造美好生活的强烈愿望和热切期待,是构建全球人类命运共同体的具体实践。服务业按照功能不同,可分为分配服务(如运输与储运、交通、批发与零售等)、消费性服务(如宾馆与餐饮服务、娱乐与消遣服务、个人服务、杂项服务等)、生产性服务(如金融、保

险、企业管理服务等）以及政府服务（即公共服务或准公共服务）等部分。服务业在"一带一路"建设中的地位和作用，归纳起来主要表现在以下四个方面。

（一）服务业是"一带一路"建设的主要内容，是"一带一路"发展的前提与基础

"一带一路"建设内容众多，但是建设的重点和目标是"政策沟通、设施联通、贸易畅通、资金融通、民心相通"（以下简称"五通"）。根据服务业的产业特性和产品特征可以发现，一方面，推动"五通"的业务内容大多是无形产品，属于服务业范畴，如设施联通的运输服务、资金融通的金融服务、民心相通的文化交流服务等；另一方面，实现"五通"需要借助的大量人流、物流、资金流、信息流等，更是离不开强大服务业的支撑。

服务业是共建"一带一路"的基础和前提。"一带一路"倡议体现了沿线各国加强国际分工和合作的要求，是经济社会发展的必然趋势。当前，随着全球价值链分工的兴起，国际分工已不再体现于某种产品的生产，而是更多地专注于产品价值创造过程中的某一区段。而连接不同国家生产区段的纽带，就是依靠国际运输服务、信息服务、金融服务等服务行业。目前，在信息通信和运输技术不断创新的影响下，"一带一路"沿线国际分工不断深化，从而赋予了服务业更多职能和更高的地位，包括服务的内容不断拓展、服务的效率不断提升等。正是借助于服务业的纽带和粘合，越来越多的国家才可能加入"一带一路"建设行列。例如，截至2018年底，我国开通的中欧班列联通了亚欧大陆16个国家的108个城市，累计开行1.3万列，运送货物超过110万标箱；中国开出的班列重箱率达94%，抵达中国的班列重箱率达71%[1]。中欧班列的开通和业务质量的提升，有力地促进了沿线国家的对外贸易和国际合作。

近年来，随着越来越多减贫脱困、科技、教育、卫生、环保等领域的民生援助项目被纳入"一带一路"共建范畴，公益性服务项目在"一带一路"建设中的比重明显增加，这不仅夯实了"一带一路"沿线的社会民意基础，而且进一步提升了服务业在"一带一路"建设中的地位和影响。例如，2017年"一带一路"沿线国家有3.87万人接受中国政府奖学金来中国高校学习；2018年逾1 200人次来中国接受科技管理培训；此外，每年还有近3万名患者接受中国提供的优质医疗服务等。[2]

---

[1] 推进"一带一路"建设工作领导小组办公室：《共建"一带一路"倡议：进展、贡献与展望》，新华社，2019年4月22日。

[2] 《"一带一路"画出锦绣工笔》，中国新闻网，2019年4月24日。

（二）服务业影响"一带一路"建设的质量和效益，是创造"一带一路"沿线国际分工价值的重要来源

共建"一带一路"，既不是搞地缘政治联盟或军事同盟，也不是经济技术援助，因此，"一带一路"倡议的发展潜力和可持续性取决于"一带一路"建设项目的质量和效益。当前，随着市场竞争的加剧和人工智能等新技术的广泛应用，生产流程对制造企业利润的贡献在下降，研发、设计、财务、营销等的贡献在上升。研发设计服务、质量检测服务、金融财务服务等，不仅直接影响"一带一路"建设项目的质量和效益，而且正在成为国际分工价值链上价值创造的主要来源。

根据世界贸易组织公布的资料，2011年全球增加值贸易中，服务业创造了52%的份额（见图8-1）。为提高自身核心竞争力，越来越多的现代生产性服务业以中间投入品形式，为制造业输入"聪明的脑袋"和"起飞的翅膀"。同时，随着越来越多制造企业将企业内部的服务流程环节转由更有专业性的外部企业承担，使得各国参与全球价值链分工的基本格局更加依赖于服务业的发展。

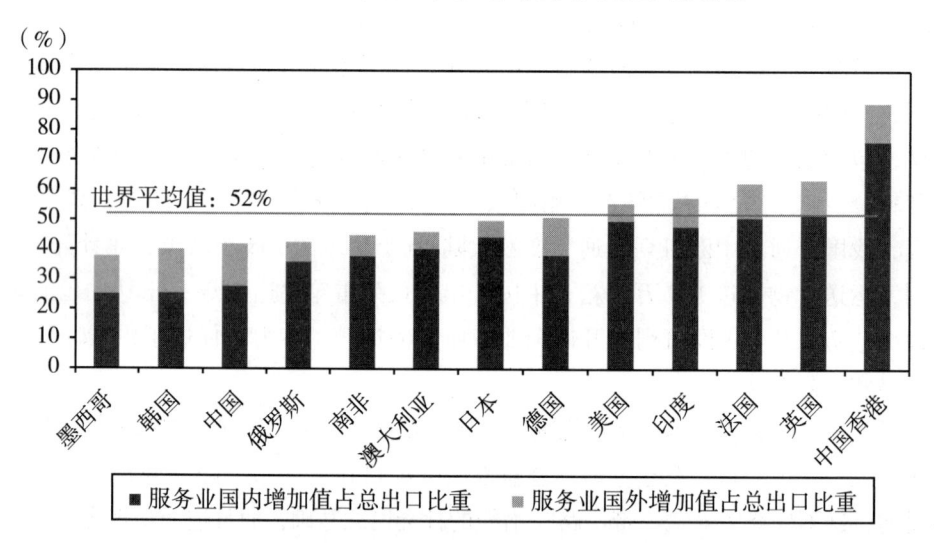

图 8-1　2011 年部分国家（地区）出口增加值中服务业占比

资料来源：作者根据 WTO-TiVA 数据库整理。

国际分工中服务业重要性的上升，直接促进了国际服务贸易（以下简称"服务贸易"）发展。20 世纪 80 年代以来，全球国际服务贸易（以下简称"全球贸易"）增长速度明显高于同期货物贸易。1980 年，服务贸易占全球贸易的比重仅为 16.6%；到 2018 年，这一比重达到 23.1%。其中，2012～2018 年，全球货物贸易

年均仅增长 1.1%，而服务贸易年均增速达到 4.2%，比货物贸易增速高 3 倍多。

（三）服务业推动"一带一路"交汇点经济结构转型升级，影响"一带一路"交汇点开放型经济发展水平

"一带一路"交汇点的定位，决定了江苏必须具有高水平的现代服务业；而具备高水平现代服务业，要求江苏必须加快构建现代产业体系和加快现代服务业发展。因种种原因，长期以来江苏服务业发展相对滞后，不仅服务业占比低于全国平均水平，而且服务业内部结构比较落后，已经成为江苏实现经济结构转型升级的最大"短板"。当前，江苏传统制造业大多停留在产业链、价值链的中低端环节，国际竞争力不强，这和江苏服务业发展相对滞后是分不开的。

加快服务业发展对江苏产业结构转型升级的影响，可以归纳为以下主要经济效应。一是分工和规模经济效应。即服务业特别是生产性服务业是从制造业价值链中有效分离出来的，但是，剥离出去的生产性服务业可在高效的分工机制下，通过提高专业化水平产生规模经济并提升生产效率，然后根据制造业价值链不同环节的需求，以关系型或结构型方式与制造业价值链动态匹配，实现全球价值链攀升。从制造业企业角度看，分工细化与专业化程度的加深，使制造业企业集中资源培育其核心竞争力。二是竞争和效率提升效应。即服务市场的竞争，将使服务企业开发更多优质服务产品。相比于使用企业内部服务资源，企业通过外包或购买引入外部服务要素产品，企业的服务产品选择空间更大、服务要素价格更低，从而提升制造业运行效率。三是集聚和协同效应。即一方面集聚为企业间的近距离互动提供了便利，有助于企业降低经营成本，加快创新速度；另一方面随着知识型、智能型制造业的兴起，知识外溢、"柔性"生产组织形式日益明显。生产性服务业集聚特别是支持性、生产性服务业集聚与制造业升级之间，存在高度关联、协同与融合促进的内在关系。

服务业对外开放，也是我国和江苏经济对外开放的重点和难点。鉴于服务业的战略地位和复杂性，服务业的对外开放，在相当程度上代表着一个国家或地区开放型经济的总体开放水平。随着进入发展新时代，我国将致力于发展更高水平的开放型经济，包括扩大金融等现代服务业开放、进一步放宽服务业市场准入等。因此，江苏需要从提高对外开放水平高度，进一步加快服务业发展速度，进一步加快服务业对外开放步伐。实际上，从防范参与"一带一路"经营风险角度上看，也可以发现服务业在其中的独特重要性。因为规避"一带一路"经营风险的途径和措施，主要是借助于相关各种服务基础。例如，政府为企业提供"走出去"的政策咨询、法

律咨询服务；金融机构为企业提供境外投资保险补贴、贷款贴息等特殊政策性金融服务；行业协会、企业协会为企业"走出去"提供市场咨询、人员培训服务等。

（四）服务业对"一带一路"交汇点对外贸易影响的实证检验

为了进一步实证检验服务业对开放型经济发展的影响，下面以江苏13个省辖市对外贸易为例进行有关的实证计量分析。这里，用人均服务业产值作为衡量江苏各省辖市服务业发展水平的替代指标，分别以进出口总额、出口总额和进口总额作为衡量各地级市对外贸易发展水平的替代指标，根据有关国际贸易理论，构建以下双重固定效应模型：

$$TR_{it} = \alpha + \beta_1 SI_{it} + \delta_1 GDP_{it} + \delta_2 EDU_{it} + \delta_3 GOV_{it} + \delta_i + \eta_t + \varepsilon_{it}$$

其中，下标 i 和 t 分别表示城市和年份；TR 是被解释变量，反映江苏对外贸易发展水平，分别用各省辖市当年对外贸易进出口总额、出口总额和进口总额三个指标来表示，以从不同角度考察服务业发展水平对江苏各省辖市对外贸易发展水平的作用；SI 为核心解释变量，表示江苏服务业发展水平，用人均服务业产值表示；GDP 为地区生产总值，衡量经济发展规模对进出口贸易的效应，通常 GDP 越大，进出口能力越强；EDU 为高等学校在校学生数，表示当地人力资本水平，用来反映当地要素禀赋结构对进出口贸易增长的影响；GOV 表示政府对进出口贸易的财政扶持力度，政府的财政扶持力度越大，越有助于进出口贸易增长，这里用地方财政预算内支出作为政府对进出口贸易财政扶持力度的衡量指标；δ_i 为时间固定效应；η_t 为地区固定效应；ε_{it} 为残差。上述指标均进行了对数化处理。

在数据来源上，原始数据来自2003年、2005年、2010年和2018年的《江苏统计年鉴》，以及2001～2017年南京、苏州和无锡等江苏13个省辖市的国民经济和社会发展统计公报以及统计年鉴等资料。数据时间范围选取2001～2017年。为避免样本数偏少可能带有的计量分析偏差，这里将江苏进出口贸易的国别统计数据从"一带一路"沿线国家拓展至所有国家。变量的描述性统计如表8-1所示。

表8-1　　　　　　　　　变量的描述性统计

变量名称	变量测度	观测值	均值	标准差	最小值	最大值
TR	进出口贸易额	221	4.33	1.64	0.32	8.06
	出口贸易额	221	3.88	1.60	0.29	7.54
	进口贸易额	221	3.36	1.63	0.04	7.20

续表

变量名称	变量测度	观测值	均值	标准差	最小值	最大值
SI	人均服务业产值	221	9.59	1.03	7.11	11.42
GDP	地区生产总值	221	16.78	0.94	14.62	18.86
EDU	高等学校在校学生数	221	10.92	1.22	6.25	13.63
GOV	地方财政预算内支出	221	14.37	1.24	10.48	16.84

表8-2报告了模型的OLS回归结果。其中，第（1）列为服务业发展水平对货物进出口贸易总额的估计结果，SI的系数显著为正，表明二者存在显著的正相关性。在此基础上，继续引入其他控制变量，得到第（2）列数据。第（2）列模型的可决系数达到0.949，表明模型的拟合度进一步提高。根据这两列数据结果可以看出，提高服务业发展水平有助于对外贸易增长，并且两者关系通过显著性检验。第（3）列和第（4）列为服务业发展水平对出口贸易总额的估计结果，SI的系数仍显著为正，说明服务业发展水平有效带动出口贸易增长，与预期相符。第（5）列和第（6）列为服务业发展水平对进口贸易总额的估计结果，SI的系数为正，但未通过显著性检验，表明江苏各省辖市服务业没对进口总额产生显著影响，这与当前服务业和进口贸易相互之间没形成明显的联动机制有关。

表8-2　　　　　　　　　　模型估计结果

变量	进出口贸易总额		出口贸易总额		进口贸易总额	
	（1）	（2）	（3）	（4）	（5）	（6）
SI	0.150*** (0.0565)	0.152** (0.0661)	0.105* (0.0571)	0.124* (0.0689)	0.0875 (0.0645)	0.0745 (0.0817)
GDP		-0.108 (0.0829)		-0.125 (0.0864)		-0.0183 (0.103)
EDU		0.247*** (0.0549)		0.177*** (0.0572)		0.165** (0.0679)
GOV		0.190*** (0.0528)		0.186*** (0.0550)		0.0271 (0.0653)
Constant	1.464*** (0.476)	-1.635 (1.283)	1.382*** (0.481)	-0.837 (1.338)	1.257** (0.543)	-0.330 (1.587)
观察值	221	221	221	221	221	221
R^2	0.939	0.949	0.940	0.948	0.891	0.894
地级市个数	13	13	13	13	13	13

注：***、**、*分别表示在1%、5%、10%水平上通过显著性检验；括号内为标准差。

从表8-2还可以看出，人力资本水平（EDU）的系数显著为正，说明人力资本水平越高的地区代表着技术密集型要素越丰裕，对外贸易的竞争力越强。在政府对进出口贸易的扶持方面，GOV的系数通过1%的显著性检验并且结果为正，这在一定程度上显示了提高政府对进出口贸易的财政支持对江苏对外贸易的增长具有促进作用。经济发展水平（GDP）影响没有通过显著性检验，这可能是因为江苏对外贸易中外资企业和加工贸易比重过大，从而导致了受当地GDP因素影响不大的结果。

二、服务业助力"一带一路"交汇点建设的基础和发展成效[①]

（一）江苏服务业的发展现状和特点

改革开放特别是党的十八大以来，江苏服务业发展迅速，在江苏地区生产总值中的比重不断增加。当前，服务业不仅成为江苏地区生产总值中第一大产业，而且成为拉动江苏经济增长的主要动力。最近几年，江苏服务业发展总体上具有以下特征。

1. 服务业规模总量不断扩大，对经济增长的贡献显著上升

据统计，2013~2018年江苏服务业增加值的年均增长率达到9.2%，明显高于江苏同期地区生产总值增长水平（见表8-3）。其中，2015年江苏服务业增加值为34 085.9亿元，在三次产业结构中的占比为48.2%，首次超过第二产业，标志着江苏产业结构实现了由"二三一"向"三二一"的根本性转变；2016年江苏服务业增加值为384 58.5亿元，在三次产业结构中的占比上升到50.0%，对经济增长的贡献率也增加到60.4%，超越了第二产业；2017年江苏服务业增加值为43 169.4亿元，比上年增长8.2%，在三次产业结构中的占比继续超越50%，对经济增长的贡献率也高于同期第二产业；2018年，江苏服务业增加值已达到47 205.2亿元，同比增长7.9%，超过地区生产总值增速1.2个百分点，占地区生产总值的比重为51.0%，比上年提高0.7个百分点。

[①] 相关数据除已列明来源以外，其余均由江苏省发改委、商务厅和教育厅提供。

表 8-3　　　　　　　2013~2018 年江苏服务业发展主要指标

年份	增加值（亿元）	增长率（%）	增加值占比（%）	对GDP贡献率（%）
2013	27 197.4	9.8	45.1	45.3
2014	30 599.5	10.0	46.5	47.4
2015	34 085.9	9.4	48.2	45.6
2016	38 458.5	9.7	50.0	60.4
2017	43 169.4	8.2	50.3	56.0
2018	47 205.2	7.9	51.0	60.3

资料来源：有关年份《江苏统计年鉴》和《2019 年江苏省国民经济和社会发展统计公报》。

2. 服务业要素投入增长较快，发展后劲持续增强

服务业的快速发展，离不开要素投入的增长。近年来，江苏对服务业的要素投入持续增加，占比不断提高。2017 年江苏服务业投资占固定资产投资的比重已达到 49.5%。江苏服务业投资结构也不断优化，2018 年在江苏服务业投资总体增长 3.7% 的前提下，科学研究和技术服务投资增长 6.8%，文化、体育和娱乐服务投资增长 8.5%。2019 年，江苏还明确了 150 个服务业重点项目予以推进实施，予以专门年度新增投资 1 000 亿元。

江苏凭借人口大省和教育资源优势，在服务业的劳动力资源投入上也持续增加。2017 年江苏服务业就业人数为 1 917.39 万人，比 2016 年增加 48 万人，占就业总人数比重首次超过 40%，达到 40.3%，比上年提高 1 个百分点。最近几年，江苏服务业的就业人数均高于同期的北京、上海和浙江等省份。目前，江苏服务业就业人数与制造业的差距不断缩小，显示了江苏服务业发展的内生动力正在形成。

3. 服务业发展提质增效升级，现代服务业占比逐步增加

江苏大力推动服务业发展结构优化和质量提升，积极实施现代服务业"十百千"行动计划、生产性服务业"双百"工程、互联网平台经济"百千万"工程，江苏服务业中现代服务业的增速明显高于传统服务业，服务业中现代服务业占比持续提高；2017 年江苏服务业中租赁和商务服务业、信息传输和软件及信息技术服务业的比重分别达到 8.9%、6.7%，比 2005 年分别提高 5.5 个、1.6 个百分点。同时，江苏服务业集聚区和服务业领军企业发展速度明显加快，规模效应日益显著。目前，全省 125 个省级现代服务业集聚区已经集聚企业约 16.5 万家，营业收入 2.7 万亿元。2013~2018 年江苏规模以上服务业企业主营业务收入持续增长，平均增长率达 8%。在江苏规模以上服务业企业中，2018 年营业收入超 50 亿元的企业就有 19 家，比上年同期增加 5 家，合计实现营业收入 1 843.0 亿元，对江苏规模以上服务业增长的贡献率达 55.8%；营业收入超 10 亿元的企业共计 169 家，实现营业收入 4 836.2 亿元，占江苏规模以上服务业营收的比重接近 40%。

4. 服务业不断创新发展方式，新兴服务业态不断涌现

在大数据、云计算、人工智能等现代科技的影响以及有关鼓励政策的推动下，江苏服务业发展中"新技术、新模式、新业态"不断涌现，服务业创新步伐明显加快。目前，江苏已有 100 多家企业被评定为"江苏省服务业创新示范企业"，涉及行业不仅有"十百千"行动计划中的十大重点行业，而且涵盖机器人智能制造、电子商务、人力资源管理等新业态和新门类。在新兴服务业中，2018 年江苏规模以上互联网和相关服务业实现营业收入 823.9 亿元，同比增长 41.6%，比全部规模以上服务业营业收入高 34.5 个百分点；软件和信息技术服务业实现营业收入 1 264.3 亿元，同比增长 13.7%，增速排名第二。2019 年，江苏继续鼓励生产性服务业向专业化和价值链高端延伸，鼓励"互联网+""旅游+""文化+"产业融合发展新模式，大力发展电子商务、文化旅游、康体养老等服务消费创新示范工程，在大数据应用、科技研发服务、供应链创新体系建设、中高端消费以及现代服务业新模式新业态等方面，加快营造发展新亮点。

5. 服务业发展区域间不平衡，服务业总体水平有待进一步提高

虽然江苏服务业发展取得很大成就，但是和发达国家以及国内先进地区相比，江苏服务业还存在差距。例如，江苏不同区域间的服务业发展严重不平衡，苏北地区的服务业发展水平明显落后于苏南地区。以 2018 年为例，苏南地区的南京、苏州、无锡、常州、镇江五市规模以上服务业，实现营业收入 8 728.2 亿元，占全省比重达 69.3%，规模以上服务业营业收入的增速也比全省平均增速高出 1.9 个百分点。从总体上看，江苏地区生产总值中服务业的占比仍然偏低，不仅小于世界平均水平，也低于我国各省份的平均值；在江苏服务业内部的行业结构中，现代服务业虽然有较大发展，但是占比依旧偏小。此外，江苏还存在生产性服务业供给能力不足、服务业运行机制有待进一步完善，甚至有的制造企业至今仍倾向于采用较为封闭的自我服务模式等问题。

（二）江苏与"一带一路"沿线国家的服务贸易和服务业投资

1. 江苏和"一带一路"沿线国家的服务贸易

服务贸易是江苏与"一带一路"沿线国家开展贸易往来的重要组成部分，也是江苏服务业助力"一带一路"发展的重要载体和途径。从我国提出"一带一路"倡议以来，江苏服务贸易发展加快，服务贸易规模不断增加。根据《江苏服务贸易发展研究报告（2018）》，2017年江苏服务贸易额已突破600亿美元，达635.49亿美元，创历史新高，同比增长11.8%，表现出江苏服务贸易快速发展的良好态势。

江苏服务贸易结构不断优化。江苏认真贯彻落实"一带一路"倡议的相关部署和要求，确立了"调高调轻"的发展方向，将现代服务贸易作为发展的重点，鼓励生产性服务、高附加值服务出口，并出台了一系列政策措施，江苏服务贸易结构中技术和知识密集型服务比重不断提升。2017年江苏服务贸易中的电信、计算机和信息服务贸易额同比增长6.4%，达13亿美元。其中，电信、计算机和信息服务贸易出口7.9亿美元，同比增长8.3%，进口额5.1亿美元，同比增长3.6%；运输服务贸易规模达295.6亿美元，占全省服务贸易总额的比重已上升至46.5%，位居江苏服务贸易12个大类之首。

服务外包是服务贸易新模式，江苏紧紧抓住"一带一路"沿线国家对服务外包需求旺盛的契机，不断拓展服务外包出口市场，业务范围从承接机场、港口、公路、铁路等交通服务建设项目，进一步扩大到工业及生活垃圾发电、污水与污染处理等新兴服务外包项目。像江苏的南通二建、龙信集团、江苏顺通、江苏中澜等4家企业，已获得以色列承包劳务市场准入资格，占全国获得资格企业数量的45%。当前，江苏已形成了服务外包示范城市集群，其中，南京、无锡、苏州、南通、镇江是5个国家级服务外包示范城市，徐州、常州、泰州、昆山、太仓、江阴是6个省级服务外包示范城市。江苏是目前国内唯一拥有5个国家级服务外包示范城市的省份，在全国31个示范城市综合评价中，江苏的南京、无锡、苏州的排名都位居全国前列，对全省服务外包产业发展起到了很好的示范引领作用。此外，江苏还正在打造47个以计算机服务、文化创意、软件和信息技术服务、知识产权服务、工艺设计、医药研发等为特色的服务外包产业集聚区，已吸引了一大批世界知名企业落户。

2. 江苏与"一带一路"沿线国家的服务业投资

利用外资和对外投资，是江苏服务业助力"一带一路"发展的重要方面。

首先，在服务业利用外资方面，江苏利用外资规模不断扩大，服务业在江苏利用外资中所占比重明显提高。2016年江苏实际利用外资245.4亿美元，其中，服务业实际利用外资114.6亿美元，服务业利用外资占比为46.7%。2018年江苏实际利用外资255.9亿美元，服务业实际利用外资128.2亿美元，服务业占比上升到50.1%。在江苏利用外资中，2018年来自"一带一路"沿线国家的投资为15.7亿美元,同比增长19.8%。其中,来自东盟的投资是15.2亿美元,同比增长19.6%。与此同时,江苏服务业利用外资结构不断完善,一些新兴现代服务业利用外资增长迅速。2018年现代服务业实际利用外资51.2亿美元,占江苏服务业实际利用外资总额的39.9%。其中,高端软件和信息服务业、教育、现代物流业、租赁和商务服务业实际利用外资分别同比增长71.2%、48.5%、13.9%、6.7%。

其次,在服务业对外投资方面,江苏在"一带一路"倡议指引下,对外投资不断取得新进展。截至2018年底,江苏企业赴"一带一路"沿线国家和地区投资项目累计已达1701个,约占全省对外投资总数的25%,中方协议额为162.6亿美元,约占全省的23%。江苏服务业对外投资也有增长,服务业对外投资协议金额从2014年的46.08亿美元增加到2018年的47.09亿美元。其中,交通运输、仓储和邮政业从0.3亿美元增加到3.18亿美元,科学研究、技术服务和地质勘查业从2.36亿美元增加到6.49亿美元,水利、环境和公共设施管理业更是从0.04亿美元增加到8.22亿美元(见表8-4)。江苏服务业对外投资地区已扩大到亚洲、非洲、欧洲、北美洲、拉丁美洲、大洋洲等;对外投资涉及的行业已涵盖租赁和商务服务、批发零售、运输服务、计算机信息服务、科技服务等。

表8-4 2014~2018年江苏服务业对外投资行业分布　　　单位:亿美元

项目	2014年	2015年	2016年	2017年	2018年
全部对外投资协议总额	72.16	103.05	142.24	92.71	94.84
服务业对外投资	46.08	62.94	84.44	43.17	47.09
交通运输、仓储和邮政业	0.3	1.49	0.13	0.98	3.18
信息传输、计算机服务和软件业	0.96	2.64	3.29	2.48	1.82
批发和零售业	12.77	21.44	29.01	7.84	15.08
租赁和商务服务业	18.21	20.93	24.68	8.73	9.59
科学研究、技术服务和地质勘查业	2.36	1.9	10.09	5.08	6.49
水利、环境和公共设施管理业	0.04	0.23	1.1	1.55	8.22
居民服务和其他服务业	0.95	2.3	1.26	1.55	0.21
教育	0	0.15	0.42	2.47	1.72

资料来源:相关年份《江苏统计年鉴》。

(三)江苏与"一带一路"沿线国家的运输合作

江苏积极和"一带一路"沿线国家开展交通运输国际合作,这既有利于江苏与

"一带一路"沿线国家的贸易和人员往来,又促进江苏运输服务出口。最近几年,江苏加强与沿线国家交通基础设施合作,大力推进和沿线国家交通基础设施的联网畅通,加快新亚欧陆海联运通道建设,推动以新亚欧大陆桥为主轴的干线铁路网建设工程。同时,江苏不断深化沿海沿江港口集约化、一体化发展。在港口物流方面,江苏不断加大国际海运航线开辟力度,2017年江苏港口货物吞吐量达到了25.7亿吨,居全国前列。其中,江苏南通按照国际一流标准打造的通州湾海港,有望在2022年投入运营,集装箱年吞吐能力将超过1 500万标箱,成为上海国际航运中心北翼集装箱干线港口。在航空运输方面,江苏全省9家运输机场全部实现航空口岸正式开放,国际航线超过100条。在铁路运输方面,江苏的中欧班列不断提质增效,已实现了常态化、集约化、品牌化运营,2016年全省共发送中欧班列429列,2018年达到了1 220列,像"连新亚""宁新亚""苏满欧"线路,在全国影响力持续增强。

连云港是"一带一路"建设的主要战略节点和支点城市。在中哈两国元首的共同见证下,2013年9月连云港和哈萨克斯坦铁路公司签署了中哈连云港过境货物运输通道和货物中转分拨基地项目合作及协作协议。2014年5月,"一带一路"首个实体平台项目——中哈(连云港)物流合作项目在连云港正式落地,中哈列车正式运行。2017年,中哈物流基地获批了国家级示范物流园区。经过4年的发展,目前中哈物流基地已成为中亚各国过境运输、仓储物流、往来贸易的国际经济合作平台。截至2018年,中哈物流基地累计完成货物进库量955万吨,集装箱空、重箱进出场量64万标箱,不仅解决了哈萨克斯坦的货物外运问题,也为其他"一带一路"沿线国家提供了跨国物流发展新思路。2018年6月,连云港还开启了"日中欧"国际运输海铁联运"新丝路",年底连云港海铁运量达33.9万标箱,同比增长2.9%。2018年,连云港海铁联运量突破30万标箱,海河联运量超过1 000万吨。通过上述这些项目,连云港不仅推动了国际交通运输通道发展,还为其他地区树立了国际海陆联运新标杆。

目前,江苏已基本形成了贯通向东、向西开放的国际交通运输通道,完善了国际海陆联运网络和航空运输网络,有效地提高了江苏和"一带一路"沿线国家的国际物流运输能力。在此基础上,江苏还在重点实施国际综合交通体系拓展计划,可以预料,江苏未来会以更好的国际运输服务为与"一带一路"沿线国家的经贸往来和人文交流服务,更好地为构建陆海统筹、东西互济、面向全球的更高层次和更高水平的对外开放新格局服务。

(四) 江苏与"一带一路"沿线国家的文化、教育、科技、卫生和司法合作

1. 文化交流与合作

江苏通过文化演出、书籍、戏剧多种形式的文化交流活动,加强与"一带一路"沿线国家民众的文化交流和合作,赢得了广泛赞誉。其中,在文化品牌建设上,近年来江苏着力打造"精彩江苏"品牌,先后赴泰国、英国、法国等20多个国家的40多座城市举办"感知江苏""同乐江苏"等文化交流演出活动,把中国当代价值观与世界各国人民价值观念有机地联系在一起;成功举办了"土耳其—中国江苏文化周""塞浦路斯—中国江苏文化节"活动等,受到当地民众的高度评价。在艺术表现形式上,江苏采用昆曲、音乐杂技和舞剧等多种形式,通过开展江苏符号全球征集等活动,出版"符号江苏"精品丛书,吸引了大批国外读者。此外,江苏还通过民间活动拉近与国外民众的距离。例如,通过举办"一带一路"国际青少年足球邀请赛等各类国际重大赛事,拓展了与东南亚、中亚地区沿线国家的体育交流;通过举办"洋眼看江苏"以及江苏工艺美术体验行、美食体验等活动,吸引了20多个国家120余位在江苏工作、生活、学习的外国友人参加等。

目前,江苏已与58个国家和地区缔结友好城市315对,友城数量居全国首位,其中与"一带一路"沿线国家缔结友好城市92对。文化国际交流为江苏扩大在"一带一路"沿线国家的"朋友圈"提供了有力支撑,还带动了江苏的对外文化贸易发展。例如,"江苏符号指南"丛书版权成功输出到英国仙那都出版公司,相关的电子书、数字App等衍生品也进入了英国市场等。[①]

2. 教育交流与合作

江苏充分发挥教育大省和教育资源丰富的优势,积极扩大和"一带一路"沿线国家的教育交流与合作。2016年在江苏的"一带一路"沿线国家留学生人数为13 616人,2017年已上升至21 056人,同比增长54%。特别是,在江苏全省高职院校招收的留学生中,90%来自"一带一路"沿线国家。

为开拓留学交流平台,江苏于2017年举办了"留学江苏优秀人才遴选计划"

[①] 宣云凤、殷文明、马佩军等:《让江苏文化在"一带一路"上大放异彩》,载于《群众》2015年第7期。

启动会暨"一带一路"来苏留学教育峰会,当时有来自20个"一带一路"沿线国家的40余名来华留学机构代表参加,与会代表还实地参观了南京、镇江和扬州等地的高校。2018年江苏在"茉莉花留学江苏政府奖学金"下增设了1 000万余元的"一带一路"专项奖学金,为沿线国家的留学生提供资金支持。

为更好地为"一带一路"沿线国家培养大批本土化技能型人才,江苏在办学形式上积极创新。例如,江苏一些职业院校先后赴境外建立海外学院或培训中心,为具有跨境生产经营业务的中国企业"订单式"培养海外本土化人才。其中,2012年无锡商业职业技术学院、红豆集团与柬埔寨西哈努克港经济特区,在当地共建了培训中心,为中方企业管理人员和当地技术工人开展职业培训、汉语培训。截至2016年底,该培训中心已开设10期培训班,培训两国人员2.5万人次。2018年,无锡商业职业技术学院与红豆集团联合申办的柬埔寨西哈努克港工商学院获批,这是中国首个校企合作股份制海外大学。江苏还于2018年在全国首创"走出去人才地图",构建面向全省走出去企业、外国留学生的留学生人才信息平台,在已举办的两届招聘会上,共吸引了170家"走出去"企业和5 200名外国留学生参加,企业提供了2 600个境外就业实习岗位,达成1 000余份聘用意向。"走出去人才地图"的建设,解决了江苏"走出去"企业国际化人才短缺问题,在"走出去"企业与外国留学生之间搭建立体信息桥梁,为企业提供国际化、本土化的人才支撑,受到企业和外国留学生的普遍欢迎。

3. 科技创新交流与合作

根据习近平在第二届"一带一路"国际合作高峰论坛上关于深入开展科学领域人文合作的指示精神,江苏全面推进与"一带一路"沿线国家在科技政策、创新创业、科普工作等方面的合作与交流。这方面的合作与交流,既有推动"一带一路"科技创新合作服务平台和国际创新合作网络建设,又有在产业研发合作机制上进行拓展与创新等。

例如,江苏与英国、以色列等国家建立并实施产业研发合作共同资助计划,鼓励一批重点企业在境外设立研发中心,搭建创新合作新载体;在江苏的中德、中以创新园平台建设上,取得了很多新进展;江苏明天种业科技股份有限公司在缅甸建立了杂交水稻研究、生产、销售等全链条订单服务,积极搭建海外农业科技园,充分运用当地资源,进行成果转化;南京农业大学与埃格顿大学承建了中国—肯尼亚作物分子生物学联合实验室,并与埃格顿大学中肯农业技术示范园一起,帮助农户提高技能等。

另外,江苏昆山高新区、市科技局、昆山市工业技术研究院与广东—独联体国际科技合作联盟开展紧密合作，在搭建国际技术转移平台、技术对接、国际高端人才引进、对外交流合作、共建合作创新载体五方面，取得积极成果。其中，以华恒等企业为载体，大力引进乌克兰、白俄罗斯、俄罗斯在新材料、装备制造领域的先进技术成果。在 2017 年昆山高新区国际人才科技合作专场活动上，昆山阳澄湖科技园、昆山市工业技术研究院分别与白俄罗斯国立技术大学科技园、乌克兰国家科学院巴顿焊接所签署合作协议，携手共建"昆山—白俄罗斯技术成果国际转移中心"和"江苏—乌克兰装备制造国际创新院"，为科技成果转化搭建平台等。

4. 医疗卫生交流与合作

医疗卫生关乎着"一带一路"沿线国家人民的身体健康，"健康江苏"也是江苏在对外交流和合作中的传统优势品牌之一。江苏积极推动和"一带一路"沿线国家的医疗卫生交流与合作，在扩大规模的基础上，还创新援外医疗合作模式，努力探索双边、多边的合作新机制。最近几年，江苏成功举办了中国—中东欧国家医院联盟专科合作论坛，在坦桑尼亚、马耳他、柬埔寨等国开展了卫生发展援助工作。在拓展合作新路径上，推动江苏医疗机构与桑给巴尔医院开展技术交流、人员培训和科研合作；在马耳他开设地中海地区中医中心，并且派遣中医医疗专家在马耳他国立圣母医院工作等。截至 2019 年 6 月，江苏先后派出 14 期援马耳他医疗队，累计为数万名马耳他患者提供优质中医医疗服务，每年接诊量近万人次。

江苏医疗卫生助力"一带一路"发展，还体现在积极为参与"一带一路"建设人员提供医疗卫生风险的防范和化解上。目前，江苏已实现了境外投资合作出国人员人身意外伤害保险全覆盖，江苏省财政为投保人员提供 80% 的保费补贴，显示了江苏对参与"一带一路"建设人员的人文关怀。

5. 司法交流与合作

和"一带一路"沿线国家进行司法交流与合作，有助于为"一带一路"建设营造稳定、公平、透明、可预期的法治化营商环境。江苏司法部门根据"一带一路"发展需要，积极和沿线国家司法机构开展交流与合作，包括推进司法协助工作机制的完善、促进沿线国家司法判决的相互承认和执行等。此外，还探索建立仲裁司法审查案件统一归口审理，支持发展多元化纠纷解决机制，积极创新服务保障新模式等。

当前，江苏已建成驻柬埔寨法律服务中心，并且选择、支持有实力的省内律师事务所在海外江苏籍企业集中的地区设立 15 家联络机构，初步形成了北线以俄罗斯、哈萨克斯坦、乌兹别克斯坦，西线以埃塞俄比亚、阿联酋，南线以柬埔寨、印度、印度尼西亚、缅甸为主要方向的"一带一路"涉外法律服务架构。江苏还将新建6家海外法律服务中心，建设集律师、仲裁、调解等为一体的综合性涉外法律服务平台。[①]

另外，江苏通过推动与国内其他地区司法机构的合作，以更好地为"一带一路"建设服务。例如，江苏连云港中院为推进与新亚欧陆海联运通道沿线法院的协作，于2017年8月和上海海事法院签订《服务保障"一带一路"建设合作框架协议》，明确双方从包括加强涉"一带一路"案件审判、推进多元化纠纷解决机制、构建全方位立体化执行协作机制、积极推进巡回审判等方面加强合作。

三、服务业助力"一带一路"交汇点建设的比较优势和发展潜力

根据国际经济学理论，"一带一路"沿线国家服务要素禀赋和服务业发展的差异性与互补性，是决定沿线国家服务业合作潜力和发展空间的关键。考虑到服务业内部行业众多，并且特性各异，本书分别从服务业总体水平、市场化服务行业、公益性服务行业三个不同层面，就江苏和"一带一路"沿线国家服务业发展的现状进行比较和分析。鉴于数据的可获得性和沿线国家在"一带一路"中地位的重要性，本书选取"一带一路"沿线23个主要国家作为分析样本，样本数据的时间区段为2013~2017年。本部分数据除特别说明外，均来自世界银行数据库及历年《中国统计年鉴》和《江苏统计年鉴》。

（一）江苏与"一带一路"沿线国家服务业总体水平的比较

衡量服务业发展总体水平，一般使用服务业的产业规模、服务业的产业结构和服务业的发展效益等指标。通过收集有关数据资料和对比可以发现，江苏与"一带一路"沿线样本国的服务业发展总体上呈现以下主要特点。

1. 江苏服务业规模领先于"一带一路"沿线多数国家，并且发展势头更为强劲

首先，从图8-2可以看出，无论是2013年还是2017年，在所有分析样本国

---

① 《江苏新建6家海外法律服务中心护航苏商"走出去"》，新华网，2019年8月1日。

中，俄罗斯、印度的服务业增加值规模最大；同时，2013~2017年，"一带一路"沿线大多数样本国以及中国江苏的服务业增加值都有不同程度的增长。进一步可发现，与"一带一路"沿线样本国相比较，江苏服务业的增长速度更快。2013年，江苏服务业增加值排名第4位，2017年升至第3位。

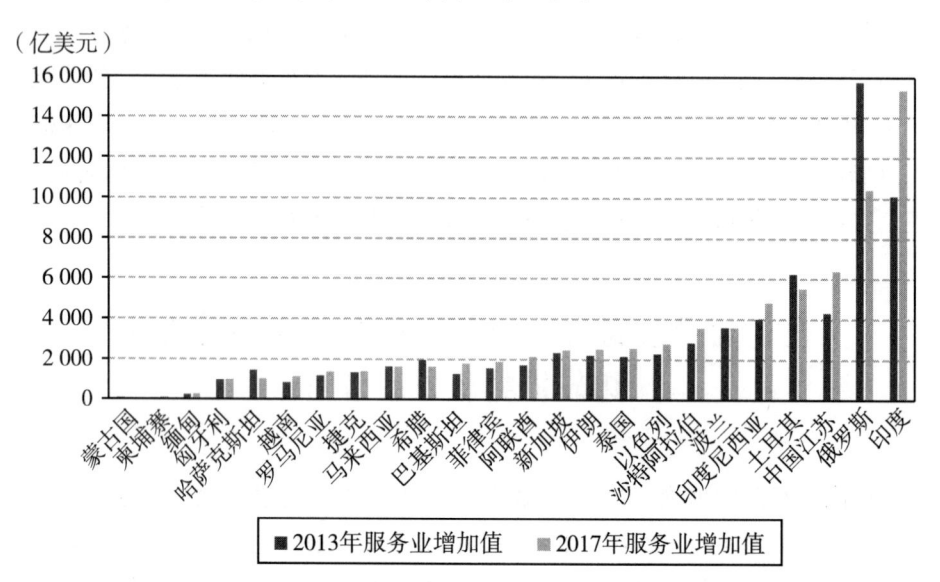

图8-2 中国江苏和"一带一路"沿线样本国家服务业增加值比较
资料来源：世界银行数据库；《江苏统计年鉴》（2014年、2018年）。

其次，"一带一路"沿线样本国的人均服务业增加值相互差别很大。其中，新加坡和以色列最高；与23个沿线样本国相比，江苏人均服务业增加值处于中游。不过，江苏人均服务业增加值增长迅速，2013~2017年江苏排名从第14位升至第9位。相反，2013~2017年，俄罗斯、土耳其、哈萨克斯坦、蒙古国、希腊等国家的人均服务业产值，都出现了明显萎缩和下降（见图8-3）。

2. 江苏服务业发展要素资源丰富，服务业的行业结构具有相对优势

江苏是我国科技大省、文化大省，服务业要素资源丰富，发明专利申请量已经连续多年排名全国第一位，江苏高新技术企业数量和区域创新能力同样长年位居全国前茅。由于"一带一路"沿线主要是经济欠发达的发展中国家，因此，江苏服务业的要素资源和服务业结构都具有较明显的优势。目前，江苏已在"一带一路"沿线承接了众多交通、电力、通信、信息基础设施等领域服务项目工程，2018年江苏完成的对外工程营业额达83.3亿美元、新签合同额65.9亿美元，规模居全国之首。

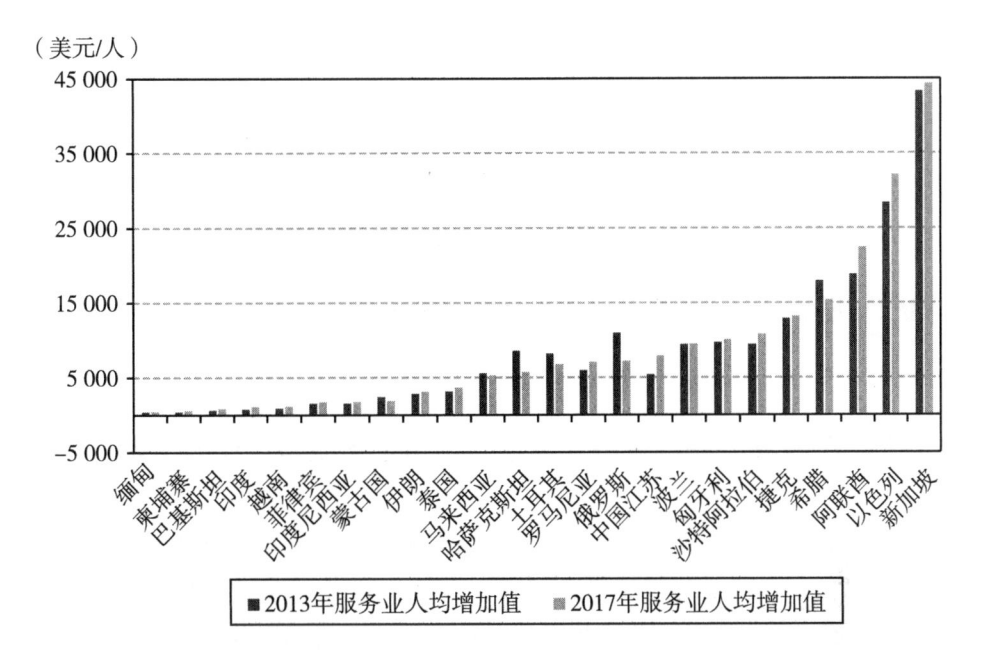

图 8-3　中国江苏和"一带一路"沿线样本国家人均服务业产值比较
资料来源：世界银行数据库；《江苏统计年鉴》（2014年、2018年）。

凭借服务业创新资源优势，江苏新兴服务业也进入了发展快车道。近年来，根据"一带一路"沿线国家经济发展和产业升级需要，江苏计算机服务、软件和信息技术服务、知识产权服务等正在快速进入"一带一路"沿线市场，成为江苏和"一带一路"沿线国家服务贸易的新增长点。包括在跨境电子商务方面，江苏已获批南京、苏州、无锡三个跨境电子商务综合试验区，2018年江苏实物商品网上零售额达7 696.7亿元，比上年增长30%，高于同期社会消费品零售总额增速22.1个百分点，江苏跨境电商网购规模已居全国前三位。随着科技引领和"互联网+旅游""物联网+运输""互联网+金融"等新服务模式的广泛运用，必将进一步助推江苏服务业开拓更多"一带一路"沿线国家潜在市场。

3. "一带一路"沿线国家经济发展差异明显，对服务业需求异质性强

在"一带一路"沿线国家中，既有像新加坡这样发达的高收入国家，也有很多像缅甸、柬埔寨、巴基斯坦、老挝等经济欠发达的低收入国家。"一带一路"沿线不同类型国家，对服务产品的需求偏好和结构明显不同。一般而言，对高收入国家来说，这类国家已进入了工业化后期或者后工业化发展阶段，服务业占国民经济主导地位，消费者的消费重点是高端化、多样化的服务产品，服务业中金融服务、信息服务、科研服务以及以提高个人生活品质为目标的服务占比通常比较高。对低收入国家而言，这些国家由于还没有进入工业化或者尚处于工业化初级发展阶段，因此国民经济是以农业或传统工业为主，在消费者的消费结构上，食品、衣服、住房等占据绝大部分，服务业也以传统商贸、餐饮、基本交通和通信等为主。

"一带一路"沿线国家的上述特性，要求江苏服务业在助力"一带一路"建设时，需要根据沿线不同国家的经济发展和服务消费偏好制定不同的发展策略和重点。

（二）江苏与"一带一路"沿线国家市场化服务行业的比较

市场化服务行业是指服务业中服务提供方按照市场经济规则所开展的服务产品经营活动，它有别于公益性服务行业。市场化服务行业中，既有生产性服务业，也有消费性服务业。这里选取其中的运输服务、信息服务、金融服务和旅游服务作为代表，对江苏市场化服务行业和"一带一路"沿线国家进行对照和分析。

1. 运输服务

当前，交通运输服务方式众多，限于数据的可获得性，同时也为能够综合反映一国的运输服务水平，这里选择各国物流绩效指数作为衡量一国运输服务水平的指标。"一带一路"沿线各国物流绩效指数数据来自世界银行数据库。在表8-5中，指数数据的范围为1~5，1代表最低，5代表最高。由于没有江苏这方面的具体数据，这里用中国数据加以替代说明。

从表8-5可以看出，许多"一带一路"沿线国家交通基础设施建设十分落后，供给严重不足，基础设施指数甚至在3分以下。其中，缅甸和哈萨克斯坦的各项指标均未超过3分；柬埔寨、巴基斯坦、俄罗斯、蒙古国无论是从物流绩效的综合分数还是从其他五个具体指标上看，得分也均偏低，大多数未超过3分；单从基础设施质量这一指标来看，印度尼西亚、越南、菲律宾、伊朗、印度等国家也显不足，均未超过3分。我国物流绩效指数为3.61分，在"一带一路"沿线样本国家中，位列前3名。鉴于江苏的交通运输综合服务水平排在我国前列，因此，这意味着在和"一带一路"沿线国家的合作中，江苏运输服务具有较大的比较优势和较强的竞争力。

表 8-5　　2018 年中国和"一带一路"沿线样本国家的物流绩效指数

国家	综合分数	能力质量	难易度	准时率	追踪查询	基础设施
中国	3.61	3.59	3.54	3.84	3.65	3.75
新加坡	4	4.1	3.58	4.32	4.08	4.06
马来西亚	3.22	3.3	3.35	3.46	3.15	3.15
泰国	3.41	3.41	3.46	3.81	3.47	3.14
印度尼西亚	3.15	3.1	3.23	3.67	3.3	2.9
缅甸	2.3	2.28	2.2	2.91	2.2	1.99
柬埔寨	2.58	2.41	2.79	3.16	2.52	2.14
越南	3.27	3.4	3.16	3.67	3.45	3.01
菲律宾	2.9	2.78	3.29	2.98	3.06	2.73
沙特阿拉伯	3.01	2.86	2.99	3.3	3.17	3.11
以色列	3.31	3.39	2.78	3.59	3.5	3.33
阿联酋	3.96	3.92	3.85	4.38	3.96	4.02
土耳其	3.15	3.05	3.06	3.63	3.23	3.21
伊朗	2.85	2.84	2.76	3.36	2.77	2.77
印度	3.18	3.13	3.21	3.5	3.32	2.91
哈萨克斯坦	2.81	2.58	2.73	3.53	2.78	2.55
巴基斯坦	2.42	2.59	2.63	2.66	2.27	2.2
俄罗斯	2.76	2.75	2.64	3.31	2.65	2.78
蒙古国	2.37	2.21	2.49	3.06	2.1	2.1
波兰	3.54	3.58	3.68	3.95	3.51	3.21
捷克	3.68	3.72	3.75	4.13	3.7	3.46
匈牙利	3.42	3.21	3.22	3.79	3.67	3.27
希腊	3.2	3.06	3.3	3.66	3.18	3.17
罗马尼亚	3.12	3.07	3.18	3.68	3.26	2.91

资料来源：世界银行数据库。

2. 金融服务

金融服务是现代服务业的重点行业，也是共建"一带一路"的重要内容。为了评估沿线国家金融服务发展水平,这里从世界银行数据库中选取金融机构分布密度和银行不良贷款与贷款总额的比率两个指标,作为测算的量化依据。先看金融机构分布密度指标。如图 8-4 所示,2017 年缅甸、越南和哈萨克斯坦的每万成年人商业银行分支机构的数量明显偏少,中国可能因互联网金融比较发达的原因,该指标也不占优势。再看银行不良贷款占贷款总额的比率指标,部分沿线国家的银行不良贷款率明显偏高,2017 年排在前五位的国家分别是希腊、俄罗斯、印度、巴基斯坦和罗马尼亚。我国银行不良贷款率明显小于绝大多数沿线样本国家,这表明我国金融机构信誉度高、金融服务的抗风险能力强。这同时也提醒江苏企业,在参与"一带一路"建设中,要高度重视部分沿线国家的金融风险。

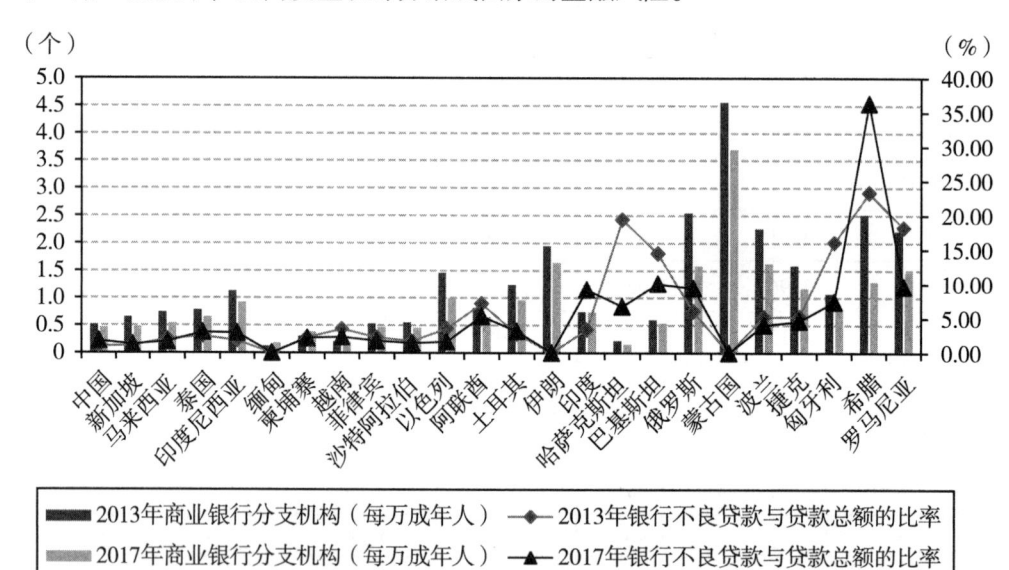

图 8-4 中国和"一带一路"沿线样本国家金融服务业的发展情况
资料来源:世界银行数据库。

3. 信息服务

随着信息技术发展和数字经济的到来,信息服务发展加快,地位也不断提高。为比较"一带一路"沿线国家信息服务水平,这里选取世界银行数据库中固定宽带设备使用情况作为衡量指标。从图 8-5 可以看出,得益于国家较早的扶持政策,"一带一路"沿线国家中希腊、匈牙利、捷克、以色列的通信基础设施比较发达,国内固定宽带设备普及率排名前 4 位,包括江苏在内的我国固定宽带设备普及率排名第 5 位。缅甸、柬埔寨、印度、巴基斯坦、印度尼西亚等国家这项指标非常低。这说明,相比"一带一路"沿线大多数国家,江苏在信息服务上具有较强的竞争优势。

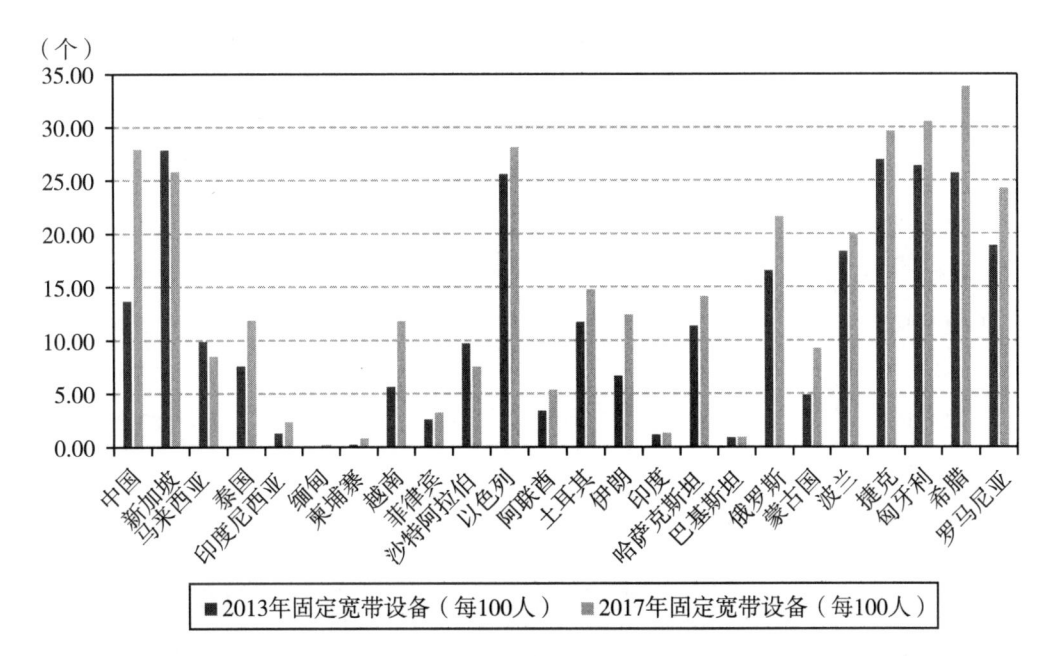

图 8-5 中国和"一带一路"沿线样本国家固定宽带设备情况

资料来源：世界银行数据库。

4. 旅游服务

旅游服务是综合性服务行业，旅游服务不仅可以直接带动交通运输、住宿和餐饮、零售等其他服务行业的发展，而且对当地的文化、城市建设等也产生一定影响。2017年江苏接待的国际旅游人数为370万，规模高于同期缅甸和蒙古国整个国家的接待人数，体现了江苏旅游业较强的竞争力和较高的知名度。

但是从相对指标上看，如表8-6所示，2017年我国国际旅游收入占对外贸易出口比重指标仅为1.34%，是所有沿线样本国家中最小的，同期希腊为26.86%、柬埔寨为25.41%、泰国为20.00%。在旅游服务收入占服务贸易出口比重上，我国旅游服务同样也没有优势。2017年我国旅游服务占服务贸易出口比重指标为18.24%，排名倒数第6位，同期泰国为75.69%、沙特阿拉伯为69.10%、印度尼西亚为53.27%、阿联酋为45.9%、希腊为44.13%。虽然世界银行数据库中无法得到江苏的这两个相对指标，但是基于全国旅游服务的总体背景，江苏也会存在这方面的问题。因此，江苏应继续提高旅游服务水平，以更好地和"一带一路"沿线国家加强旅游交流和合作，开拓更多沿线国家旅游市场。

表 8-6　中国和"一带一路"沿线样本国家旅游业发展情况　　　单位：%

国家	国际旅游收入占对外贸易出口比重 2013 年	2017 年	旅游服务占服务贸易出口比重 2013 年	2017 年
中国	2.19	1.34	25.11	18.24
新加坡	3.24	3.44	13.44	11.46
马来西亚	8.80	8.16	51.18	49.64
泰国	15.98	20.00	71.56	75.69
印度尼西亚	5.02	7.27	40.83	53.27
缅甸	7.93	16.69	35.79	52.41
柬埔寨	27.47	25.41	79.32	82.89
越南	5.08	3.91	—	—
菲律宾	8.25	9.64	20.11	20.07
沙特阿拉伯	2.24	6.19	67.66	69.10
以色列	6.67	7.33	16.35	15.31
阿联酋	5.31	11.50	46.05	45.90
土耳其	17.24	15.17	59.07	51.81
伊朗	—	—	—	—
印度	4.07	5.70	12.37	14.82
哈萨克斯坦	1.95	3.70	36.62	34.11
巴基斯坦	3.12	3.02	8.70	8.99
俄罗斯	3.41	3.64	17.35	15.76
蒙古国	5.27	6.79	28.75	41.06
波兰	5.12	4.91	25.42	21.74
捷克	4.84	4.44	29.40	25.52
匈牙利	5.76	6.84	23.89	23.18
希腊	23.92	26.86	43.47	44.13
罗马尼亚	2.69	3.41	8.97	10.85

资料来源：世界银行数据库。

（三）江苏与"一带一路"沿线国家公益性服务行业的比较

推进"一带一路"建设，离不开公益性服务行业的支持。所谓公益性服务行业，是指服务产品的生产和提供是根据非市场化运作进行的服务行业，服务的提供方可以是政府部门、社会机构，也可能是私营企业或个人行为。这里选取其中的文化服务、教育服务、科技服务、医疗卫生服务和司法服务作为代表，将江苏公益性服务与"一带一路"沿线国家进行比较分析。

1. 文化服务

"一带一路"沿线国家文化资源丰富，文化类别众多。"一带一路"沿线国家几乎集中了四种人类文明和上百种语言。"一带一路"沿线国家文化的特征，一方面说明文化服务具有很大发展空间；另一方面基于文化差异的复杂性和敏感性，也预示了文化服务发展面临较大的挑战。江苏要立足长远，在参与"一带一路"建设方面，既要和沿线国家开展商贸活动，也要注意积极开展文化交流和宣传，从而为促进我国与"一带一路"沿线国家的文化交流与民心相通作出江苏贡献。

2. 教育服务

从联合国和世界银行有关数据可以看到，在"一带一路"沿线国家中，不同国家的教育服务水平差距很大。例如，有的国家初等教育新生入学率接近100%，有的国家却存在大量没有受过正规教育的儿童。在中等和高等教育方面，"一带一路"沿线国家间差距更加明显。例如，哈萨克斯坦、柬埔寨、缅甸等国家普遍存在技能型人才短缺和国内人才供给不足等问题。江苏作为中国教育大省，教育服务优势明显。据《2018年江苏省国民经济和社会发展统计公报》数据显示，2018年江苏已有普通高校142所，普通高等教育招生62.74万人，在校生200.09万人，毕业生53.87万人；研究生教育招生6.91万人，在校生19.46万人，毕业生4.74万人；高等教育毛入学率达58.3%；高中阶段教育毛入学率达99%以上；江苏还有中等职业教育在校生62.6万人（不含技工学校）。因此，江苏和"一带一路"沿线国家的教育服务合作，增长潜力很大。

3. 科技服务

这里选取高科技产品出口额和高科技产品占制成品出口比重，作为评估一个国家科技服务发展水平的两个指标。一般认为，一个国家高科技产品出口规模越大，高科技产品占制成品出口比重越大，表示这个国家的科技服务水平越高。在高科技产品出口额指标方面，江苏工业实力和科技实力位于全国前列，2017年高科技产品出口额就达到1 380.1亿美元，增长18.2%。但是，在"一带一路"沿线国家中，大多数国家的高科技产品出口十分有限。例如，2017年缅甸高科技产品的出口额只有

0.05亿美元,蒙古国为0.22亿美元。在高科技产品占制成品出口比重指标方面,2017年我国高科技产品占制成品出口比重为23.81%,江苏更是高于30%,不过,在"一带一路"沿线国家中,大多数国家该比重非常低。例如,柬埔寨高科技产品占制成品出口的比重仅为0.42%,沙特阿拉伯为1.1%,伊朗为1.31%。因此,与大多数"一带一路"沿线国家相比,江苏科技服务具有较高竞争优势,具备较大发展空间。

4. 医疗卫生服务

当前,"一带一路"沿线国家的医疗卫生服务发展非常不平衡,以人口出生时的预期寿命为例(见图8-6),2017年,缅甸、柬埔寨、菲律宾、印度、巴基斯坦、蒙古国、印度尼西亚7个国家人口出生时的预期寿命都低于70岁,但是,新加坡、以色列人口出生时的预期寿命高于80岁。实际上,即使在沙特阿拉伯、波兰和匈牙利等国家,其肺结核治疗成功率也不足75%。江苏医疗卫生资源丰富、医疗卫生服务水平较高,并且具有医疗卫生国际合作实践经验。医疗卫生服务可作为江苏扩大和沿线国家服务业合作的重要领域。特别是,医疗卫生领域政治敏感度低、社会认可度高,所以,通过为沿线国家提供医疗卫生服务,更能有效扩大我国以及江苏在沿线国家的知名度和美誉度。

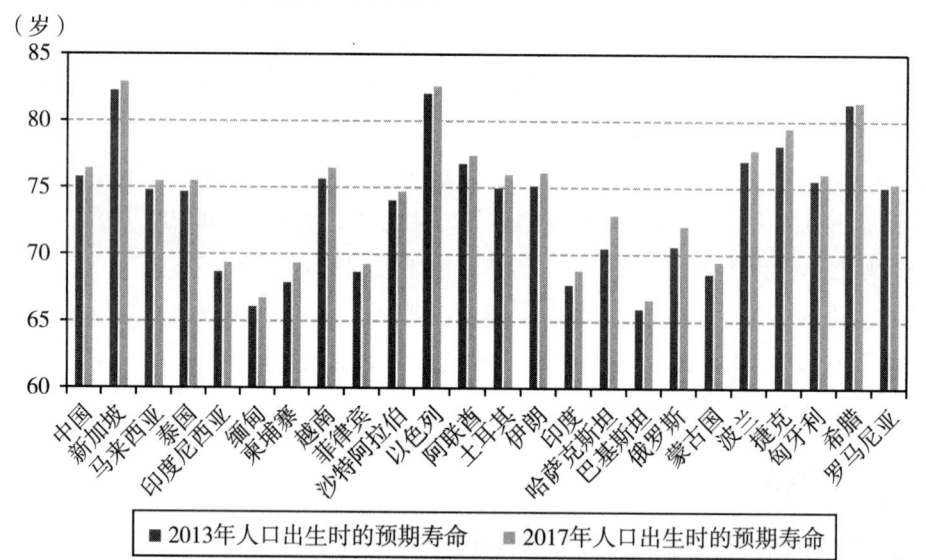

图8-6 中国和"一带一路"沿线样本国家的预期寿命情况
资料来源:世界银行数据库。

5. 司法服务

司法服务是减少"一带一路"建设法律风险的有效途径。目前,"一带一路"

沿线各国的司法体系差异性较大，司法服务的水平也有高有低。以各国履行合同所需时间为例（见图8-7），2017年新加坡履行合同平均所需时间最少，不到200天，说明新加坡司法服务效率较高；印度、缅甸、希腊等国履行合同时间超过1 100天，在一定程度上反映了这些国家的司法服务效率相对较低。我国2017年履行合同平均所需时间处于中间水平。为此，江苏一方面要进一步提高自身司法服务水平；另一方面考虑到不同国家司法服务的差异性，可以通过与有关国家加强司法合作，努力为江苏企业参与"一带一路"建设创造更好的司法服务环境。

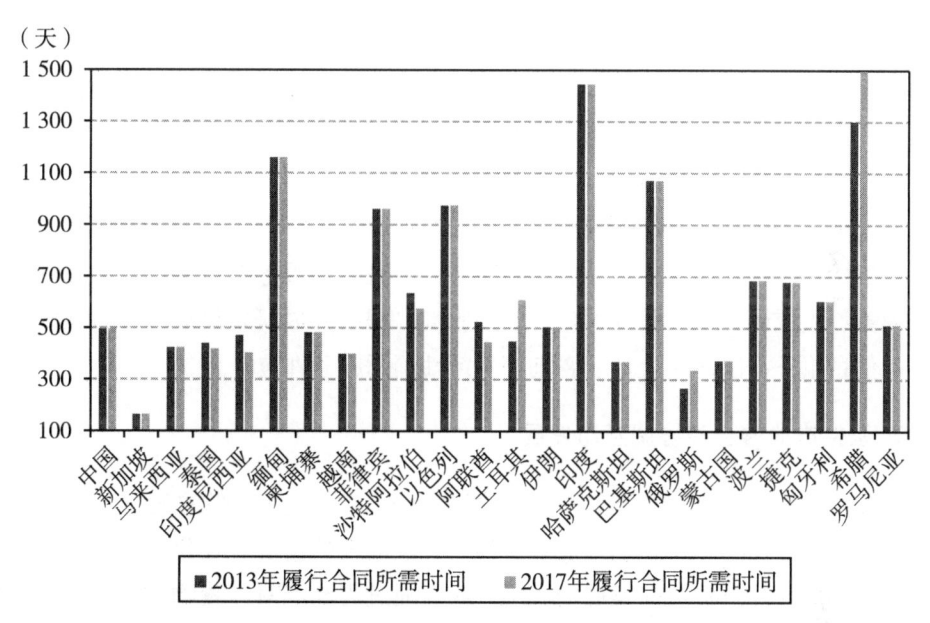

图8-7 中国和"一带一路"沿线样本国家履行合同所需时间
资料来源：世界银行数据库。

四、服务业助力"一带一路"交汇点建设的高质量发展途径

前面研究表明，服务业是共建"一带一路"的重要内容，左右着"一带一路"建设的质量和效益。江苏已经具有较好的服务业发展基础，同时在服务业助力"一带一路"发展方面取得了很多成就。进一步地，通过从服务业总体水平、市场化服务行业、公益性服务行业等不同视角的比较分析，发现江苏在助力"一带一路"建设方面还存在较大的发展潜力和增长空间。

江苏服务业助力"一带一路"建设的总体思路，是根据我国"一带一路"倡议的总体部署和发展理念，以服务业助力"一带一路"发展为主线，依据江苏服务业发展比较优势和"一带一路"沿线国家实际需求,抢抓机遇,通过进一步扩大服务业开放和提升服务业发展水平,不断增强和提升服务业在江苏参与"一带一路"建设中的地位和作用,进而促进江苏作为"一带一路"交汇点的全面高质量发展。

(一) 服务业助力"一带一路"交汇点高质量发展的原则

1. 坚持传承和创新发展

服务业行业种类繁多,进入国际市场方式也多种多样。同时,随着云计算、大数据、互联网和人工智能等现代信息技术的应用,服务业的发展形态、交易内容、交易方式都发生了深刻变革。因此,江苏一方面要通过提升运输、商贸、金融等传统服务行业的竞争力,不断扩大江苏服务业助力"一带一路"建设的范围;另一方面要通过全面贯彻创新驱动发展战略,不断探索服务业助力"一带一路"建设的新领域、新模式。要开拓文化贸易、会展旅游、中医药等服务新市场,大力发展跨境电子商务、供应链管理、服务外包等新型服务,积极开展研发设计、金融保险、计算机和信息服务、法律、会计、咨询等生产性国际服务外包等。

2. 坚持产业融合和协调互动发展

国际经验表明,货物贸易、国际投资和服务业之间有很强的发展互动性。因此,江苏要充分发挥自身在制造业和货物贸易发展上的优势,强化服务业与货物贸易、服务业与对外投资之间发展的联动效应,通过为江苏对外货物贸易、对外投资提供高质量服务,既促进江苏服务业特别是生产性服务业发展,又可解决和弥补江苏参与"一带一路"建设中存在的"短板"。服务业与制造业融合发展,是服务业未来发展的重要方向,也是制造业提升竞争力的必然要求。江苏要加快服务业与制造业的技术融合、业务融合、市场融合和管制融合,促进江苏制造业从以产品制造为核心,向创意孵化、研发设计、供应链管理、营销网络等产业链两端延伸。

3. 坚持结构优化和空间集聚发展

集聚发展是现代服务业发展的重要标志,结构优化是提高服务业效率和竞争力的重要途径。江苏服务业要遵循服务业集聚发展的基本规律,根据各地服务业发展的不同特点,努力提高知识型和技术型服务业比重,合理规划服务业助力"一带一路"建设的空间布局。其中,在境外重点市场选择上,江苏要重点开拓东南亚沿线服务市场,积极参与这些国家的基础设施建设,大力开拓工程设计、施工建设、运营维护等服务市场,并且加大与这些国家在旅游、文化、医疗保健、技术和知识产权、跨境电子商务等方面的国际合作。在中东欧市场，江苏服务业"走出去"的重点是要围绕国际产能合作项目需要，突出项目规划、设计咨询、系统集成、技术合作、检测维修等比较高端的生产性服务。在境外园区的选择上，江苏服务业应向江苏在"一带一路"沿线已有的国际产能合作区、国际经贸合作园区或大型项目所在地集聚，加大在沿线重点国家和地区的交通枢纽和节点城市服务平台建设。

（二）服务业助力"一带一路"交汇点高质量发展的思路

1. 扩大服务业对外开放，鼓励江苏服务企业"走出去"

江苏要继续深化服务领域改革，进一步放宽服务业市场准入，清除各类体制机制隐性障碍，鼓励国资、民资、外资共同促进服务业发展。要推广负面清单管理制度，积极利用江苏自贸区和南京、苏州作为服务贸易创新试点地区的政策优势，大力引进国外服务业优质要素资源以及先进理念、管理技术和知名品牌等。鼓励江苏服务企业积极开拓"一带一路"沿线市场，支持企业在境外设立研发服务中心、分销服务中心、物流和展示服务中心等。支持重点行业服务贸易出口，大力发展离岸服务外包。要支持江苏各类服务业企业通过新设、并购、合作等方式，开展境外投资合作。支持创建国际化营销网络和知名品牌，增加境外服务业的商业存在布点。要支持服务业企业通过多种形式，参与境外经贸合作区的投资、建设和管理。要依据企业规模、国际化程度、主营业务等，选拔和加大对参与"一带一路"建设的服务支点企业和领军企业的培育力度。

2. 发挥"一带一路"交汇点优势，加快完善有关政策制度安排

江苏要积极发挥"一带一路"交汇点的独特优势，加快发展国际物流运输服务、商贸流通服务、金融保险服务、会展服务、文化旅游服务等，积极打造区域性、全球性国际商贸中心。要积极推进服务业和服务贸易体制机制改革与创新，增加服务业优质要素资源投入，优化服务业政策供给，引导更多社会资源投向服务行业。要扩大和优化外商服务业投资规模与结构，整合各类现代服务业发展专项资金以及服务贸易创新基金，利用政府财税政策的宏观导向作用，提升现代服务业在整个服务业中的比重。要联合打造多层次、宽领域的服务平台，鼓励服务业内部不同行业的深度融合和协调发展，努力提高江苏在投融资管理、科技服务、法律服务、设计和咨询服务等领域的综合性、国际化服务水平。要加快综合性促进保障体系建设，建立和完善相关的专业协会服务功能，建立和完善江苏服务产品竞争规则与技术标准等。

3. 强化人文科教要素禀赋资源优势，全方位提升服务业参与"一带一路"建设能力

江苏和许多"一带一路"沿线国家具有深厚的历史友好渊源，在沿线国家不仅市场化服务行业具有较强竞争力，而且在公益性服务领域积累了丰富的实践经验和在当地的良好声誉。江苏要充分发挥这些资源优势，大力开展和"一带一路"沿线国家的人文交往、科技与教育合作。要通过支持南京大学筹建"一带一路"研究院等形式，加强江苏科教资源对江苏"一带一路"建设的支持力度。人才尤其是高端服务业人才，是江苏服务业发展和助力"一带一路"建设的第一要素资源。江苏要根据"一带一路"建设的需要，制定中长期人才培养发展规划。通过政府、院校与民间机构的协作，创新服务业和服务贸易人才培养模式，共同搭建"一带一路"国际化人才培养和发展平台。要按照"一带一路"沿线国家的具体国情，注意人才的本土化培养和开发。加大服务业人才的引资引智力度，完善人才自由流动机制，落实好各种针对高端服务业人才的补贴和奖励措施，包括在住房、医疗、子女教育等方面的具体优惠措施。增强江苏在集聚全球服务业高端人才上的竞争力，努力为外籍高端人才在江苏的永久居留、工作提供便利。

（三）服务业助力"一带一路"交汇点高质量发展的对策

1. 遵循现代服务业发展规律，高标准制定服务业发展规划

江苏要打破以往服务业"区域分割""部门分割"的传统发展模式，根据"一带一路"交汇点建设目标和现代服务业发展特点，在更高标准和更高层次上，科学统筹和合理规划江苏服务业发展。要反映服务业创新发展和开放发展新趋势，改革和创新服务业发展领导工作机制，加强顶层设计和引领，加强与其他省份的协调和共同发展。基于江苏"一带一路"交汇点的特殊地位，江苏服务业不仅要满足海上丝绸之路与陆上丝绸之路沿线发展需要，而且要满足"连接南北、沟通东西"的要求，充分体现地处长江经济带、长三角区域一体化发展等多个国家战略重叠于江苏的特征。

2. 突出重点消除"短板"，加快构建世界一流现代立体交通网络

江苏要合理调配资源，按照"优势互补、一体联动、合作共赢"的发展理念，加快构筑以南京、无锡—苏州、徐州—连云港为中心的三大区域性服务业发展高地，以及沿江、沿海、沿东陇海和沿运河四大服务业发展带，并且在此基础上带动江苏全境服务业更快发展。为了更好地发挥连云港在"一带一路"倡议中的支点作用,江苏要尽快构建贯穿全省南北的现代交通物流服务网络,完善有关公路、铁路基础设施,建立更加通畅、便捷、高效的江苏现代物流体系。要加强新亚欧大陆桥与南北向的国家级沿海通道、京沪通道的铁路沟通,推进沿海重要港口建设,进一步提升港口综合功能;要发挥江苏沿江港口群江海交汇的区位优势,提升江海联运枢纽的竞争力。要加快推进空港建设,推进区域机场协调发展;着力构建内河航道网络,通过提高陆海联运、江海联运水平等,进一步增强江苏"一带一路"交汇点功能。

3. 提高"一带一路"核心区和支点城市的现代化与国际化水平

"一带一路"核心区和支点城市的服务功能以及现代化、国际化水平,在江苏"一带一路"交汇点建设中起着引领和示范作用。从国际经验上看,能够在"一带一路"倡议这种发展战略中起支点作用的城市,都是现代化和国际化程度高、综合服务能力强的现代化大都市。江苏要进一步加大对"一带一路"核心区和支点城市的发展支持力度,进一步强化"一带一路"支点的城市功能,通过对核心区和支点城市进行前瞻性与大规模的基础设施建设,大幅度提高支点城市与世界主要枢纽城市的通达性。要以江苏"自贸区"建设为契机,增强江苏"一带一路"核心区和支点城市的影响力与知名度。要以申报金融改革创新示范区为契机,努力在江苏打造"一带一路"国际金融合作平台和创新试点平台。要依托现有各类国际经贸产业合作洽谈会、博览会等,精心打造品牌影响度大、区域特色鲜明的江苏服务业发展宣传推广平台;以支点城市为载体,全面推进与"一带一路"沿线国家在教育、文化、医疗、体育、旅游等领域的全面合作。

4. 加强服务业知识产权保护,打造世界一流服务业发展环境

江苏要充分利用"一带一路"、长三角区域一体化发展、长江经济带等国家战略带来的政策红利,进一步优化服务业发展环境。要通过建立公开、平等、规范的行业监管制度,进一步完善江苏服务市场竞争秩序。要大力保护服务业自主创新和知识产权成果,鼓励金融机构开发适合服务业特点的金融产品。要建立服务业重点领域企业信贷风险补偿机制,更好地发挥专业协会作用,努力减轻服务企业负担。要全面落实各种涉及服务行业的收费减免政策,鼓励保险机构为服务企业提供针对性保险产品和"一揽子"服务方案。要推进服务业绿色化发展,及时推广复制"自贸区"和服务贸易创新试点的改革经验,通过建立更加完善的海关监管、检验检疫、退税、跨境支付、物流快递等,为江苏服务业助力"一带一路"建设创造更好的发展环境。

参考文献

[1]《高质量推进"一带一路"交汇点建设的意见》,新华网,2019年6月20日。

[2] 国家推进"一带一路"建设工作领导小组办公室:《共建"一带一路"倡议:进展、贡献与展望》,新华网,2019年4月22日。

[3] 洪银兴:《全面深化改革》,江苏人民出版社2015年版。

[4] 黄繁华、洪银兴等:《制造业基地发展现代服务业的路径》,南京大学出版社2010年版。

[5] 黄繁华、王晶晶:《服务业FDI、吸收能力与国际R&D溢出效应——一项跨国经验研究》,载于《国际贸易问题》2014年第5期。

[6] 江苏省商务厅:《2018江苏服务贸易发展研究报告》,江苏凤凰科学技术出版社2018年版。

[7] 姜悦、黄繁华:《服务业开放提高了我国出口国内附加值吗——理论与经验证据》,载于《财贸经济》2018年第5期。

[8] 刘志彪、黄繁华等:《供给侧结构性改革:长三角地区的探索和实践》,中国人民大学出版社2018年版。

第九章

"一带一路"交汇点建设与自贸区的制度创新

自贸区是"一带一路"交汇点建设的重要抓手,自贸区以制度创新为核心,从政策、贸易、设施、资金、文旅等方面全方位落实"一带一路"的合作重点。2015年12月,国务院发布《关于加快实施自由贸易区战略的若干意见》,提出自由贸易区发展应当同我国当前的"一带一路"顶层设计相结合,根据"一带一路"沿线经济体的建设与发展推进自贸区的建设。"十三五"规划中也强调了自贸区建设要同"一带一路"倡议相结合,自贸区与"一带一路"建设都是我国新时期构建全方位对外开放新格局的重要内容,二者之间存在高度的协同性。自贸区制度创新是要突破我国原有体制上的壁垒与顽疾,构建符合国际化和法制化的开放型经济新体制,通过不断完善法制化、国际化、便利化的营商环境和公平、统一、高效的市场环境,建设成为投资贸易自由、规则开放透明、监管公平高效、营商环境便利的制度高地。如何将总体改革目标与服务"一带一路"建设相结合,将自贸区打造成为推动市场主体"走出去"的桥头堡,为中国的开放型经济提供先进的制度储备,对于"一带一路"交汇点建设具有重大战略意义。

一、"一带一路"交汇点建设与自贸区战略联动发展关系

当前,中国处于对内深化改革、对外扩大开放的战略机遇期,自由贸易试验区是我国深化改革和扩大开放的载体,在服务"一带一路"建设中发挥着重要的作用。自贸区与"一带一路"建设之间具有目与纲的支撑与

引领关系,"一带一路"建设统领自贸区的发展,自贸区建设服务于"一带一路"建设。2019年4月,习近平在第二届"一带一路"国际合作高峰论坛开幕式上发表的主旨演讲中指出,中国将采取一系列重大改革开放举措,加强制度性、结构性安排,促进更高水平对外开放,包括将新布局一批自由贸易试验区。2019年8月2日,国务院印发了《中国6个自由贸易试验区总体方案通知》,江苏自由贸易试验区获国务院正式批复同意设立。当前,自贸试验区建设横贯东西南北、联动各大区域,带动形成更高层次改革开放新格局。习近平提出要把上海自贸试验区建设为服务国家"一带一路"建设、推动市场主体走出去的桥头堡,国家明确支持福建建设21世纪海上丝绸之路核心区,陕西、重庆、河南等第三批自贸区省份明确提出将自贸区发展与"一带一路"建设相结合,在江苏自贸区方案中,连云港作为全国首批沿海开放城市和新亚欧大陆桥东方桥头堡,将着力打造亚欧重要国际交通枢纽、集聚优质要素的开放门户和"一带一路"交汇点建设的重要支点。每个自贸试验区都结合自身的实际情况和优势,有针对性地提出了服务于"一带一路"建设的试验任务。

"一带一路"倡议为我国提供了一个包容、开放的对外发展平台,使我国快速发展的经济能同"一带一路"沿线国家的利益结合起来,形成共商、共建、共享的良好合作关系,实现互利共赢;而加快实施自贸区战略,则是全面深化改革、构建开放型经济新体制的必然选择,也是我国积极运筹对外关系、实现对外战略目标的重要手段。"一带一路"倡导"政策沟通、设施联通、贸易畅通、资金融通、民心相通",侧重以基础设施为先导,促进沿线经济体互联互通;自贸区提倡"投资自由化、贸易市场化、金融国际化、行政法治化",旨在营造市场化、国际化的营商环境,提高对外开放水平。因此,加强彼此间的有机对接和战略联动,将会为我国新一轮对外开放提供有力的支撑。

(一)"一带一路"交汇点载体建设与自贸区的"五通"功能

"一带一路"的重点与核心始终是贸易。而对外贸易的有效发展依赖于各种经济资源快速、有效的流动,实际上,资源的流动又依赖于政策与贸易的沟通,如以下措施均可实现资源的有效流动:消除贸易壁垒;改善口岸通关条件;降低通关成本;提升通关能力;创造良好的营商环境。

对于"一带一路"倡议来说,"政策沟通"和"贸易畅通"始终是核心内容。2015年3月,国家发展改革委、外交部、商务部联合发布《推动共建丝绸之路经济带和21世纪海上丝绸之路的愿景与行动》,所提出的"政策沟通、设施联通、贸易畅通、资金融通、民心相通"的"五通"建议,是"一带一路"建设的核心内容。

其中，政策沟通实际上是政府间工作事务的沟通，它需要政府对经济发展战略和对策进行积极的交流和沟通，对合作协商中出现的问题进行充分沟通，以制定全方位的宏观经济政策调节机制。"一带一路"倡议十分重视与已有制度的对接，试图提供一种适用于所有参与国家的制度，并以此协调和拉动整个区域和沿线国家的经济发展水平，此经验也可以给国际社会提供一种全新的合作交流模式。自贸区的制度创新，可以通过政策沟通创造出这样一种合作与发展模式，即在充分考虑各国发展需求和舒适度的基础上，最大限度地结合各国具体比较优势。

而贸易制度对接情况直接影响"政策沟通"和"贸易畅通"。一国与其他国家之间的贸易便利化程度虽然在很大程度上是由对外贸易环境决定，但绝不是唯一要素，两国之间的贸易制度对接情况不同，会导致"政策沟通"和"贸易畅通"程度出现巨大差别。另外，在当下两国之间的对外贸易中，双方除了会考虑生产成本，两者之间的交易成本也是不可忽视的重要因素之一，而且两国间贸易往来的交易成本可以在很大程度上由于制度创新而减少，进而增加贸易和投资往来的可能性。毋庸置疑的是，制度创新过程必然不会一帆风顺，因为各国之间有些制度在短期之内会出现无法完全接轨的现象，此时应当降低合作标准，尽可能地寻求共同基础以达成合作的共识，然后在合作的过程中再逐步提高合作标准与程度，循序渐进地加大对接力度。

"政策沟通"和"贸易畅通"又与贸易投资便利化息息相关，贸易投资便利化可以促进高水平对外开放。投资便利化被定义为：政府制定可以促进资本合理分配的政策、法规等以调整机制结构和完善运行机制，转变政府职能，其目的是使政府对投资管理的职能和方式与社会主义市场经济体制及经济全球化发展的客观要求接轨。投资便利化包括以下内容：促进资本流动；拓展投资者权限；减少"紊乱成本"以提高行政效率和减少腐败行为；提供技术支持与投资信息服务；提供融资便利活动及国际投资政策协调等。

在自贸区建设的过程中，试图通过一系列措施促进贸易投资的便利化，实现高水平对外开放格局。首先，自贸区在发展过程中尤其要注意技术性贸易壁垒对经济发展的影响。具体而言，在开放过程中，中国企业时常由于不了解、不熟悉甚至达不到当地市场对产品的质量要求而在"走出去"的过程中遭受重大损失。例如，上海自贸区开创性地设立"一带一路"技术贸易措施企业服务中心来监督企业的产品质量，同时该服务中心也可以给"走出去"企业提供更加专业的技术支持，以此来打造互联互通、监管合作的新模式。这一方式给其他地区提供了成功经验，我国很多"走出去"企业借助该服务中心在国际市场找准了自己的定位，并以此为突破口试图开拓更多的国际市场份额。其次，不断扩大的自贸区范围催生了多领域、多层次以及全方位的战略部署。仍旧以上海自贸区为例,上海从最初的自由贸易实验区逐步扩大设立范围,其范围涉及投资、贸易等方面,除此之外,政府也尤其注意自贸区金融方面的改革。可以说,上海自贸区的成功经验带动了很多其他地区的建设与发展,各自贸区在相互合作、相互帮助的过程中也能找到其自身的比较优势。自贸区的金融改革开放还进一步推动了与"一带一路"沿线国家的资金融通,2017年6月我国A股正式被纳入MSCI新兴市场指数这一事件标志着金融市场的对外开放向外迈出了实质性的一步。"一带一路"与自贸区建设的成功经验表明,支持金融方面的改革是有例可循的,改善金融市场可以加快我国经济改革,同时降低经济改革带来的风险,在平稳中谋求经济发展。

(二)"一带一路"交汇点功能建设与自贸区制度创新

制度创新一般被定义为变革现存制度从而增加制度所有者或受益者的额外收益的活动。影响制度创新的因素包括变革生产技术、市场需求规模的变化以及鉴于此变化引致的社会利益集团和个人对未来预期收益的变化。

制度创新是自贸区经济发展的核心。众所周知,自贸区制度体系需要同时适用于参与自贸区贸易的国家和地区,而不仅仅是本国的制度体系,因此在自贸区构建中,制度创新是所有创新中最难和最有风险的;但与此同时,制度创新又是自贸区经济发展的核心,社会生产力的不断发展、产业结构的不断优化升级,甚至人们在平时的生产生活中结成的相互关系,都得依赖制度创新进而引领经济发展。科技固然对于生产力的发展起着不可替代的重要支撑作用,但最根本和影响最彻底的因素应当归根于制度,原因在于制度可以从很大层面上影响与产品生产、流通、销售等相关的各种因素。

制度创新促进经济协调发展。社会主义市场经济体制在我国改革开放历程中已逐步完善,在当今的经济新常态下,通过制度创新来满足自贸区特殊的、别具一格的发展要求,不仅可以很大程度上合理布局自贸区产业结构,促进自贸区本身经济发展;同时也能缩小、改善地区差异,提高经济发展的质量与层次,实现我国经济的协调发展。就市场经济本身性质来说,市场经济以市场为导向,因此国家宏观调控只能引导市场的发展方向,而市场成熟则要倚靠市场自身的努力。实际上,自贸区发展战略所涉及的区域经济发展并不均衡,人才分布与资源分布也均不均衡,更重要的是,各区域之间的贸易规则也并不完全相同,因此若想实施公平协调的贸易合作,制度创新就显得尤为重要。就自贸区本身特点及其发展模式来看,制度创新能够使自贸区制度与参与自贸区贸易的其他国家和地区的规则接轨,以这种方式使

第九章 "一带一路"交汇点建设与自贸区的制度创新

得贸易、投资便利化,从而吸引外商;相反,如果不进行制度创新,那么自贸区贸易与本国其他地区贸易似乎并没有不同,最终会导致自贸区的设立失去其本身的意义,即形同虚设。

制度创新吸引更多外资企业进入自贸区。自贸区对全部商品实施全部或者部分免税,这一制度创新使得自贸区与区外其他区域比起来有着独特的优势,即便利的贸易、自由的投资、宽松的市场准入、先进的监管模式,自贸区凭借自身得天独厚的优势在国际贸易往来中占据了令人不可忽视的重要席位。良好的法制营商环境,再结合政府大力支持,可以让自贸区的制度红利更好、更快地被"一带一路"沿线国家所知晓,从而吸引更多"一带一路"沿线国家的企业参与自贸区贸易,为中国以及"一带一路"沿线国家本身的未来发展创造和提供广阔的市场空间、注入新鲜的活力。

制度创新可以促进各经济要素更快流动。对于市场经济来说,市场主体必然是最基本的经济要素,在自贸区制度创新过程中,要积极调动市场主体参与"一带一路"建设的主观能动性,自贸区与"一带一路"倡议的高效对接很大程度上依赖市场主体之间要素的自由分配与各主体之间的贸易往来。现实中,"一带一路"沿线国家存在这样一个现象,即这些国家大多数为发展中国家或者新兴经济体,不高的发展水平和较弱的经济实力使得它们无法参与激烈的国际市场竞争,而"一带一路"倡议从参与市场的成本、竞争风险,甚至贸易利润等方面均给"一带一路"沿线国家提供了巨大的吸引力和制度福利,当然,在为其他国家企业提供便利的同时,自贸区内的中国企业也因此收获了潜在的贸易对象和巨大的市场空间。自贸区内的中国企业可以借助制度创新的优势不断开拓"一带一路"沿线市场,与沿线国家企业之间构建更多的贸易合作,长此以往,中国在"一带一路"沿线国家中的影响力和话语权也会得到提升,与此同时,以制度创新为契机可以吸引更多的沿线国家参与自贸区贸易。总而言之,自贸区在注意"引进来"的同时也要注意"走出去",两者的有机结合,不仅能够提升沿线各国的经济利益,也能给自贸区内的中国企业注入新鲜活力和提供广阔市场。

总而言之,要想实现自贸区的科学发展就必须突破一切制度壁垒,激发创新精神与活力。实际上,我国政府在自贸区成立后从来没有停止对自贸区的管理制度进行创新与改革的步伐,"先试先行"战略能够给"一带一路"倡议提供坚实的基础,与此同时,也能够给"一带一路"倡议提供制度创新与实践的机会和平台。随着对外开放格局的不断扩大,我国与"一带一路"沿线国家之间的交流和贸易往来也不断深入,自贸区的制度创新可以促使我国更快更好地融入国际贸易中,实现产业等的转型升级,给"一带一路"倡议提供了良好的政策与贸易环境,进而从贸易与投资的自由化、便利化程度等方面给"一带一路"沿线各国企业参与中国市场提供方便,这种绝佳的贸易机会吸引了越来越多的沿线国家加入"一带一路"倡议。更深层次来说,中国自贸区与"一带一路"倡议的良好互动可以推动区域经济尽快实现一体化和自由化,进一步促进多边开放体系的发展。

(三)"一带一路"交汇点格局建设与自贸区开放新格局

自贸区建设与"一带一路"倡议是当下我国构建全方位对外开放新格局的重要内容。两者的共同主题都是扩大对外开放,因此将自贸区建设与"一带一路"倡议有机融合起来,可以丰富并扩充我国对外开放的内涵,促进我国与其他国家之间的人文交流和战略互信,打造我国对外开放的新格局。

开放是自贸区建设与"一带一路"建设的共同主题。"一带一路"建设是新时期我国对外开放和经济外交的顶层设计,它以共商、共建、共享作为基本原则,以和平合作、开放包容、互学互鉴、互利共赢的丝绸之路精神为指导方针,在依托各种区域合作平台的基础上,辅之以各种合作机制,将打造与沿线国家和地区之间积极的经济合作伙伴关系作为根本目标。自由贸易区被定义为一国在关境以外的港内或者区内特别划出且建立在港口或者附近地区,可自由进行如制造、存储、转运和贸易等活动,并可对进出口关税实行全部或部分免征的区域。加快实施自贸区战略是我国新一轮对外开放的重要内容,自贸区是我国新一轮扩大开放的重要平台和载体。从上述分析也可以看出,自贸区建设与"一带一路"建设的共同主题是开放,两者的有机结合和相互促进可以打开对外开放的新格局。

"一带一路"建设统领"自贸区"发展。实际上,"一带一路"沿线国家和地区是自贸区战略的布局重点,"一带一路"建设的内容是自贸区根据自身发展现状、前景以及国内特点个性化定制的。具体来说,"一带一路"建设在战略布局和发展方向上引领自贸区发展。从战略布局来看,"一带一路"建设的主要工作就是与沿线国家和地区共商共建自贸区,为沿线国家和地区创建良好的营商环境。从自贸区角度来看,应该首先立足周边,结合"一带一路"建设形成辐射"一带一路"的整体布局,通过与"一带一路"沿线国家形成自贸区进而形成自由贸易网络,从而打造出畅通的、商贸的和开放的"一带一路"大市场。从发展层面来看,在"一带一路"建设过程中,中国需要充分考虑并最大限度地发挥比较优势,搭建多层次多领域的开放平台和载体,用更加主动的开放战略提升开放型经济发展水平。

自贸区助力"一带一路"建设加快推进。自贸区的建设为区域内各国和地区搭建了合作平台,同时也使我国与沿线国家和地区之间的经济联系得以加强。加快实施自贸区战略是我国适应经济全球化新趋势的客观要求,同时也是我国全面深化改革、构建开放型经济新体制的必然选择，可以促使我国积极发展对外关系，尽快实现对外战略目标。当前，"一带一路"沿线国家和地区已成为我国自贸区战略实施的重点区域，自贸区正在助力"一带一路"建设加快推进。可以说，自贸区建设推动了中国与"一带一路"沿线国家和地区之间的自由贸易关系，使构建高标准的自贸区网络成为可能，推动了区域经济一体化的形成与发展。自贸区建设催生了我国与"一带一路"沿线国家和地区之间更加紧密的经济联系、更加便利的贸易往来、更加融合的利益互助，以及更加深入的政治互信。这在很大程度上解决了投资贸易便利化问题，同时也降低甚至在一定程度上消除了投资和贸易壁垒，为区域内各国和地区营造了优质的营商环境，提供了广阔的平台。更为重要的是，"一带一路"这种合作模式也为完善其他国家和地区的合作机制提供了成功的可复制的经验。

这种联动发展不仅促进了自贸区和"一带一路"建设，更为重要的是，打造了开放的新格局。以上海自贸区为例，上海自贸区设立的最初目的是与跨太平洋伙伴关系协定（TPP）、跨大西洋贸易与投资伙伴协议（TTIP）、诸（多）边服务业协议（PSA）等世界经济规则中的基本准入规则相接轨。目前，上海自贸区内的国际贸易规则已经达到了较高标准，甚至超越了"一带一路"沿线国家的制度要求，如国民待遇原则、负面清单制度、快速通关制度等基本可以适应"一带一路"沿线国家现行规则。鉴于"一带一路"沿线国家贸易规则、制度以及经济发展水平均不一致，因此在实现制度对接时应当有层次、分重点地开展相关工作。从自由贸易协定层面来说，"一带一路"沿线国家和地区可以分为东亚、南亚、西亚北非、独联体和中东欧等几个区块。综合考虑自由贸易协定数量、自由开放水平、外向性程度、战略重要性，可知东亚拥有最高的总体发展水平、最有潜力的市场、最好的发展前景和最深远的战略意义，因此可以对东亚采用最高标准的贸易准则；其后依次是中东欧、独联体、南亚、西亚北非。自贸区的制度创新并没有局限于某一个方面，而是在文化交流、经济合作、人口等多个领域全面展开，多层次、多角度地寻找制度对接点。自贸区建设与"一带一路"倡议的相互作用，必将促进亚太经济朝着自由化发展方向不断迈进。

二、长三角地区自贸区对接"一带一路"建设的实践

（一）上海自贸区对接"一带一路"建设的实践

设立自贸区的构想最早可以追溯到改革开放初期，但囿于当时的经济体制一直没有实施，直至1990年9月8日全国第一个保税区上海外高桥保税区正式批准设立，自

贸区的构想才得以实践。自此，全国各地各类保税区如雨后春笋般相继冒出。作为上海国际贸易中心核心区的浦东，其2009年外贸进出口总额约占上海市总额的50%。同年，评审委员会对中国生产力促进中心协会起草的《关于中国在浦东建立自由贸易区设想》给予了高度评价，并将其上报给国务院。2013年9月29日，中国首个自由贸易试验区——上海自由贸易区揭牌成立，涵盖外高桥保税区、外高桥保税物流园区、洋山保税港区和上海浦东机场综合保税区四个海关特殊监管区域，总面积28.78平方公里。2015年4月，上海自贸区范围扩展到陆家嘴金融片区、金桥开发片区和张江高科技片区，总面积达120.72平方公里。上海市在40多年的改革开放历程中始终走在前列，进入新时代后，上海市同样充当着自贸区建设的先锋。

从上海自贸区设立之初到现在，制度创新这一核心从来没有动摇过。上海自贸区将目光聚焦于投资、贸易、金融创新和政府职能转变等领域，不断探索并试图建立与国际通行规则相接轨的制度体系，实现了我国在全方位、多领域构建开放型经济新体制的"零"的创新和突破。投资管理体制以负面清单管理为核心。上海自贸区于2013年9月发布了全国首张包含190项内容的外商投资负面清单，2017年和2018年该负面清单分别被缩减至95项和45项。2018年10月，上海自贸区又发布了全国首份包含13个门类、31个行业，总计159项特别管理措施的服务贸易领域的负面清单。为了与外商投资负面清单接轨，商事登记制度也先后利用先照后证、注册资本认缴制、多证合一、集中注册、简易注销等准入环节进行连续不断的深化改革，并且在改革过程中注意突出市场投资主体的地位。除此之外，上海自贸区还实施了贸易监管体系以实现贸易便利化。积极探索国际贸易"单一窗口"改革，努力推进关键合作以实现"三自一重"①，实施了很多诸如"一线放开、二线高效管住""先入区、后申报""批次进出、集中申报""十检十放"等创新制度，这些创新型改革给全国通关一体化提供了诸多成功的且可复制的经验和案例。另外，上海自贸区还进行了金融制度改革和监管制度的创新。

上海自贸区自建立以来在制度创新方面做了大量工作，下面首先用数据从特征事实方面阐释上海自贸区近几年在制度创新方面所做的工作，然后再举几个实际案例以助于更好地理解上海自贸区所做的工作。

第一个实例是"三区一堡"② 全面推进。上海自贸区自成立以来，坚定不移地以"三区一堡"为目标要求，先后推行了在投资、贸易、金融和事中事后监管等领

---

① "三自一重"是指自主报税、自助通关、自动审核、重点稽核。
② "三区一堡"中的"三区"分别为建设开放和创新融为一体的综合改革试验区、建设开放型经济体系的风险压力测试区以及打造提升政府治理能力的先行区。"一堡"则是要将自贸区构建为服务国家"一带一路"建设、推动市场主体走出去的桥头堡。

第九章 "一带一路"交汇点建设与自贸区的制度创新

域 1.0 版、2.0 版、3.0 版三个总体方案，试图在投资、贸易、金融和事中事后监管等领域开展制度创新，打造一个法制化、国际化和便利化的营商环境，用制度发展和改革促进经济发展甚至实现转型升级。

用制度创新和改革来促进经济发展甚至实现其转型升级。其一，外商投资负面清单在不断的修订完善下，由最初的 190 条削减到 45 条，且全国其他自贸区和近 400 个国家级开发区均在适用和推广负面清单管理制度，这一制度使得准入前国民待遇在约 90% 的国民经济行业得以实现。其二，服务"一带一路"建设的桥头堡作用逐步发挥，截至 2018 年，浦东新区企业总计投资额达 46.8 亿元的约 200 个项目在新加坡、捷克等 30 个"一带一路"沿线国家得以落地实施。其三，不断完善的贸易体系使上海自贸区进出境时间较全关水平分别降低 78.5% 和 31.7%，物流成本也降低了 10%，进出口通关无纸化率达 95.6%。23 个口岸和贸易监管部门均被 3.0 版上海"国际贸易"单一窗口所覆盖，且单一窗口办理了 100% 的口岸货物申报和船舶申报。企业申报数据项在船舶申报环节和货物申报环节分别减少 65% 和 24%，总的来说为企业减少超过 20 亿元的成本。其四，金融市场体制逐渐完善。本外币由于自由贸易账户功能不断拓展而实现一体化管理，成为许多重要金融改革如境外融资、结售汇便利化的基础。截至 2018 年底，已开立 13.6 万个 FT 账户，全年跨境人民币结算总额比上年增长了 83.9%，达到 25 518.88 亿元；跨境双向人民币资金池收支总额比上年增长 1.8 倍，达到了 4 826 亿元。[①]

第二个实例是上海自贸试验区 3.0 版方案完成情况。截至 2018 年，上海自贸区 3.0 版方案中明确进行重点改革的 98 项任务中有 96 项已经全部完成，基本实现了 3 年任务 2 年完成的重大成就，而且各项任务指标均达到预期目标。具体数据为：2018 年上海自贸区规模以上工业总产值达 4 965 亿元，此数值在浦东新区和上海全市中所占比例分别为 48.2% 和 14.3%。外贸进出口总额为 1.46 万亿元，此数值在浦东新区和上海全市中所占比例为 70.9% 和 42.8%。社会投资方面也成效显著，截至 2018 年新设企业数达 5.88 万户，其中单从 2018 年来看，共有 7 200 户新设企业，整个上海自贸区内的企业共有 8.85 万户，占浦东新区的 31.1%。外商投资也较为活跃，单从 2018 年来看，新设 1 300 户外资企业，在自贸试验区的占比由试验区成立前的 5.2% 上升至 2018 年的 18.2%。[②] 除此之外，新动能在上海自贸区各片区的发展也不断加快：2018 年保税区新认定的包括 10 家跨国地区总部、

[①] 上海市商务委员会：《上海对外投资合作（2019）年度发展报告发布》，中华人民共和国商务部官网，2019 年 6 月 25 日。

[②] 《上海自贸区新片区，令人遐想"特区"》，载于《新民晚报》2019 年 3 月 4 日。

27家营运总部、2家高成长型总部等在内的250多家各类总部企业，其营业收入在保税区经济总量中所占比例超过50%，相比上年增长8%。陆家嘴片区以独特的地理环境和经济优势聚集了国际知名金融机构51家、资产管理机构69家、跨国公司地区总部99家，以及全球规模排名前10位的资管机构9家、外资独资资管公司14家。张江片区吸引了163家外资研发中心、900家高新技术企业。金桥片区工业产值经济密度达每平方公里约200亿元，其中现代汽车、智能制造产业产值均占上海市的25%。[①] 在建设方面，上海自贸区"三区一堡"的表现也不俗：综合改革试验区建设取得新进展，风险压力测试区建设稳步深化，政府治理能力的先行区也已经初步形成，更为重要的是，其服务国家"一带一路"倡议方面也收效显著。

第三个实例是上海自贸区对接"一带一路"的具体经验。2017年3月国务院印发《全面深化中国（上海）自由贸易试验区改革开放方案》，提出：希冀上海自贸区能创新合作发展模式，发挥其作为服务国家"一带一路"建设、推动市场主体走出去的"桥头堡"作用，相应提出措施以建立"一带一路"技术贸易措施企业服务中心。为响应这一号召，上海采取的第一项措施是打破技术贸易壁垒。上海自贸区在国家市场监督管理总局的支持下，设立了"一带一"路技术贸易措施企业服务中心（以下简称"服务中心"），这项措施旨在探索互联互通监管合作新模式，全面落实《全面深化中国（上海）自由贸易试验区改革开放方案》，从认证认可、标准计量等多角度开展多边合作交流；与此同时，质检部门试图从深化改革和简政放权角度采取一些创新措施来支持上海自贸区建设，服务"一带一路"倡议。服务中心主要职能如下：其一，研究并试图应用"一带一路"沿线国家和地区的贸易便利化、互认机制、标准化体系以及溯源机制；其二，对"一带一路"沿线国家和地区的风险安全提供监测和第三方质量安全评估报告并将结果告知相关组织机构；其三，通过建立第三方企业质量安全、信用等级评级中心对沿线国家和地区的企业进行评级，为"一带一路"合格贸易商计划提供基础和保障；其四，为实现"一带一路"沿线国家和地区之间更好的沟通与交流，在口岸措施、通关程序、技术法规、产品标准、优惠原产地规则等方面设立了技术贸易措施民间联络点；其五，为给"一带一路"沿线国家和地区提供更方便的服务，专门给那些检测检验和认证认可等比较薄弱的国家提供民间咨询渠道。

实际上，国家市场监督管理总局在很多方面给企业服务中心提供了帮助和指导。例如，建立公共信息服务平台，专门搜集、编译和分析"一带一路"沿线国家和地区的口岸措施、通关程序、技术法规、产品标准、优惠原产地规则等相关信

---

① 《上海高质量发展调研行 | 自贸区要在提高经济密度上继续下功夫》，澎湃新闻，2019年4月10日。

息。毋庸置疑，中国企业的产品在进入"一带一路"沿线国家和地区贸易市场的过程中，其面临的技术标准和法律法规与本国必然并不完全一样。尽管在当前的国际市场贸易中，关税壁垒比较少甚至可以说逐渐消失不见，但诸多国家仍然会用技术性贸易壁垒阻碍商品在国际贸易中的自由流通。鉴于此，上海自贸区建立"一带一路"技术贸易措施企业服务中心的目的，就是有效检测相关产品的质量风险，帮助中国企业的产品更好地达到别国产品的技术要求，促进中国企业更快更好地了解"一带一路"沿线的贸易市场，从而加快中国企业"走出去"的步伐。

上海自贸区自建立以来，在很多方面都开展了创新性的措施，在"引进来"和"走出去"两方面均做了大量的工作，源源不断地给"一带一路"倡议注入了新的活力。目前，"一带一路"沿线国家和地区在上海自贸区设立了包括批发贸易、金融租赁、商务服务、科学研究等各个领域的外资企业，如自贸区扩区后首个中外合作医疗机构上海和睦家新城医院、《中华人民共和国政府和格鲁吉亚政府自由贸易协定》签署后的首个项目格鲁吉亚葡萄酒展示中心、自贸区扩区后第一家独资国际船舶管理公司上海兰京船舶管理有限公司等。在对外投资方面，上海自贸区与"一带一路"沿线国家和地区也进行了积极合作。总的来说，这些投资有以下四个特点：其一，50%以上的境外投资均来源于兄弟省份，这同时凸显了上海自贸区服务全国的平台效应；其二，像锦江集团、上汽集团以及光明集团这类大型国有企业加快了"走出去"的步伐，总体来看，工程装备、食品以及高科技等实体领域"走出去"的大型国有企业比较多；其三，一些知名的股权投资企业如民生集团、高盛集团等在上海自贸区设立了境外股权投资基金，加快在上海自贸区的集聚；其四，境外投资的主力军定位为民营企业，民营企业的活力逐渐凸显，境外投资项目中的90%来自华信集团、阿里巴巴等民营企业，且民营企业资金主要投资于贸易、互联网、研发和健康等领域。从对外贸易方面来看，浦东新区对"一带一路"沿线国家和地区的进出口呈现逐年增加的趋势，且在上海市进出口总额中所占比例也逐年增加。与此同时，上海自贸区与"一带一路"国家进口商品中心的建设步伐也在加快。目前已经有很多"一带一路"沿线国家如保加利亚、马其顿、捷克等在上海自贸区内设立了国别馆。当然，上海自贸区将进一步发挥口岸优势，用跨境电子商务示范园区的建设来吸引更多"一带一路"国家在自贸区开设国别馆，推动国别馆与进口商品直销中心线上线下的互联互通。

2014年上海自由贸易试验区管理委员会建立了境外投资服务平台，这一举措为加速服务企业"走出去"发挥了至关重要的作用。对于如何促进各种资源在"一带一路"沿线流动起来，自贸区做了很多工作，如建立健全境外投资项目库、资金库、信息库等平台拓展服务企业的功能，与此同时为提升跨境服务能力还引入了很多其他服务机构。增强"一带一路"金融服务功能是上海自贸区的另一重大特色。早在2017年，关于"一带一路"金融服务就已经收获颇丰。2017年1月，中国金融期货交易所、上海证券交易所收购了巴基斯坦交易所30%的股权；同年3月，首个"一带一路"沿线国家企业——俄罗斯铝业在上海证券交易所成功发行首期公司债券。为了进一步发挥自贸试验区与国际金融中心联动的优势，在"一委一行两会"①的指导下，上海自贸区运用多层次金融市场给"一带一路"沿线国家和地区的企业提供直接融资，同时运用自由贸易账户功能给相关企业提供跨境结算和融资服务；另外，采取一系列措施，对商业银行、保险机构为国内企业参与"一带一路"基础设施和投资项目提供资金支持和风险保障的行为给予支持、鼓励和帮助。

以上均为上海自贸区为加快物质资源在"一带一路"沿线流通所采取的措施，除了物质资源，人力资源也是促进我国与"一带一路"沿线国家和地区之间贸易往来必不可少的重要因素。"一带一路"不仅给我国和"一带一路"沿线国家创造和提供了诸多人才合作的机会，同时也为上海建设具有全球影响力的科技创新中心注入了活力。为从"一带一路"沿线国家和地区引入高层次人才，浦东建立了"张江首席科学家500计划"，当然，此计划也为公安部"双自"②人才新政打下了基础，为国内外参与"一带一路"贸易的企业创造了良好的营商环境。

作为自贸区改革的"领军地"，上海自贸区现已经硕果累累，在其带领下，中国自贸区也已经发展到12个。从"一枝独秀"，到"四朵金花"，再到"1+3+7+1"新格局，12个自贸区组成的改革"雁阵"，可以说覆盖了中国从南到北、从沿海到内陆的广大区域。但更高水平的开放、更深层次的改革的使命，仍在催促上海自贸区快步前行，迈上新的征程。

下面是上海自贸区主要经济指标相关数据。表9-1反映了2015~2018年上海自贸区主要经济指标及其增速。结合各个指标的绝对值与其增长率，可以发现上海自贸区经济发展态势是比较好的，在吸引了很多外资的基础上，自贸区本身也获得很好的发展。表9-2反映了2015~2018上海市主要经济指标以及上海自贸区主要经济指标占上海市的比重，从比重值来看，自贸区的各项经济指标在整个上海市占据着比较大的份额，这进一步说明自贸区的发展是成功的，自贸区以较小的地理范

---

① 包括国务院金融稳定发展委员会、中国人民银行、中国银行保险监督管理委员会、中国证券监督管理委员会。

② 即中国（上海）自由贸易试验区、上海张江国家自由创新示范区。

围引领着整个城市的经济发展。

表9-1　　　2015~2018年上海自贸区主要经济指标及其增速

指标	2015年 绝对值	2016年 绝对值	增长率（%）	2017年 绝对值	增长率（%）	2018年 绝对值	增长率（%）
税收收入（亿元）	1 022.2	559.38	45	578.48	3	2 680.2	363
一般公共预算（亿元）	444.74	5 247.64	1 080	5 981.23	14	648.16	-89
外商直接投资合同项目（个）	3 072	2 760	-10	1 192	-57	983	-18
外商直接投资合同金额（亿美元）	396.26	350.56	-12	219.42	-37	198.74	-9
外商直接投资实际到位余额（亿美元）	48.21	61.79	28	70.15	14	67.7	-3
新增内资企业注册户数（个）	10 901	10 298	-6	7 283	-29	6 479	-11
全社会固定资产投资总额（亿元）	563.11	607.93	8	680.31	12	638.07	-6
工业总产值（亿元）	3 901.03	4 312.84	11	4 924.95	14	5 073.61	3
社会消费品零售额（亿元）	1 051.35	1 396.76	33	1 494.62	7	1 515.67	1
商品销售总额（亿元）	26 866.48	33 609.23	25	37 042.67	10	40 874.86	10
外贸进出口总额（亿元）	7 415.46	7 836.80	6	13 500.00	72	14 600	8
出口额（亿元）	2 027.02	2 315.85	14	4 053.10	75	4 542.5	12
经认定的企业研发机构（个）	555	527	-5	504	-4	481	-5
发明专利授权数（个）	2 843	4 578	61	4 202	-8	4 016	-4
新兴金融机构（个）	4 154	4 651	12	4 630	0	4 705	2

资料来源：作者根据历年《上海市国民经济和社会发展统计公报》整理所得。

表 9-2　2015~2018 年上海市主要经济指标以及上海自贸区主要经济指标占上海市的比重

指标	2015 年 绝对值	2015 年 比重(%)	2016 年 绝对值	2016 年 比重(%)	2017 年 绝对值	2017 年 比重(%)	2018 年 绝对值	2018 年 比重(%)
税收收入（亿元）	5 519.5	19	6 088.03	9	6 642.26	9	7 108.15	38
一般公共预算（亿元）	6 191.56	7	6 918.94	76	7 547.62	79	8 351.54	8
外商直接投资合同项目（个）	6 007	51	5 153	54	3 950	30	5 597	18
外商直接投资合同金额（亿美元）	589.43	67	509.78	69	401.94	55	469.37	42
外商直接投资实际到位余额（亿美元）	184.59	26	185.14	33	170.08	41	173.00	39
新增内资企业注册户数（个）	6 007.49	181	5 611	184	5 607.44	130	7 985	81
全社会固定资产投资总额（亿元）	6 352.70	9	6 755.88	9	7 246.60	9	7 623.42	8
工业总产值（亿元）	33 211.57	12	33 079.72	13	36 094.36	14	36 451.84	14
社会消费品零售额（亿元）	10 131.5	10	10 946.57	13	11 745.96	13	12 668.69	12
商品销售总额（亿元）	93 406.57	29	101 028.45	33	113 133.19	33	11 568.83	353
外贸进出口总额（亿美元）	4 517.33	164	4 338.05	181	4 761.23	284	5 023.10	291
出口额（亿美元）	2 547.64	80	1 834.67	126	1 936.81	209	2 018.16	225
经认定的企业研发机构（个）	738	75	666	79	621	81	648	74
发明专利授权数（个）	17 601	16	20 086	23	20 681	20	21 331	19
新兴金融机构（个）	1 430	290	1 473	316	1 491	311	1 502	313

资料来源：作者根据历年《上海统计年鉴》整理所得。

(二) 浙江舟山自贸区对接"一带一路"建设的实践

浙江舟山自贸区于 2017 年 4 月 1 日正式成立。总占地面积为 119.95 平方公里的浙江舟山自贸区由以下三个片区组成：78.98 平方公里的舟山离岛片区、15.62 平方公里的舟山岛北部片区和 25.35 平方公里的舟山岛南部片区。浙江舟山自贸区的战略定位是：以制度创新为核心，可复制可推广为基本要求，将自贸试验区建设成为东部地区重要海上开放门户示范区、国际大宗商品贸易自由化先导区和具有国际影响力的资源配置基地。尽管浙江舟山自贸区建立时间不长，但依旧取得了巨大的收获和成效。表 9-3 给出了上海、浙江自贸区各项政策的比较。

表 9-3 上海、浙江自贸区各项政策的比较

项目	上海自贸区	浙江自贸区
园区定位	成为具有国际水准的投资贸易便利、货币兑换自由、监管高效便捷、法制环境规范的自由贸易试验区。强调自贸区政策与经验的复制性和推广性	建设成为东部地区重要海上开放门户示范区、国际大宗商品贸易自由化先导区和具有国际影响力的资源配置基地
投资便利	重点关注投资管理制度、监管制度、政府管理和法制环境四个方面	重点关注政府职能、法治、征税和监管四个方面
投资奖励	包括园区企业发展扶持办法、园区产业扶持管理办法、园区科技公共服务平台扶持办法等	包括开办补助政策、经营贡献奖励政策、行政事业性收费政策、"一事一议"政策等
用地用电保障	按照"业态引领、用途引导、节约集约"的原则，促进工业研发、商务贸易、金融服务等复合业态的土地开发利用	实行办公用房补助政策
金融政策	包括金融创新措施、金融服务功能、金融监管和防范风险的机制	包括金融制度、金融监管
人才政策	积极制定外籍高层次人才的认定标准及认定流程	加大海外人才引进力度，对特别领域重要人才引进实行"一事一议"

资料来源：作者根据相关资料整理。

浙江舟山自贸区建设的不断深化以及制度创新的不断推进，使其经济运行状况一直比较良好，具体表现如下。其一，新增注册企业持续增长。2019 年第一季度，浙江舟山自贸区新增 10 家合同外资总额高达 27 153 万美元的外商投资企业，实际

利用外资额也达到 3 373 万美元，在全市所占比例为 82.6%；新增 655 家油品企业，同比增长 110.6%；新增 1 486 家内资企业，同比增长 37.5%。总的来说，2019 年第一季度，浙江舟山自贸区新增 1 496 家注册企业，在全市新增注册企业中所占比例为 70.2%，同比增长 34.2%，其注册资本总额达到 296.6 亿元。其二，国际海事服务业务平稳发展。截至 2019 年 3 月底，有 12 家船用燃料油供应企业，50 艘船用燃料油供油船。2019 年第一季度总共供应 87.0 万吨船用燃料油，同比增长 12.5%；船用燃料油结算量为 142.8 万吨，同比增长 6.1%；LNG 运输船接卸量为 20.1 万吨；船舶交易额为 8.8 亿元；外轮供应货值为 28 457.8 万美元，同比增长 6.3%。其三，对外贸易大幅增长。截至 2019 年 2 月底，浙江舟山自贸区货物进出口总额为 83.0 亿元，同比增长 24.1%，其中，油品进出口总额为 46.6 亿元，占全市油品进出口总额的 82.4%。从 2019 年第一季度总的情况来看，浙江舟山自贸区拥有 546.2 亿元的油品贸易额，305.0 亿元的油品电子交易额。其四，金融业务得到了较快较好的发展。截至 2019 年 3 月底，浙江舟山自贸区有 331 家人民币贷款余额高达 934.1 亿元的持牌和非持牌金融机构，且人民币贷款余额同比增长 54.5%。2019 年第一季度，浙江舟山自贸区跨境人民币结算金额高达 235.8 亿元，同比增长 420%；人民币回流资金 130.6 亿元，同比增长 210%。其五，企业经营状态良好。2019 年第一季度，浙江舟山自贸区规模以上工业企业总产值为 10.6 亿元，同比增长 33.9%；限额以上批发业企业实现销售额 427.7 亿元，同比增长 8.1%；限额以上住宿和餐饮业企业实现营业额 1.1 亿元，同比增长 8.4%。[①]

浙江舟山自贸区始终将习近平在 2016 年 9 月 G20 杭州峰会期间对浙江工作提出的新要求"秉持浙江精神，干在实处，走在前列，勇立潮头"作为建设自贸区的要求和标准，采取先行先试和主动创新发展等一系列措施来改革已有机制，以更快更好地对接"一带一路"建设。浙江省第十四次党代会报告中指出，应当用国际化引领"一带一路"新一轮的改革开放，立志将浙江舟山自贸区打造成为"一带一路"建设的排头兵。这一论断不仅指出了浙江舟山自贸区建设在"一带一路"建设中的重要作用，同时也为浙江舟山自贸区的建设提供了方向和遵循。

浙江舟山自贸区的发展目标是对接国际标准以建立自由贸易港区，在建立过程中，浙江舟山自贸区抓住一切契机将特色优势与"一带一路"建设有机结合起来，不断发展重点区域和重点项目，试图将自贸区打造成为海上开放门户示范区、国际大宗商品贸易自由化先导区以及具有国际影响力的资源配置基地。总的来说，浙江舟山自贸区可以从区位、资源和开放型经济三个方面发挥优势。

---

① 浙江省舟山市商务局。

第九章 "一带一路"交汇点建设与自贸区的制度创新

发挥区位优势是指将浙江舟山自贸区打造成 21 世纪海上丝绸之路战略枢纽。浙江省地处我国长江黄金水道和南北海运大通道的交汇点，是江海联运的重要枢纽，其特殊的地理位置也使其成为我国扩大对外开放、联通世界的重要路径之一。江海联运服务中心的建设应当成为浙江舟山自贸区重点建设项目之一，运用多式集疏运网络加强中西部之间的交流沟通，扩大与 21 世纪海上丝绸之路沿线国家港口之间的交流合作，拓展对外航线的开辟力度。发挥资源优势是指构筑港航物流服务体系。浙江省拥有十分优越的建港条件，有丰富的深水岸线资源和众多的深水良港，优越的地理位置使浙江省有足够的条件和能力去发展港口物流业。浙江舟山自贸区始终将"大港口、大水运、强海运"的港口物流业建设思路置于首要位置，始终坚持着"三位一体"（即大宗商品交易平台、海路联动集疏运网络、金融和信息支撑系统）的港航物流服务体系，试图在大宗商品交易、现代航运、金融结算、航运保险等现代航运服务业大展拳脚，扩大港口的核心竞争力和衍生效益，建设高水平的大宗商品国际物流中心和"集散并重"的枢纽港。发挥开放型经济优势是指使海洋经济开放程度再上一个层次。从古至今，浙江经济形态均呈现开放型。浙江应当继续发挥这一优势，全面参与"一带一路"建设，在"立足浙江发展浙江"的同时，也要"跳出浙江发展浙江"，进一步拓宽拓广浙江海洋经济开放程度。

如何权衡好"顶层设计"与"摸着石头过河"的关系是浙江舟山自贸区当前亟须解决的问题。具体来说，浙江舟山自贸区需要找准自身在浙江本地、长三角地区、国内以及国外四个层次的定位和发展机会，尽快实现长江经济带和"一带一路"的对接，将国内外、区内外的资源尽可能地整合以实现资源在四大洲、四大洋之间的快速流通。浙江舟山自贸区正在努力将自身打造成为"一带一路"大宗商品交易中心、"一带一路"海陆交通枢纽中心以及"一带一路"国际港口货运中心。（1）打造成为"一带一路"大宗商品交易中心（浙江自贸区是我国唯一由陆域和海洋锚地组成的自贸区，舟山有着独特的地理位置，正在加快以油气全产业链为核心的贸易自由化建设）。浙江舟山自贸区应尽可能实现信息在政府和各类企业之间的互联共享，促进口岸、金融、信息服务支撑体系的建设，发展大宗商品现货交易及分拨、配送等业务以拓宽港口物流功能；鼓励和引进诸如大宗商品国际运营商、贸易商、期货经纪商等一系列新机构，以拉升大宗商品贸易现代化水平。（2）打造成为"一带一路"海陆交通枢纽中心。浙江开放发展中亟须解决的问题之一是实现义乌国际陆港和宁波舟山港的一体化，具体可以从以下几个方面来补齐此"短板"：江海联运方面，加快舟山衢山南航道、鱼山进港航道等项目的建设步伐；海河联运方面，加快浙江航道网、钱塘江中上游航运开发工程等的航道建设进程；海铁联运方面，尽快实现义甬舟大通道的建设；海路联运方面，则需加快公路建设，如舟山国际绿色石化园区疏港公路、六横大桥等。（3）打造成为"一带一路"国际港口货运中心。宁波舟山港是浙江舟山自贸区的核心，同时也是世界重要的港口之一，2016年其以高达9.2亿吨的货物吞吐量占据全球港口榜首，同时完成2 156万标箱的集装箱吞吐量。[①] 浙江舟山自贸区未来的发展方向应当是借鉴港口优势和深水海岸线优势，努力提升港口货运能力，创建宁波舟山港与"一带一路"沿线国家港口的货物运输协作机制，将浙江舟山自贸区打造成为"一带一路"沿线最具港口货物运输能力的区域。从目前浙江舟山自贸区与"一带一路"沿线国家之间的大宗货物交易情况来看，无论是成品油还是保税燃料贸易均在蓬勃发展，因此，浙江舟山自贸区成为国际港口货运中心指日可待。

浙江舟山自贸区建设的出发点是主动对接以油品全产业链为核心的国际大宗贸易投资新规则，这同时也是适应"一带一路"沿线国家贸易规则的现实需要。近些年，在燃料油混兑、燃料油资质、金融服务体系和监管等方面，以新加坡为主导的油品标准逐渐成为国际通行规则。因此，浙江舟山自贸区若想更好地对接国际大宗贸易新规则标准，从而积累更多经验以促进我国大宗商品交易参与"一带一路"建设，需要在投资开放、贸易便利、金融服务、综合监管和法治环境等诸多方面采取相应措施。首先，需要对金融服务体制进行创新。不断拓展金融服务领域，支持各种中资以及外资银行在浙江设立分支机构，支持符合条件的民营企业设立各类法人金融机构。不断完善金融服务功能，促进跨境贸易、投融资结算的便利化。建立健全金融风险防范体系。设立保税展示交易平台。建立合适的本外币账户体系与自贸区的运行和管理相适应，不断促进跨境贸易和投融资结算的便利化。在油品现期货交易的初期，允许用双币种计价、结算，逐步探索采用人民币计价、结算，推动人民币国际化进程。完善结售汇管理。其次，需要确保监管制度的统一开放。自贸区的行政监督管理制度必须符合本身特点，建立与负面清单管理体制相适应的事中事后监管体系。建立专业化审理机制处理自贸区内的投资贸易等商事案件。建立自贸区油品安全管理制度以不断强化安全监管保障，规划安全生产区域。对自贸试验区内海关特殊监管区域实施"一线放开、二线安全高效管住"，探索建立货物状态分类监管模式。完善通关合作机制，开展货物通关、贸易统计、"经认证的经营者"互认、检验检测认证等方面合作。最终目的是要打造法治化国际化营商环境。为使自贸区内企业设立、运营更加便捷和高效，促进企业设立制度的法治化和国际化，需要建立并完善自贸区内的商事登记管理制度。与此同时，建立商事案件专业化审理和多元化仲裁、调解机制，优化商事仲裁和司法诉讼，提高法律工作人员素质，

[①] 《宁波舟山港2016年吞吐量年增幅位居全球五大港口首位》，载于《中国青年报》2017年1月13日。

引入国外专业仲裁机构。

（三）江苏复制自贸区经验参与"一带一路"建设的实践

在上海、广东、天津和福建自贸区先后获批之后，作为经济大省的江苏，对接自贸区，利用自贸区资源促进产业转型升级、推动经济发展，成为其迫切意愿。虽然之前江苏没有进入前三批自贸区，但是江苏始终在不遗余力地复制自贸区试点经验，已经为自贸区的设立打下了坚实的基础。2019年8月26日国务院发布《关于6个新设自由贸易试验区总体方案的通知》，宣布设立涵盖南京、苏州、连云港三个片区的江苏自由贸易试验区，由此也宣告着江苏"自贸区"时刻的到来。具体来说，此次江苏自贸试验区的实施范围涵盖119.97平方公里，其中，南京片区39.55平方公里，苏州片区60.15平方公里（含苏州工业园综合保税区5.28平方公里），连云港片区20.27平方公里（含连云港综合保税区2.44平方公里）。对于这三个片区的功能划分如下：南京片区定位是对外开放合作的重要平台，其主要目标在于打造具有国际影响力的自主创新先导区、现代产业示范区；苏州片区将建设世界一流高科技产业园区作为建设目标，全方位打造开放高地、国际化创新高地、高端化产业高地、现代化治理高地；连云港片区将建设亚欧重要国际交通枢纽、"一带一路"沿线国家交流合作平台作为建设宗旨。通过这三个自贸片区的合理分工、互相协调，以及各自对于周边地区的辐射带动作用，境外投资合作水平的提高以及实体经济和制造业的创新发展也指日可待。

作为改革开放的先行者，江苏发展起步较早，遇到问题较早，对于创建自贸区的夙愿更是很早就萌生了。从2013年9月开始，江苏陆续提交过包括苏锡方案，苏州南通方案，苏州高新区、昆山、新加坡工业园区方案等7个自贸区方案，均未获批。2015年江苏启动集中申报等8项通关措施，对接自贸区促进产业转型升级。通关便利化是自贸区最优越的条件，也是企业最为看重的焦点。南京海关启动复制推广上海自贸区经验的工作，其中通关便利化是重点。为此，南京海关所有特殊监管区域、空运及海运卡口都实现了智能化验放，其中，特殊监管区和空运卡口自动验放率已达95%以上。南京海关启动了8项通关便利措施，包括智能化卡口验放、批次进出、集中申报、集中汇总纳税、境内外维修、简化报关单随附单证、统一备案清单、区内自行运输以及先进区后报关等。除了连云港外，南京海关还与江苏检验检疫局进行配合，对上海自贸区海关14项措施和检验检疫便利措施进行推广和复制工作（见表9-4）。同时，还进一步推动张家港、太仓港的一次申报、一次查验、一次放行试点。

表 9-4　南京海关复制推广上海自由贸易试验区海关监管创新制度进展情况

序号	改革事项	主要内容	复制推广情况
1	先出区、后报关	海关特殊监管区域及保税物流中心（B型）企业对出境货物，可通过金关二期海关特殊监管区域管理系统、保税物流管理系统凭核放单先行办理出特殊区域及保税物流中心手续，再采用全国通关一体化方式报关	已复制推广
2	对外贸易经营者备案和原产地企业备案"两证合一"	申请人只需向商务部门完成对外贸易经营者备案，即视同完成海关原产地签证备案手续，商务部门在《对外贸易经营者备案登记表》上加载海关原产地证企业备案号等信息，海关不再发放《原产地证企业备案登记证书》，双方共享共用企业备案信息，不再要求企业重复提供	即将复制推广
3	跨部门一次性联合检查	根据全国通关一体化整体框架设计，在全面梳理海关、检验检疫业务的任务类型、工作要求等要素的基础上，深入推进监管业务融合，探索先行先试有效措施，构建业务架构统一、管理统一、执法统一的监管模式	已复制推广
4	海关企业注册及电子口岸入网全程无纸化	通过海关与地方政府相关"多证合一"平台的系统对接，共享企业注册信息，从而简化海关注册登记手续，实现企业注册登记无纸化和网络化办理	已复制推广
5	先放行、后改单作业模式	海关对经查验发现异常后仅需改单处理，且查验结论符合条件的进出口报关单，允许先予放行后再进行改单操作	已复制推广
6	铁路运输方式舱单归并新模式	实现企业从原来的"一柜一单"模式改为"舱单归并"模式	关区无此业务
7	低风险生物医药特殊物品行政许可审批改革	将D级生物医药特殊物品行政许可审批权限，全流程下放至试点驻地检验检疫机构	即将复制推广
8	海运进境集装箱空箱检验检疫便利化措施	对符合条件并主动提出申请的企业给予减少抽检比例、允许港外查验等便利化措施，提高口岸贸易便利化水平	即将复制推广
9	入境大宗工业品联动检验检疫新模式	检验检疫部门按照"因地制宜、多点申报、前推后移、优势叠加"原则，将进口成套设备检疫环节前置，实施"事前项目立项+即报即放+到货抽检+后续监管"的项目管理模式，在口岸仅实施放射性检测和检疫处理后即给予放行，使用地检验检疫部门开展后续检验检疫	即将复制推广

续表

序号	改革事项	主要内容	复制推广情况
10	国际航行船舶供水"开放式申报+验证式监管"	允许诚信度高、记录良好的国际航行船舶通过电话、微信公众号、传真、电子邮件等开放式便捷途径,进行供水申请备案后,直接在A级供水单位加水,在出境时再提交正式申请,由监管人员对供水情况进行验证监管	即将复制推广
11	进境保税金属矿产品检验监管制度	根据保税入境金属矿产品流转路径的不同,采取差别化检验监管措施,对入境的金属矿产品实行检疫、放射性检验和固废属性查验,强化入境前金属矿产品安全、卫生、环保项目指标的查验,简化品质检验、数重量鉴定项目查验,采信第三方数重量鉴定结果,对入境后复出境的保税金属矿产品不予检验	即将复制推广
12	受油船舶"申报无疫放行"制度复制推广	采取"事前报备、风险评估、诚信管理、闭环监管"的监管模式,在确保口岸公共卫生安全的基础上,对仅办理加注保税燃料油的出入境国际航行船舶实施分级管理,为受油船舶提供"申报无疫放行"等便利化通关措施	已复制推广
13	海关特殊监管区域"四自一简"监管创新	综合保税区内信用状况为一般信用及以上的企业可适用"四自一简"模式,允许企业自主备案、合理自定核销周期、自主核报、自主补缴税款,海关简化业务核准手续	即将复制推广
14	"保税混矿"监管创新	海关特殊监管区域内企业以保税方式进境的铁矿砂进行简单物理加工混合后再复运出区或离境	已复制推广

资料来源：南京海关。

作为江苏省4个海关特殊监管区域优化整合功能改革试点单位之一以及"一带一路"的出海口,连云港出口加工区、海关和检验检疫局等都在进行创新,并且"批次进出、集中申报""智能化卡口验放""简化无纸通关随附单证""区内自行运输""统一备案清单""集中汇总纳税"等上海自贸区的6项海关监管举措落地。在前期工作基础上,继续加强仓储货物按状态分类监管等自贸区海关监管创新制度的复制推广,推进特殊监管区域功能优化。在上海自贸区14项海关监管创新制度中,除选择性征税制度不可复制推广以外,其余13项制度均已复制推广。在海关总署于2015年推出的自贸区11项海关监管创新制度中,除商品归类行政裁定全国适用制度不可复制推广外,其余10项制度均已复制推广。

据江苏省人民政府公布数据,2018年,江苏自贸区"批次进出、集中申报"累计进出货值771.28亿美元,惠及企业296家；区内自行运输业务累计进出货值

92.93 亿美元，惠及企业 42 家；保税展示交易涉及出区展示货值 71.21 万美元，惠及企业 2 家；境内外维修业务累计进出货值 29.22 亿美元；委内加工业务累计进出货值 1.65 亿美元；仓储货物按状态分类监管业务入区仓储货值 1 676.4 亿元，惠及企业 48 家。

江苏自贸区的设立，是江苏改革发展史上具有里程碑意义的一件大事。自贸区的设立可以拉动经济发展，同时也倒逼制度改革。尽管其他自贸区已经有很多成功的经验可供江苏自贸区复制和借鉴，但在参照成功经验的同时，也要注重发挥自身的区域特色。江苏自贸区应利用深化投资领域创新、深化金融领域改革、促进贸易转型升级等一系列方式方法，更快更好地打造自身的特有优势。

三、自贸区服务"一带一路"交汇点建设的路径

（一）以自贸区为试验田支持"一带一路"政策和制度创新

作为全面深化改革的重要举措，自贸区绝不是"政策洼地"，而是支持"一带一路"政策和制度创新的"试验田"。李克强在 2015 年 3 月 5 日的政府工作报告中做出指示："扩大内陆和沿边开放，促进经济技术开发区创新发展，提高边境经济合作区、跨境经济合作区发展水平。积极推动上海、广东、天津、福建自贸试验区建设，在全国推广成熟经验，形成各具特色的改革开放高地。"在 2019 年 7 月召开的江苏省委十三届六次全会上，省委主要领导号召全省党员干部牢记习近平的嘱托，书写"强富美高"新江苏答卷。对于身处"一带一路"、长江经济带和长三角区域一体化发展等国家战略叠加交汇区的江苏来说，机遇和挑战并存。

江苏省在申报自贸区的过程中，将"一带一路"倡议考虑到实际工作计划中，因此江苏自贸试验区的建设是"有血有肉"、有实质性内容的。自贸区设立的目的，是希望以改革促开放，用先行先试的办法为全面深化改革积累经验，让全国各地都能够享受到制度红利带来的改革成果，促进经济发展。这与"一带一路"倡议的根本也是一脉相承的。选择自贸区的试点地固然没有明确标准，但从获批的自贸区名单可以发现，自贸区的选择是有共同理念的：当前国家战略表明，自贸区仍旧处于新一轮深化改革和扩大开放的试点这一阶段，设立自贸区的根本目的是带动对外贸易和投资，推动中国对外开放的全球战略，实现中国国内经济的互动性和制度创新的典型性。总而言之，申报自贸区并没有一套全球统一遵从的国际惯例或标准，成为自贸区也不意味着可以向中央要更多的特殊政策。事实上，自贸区应该自己实现

更多突破，而这个最佳的突破点就是"一带一路"。

自贸区可以作为支持完全接轨"一带一路"倡议的政策和制度创新的试验田。第一，"一带一路"与自贸区都是深化对外开放的载体，更重要的是，"一带一路"倡议可以兼容各种平台和合作方式，有很强的包容性。第二，在与"一带一路"沿线国家和地区谈判的过程中可以运用自贸区的一些成果，在宣传自贸区建立的同时，也可以很好地推动"一带一路"建设。实现"一带一路"建设的"五通"较为可行的途径就是以国内一些核心区域和重要节点作为支撑。《推动共建丝绸之路经济带和21世纪海上丝绸之路的愿景与行动》中指出，要扩大内陆开放从而倒逼深层次改革，对开放型经济体制机制形成创新，使得重点内陆成为"一带一路"建设的排头兵和主力军。前期的上海、广东、天津和福建4个自贸区在对接"一带一路"建设上先行先试，在国际贸易、对外投资、国际物流和金融开放等方面均积累了丰富的经验。新设的7个自贸区也在此基础上对"一带一路"进行了更深层次的对接。江苏经济开发区（园区）在借鉴已有自贸区成功经验的基础上，继续探索和创新，为"一带一路"建设提供服务和制度创新的试验田。

1. 加强营商市场准入制度创新

中央政府在相关文件和报告中指出，应当在明确自贸区的权力和责任清单的基础上，将自贸区经济社会管理权限尽可能最大化，以增强自贸区发展活力。自贸区要积极推进政府职能转变，利用简政放权来进行服务改革，加快"一站式"行政审批机构的尽快形成。用国家标准基础最大限度地降低行政审批事项可控底数，用"网络化"和"标准化"的组织方式程序来进行政务服务，以改善公共服务的效率和质量。对外商外资投资项目的准入手续以及投资项目审批程序进行适当简化以加快投资融资改革，试图形成新的评审、批准和管理模式，让投资项目尽快得到落实并实现推进。在全面推进"五证合一、一照一码"等级制度的基础上，尽可能运用各种现代信息科技和智能手段，如多证"电子合一"的新模式，来加快商事制度改革，尽快建立"一网通办"政务新渠道和"多税合一"通缴新通道，以更加开放、更加便利的投资环境来吸引外资。

2. 加强金融领域管控制度创新

适当降低金融领域的准入门槛，逐步向自贸区内的境内民营资本开放金融服务行业，探索形成允许自贸区内个人和实体同时投资境内外市场的管控模式，提高区内企业跨境融资能力。降低外汇资金管理转入门槛，为支持跨国企业在自贸区内的经济发展，需要扩大金融对内对外开放程度，将在自贸区发起股权和创业投资基金的国民待遇同等地给予外资股权和创业投资机构。放宽金融跨境服务功能，不断寻求新的更适用的方法来进行经开贸易和投资融资。发展新的境外资金回流渠道，允许境内企业和机构依法从境外融得本外币资本，开展人民币跨境电子商务结算等服务，进一步创新跨境融资、担保和保险方式。改善金融风险管控，建立一套符合自贸区实际情况、适应自贸区需要的金融安全监控和评估指标体系；建立一套可以检测自贸区内企业和机构资本运作评估及跨境流动，加强多边金融监控合作，尽可能减少甚至杜绝逃税、洗钱和非法资本出入境等行为的体系。

3. 加强贸易监管方式制度创新

江苏自贸区建设中的市场监管可以全面复制上海自贸区的成功经验，并在此基础上，尽可能将由事前审批的政府管理转变为事后监管；将准入前国民待遇和"负面清单"制度融合到事中事后监管制度中，以促进外资利用；除保留国务院特别明确的规定核准项目外，尽可能降低外资投资国内项目的批准门槛，同时对外部资金、先进技术和高端人才的规模层次进行严格把控，以期进一步拔高引资融资综合质量。在海关监管方面，复制上海"一线放开""二线安全高效管住"等通关监管服务模式；将物流仓储分类监管模式运行于海关特殊监管区域；改善综合贸易许可、资质登记、货物进出口、运输工具出入境等"单一窗口"平台功能，不断地优化海关执法通关流程。搭建安全便利的合作贸易链，以扩大与"一带一路"沿线国家的交流协作力度。

4. 发挥非正式制度的作用

除了以上三类正式制度的改革与创新，非正式制度的作用同样不能忽视，即要强化我国意识形态教育，在正式制度改革创新的基础上，辅以非正式制度的作用。中华传统文化的意识形态是包容的、开放的和多元的，我们的意识形态不仅能够包容不同国家、不同制度、不同宗教、不同文化、不同区域的各类文化，甚至能够将各类文化凝结起来并形成共鸣。那么，如何更快更有效地发挥非正式制度的作用呢？一方面，要加大投资以形成对意识形态的更好的教育，不遗余力地宣传中华传统文化，增加参与自贸区贸易的国家对我国的认同感；另一方面，应出台具有中华传统文化特色的社会行为规范、准则来统一参与自贸区贸易往来的各个国家的意识，尽可能使这些国家的经济行为均符合这一规范，这可以降低我国内陆开放型经济制度改革的交易成本与贸易摩擦。众所周知，"一带一路"沿线各国在经济发展水平和政治制度方面均存在巨大差异，因此在与他国进行双边合作的同时，需要同时兼顾我国和对方的国情，在考虑双方利益诉求的基础上达成最大限度的合作共识，"一概而论"或者"一刀切"的做法是绝对不可取的。我国与参与自贸区贸易国家之间若想达成"贸易畅通"，关键在于加强我国与他国之间贸易制度的对接。鉴于各国的贸易制度都是基于其政治经济情况所设立的，也就是说，短期内政治经济状况这种基本国情并不能发生改变，因此沿线国家国内的整体贸易制度也很难发生根本性改变。实现贸易制度的对接，要积极发挥非正式制度在开放型经济发展过程的作用，增强非正式制度的功能。

5. 学习已有自贸区制度创新的先进经验

我国建立自贸区的时间不长，以我国第一个自贸区上海自贸区而言，截至目前也只有6年多的时间，对于自贸区建设的制度创新更是几乎没有先例可循。因此，顶层设计在我国内陆开放型经济制度设计中应当被至于重要位置，要综合考虑预期的不确定因素以降低顶层设计风险。江苏自贸区在制度创新过程中，需要借鉴其他自贸区先进的成功经验，但由于江苏特殊的地理位置和独特的发展情况，仅仅学习已有经验是远远不够的，还需要在已有制度创新经验上进一步进行创新。总而言之，自贸区的制度创新需要在借鉴式与自创式两个角度同时采取行动。借鉴式是指积极借鉴其他自贸区在探索开放发展道路方面取得的先进经验，并将其运用到江苏自贸区制度创新的过程中；自创式是指鼓励江苏在制度创新的道路上另辟蹊径，积极创新开放发展新模式，尽可能拥有江苏自贸区制度创新的闪光点。

（二）以自贸区为窗口推动"一带一路"文化交流

中国自贸区自建立以来在文化产业监管方面采取了一系列举措，如拓宽文化产业经营许可范围、简化文化活动审批流程、便利艺术品进出口贸易、多元化商事争议解决机制等，为知识产权交易提供了法律保障，并以此形成了自贸区独特的文化产业发展模式，同时也提供了优秀的文化展示窗口和贸易平台，促进了"一带一路"沿线各国之间的文化合作与交流。

向世界传播正确的"一带一路"倡议。其中好的现象是，随着"一带一路"建设日趋明晰化和具体化，国内外对"一带一路"建设的认识也更加全面和清晰，但毋庸置疑的是，仍旧存在与中国在价值观念、思维甚至利益上有分歧的西方国家和发展中国家，对"一带一路"倡议存在诸多误解和误读，并以此为理由干扰"一带一路"建设。实际上，缓解或者说解决这一现象最根本的办法就是大力宣传"一带一路"倡议，向世界传达正确的和真实的"一带一路"理念。兼具良好的文化监管制度和管理模式的自贸区成为传播"一带一路"倡议文化意识的不二之选。

自贸区建设是加强我国与"一带一路"沿线国家和地区文化交流、传播与贸易的有效方式,通过自贸区建设,可以消除我国与"一带一路"沿线国家和地区之间彼此观念上的隔膜与芥蒂,将"一带一路"倡议开放合作、和谐包容、互利共赢的精神、理念传向"一带一路"沿线国家和地区乃至全世界,以文化融通带动民心相通,进而实现意识共通,筑牢"一带一路"倡议的社会根基。

打造"文化自贸区"促进经济发展。以"生态资产、能源科技、价值应急转化"为主题的《一带一路·中国文化自贸区战略价值高峰论坛》于2018年2月3日在深圳举行,论坛开展期间,中国国学院大学文化自贸区研究院也揭牌成立,成为中国"一带一路"文化大融合的助力者。文化自贸区是未来促进国家强大的最重要的法宝之一,从目前情况来看,中国尚缺乏文化融合、文化经济的实践演习平台,新型文化产业银行(精神财富储备中心)是建立中国自己的文化价值体系很好的渠道之一,同时可以联通其他银行形成文化经济统一实践平台,汇聚各个银行的数据,并通过外部金融、经济等信息进行模拟,来创建中国文化金融体、文化经济体的实践平台。想要发展经济,文化绝对是不可忽视的重要环节。"一带一路"倡议是顺应世界经济全球化的伟大决策,也是促进东西方文化交融的良好契机。如果说经济发展是目标,那么文化发展就是重要抓手,促进文化交流可以更好地实现不同地区的合作共赢。论坛期间,世博会国际主席、中民圣泰投资有限公司董事长熊原女士在接受记者采访时表示:"我们优秀的传统文化,是我们整个民族的精神命脉,是中华文化的源泉和根基,继承好传统文化,坚定文化自信,建设文化强国。拥有悠久丰富的文化传统而倍感自豪的中华民族,比历史上任何时期都更加意识到建立文化自信的迫切性与重要性,文化自信是实现中华民族伟大复兴的强大动力,实现国家富强、民族振兴、人民幸福,坚定文化自信是必要的途径。"文化自贸区研究院副院长陈美玲女士在接受采访时说:"现有文化系统主要是每个部委建立自己独立的文化传播系统,而且大部分文化科技与内容都是国外机构提供的。这样中国文化的核心价值挖掘与传播趋势都被国外势力所掌握。中国文化的价值安全监测系统,应该上升到国家安全,这也是每个公民当下的重要意识。"[1]

建立文化自贸区实践系统平台是国家安全当务之急,是文化强国的重要工具和实践平台。文化产业是"一带一路"发展新格局的重要支撑点和经济增长点。以自贸试验区为契机,更易构建江苏作为"一带一路"文化交流的重要窗口、链接沿线各国的门户的重要地位。在自贸试验区框架中,货品、服务、资本、人员和信息的流动越来越快,以准入前国民待遇和负面清单为代表的新的投资和贸易自由化趋

---

[1] 《建立文化自贸区推动"一带一路"文化大融合》,一点资讯网,2018年2月10日。

势,越来越向全球层面发展,世界文化贸易发展也成为大势所趋。在贸易便利化的方面,从海关的角度,每年针对文化产品的相关贸易,在流程上的监管、程序上的简化方面都推出相关的政策措施。同样地,在文化产品通过自贸区的保税区域进入中国市场时,也可以享受到所有的贸易便利化措施。文化保税区及自贸区已成为对外文化贸易发展的重要推动力量。自贸区不仅为文化保税制度及政策创新提供了契机,为文化保税行业拓展和混业融合注入了动力,而且为文化保税功能深入和区域深化铺平了道路,为保税区深度参与全球分工创造了条件,也为我国对外文化贸易实践开辟了创新试验田。

(三) 以自贸区为平台服务"一带一路"倡议法治建设

服务贸易、投资自由和高标准国际经贸规则的拟定是近几年来美国及西方诸国重点关注的内容,它们试图借助新一代贸易政策建立经济合作高度自由的自由贸易协定,但现实是,这类看似先进、完善、高标准的规则制度却将大多数发展中国家拒之门外。因此,先进、完备、趋于一致且相互适应的经贸规则是建立"一带一路"自由贸易区网络的最基本条件,从这一角度来看,"一带一路""五通"模式中的"政策相通"是贸易畅通、设施联通、金融融通的关键条件和必要前提。因为只有实现"政策互通"才能实现不同国家间的互利互惠和对外资准入的公平对待,贸易投资自由化、经济发展一体化和战略建设常态化的实现才能被提上日程。

中国自贸区的建立不仅仅是"一带一路"建设的重要节点和开放窗口,同时也担当着中国制度创新的"试验田"这一重要角色。目前,中国自贸区已经逐步发展并拥有了较高标准的经贸规则体系,如负面清单制度、证照分离制度、单一窗口制度、"一口受理"制度、投资备案管理制度等,实践结果和检验效果均表明这些制度创新不仅与市场经济发展规律相一致,同时也能够有效推动贸易便利化和投资自由化,更为重要的是,这些成功的制度创新能够被复制、被推广,从这个角度来看,这些制度创新也是成功的、具有一应优势的,可以完全被引入"一带一路"法治建设中,保证"一带一路"倡议的长远发展。

制度红利的可复制、可推广,即可被共享,一方面能够帮助"一带一路"沿线国家和地区提高自身市场管理水平,帮助它们更快更好地实现市场管理的现代化;另一方面可以通过与已有制度的不断融合实现对现有制度障碍的突破,增进彼此之间在文化、商贸、金融等领域的自由联通。然而,不得不承认的是,"一带一路"沿线各国在经济文化、社会习俗、政治制度、宗教信仰等方面存在的多样化和差异性实在太大,这样的现实状况决定了"一带一路"沿线国家和地区未必能够接受或者承认中国自贸区成功实践甚至复制推广的创新制度。鉴于此,现在亟须解决的问题是,如何以制度为纽带将"一带一路"沿线国家和地区与中国自贸区衔接起来,如何将好的中国自贸区制度创新引入"一带一路"建设,以及如何在规范的指引下实现"一带一路"倡议的有序发展,这些均是未来一段时期内需要认真考量的现实问题。例如,负面清单制度主要是为了解决投资信息不对称和国民待遇最大化的问题。由于每个国家在法律内容上或多或少均存在差异,因此外商起初进入一国进行投资时,对于该国的市场管理制度和对于外资的各类特殊监管措施必然不可能全面知晓甚至熟知,而且本国国内企业的信息不对称也会在一定程度上给外商投资带来潜在市场风险。而负面清单制度以及国民待遇原则可以在一定程度上解决这一问题,具体来说,这两种制度可以让所有企业即无论是本国企业还是国外企业可以在市场准入方面享有同等权利,并且以列表清单的方式将特殊监管规定公开,这样可以让外商对于相关信息一目了然,从而能够在最短时间内掌握,这也是迅速做出准确的投资判断的必要条件。同时,由于负面清单是以国民待遇为参照,客观上来说,负面清单制度可以扩大国民待遇原则的适用范围,负面清单的长短甚至能够直接影响到一国对外投资的吸引力。到目前为止,负面清单的外资管理模式至少被77个国家或地区所采用,甚至可以断言负面清单制度已成为国际投资发展的总趋势。在"一带一路"建设中引入负面清单制度,有利于提高各国外商投资政策的透明度,很大程度上减少外资进入一国市场的制度壁垒,因此可以在更大范围内实现市场开放与投资自由,加速人员、资本、技术、信息等市场要素在"一带一路"区域内的自由流动。

江苏自贸区通过制度创新对接"一带一路"倡议的基本逻辑思路如下:一是进行制度创新;二是通过制度创新构建较为完善的自贸区经贸规则体系;三是推动自贸区市场开放、贸易便利化与投资自由化;四是在"一带一路"法治建设中引入成功实践的制度创新;五是对"一带一路"法治内容进行不断地充实拓展,创建更好的法治营商环境,促进"一带一路"发展;六是激发"一带一路"市场经济活力,形成"一带一路"自由贸易区网络;七是反向带动中国自贸区经济发展,为中国自贸区内企业带来更多国际经贸合作机遇,实现中央关于深化产业结构调整和深入实施创新驱动发展两大战略间的有益互补、相互对接和共同发展。中国自贸区内的一系列制度创新已经初见成效,给"一带一路"制度创新提供了诸多可供复制和推广的案例,这些成功的规范渊源也将成为今后我国与"一带一路"沿线国家和地区进行双边或多边战略谈判的主要内容和有利要件。在"一带一路"建设中引入这些有利于贸易便利化、投资自由化、金融国际化的制度创新势在必行,未来"一带一路"各国商谈的重点无疑将是经贸制度互鉴互用上度和量的把握,以及制度红利溢出效应最大化如何实现的问题。

（四）以自贸区为中心扩大在"一带一路"倡议中的辐射带动作用

为了发挥且扩大自贸区在"一带一路"倡议中的辐射带动作用，壮大区域经济发展动能，深化改革探索新路径并构建全民开放新格局，在分析、借鉴已有自贸区的发展思路和成功经验的基础上，可以从以下几个方面重点挖掘"自贸区"的辐射带动作用。

首先，明确协同发展目标定位。充分发挥自贸区对区域经济的辐射带动作用，同时也注意发挥江苏相关开发区对自贸区的支撑作用，用自贸区和开发区的相互协同、协调发展达到共建、共享、共赢的新局面，并且将这种协调发展的经济合作模式逐步延伸到自贸区与其他县（市）区以及重点产业园区。这里可以借鉴东北自贸区"三年滚动"的工作计划：第一年协同起步，第二年协同实质性突破，第三年协同良性运转，用约三年左右的时间试验以及合作探索，促进营商环境的国际化、市场化以及法制化。当然，借鉴东北自贸区同国家级开发区协同发展、联动发展的成功范例的同时，需要立足于江苏本身的地理位置特点以及经济发展状况，将这一工作计划进行延伸和拓展，创造更适用于江苏自贸试验区本身发展的工作计划。

其次，政策协同共建共享。关于政策协同的共建共享可以从很多方面采取措施。其一，在全省范围内积极推动自贸区改革经验的复制，促进各县（市）区、重点园区与江苏自贸试验区制度创新措施的快速对接。以国家要求为根本，立足于江苏自贸试验区本身实际，借鉴第三方评估机构认定的自主创新总结的成熟、先进的经验和措施，实现自贸区和江苏省其他区域政策的协同共享。具体可以先从行政审批环节着手，采取"全域通办"的模式扩大可通办事项，建立健全业务数据信息网络以推动包括行政审批事项在内的各种业务通办，逐渐形成无缝对接。其二，共同推进体制机制改革创新。在体制机制、简政放权和产业政策方面要充分发挥自贸区和江苏省其他区域的比较优势，自贸区要发挥其改革试验田先行先试、省级权限和容错机制等优势；与此同时，江苏省其他区域一方面要发挥好区位优势、交通优势和产业基础等优势，另一方面要提供良好的、系统性集成度高的平台和试验载体，通过双方的紧密交流与合作，不断进行改革创新。其三，开辟改革创新经验先行先试"双向通道"。江苏自贸区可以承接省内各重点园区的改革创新措施。对于那些其他自贸区所采取的可以促进经济发展的措施或者省政府要求借鉴推广的改革创新措施，在江苏自贸区尚无可操作案例或者不具备操作条件的基础上，可以让江苏省有条件的区域采取先行先试、区内注册、区外经营的"飞地经济"的合作模式，用其他区域改革创新的经验给自贸区本身积累经验。其四，加强对外合作和人才互通的交流。除了自贸区外，给予省内其他区域参与对外交流合作、参展参会、项目对接的资格，共同形成对外开放联合体，推动与"一带一路"沿线国家以及东北亚、东北沿海等地区的交流合作。人才互动方面，自贸区和其他区域的业务骨干要定期相互学习交流，除此之外，不定期开展专题培训会，促进工作人员的业务素质和专业知识的提升，用这种不断地学习交流的方式重点培养一批懂经济且具有开放性思维的人才。除此之外，还可以借鉴成都和上海自贸区的人事制度改革方式，聘用一批专业的高层次的外籍人士参与到自贸区和"一带一路"建设中来，以这种方式给经济发展注入新的活力和发展动能。

最后，推进产业发展协同。一是要注意发挥自贸区内较为成熟的多式联运服务体系和物流行业的优势，加快区域性国际物流中心建设的步伐。国际物流中心这一定位决定了自贸区外向型经济这一发展方向，这也要求其在物流、仓储、配送和加工等方面均具有雄厚实力。二是要形成要素资源配置的统筹，并且要联合自贸区的制度优势和其他区域的区位优势合力招商引资。在项目合作上加大力度，根据项目需求，个性化地在项目落户、管理等方面形成全方位协作。打造优势互补、错位发展、利益共享的全方位发展模式。

当前江苏自贸区亟须把握好"顶层设计"与"摸着石头过河"的关系，积极主动地实现自贸区与"一带一路"的完美耦合，找准自己在国际、国内、长三角地区和江苏本地四个层次的定位和发展机会。其中，连云港片区更是承担了深度参与"一带一路"建设的重大使命和责任，凭借"一带一路"交汇点的地缘优势，有效加速和提升"一带一路"自由贸易中的货物运输、物流中转、客运集散效率，放大国家东、中、西区域合作示范区的东西双向开放功能，建设成为服务中、西部地区对外开放的重要门户和东、中、西区域产业合作示范基地。自贸区在投资自由化、贸易便利化、金融国际化、行政管理简化等方面要试验推行制度创新，着力发展离岸经济，强化实施差别化探索，形成适应转口贸易、离岸贸易、服务贸易发展的制度安排，为"一带一路"制度建设创造条件和积聚经验。江苏自贸区建设应以自贸区为平台增进"一带一路"国际经贸合作，连线日、韩等亚太国家外商通过自贸区开展投资贸易，借助自贸区的聚集效应推进建设有影响的区域发展中心、重点产业中心、综合枢纽中心，加强对长三角"一带一路"产业发展和布局的金融、贸易、科技、商务服务，努力成为"一带一路"交汇点建设的"强支点"。

参考文献

[1] 陈宏、程健：《"一带一路"建设与中国自贸区战略协同对接的思考》，载于《当代经济

第九章 "一带一路"交汇点建设与自贸区的制度创新

管理》2019年第41卷第1期。

[2] 何春华:《中国自贸区与"一带一路"倡议对接融合路径研究》,载于《科技经济市场》2018年第12期。

[3] 李剑力:《"一带一路"贸易畅通的机制与促进对策研究》,载于《黄河科技大学学报》2015年第17卷第6期。

[4] 李猛:《中国自贸区服务与"一带一路"的内在关系及战略对接》,载于《经济学家》2017年第5卷第5期。

[5] 李晓嘉、朱佳明:《"一带一路"税收征管制度发展研究——以建设海南自贸区为契机》,载于《国际经济合作》2018年第8期。

[6] 李怡:《"一带一路"下的中国自贸区建设》,载于《中国外资》2018年第6期。

[7] 林毅夫:《"一带一路"与自贸区:我国改革开放的新举措》,载于《新经济》2016年第34期。

[8] 马曼:《自贸区与"一带一路"建设对接途径、问题和对策》,载于《国际金融》2018年第447卷第9期。

[9] 施珝娅:《上海自贸区金改再回顾》,载于《金融博览》2018年第11期。

[10] 王慧:《"一带一路"战略背景下江苏对接上海自贸区的研究》,载于《科技经济市场》2016年第11期。

[11] 伍锐:《"一带一路"战略背景下中国自贸区建设研究》,载于《价格月刊》2017年第8期。

[12] 夏锋:《以构建自由贸易区网络为目标推进"一带一路"建设》,载于《大陆桥视野》2017年第9期。

[13] 杨芳:《中国自贸区战略下的"一带一路"合作、协调与对接》,载于《价格月刊》2018年第6期。

[14] 张建华:《上海自贸区服务"一带一路"倡议:基于国情的制度创新》,载于《上海对外经贸大学学报》2019年第26卷第3期。

[15] 张琳:《上海自贸区对接"一带一路"的路径选择》,载于《国际经济合作》2017年第9期。

[16] 张悦、李姝:《"一带一路"背景下自由贸易区制度创新路径——基于辽宁自贸区建设的思考》,载于《经济论坛》2017年第11期。

[17] 赵逖:《"一带一路"背景下我国自贸区战略的调适》,载于《人民论坛》2017年第5期。

第十章
"一带一路"交汇点建设的金融支持

2018年是"一带一路"倡议提出的第五个年头,五年间,"一带一路"建设由点及面,不断深入推进,取得显著成效。"一带一路"建设正逐步从理念转为行动,从愿景转变为现实(周小川,2018)。截至2018年,中国已与全球100多个国家和国际组织签署共建"一带一路"建设合作文件。"一带一路"倡议及其核心发展理念逐步被国际社会所认同,相关发展倡议成为重要国际组织的核心发展理念。

江苏是我国东部沿海开放型经济大省,也是"一带一路"交汇点建设的重要省份。江苏金融业整体发展水平较高,各项存贷款业务金额较大,间接融资、直接融资市场完备,跨境支付结算平台建设稳步推进。金融支持江苏"一带一路"交汇点建设的途径主要包括:"一带一路"沿线国家基础设施建设、重点园区平台建设、产能合作、跨境结算支付等。2019年1月,江苏省委、省政府出台《关于高质量推进"一带一路"交汇点建设的意见》,将重点实施国际综合交通体系拓展计划、国际产能合作深化计划、"丝路贸易"促进计划、重点合作园区提升计划、人文交流品牌塑造计划"五大计划",确保江苏"一带一路"建设走在全国前列。上述"五大计划"进一步明确了"十四五"时期江苏积极参与"一带一路"交汇点建设的重点领域与具体思路,也为金融支持江苏"一带一路"交汇点建设提供了新的着力点与路径模式。

第十章 "一带一路"交汇点建设的金融支持

一、金融支持"一带一路"交汇点建设的基础条件

(一) 江苏金融业发展现状

1. 间接融资

(1) 金融相关率。2001~2016年,江苏金融机构存贷款余额的年均增幅达到12%以上。2011年,江苏金融机构存贷款余额总计11.4万亿元,占同期GDP的比重达到231.3%;而到了2017年,金融机构存贷款余额总计达到23.2万亿元,创下历史新高,占同期GDP的比重为270.14%(见图10-1)。因此,江苏金融支持"一带一路"交汇点建设具备较好的间接融资基础条件。

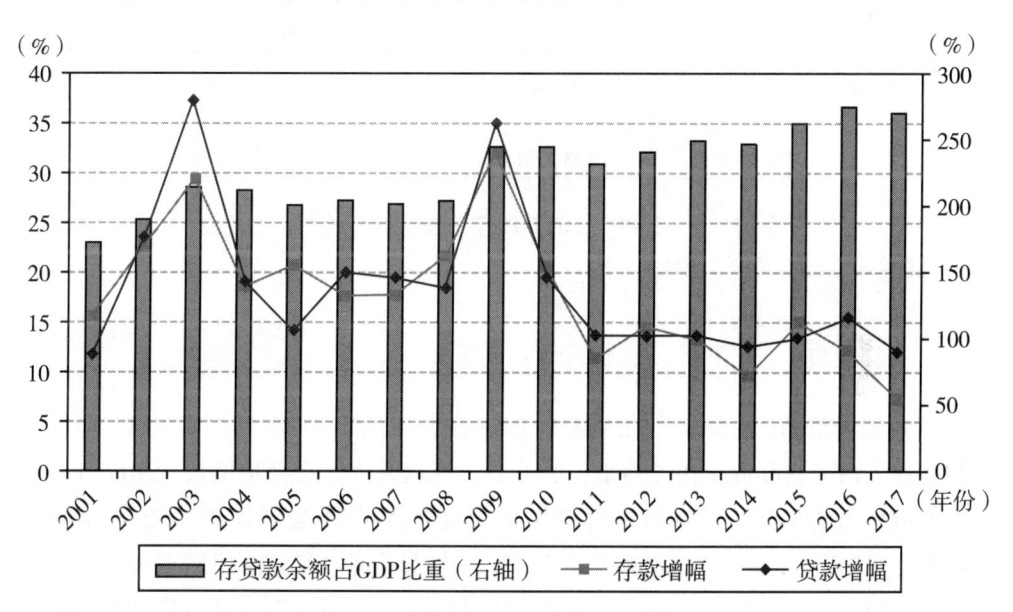

图10-1 2001~2017年江苏存贷款余额及比较

资料来源:历年《江苏统计年鉴》。

(2) 存贷比。江苏金融运行整体平稳,存贷款余额均稳步提升。江苏金融机构存贷款余额均保持持续上涨的态势。2017年,江苏存贷款余额分别增长至129 942亿元和102 113亿元,存贷比达到0.79(见图10-2)。截至2018年末,江苏省金融机构人民币存款余额139 718亿元,同比增长7.5%,比上年末提高0.2个百分点;金融机构人民币贷款余额115 719亿元,同比增长13.3%,比上年末提高1.2

个百分点。间接融资为江苏企业发展提供了主要的资金支持。在江苏经济高速增长的支撑下，江苏居民储蓄存款率保持稳步增长态势。

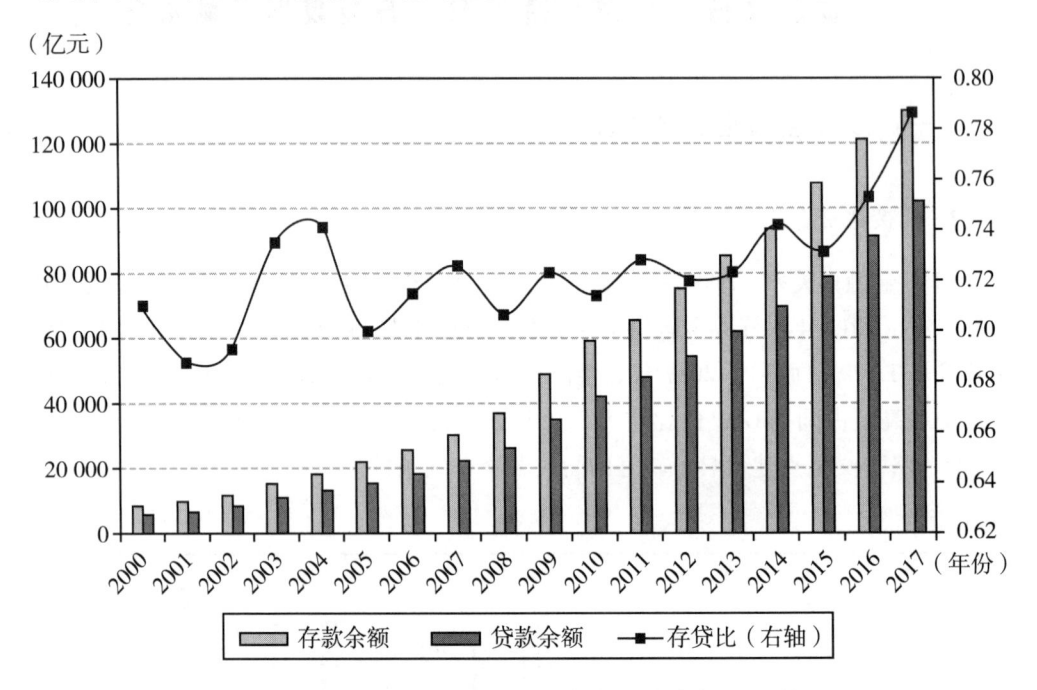

图 10-2　2000~2017 年江苏存贷款余额及比较

资料来源：历年《江苏统计年鉴》。

2. 直接融资

（1）证券市场。江苏证券市场发展态势良好，上市公司数量逐年递增，证券公司和期货公司营业部数量快速增加，私募基金管理人数量也稳步增长。2012 年，江苏有上市公司 236 家，证券营业部 365 个，期货公司 11 家，期货营业部 101 个。2016 年，江苏上市公司数量增加至 317 家，有辅导企业 197 家，"新三板"上市企业达到 1 245 家，期货公司和证券公司数量保持稳定的条件下，证券营业部和期货营业部数量快速增加。私募基金管理人数量在 2016 年也达到 781 位。快速发展的证券市场为江苏省内外企业直接融资提供了良好的融资渠道和平台，为服务江苏企业发展、支持江苏实体经济和产业发展提供了有利的资金融通支持。截至 2019 年 4 月，江苏已拥有上市公司 408 家，辅导企业 206 家，"新三板"企业 1 273 家，证券公司、期货公司分别为 6 家和 10 家，证券营业部和期货营业部数量分别达到 933 个和 175 个，私募基金管理人数量为 1 104 位（见表 10-1）。

表 10-1　　　　　　　　2012~2019 年江苏证券市场发展情况

年份	上市公司（家）	辅导企业（家）	新三板（家）	证券公司（家）	证券营业部（个）	期货公司（家）	期货营业部（个）	私募基金管理人（位）
2012	236	—	—	—	365	11	101	—
2013	235	206	—	—	540	10	119	—
2014	254	175	—	6	624	10	125	—
2015	276	193	—	6	683	10	135	—
2016	317	197	1 245	6	805	10	140	781
2017	382	238	1 388	6	887	9	159	1 024
2018	401	206	1 273	6	928	9	172	1 105
2019	408	219	1 210	6	933	9	175	1 104

注：各年份数据均为年末 12 月份统计数据。其中，2019 年为截至 2019 年 4 月的数据。
资料来源：中国证监会江苏监管局网站。

（2）债券市场。债券市场是发行和买卖债券的场所，是金融市场的一个重要组成部分。债券市场是一国金融体系中不可或缺的部分。截至 2018 年 6 月，江苏省地方融资平台总计 750 个。其中，地级市地方政府融资平台 459 个，省及省会（单列市）地方政府融资平台 87 个，县及县级市地方政府融资平台 204 个。较多的地方政府融资平台集中在地级市层面，地级市政府融资平台占比 61.2%，省及省会（单列市）政府融资平台占比 11.6%，县及县级市地方政府融资平台占比 27.2%（见表 10-2）。

表 10-2　　　　　　　按行政级别分的地方政府融资平台数量

行政级别	平台个数	占全部平台比重（%）	累计占比（%）
地级市	459	61.2	61.2
省及省会（单列市）	87	11.6	72.8
县及县级市	204	27.2	100
合计	750	100	

资料来源：Wind 数据库。

3. 跨境支付结算

（1）跨境支付。2013 年以来，江苏积极开展国际电子商务交易平台建设，通过电子商务的形式推动江苏跨境支付快速发展。截至 2013 年底，江苏先后与焦点科技（中国制造网）和阿里巴巴共同建立了"江苏省国际电子商务平台"和"阿里巴巴国际电子商务江苏分站"，建设"江苏面料出口基地频道""江苏省旅游日化产品出口基地频道"等专业跨境贸易服务平台，开发提供综合门户、物流配送、仓储报关、商品预归类、物流可视化跟踪、商品追溯查询等服务（陈幼迪，2014）。上述跨境支付通道的建立极大地方便了江苏跨境消费金融的支付结算，建立了江苏境内消费者与国外企业之间交易支付的便捷通道，降低了汇率风险、支付风险和贸易结算风险。跨境支付已成为江苏消费者完成跨境交易的重要渠道。

（2）跨境结算。江苏省内金融机构陆续推出人民币跨境结算金融产品和业务创新模式。2018 年，中国建设银行苏州分行搭建了基于网络银行的跨境投融资和结算的线上"跨境 e＋"服务平台，实现了企业银行结算全流程电子化操作。截至 2018 年 8 月底，中国建设银行苏州分行本外币一般性存款超 3 080 亿元，国际结算量超 470 亿美元，跨境人民币结算量累计近 200 亿元，国际收支客户数超 6 000 户，跨境人民币业务对公客户数超 5 000 户。[①] 2018 年 9 月，经人民银行总行同意，泰州市在全国率先开展人民币跨境结算方便化"绿色通道"试点。截至 2019 年，泰州已有 28 家试点企业按"绿色通道"业务流程办理跨境人民币业务 51 笔，金额合计 8.61 亿元。[②]

（二）金融支持"一带一路"交汇点建设的优势

1. 多重战略叠加的金融支持政策优势

（1）多重战略叠加。在经济转型升级和全面对外开放新格局的引领下，"一带一路"倡议、长江经济带、长三角区域一体化、沿海发展战略、苏南国家自主创新区以及南京江北新区多重国家战略在江苏实施。上述国家战略在江苏叠加实施，为金融支持江苏"一带一路"交汇点建设提供了良好的政策环境基础。特别是与"一带一路"相关的国家政策，必将在科技创新、基础配套、海关通关、财政税收、金融改革、土地指标、对外贸易、资源调度、重大项目审批等方面为江苏建设"一带一路"交汇点提供一系列配套优惠政策。

（2）先行先试探索。多重国家战略叠加所形成的优惠政策，将进一步扩大和深化江苏改革和对外开放程度，成为促进新区经济社会高速发展的"助推器"，也为

[①] 苏建轩：《便利跨境人民币结算服务 建行助力实体经济全球布局》，中国视窗网，2018 年 9 月 28 日。
[②] 《泰州试点跨境结算便利化"绿色通道"运行首月业务额环比增 28%》，载于《新华日报》2018 年 9 月 7 日。

金融支持"一带一路"交汇点建设提供了前所未有的战略机遇和政策组合优势。江苏金融支持"一带一路"交汇点建设需要利用好"先试先行"的制度优势,积极尝试金融制度改革创新。围绕国家重大发展战略,应率先进行金融产品创新、金融机构创新以及金融市场的管理体制变革,探索建立与"一带一路"交汇点建设相匹配的高效金融管理体制。

2. 金融发展水平的金融支持实力优势

(1)资金规模支撑。江苏是我国开放型经济大省,也是"一带一路"交汇点建设的重要省份。较大的经济体量和较高的人均GDP水平,说明江苏经济实力和经济发展水平已处于国内领先地位。省内优质的金融资源和金融市场发展条件奠定了江苏金融支持"一带一路"建设的基础。江苏历年金融机构存贷款余额稳步提升,间接融资发展拥有良好的基础条件,能够为省内外、国内外企业提供稳定的融资资金扶持。

(2)金融机制创新。江苏直接融资市场发展良好,证券市场、债券市场、基金市场发展均具有一定的规模。随着近年来新三板、四板市场、公募基金、股权融资、私募股权基金、风险投资、天使基金、互联网融资平台等新金融业态和融资模式的涌现,江苏直接融资市场体系逐步完备,企业通过直接融资方式获得资金的渠道大幅度扩宽,为吸引更多社会资本参与地方政府基础设施与大型项目平台建设提供了法制和平台保障。随着江苏经济进入高质量发展阶段,在外向型经济发展转型升级的新要求下,省内金融发展水平和基础条件将为金融支持江苏"一带一路"交汇点建设提供必要支持。

3. 产业转型升级的金融支持创新优势

(1)创新引领导向。2016年,江苏省委、省政府进一步提出《江苏省"十三五"战略性新兴产业发展规划》,明确了江苏未来大力发展的产业方向。创新引领将成为江苏未来经济社会发展的主旋律。提升江苏自身产业发展水平,提高战略性新兴产业的竞争力,是江苏积极参与"一带一路"交汇点建设的产业优势,也为江苏制造、江苏品牌、江苏创造服务"一带一路"沿线国家提供了产业基础保障。

(2)经济高质量发展。江苏推进经济增长和经济发展的质量变革,把提高产品服务质量、提高供给体系质量作为主攻方向。产业转型升级的内在要求,为江苏金融支持"一带一路"交汇点建设提供了创新优势保障。江苏金融发展在扶持新兴产业和传统产业转型升级进程中不仅可以发挥资金扶持与融资服务的功能,也能够为江苏新兴产业培育和高端产业发展提供资金支持,为江苏参与"一带一路"交汇点建设提供产业金融支撑。

4. 国际产能合作的金融支持平台优势

（1）合作平台建设。2016年，江苏发展改革委发布的《江苏省推进国际产能合作三年行动计划》明确要求，充分发挥江苏优势，加快推动国际产能合作各项工作，鼓励支持有条件、有意愿的江苏企业加快"走出去"开展投资合作，拓展发展空间，进一步提升国际化水平和持续发展竞争力。产能合作已成为江苏积极参与"一带一路"交汇点建设的优势手段与模式。

（2）金融扶持机遇。江苏企业在柬埔寨和埃塞俄比亚分别参与建设了西哈努克港经济特区和东方工业园两个国家级境外产业集聚区，两个园区内分别有100余家和近30家企业投资项目集聚，双方合作势头和企业发展状况良好。国际产能合作的战略契机为江苏金融支持"一带一路"交汇点建设提供了新的平台优势。金融支持江苏企业"走出去"，积极参与"一带一路"沿线国家的国际产能合作大有可为。

（三）金融支持"一带一路"交汇点建设的制约因素

1. 高水平境外投资企业机构仍待培育

（1）产业导向约束。如何提升江苏产能输出能力，提高江苏在"一带一路"沿线国家企业的经济利益依然是亟待解决的问题。以江苏目前参与"一带一路"建设的中哈物流基地、印度尼西亚加里曼丹岛农工贸经济合作区、埃塞俄比亚东方工业园、柬埔寨西港特区、坦桑尼亚农业产业园等"一带一路"沿线国家园区为例，江苏企业在上述海外园区有大量的劳动密集型纺织业、低成本劳动力农业及农产品加工业以及水泥矿石自然资源产业为主体的海外园区投资平台项目。江苏乃至国家依赖传统比较成本的外向直接投资战略方向亟待转变。过度依赖低成本和资源优势的对外直接投资（OFDI）导向不利于培育本地市场需求，也极易引起东道国对江苏"一带一路"沿线外向直接投资的误解与抵制。

（2）投资环境约束。江苏在"一带一路"沿线国家投资的企业整体实力和竞争力不强，难以形成全产业链模式下的全球资源配置能力。受制于国内生产和经营成本的提高以及国际产业转移大趋势的影响，企业在海外市场"站住容易站稳难"不仅是江苏更是全国对外直接投资企业的普遍现象，不少企业处于亏损状态。此外，造成江苏企业海外投资不利的因素还应包括海外投资企业"走出去"时的相关法规、制度设计尚有待优化，特别是在审批、透明度、融资体系等方面亟待完善。

2. 金融支持与东道国需求匹配度不高

（1）资金供求失衡。"一带一路"沿线国家的基础设施投资需要大量的资本和资金支撑。然而，"一带一路"沿线部分国家和地区的工业化体系和人民生活水平较低，难以形成良性的产业链生产体系。江苏在完成"一带一路"沿线国家产业园区建设的同时，也需要对园区内企业的生产设备、生产工艺流程进行配套扶持。上述建设和发展目标均需要较大的资金融通的支持（郑联盛，2019）。目前金融服务供给体系整体难以匹配多元化的金融服务需求，尤其是巨大的投融资需求。首先，资金供求存在总量与结构约束。政策性、开发性金融机构是"一带一路"建设的融资主体，但商业金融机构和非银行类金融机构参与"一带一路"建设的积极性不高。其次，出口信贷是较常使用的跨境基础设施融资模式，但上述模式易受到资金供给方和资金总量的影响。对于普遍处于中低收入水平的"一带一路"沿线国家而言，其国内出口信贷的结构模式也难以解决其进口资金不足的困难。

（2）投资收益保障。投资收益和投资回报问题是金融支持江苏"一带一路"交汇点建设亟待解决的难题。如果完全按照市场机制配置金融资源，那么，金融资源的流向具有逐利性，很难有非政策性、开放性融资机构会为江苏参与"一带一路"交汇点建设的基础设施项目提供金融融资服务。较多沿线国家的基础设施收益率与当地经济增长保持相对稳定或相近水平。"一带一路"沿线国家近期的经济增长同比增速均较低，不仅低于国内信贷融资成本率，甚至低于国内基础设施建设的投资收益率水平。如果不能调动金融资源的积极性、引导和鼓励金融资源向"一带一路"沿线国家进行投资发展，就很难保证金融支持江苏"一带一路"交汇点建设的可持续性。

3. 引导多元资本参与的作用亟待加强

（1）项目建设周期较长。国家和省级地方金融机构是投资"一带一路"建设的主要融资机构，很大程度上依赖于"一带一路"建设较强的政策性和开发性。当前，尽管有部分地方金融机构和民间金融机构以信贷资金的形式扶持江苏企业参与"一带一路"沿线国家对外直接投资项目，但真正参与"一带一路"项目建设的民间和社会资本融资较少，也未形成多元社会资本共同参与"一带一路"交汇点建设的投融资协同发展的局面。魏龙（2016）认为，"一带一路"基础设施项目资金投入后，有很长一段时间的收益空白区。"一带一路"基础设施虽然有很强的外部正效益，但是由于"一带一路"基础设施本身具有公共物品属性，很难将这些外部性转化为收益，特别是部分重大建设项目周期较长，自身资本流动性相对不足，较难吸引社会资本参与。

（2）资本市场机制缺失。"一带一路"沿线国家的区域性资本市场建设并不完善，尚未形成"一带一路"项目建设的资本退出机制和相应的二级交易市场。一旦社会资本参与"一带一路"项目建设，就相当于将资金锁定在"一带一路"项目建设中，使得社会资本失去流动性，或间接提高社会资本的退出成本（赵蜀蓉等，2018）。另外，参与"一带一路"建设的外资金融机构较少。区域性资本市场不健全同样是造成外资金融机构参与度较低的原因。在无法将项目投资资本进行二级交易的条件下，很难形成国内外金融资本对"一带一路"建设的可持续资金扶持。

4. 境外区域性投资风险评估能力不足

（1）政治安全风险。在全球民粹主义和"一带一路"沿线部分国家民生水平不断下降的大背景下，沿线国家国内政治局势出现不稳定因素，导致"一带一路"建设受到部分沿线国家人民的抵制。部分沿线国家的恐怖主义、宗教极端主义、分离主义等极端思想也会对中国与"一带一路"沿线国家的经贸合作产生不利影响。尽管江苏所合作的"一带一路"沿线国家安全局势较稳定，区域经济发展处于稳步提升的阶段，但仍需对投资东道国国内反对中国投资和金融支持的势力保持警惕，应对沿线东道国国内的政治局势保持关注，提高对沿线国家投资的政治安全风险防范能力，严防地区政治安全影响双边贸易往来和投资建设。

（2）债务偿还风险。"一带一路"沿线国家债务偿还能力是影响中国开展"一带一路"建设的重要考察因素。中诚信国际（2018）认为，"一带一路"沿线许多国家对"一带一路"的建设持有矛盾心态。一方面，这些国家希望从中国得到更多的资金、技术和无偿援助，同时利用中国巨大的消费市场，将产品出口到中国；另一方面，又不希望产生像对欧美国家一样的经济依赖，因此在合作的深度和执行的力度上往往有所保留。胥爱欢和李红燕（2018）则认为，"一带一路"沿线国家的债务风险值得关注，部分国家国内经营环境存在风险，政府债务高企。江苏在开展"一带一路"沿线国家金融支持建设和发展进程中对东道国相关债务的了解和认识均显不足。因此，能否掌握东道国债务规模和结构情况、开展科学的东道国投融资项目筛选，就决定了金融扶持江苏参与"一带一路"交汇点建设的实效。

（3）金融惯例风险。"一带一路"涉及国家范围广、区域文化差异较大。以伊斯兰金融惯例为例，基于《古兰经》所规定的伊斯兰金融借贷发生过程和资金使用成本是禁止收取利息的。伊斯兰经济学家普遍认为，"里巴"不仅包含高利贷，也包含利息，即任何固定的或预先商定的存款利息或借贷利息支付（张云雁，2015）。除此之外，伊斯兰金融还对借贷行为有如下惯例：禁止任何超出本金实际数目的预定付款；贷方必须与借方在其借款所从事的事业中共同分担事业的成败；从钱中生钱是不可接受的等。上述伊斯兰金融的惯例与我国乃至世界范围内的融资信贷资本使用方式存在较大差别。因此，金融惯例的差异同样是金融支持江苏"一带一路"交汇点建设需要关注的问题。

二、金融支持"一带一路"交汇点建设的基本思路

（一）加强优质金融资源整合力度

1. 加大政策性金融扶持

（1）加快政策性金融平台融合。政策性金融机构的引导功能对政策性金融体系的金融需求，主要体现在引动功能和启动资金上，不仅包括国际的多边政策性金融组织，还包括国内的政策性金融机构，而且需要形成二者相互支持、合作和补缺的动态机制（郑联盛，2019）。基础设施项目需要政策性金融机构在项目前期发挥引导作用。"一带一路"项目中的出口信贷贷款和"两优贷款"亟须世界银行、亚洲开发银行以及国内政策性金融机构等的金融支持。政策性金融机构的金融支持在基础设施建设前期尤为重要。金融支持江苏"一带一路"交汇点建设应加速与"一带一路"相关的开发银行以及亚洲基础设施投资银行（以下简称"亚投行"）基础设施投资资金相整合（赵蜀蓉等，2018）。积极提升与亚投行、国家开发银行、进出口银行、农业发展银行等国家层面政策性金融机构的合作力度，整合省内外优质金融资源，向江苏对接"一带一路"海外园区、国际产能合作平台、省内"一带一路"相关基础设施建设平台以及沿线国家基础设施、重点产业等领域增加金融资金支持力度。

（2）拓展政策性融资信贷渠道。江苏应注重政策性融资资金的制度性安排。充分发挥政策性金融引导和示范效应，以传统政策性融资渠道为媒介，拓展包括贷款、总包、债券、银团贷款等围绕政策性金融模式发展起来的多种政策性融资渠道。结合"一带一路"沿线国家和地区的项目可行性和内外资源匹配性合理安排融资计划及相关投资。重点打通国内省份之间与区域之间的资金融通渠道，发挥中国境内银行和所在国银行尤其是银团贷款功能，在实现资源联合投入的同时实现风险共担，实现江苏省域内企业对外直接投资。扩大金融支持江苏"一带一路"国家级和省级园区建设，是保障"一带一路"沿线国家建设发展的重点任务，因此，在基础设施、大型港口枢纽设施、产能输出平台建设以及沿线国家国内营商环境和金融

生态环境改善等诸多方面都应提升政策性金融的扶持力度。积极开展政策性融资，对"一带一路"沿线国家和地区以及省内"一带一路"相关基础设施建设、重点产业的发展提供信贷支持，用以推动各地区金融的发展，更好地支持落后地区的经济发展。同时，设立专门的区域性金融机构和政策性开发银行，实行倾斜性的信贷和担保等金融政策，重点支持区域内主导产业及重点战略性产业的发展，支持落后地区的经济发展。

2. 提升商业性金融绩效

（1）加强市场化融资运作。在项目建设初期，政策性金融发挥着引领项目建设的基础性作用，政策性金融也以其独特的政府主导和大规模资金注入的优势为"一带一路"沿线国家基础设施、互联互通等关键环节的建设提供了大量的资金支持。然而，金融支持江苏"一带一路"交汇点建设不能仅仅依赖政策性金融融资模式。在项目建设中期的运营维持，以及固定资产类项目落地后的产业转移和企业落地等涉及市场经济微观主体的经营开发上，商业性金融就起到决定江苏"一带一路"交汇点项目建设可持续性的关键作用。此外，"一带一路"倡议的实践更多的是以项目合作、区域发展和要素整合为基础，是产业链和价值链的合作，更多的是微观经济主体的行为，金融支持亦相应匹配更多的市场化机制。商业性金融体系在基础设施建设中后期的核心功能是无法替代的，需要发挥越来越显著的主导作用。

（2）提高商业性金融地位。除了基础设施和项目前期建设需要投入的资产类融资支持外，"一带一路"建设和发展同样涉及大量配套金融服务。无论是促进贸易融通还是更好地服务对外投资，均需要加快推进金融机构和金融服务的网络化布局，提高对贸易的金融服务能力，形成金融和经济相互促进的良性循环，进而盘活整盘棋局。江苏应当着力通过立法的形式，保障商业性金融在支持"一带一路"交汇点建设中的合法地位，提升商业性金融参与项目建设的参与度和积极性，完善项目合同契约形式，保障商业性金融的收益权利。促进商业银行在"一带一路"建设中开展网络化布局，为"一带一路"沿线国家和地区的贸易与投资提供更好的金融服务。

3. 引导多元化资金整合

（1）创新开发性金融模式。开发性金融是政策性金融的深化和发展，是实现政府发展目标、增强国家和地区金融竞争力的一种金融形式。开发性金融介于商业金融与政策性金融之间，能够有效应对市场和政府同时失灵（孙国峰，2016）。金融支持江苏"一带一路"交汇点建设应创新传统开发性金融模式，提高开发性金融对基础设施、海外园区、企业投资及对外贸易的扶持力度，有效避免传统商业金融机构在应对信息不对称时出现的资金期限匹配和资本占用的问题。开发性金融可以有效识别项目的中长期盈利性，能够实现金融支持的规模效应，推动江苏参与"一带一路"产能合作企业在海外园区建立完整的产业链生产体系，完善金融及相关基础设施相关配套，形成合力，发挥兼具市场化金融与政策性金融优点的融资集聚优势。

（2）提升社会资本参与度。充分调动江苏省内外社会资本参与"一带一路"交汇点建设的积极性和主动性。第一，给予社会资本适当的项目参与权，对具有良好收益前景和稳定收益能力的在建项目，鼓励社会资本参与。逐步形成社会资本和民间资本共同参与"一带一路"高收益率项目的良好局面。第二，积极开展多种形式的融资模式创新。将传统融资模式与创新融资模式有机结合，同时不断探索新的融资模式。加大探索开展"公司合营"（PPP）业务模式、"建设—经营—转让"（BOT）融资模式以及"移交—经营—移交"（TOT）模式。特别是在"一带一路"交汇点建设中与基础设施相关的项目建设，应通过融资模式创新鼓励社会资本和民间资本参与，这不仅有助于有效缓解东道国外债压力，还可减少外界对我国金融机构的抵触情绪，有效降低债权人的投资风险。

（二）创新传统跨境金融服务模式

1. 推进融资模式创新

（1）丰富金融产品种类。在金融业对外开放与国内金融自由化进程加快的大背景下，金融产品创新、金融组织创新、金融技术工具创新和金融制度创新是金融全球化对国内金融业发展所提出的新要求。江苏经济实力较强，省内金融机构组织健全，新金融发展态势良好，金融发展水平较高，实现金融创新的条件较好，金融创新支持江苏"一带一路"交汇点建设具有较好的现实基础。江苏应该率先尝试进行"一带一路"投融资相关金融产品创新，重点丰富"一带一路"相关金融工具的种类，在"一带一路"专项债券、相关投融资基金设立、信贷优惠扶持政策体系、企业出口信贷、银团贷款、项目债券发行、资产证券化等多个领域加大创新力度。在符合国家金融政策和保障金融安全的前提下，适度探索具有江苏地方特色的"一带一路"金融支持产品，提升江苏"一带一路"金融服务的品牌效应。

（2）优化服务技术支撑。金融支持江苏"一带一路"交汇点建设，要求江苏金融发展应根据"一带一路"沿线国家、市场、产品、客户、项目的不同，结合沿线经济体存在的差异化、多元化和技术性的金融服务需求，制定差异化的金融支持配套服务体系（郑联盛，2019）。从现有"一带一路"沿线国家和江苏对外投资企业的融资需求看，出口信贷、债券发行、股权投资、信用增级、信息咨询、监管合规、法律及会计等金融支持和专业服务是当前江苏企业"走出去"急需的服务模式，上述金融需求的满足均需要专业性金融或工商服务机构提供特定的金融服务及相关支持。在目前江苏金融服务已有的技术条件下，江苏仍需要在互联网金融、大数据和云计算、跨境支付和跨境结算、证券交易发行、科技金融、普惠金融、绿色金融等多个领域进行技术研发和探索，以适应"一带一路"交汇点建设的金融需求。

2. 健全金融市场体系

（1）完善交易市场体系。金融支持江苏"一带一路"交汇点建设需建立规范的金融交易市场体系，要充分发挥市场机制在金融资源配置中的作用。"一带一路"倡议的提出带有较强的政治性和目的性。然而，单纯依赖政策性和开发性金融扶持不利于"一带一路"沿线国家和我国省份参与"一带一路"建设微观机制的培养。园区企业、对外投资项目、基础设施工程建设可以在我国政府和国际组织的协同开发下顺利完成，但园区建成后、项目落地后的可持续发展仍需要市场经济主体的积极参与。当前，从已有的"一带一路"金融支持政策导向看，较多的仍是政策性和开发性金融扶持，很少看到国内外金融机构参与到市场经济主体的培育中来。因此，金融支持江苏"一带一路"交汇点建设亟须建立"一带一路"沿线国家和我国产能合作企业相配套的直接融资市场体系。应重视直接融资在金融扶持"一带一路"交汇点建设中的积极作用，处理好政府与市场的关系，积极推进资本市场按照市场机制的内在要求和更好发挥政府作用的要求健康发展（安泽扬，2016）。要健全多层次资本市场体系，加大力度多渠道推动"一带一路"沿线国家的股权融资，发展并规范债券市场，提高直接融资比重。

（2）构建融资长效机制。江苏应发挥金融发展优势，整合国内外优质金融资源，构建"一带一路"交汇点建设的投融资长效机制，实现联动国内外资本积极参与"一带一路"交汇点建设的良好局面。首先，在政策导向上，应在"一带一路"项目运作中，统筹国内外两个大局，统筹内外两个市场，鼓励吸引境内外投资者和投资机构参与到江苏"一带一路"交汇点建设的投融资中来，切实缓解单纯依靠江苏省内金融资源进行沿线国家投资和省内产能合作的局面。其次，探索建立"一带一路"相关融资项目的二级市场和证券化市场路径。一方面，通过对已有的"一带一路"发展基金、丝路基金进行证券化，吸引社会资本参与基金融资；另一方面，尝试开展"一带一路"相关融资合约的二次交易，建立"一带一路"投融资二级交易市场，进一步缓解江苏省内金融机构、市场、资金和产品单独支撑"一带一路"交汇点建设的困境，形成境内和境外、域内和域外、政策性和商业性、公共部门和私人部门等内外要素及资源的有效统筹与整合。最后,利用完善的"一带一路"金融市场体系,实现省内外、国内外金融资源联动协同。特别是对于"一带一路"沿线国家、区域性以及国际性的政策性金融机构及其优惠贷款、技术援助与项目经验资源,应加强对沿线国家市场化、商业性金融机构与私人部门资源的引导整合,形成省内外金融资源支持江苏"一带一路"交汇点建设的融资长效机制。

(三) 完善金融服务平台体系建设

1. 投融资综合服务平台

(1) 培育投融资中介机构。境外投资中介机构是指导辅助本国企业从事境外投融资的重要市场主体。境外投资中介机构在确定投资项目、整合东道国市场信息、完成投融资成本收益核算等方面发挥着重要的指导作用。当前我国从事境外投资的专业中介服务市场长期被外资机构垄断。基于做好境外投资公共服务的前提,中国应采取政府主导和市场培育服务性商业机构两种办法,健全我国企业海外投资服务体系(马霞,2019)。从组建方式看,境外投融资中介机构可以是非营利性的协会组织、商业性经营主体或金融机构的辅助部门。金融支持江苏"一带一路"交汇点建设应当发挥境外投资中介机构的重要功能。初步设想,可依托江苏省内金融机构成立境外投资中介部门,以由省级主管部门牵头成立江苏境外投资中介联合会的形式,确立金融支持江苏"一带一路"交汇点建设的专业境外投融资中介组织;也可以引导社会商业性中介服务机构积极参与省内境外投资中介机构,进行联合重组,实现江苏"一带一路"交汇点建设金融中介机构竞争力和品牌效应的提升。在完善省内投资中介建设之后,积极引导鼓励其设置海外分支机构,加速培育江苏"一带一路"交汇点建设金融中介与国际惯例和国际市场的接轨,提升江苏境外投资中介服务机构的国际竞争力。

(2) 构建投融资征信系统。在完善境外投融资中介机构建设的基础上,江苏应积极组建省内"一带一路"交汇点建设的投融资征信系统。从省级层面加强对"一带一路"交汇点建设中国际产能合作、基础设施建设、对外授信业务、贸易投资便利化相关的市场主体的信用信息整合,强化"一带一路"相关政府组织、企业主体、民间资本参与投融资过程的征信数据搜集。构建江苏地方性、区域性"一带一路"交汇点建设的投融资征信平台。一方面,利用征信平台的信息资源整合能力,及时了解把握"一带一路"沿线国家投融资需求信息变动、市场变化、经济运行趋势;另一方面,可以借助信息征信平台的信息搜集优势,实现江苏加强"一带一路"交汇点建设相关市场主体的激励和奖惩制度。对符合江苏省产业发展导向、适应东道国经济社会发展需求的境外投资企业给予适当合理的融资配套和信贷扶持。为重点项目的孵化和启动提供融资支持。对于有一定盈利能力,但投资周期较长、回报较慢的项目给予适当的融资优惠;对于需要利用资金扶持或者补贴的省内"走出去"行业,及时给予金融扶持,从而实现宏观金融支持政策与微观企业主体的有效衔接。

2. 跨境支付结算平台

(1) 跨境支付平台。在充分发挥已有的专业跨境贸易服务平台优势的基础上,加强与各主要国际金融中心的合作,积极发展在岸金融和离岸金融两个市场,建设交易更便捷、服务更优质、辐射力更强的人民币服务体系,吸引境外投资者和发行主体参与我国金融市场的交易,分享我国的经济成果,增强其持有人民币的意愿(安泽扬,2016)。同时,积极运用上海作为"一带一路"区域性国际金融中心的优势地位,建立江苏对接上海支付清算体系与国际标准接轨的有效机制,支持江苏企业和消费者的人民币跨境支付,构建多币种清算支付系统以及人民币与外币支付清算系统之间的同步交收渠道。

(2) 跨境结算平台。利用人民币国际化试点"先试先行"的政策优势,完善省内外跨境结算平台建设,更好地服务江苏"一带一路"交汇点建设市场主体的投资与贸易结算。江苏省中外资金融机构众多,金融基础设施较完备,本外币结算网络、金融产品和结算供给已初具规模。江苏省各级人民银行人民币跨境收付管理系统已上线开通,能有效为跨境人民币结算提供配套服务。2013年7月,江苏昆山市试点个人经常项下跨境人民币业务、个人对外直接投资跨境人民币业务、台资企业集团内部人民币跨境双向贷款业务(国务院赋予的独有政策)、中国台湾金融机构在昆山跨境直接投资人民币结算业务。2014年6月,中国人民银行总行批复苏州工业园区开展跨境人民币贷款、股权投资基金人民币对外投资、园区企业在新加坡改造人民币债券、个人经常项下及对外直接投资项下跨境人民币业务等四项试点。江苏应积极运用上述试点的发展机遇,完善已有跨境支付平台建设,积极争取更多的跨境支付试点落地江苏省内,有效满足江苏"一带一路"交汇点建设进程中市场主体在国际贸易、投资金融和消费等多方面跨境结算的业务需求。

(四) 提高区域投资风险防范能力

1. 树立投资风险意识

(1) 注重风险收益。江苏参与"一带一路"交汇点建设应重视项目投资的风险收益分析。金融支持江苏"一带一路"交汇点建设过程中更应关注项目投资风险。从市场主体的角度看,参与"一带一路"项目发展,本身就是企业或金融机构的境外投资行为,即便是金融支持江苏省企业的国际产能合作项目,也应当注重对省内企业国际竞争力、项目可持续性、投资收益和成本收益的考察。不能为了投资项目而盲目投资,甚至造成国家和社会金融资源的浪费。

（2）合理风险评估。首先,企业和项目参与主体应在统筹项目建设短期成本和长期收益时强调风险意识,加强对项目投资和建设的风险评估。省级政府考察备选扶持企业时,要关注企业自身发展的能力,鼓励项目参与主体坚持审慎性和稳健性的基本原则,在充分考察"一带一路"沿线国家经济发展水平、国内风险因素、市场运行环境和风俗习惯的基础上,完成项目的风险评估之后再逐步推进项目建设。其次,要特别关注项目参与主体在东道国面临的投资环境和基础条件,在充分的市场调查和项目可行性分析的基础上,再进一步开展项目硬件设备的投资建设。最后,要关注项目投资的短期收益与中长期收益之间的关系。正确应对短期项目收益和长期收益的矛盾,合理配置金融资源,在服务国家战略发展和省内外资源统筹大局的基础上,考察项目的成本收益。

2. 建立风险预警机制

（1）构建投资安全网络。第一,在前面所述投融资征信系统的基础上,建立江苏"一带一路"交汇点建设项目参与主体的投资安全网络体系。加快建设政府公共服务平台,完善政策法规体系。应尽快建立规范企业行为的相关制度。不断完善江苏对省内外企业参与"一带一路"交汇点建设市场经营主体的海外利益保护机制,提高各政府部门分工协作的效率,积极引入社会力量参与海外利益保护,形成江苏"一带一路"交汇点建设项目投资联动工作网络,积极打造维护江苏企业在"一带一路"沿线国家海外利益的综合安全网。第二,利用投资安全网络平台,强化"一带一路"沿线国家国内市场信息的搜集,提高省内投资者与境外政府、企业和其他投资主体之间的信息透明度,提高江苏企业对"一带一路"沿线国家市场信息的把握,做好信息配套服务,帮助企业充分了解海外投资风险源,提前发现风险点,及时编织防控网,有效管控影响面。

（2）加强投资风险预测。首先,结合财政部2019年发布的《"一带一路"债务可持续性分析框架》,尽快出台结合江苏对外直接投资实际情况、符合产业发展要求的江苏境外投资项目风险预警预测框架,按年度对江苏已参与"一带一路"交汇点建设的基础设施、工程承包、产能合作、投资贸易等合作项目进行项目跟踪调研,向社会公开江苏"一带一路"交汇点建设项目可持续发展评估报告,并努力实践江苏"一带一路"交汇点建设项目评估的制度化、常态化。其次，开展对江苏未参与的"一带一路"沿线国家的风险评估和预测工作，为江苏省内外企业积极拓展"一带一路"沿线国家投融资合作提供指导和参考。最后，构建全面系统的金融服务需求"矩阵式"分析框架，实行区域国别—业务模式并举的矩阵式评估（郑联盛，2019），明确需求内容、供给模式、成本收益和风险。规避各种危及江苏海外利益的安全威胁，最大限度减少或规避损失。

（3）培育风险管理人才。江苏应着力培养国际投资贸易的专业风险管理人才。目前，江苏缺少应对"一带一路"沿线国家投资贸易风险的专业风险管理人才。从江苏以往的对外直接投资目的国看，东亚、南亚和东南亚地区是江苏对外直接投资较集中的区域。上述地区与我国投资观念、经贸风俗习惯接近，江苏本地国际经贸人才可以很好地适应针对上述地区的投资经贸业务往来。然而，"一带一路"沿线国家涉及的地域广泛、国家数量众多、跨区域经贸往来较多，特别是部分阿拉伯地区的经贸惯例与江苏已有对外直接投资的相关政策存在矛盾冲突，因此，江苏亟须培养、使用熟悉"一带一路"沿线国家投融资和经贸惯例的专业风险管理人才。

三、金融支持"一带一路"交汇点建设的重点领域

（一）基础设施融资支持

1. 鼓励私募基金运作

基础设施投资是金融支持江苏"一带一路"交汇点建设的重点领域之一。基础设施是指一个国家或地区内的公共工程系统。基础设施投资多为特定国家或地区公共和私营部门对能够在长期内支持经济可持续增长的固定的、不可移动的资产的投资。绝大多数的基础设施建设具有典型的公共产品属性。基础设施更多地涉及"一带一路"沿线国家或地区的能源、电力、交通（铁路、公路、机场、港口）、通信、水务等（Wiederer，2018；中国对外承包工程商会，2019）。因此，基础设施建设具有投资周期长、投资收益回报较慢、前期垫付资金量大的特点。金融支持江苏"一带一路"交汇点建设，在基础设施投融资领域可以采用多重融资模式，积极吸引社会资本参与。可采用国际基础设施投资合作领域较常使用的私募基金（PE）形式。通过双边或多边合作机制进行讨论，选择需要重点推进建设的"一带一路"基础设施项目，进行多边磋商得出具体的项目计划，根据项目计划确定具体的融资方案，选择适合的 PE 基金（国观智库，2019）。综合运用有限合伙制、公司制、

信托制私募基金形式，鼓励社会和民间资本参与基础设施项目建设。

2. 选择公私合营模式

截至 2018 年底，"一带一路"沿线国家已批准 32 个基础设施投资项目，总投资 64 亿美元。此外，丝路基金已签约 19 个项目，承诺投资 70 亿美元，支持项目涉及总金额达 800 亿美元。与"一带一路"沿线国家货物贸易累计超过 5 万亿美元，对外直接投资超 700 亿美元。多层次金融服务体系逐步建立，为沿线国家企业参与"一带一路"建设提供了多元化金融支持与服务。金融支持江苏"一带一路"沿线国家的基础设施建设也可以根据具体基础设施项目计划选择适合的公私合营模式（安泽扬，2016；马明龙，2016）。可在对"一带一路"沿线国家当地政府、当地民众的利益诉求，展开充分调研的基础上根据具体的投资环境，选择适合的公私合营模式。具体来说，对于能源资源运输类基础设施项目建设，多为国家层面的战略合作，在 PPP 模式中可以选择"建设—移交"（BT）模式；对于部分交通类基础设施项目，则可以选择 BOT 模式，由社会资本参与建造后，允许社会资本参与项目经营；对于部分翻新改造的基础设施项目，还可以采用 TOT 方式。允许政府部门或国有企业将建设好的项目一定期限的产权或经营权有偿转让给投资人，由其进行运营管理。投资人在约定的期限内通过经营收回全部投资并得到合理的回报，双方合约期满之后，投资人再将该项目交还政府部门或原企业。

（二）对外投资授信服务

1. 积极开展企业授信

积极支持江苏企业"走出去"。在已有金融机构支持省内外企业参与"一带一路"建设的基础上，扩大融资授信规模。江苏省金融机构在针对省内外"一带一路"建设项目企业融资的过程中取得了显著成效。2016 年，西藏珠峰项目获得江苏银行 20 亿元人民币综合授信，支持西藏珠峰控股股东在塔吉克斯坦投资建设中塔工业园，该园是在"一带一路"倡议下，中资企业在中亚地区重要的对外经贸合作区。① 同年，江苏银行无锡分行将无锡红豆集团列为重点客户，持续合作，对红豆集团整体授信已逐步提升至 16.29 亿元，对企业"走出去"给予了大力支持。无锡红豆集团 2008 年在柬埔寨西哈努克打造西港特区，截至 2016 年，该园区已进驻

---

① 《西藏珠峰获 20 亿元综合授信 布局"一带一路"项目》，人民网，2016 年 3 月 1 日。

企业54家,从业人数9 000人。① 此外,江苏银行连云港分行成功对接我国"一带一路"倡议实施的第一个实体项目——中哈物流园,对中哈国际物流有限公司提供综合授信2亿元。在园区项目上,江苏银行陆续在连云港港口集团、通州湾重点项目上合计提供了超过37亿元的授信和"一揽子"的综合创新金融产品和服务。② 未来,江苏应扩大金融融资信贷对江苏"一带一路"沿线国家或地区投资企业的融资规模,提升对江苏"一带一路"交汇点建设企业主体的融资授信。

2. 扩大工程融资规模

金融发挥着聚集资本、配置资源的关键作用,是经济发展的核心。金融支持"一带一路"建设发展是中国"一带一路"建设的应有之义。自2014年建立丝路基金以来,中国已通过丝路基金、亚投行、金砖国家开发银行为沿线国家提供经济发展所需资金。"一带一路"建设在基础设施互联互通、经贸合作、金融服务等金融支持领域取得显著成效。江苏省金融机构积极开展"一带一路"沿线国家或地区的工程类融资合作。例如,江苏银行已先后开展中国电力工程有限公司的菲律宾电站项目、中国江苏国际技术工程安哥拉纺织厂改扩建项目及埃塞俄比亚商业银行总部大厦项目、中钢设备有限公司巴基斯坦钢厂项目等"一带一路"沿线国家的工程项目融资。江苏金融机构从招投标保函、履约保函、预付款保函等多个方面为"一带一路"沿线国家工程项目建设提供必要的担保支持。要不断扩大江苏金融机构参与"一带一路"沿线国家项目建设,提高对基础设施、公共服务、省内外企业"走出去"等多领域的金融合作和授信服务。江苏应鼓励省内各区域金融机构结合本地"走出去"企业资源,积极开展"一带一路"投融资授信业务,不断整合省内外金融资源,在授信融资、资金结算、投资银行等服务上加强合作。

(三) 跨境经贸融资服务

1. 创新贸易金融模式

据中诚信国际(2018)统计,2018年上半年,中国与"一带一路"沿线国家货物贸易进出口达到6 050.2亿元,同比增长18.8%;对沿线国家非金融类直接投资达到74亿美元,同比增长12%。中国在7个沿线国家建立了人民币清算安排。11家中资银行在27个沿线国家设立71家一级机构。亚投行成员国增至87个,总

---

① 《江苏银行助力"一带一路"园区建设》,江苏银行网站,2016年5月16日。
② 《江苏银行融入"一带一路"战略》,江苏银行网站,2016年4月26日。

资本金达1 000亿美元。江苏金融机构在给予企业"走出去"的支持上,已不仅仅局限于"一带一路"沿线主要的项目建设,更是在非洲、美洲等重要"驿站地区"多领域同步拓展,快速推进资本国际化、多元化布局。江苏银行积极对接中江集团承包的埃塞俄比亚商业银行总部大楼工程项目,为中江集团开立保函2 300万欧元,成功为江苏企业"走出去"提供跨境金融服务支持。同时,江苏银行积极参与上海鹏欣集团的海外房地产和股权投资业务,已提供20亿元贷款支持。[①] 此外,江苏金融机构在企业金融租赁方面也积极创新支持企业海外发展。江苏银行苏银金融租赁公司主动对接江苏汇鸿集团外经公司在尼日利亚自贸区投资设立汇鸿国际(尼日利亚)工业园项目,确定其名下尼日利亚及苏州家电生产线、模具等生产设施为租赁物,采用售后回租方式,为企业融资3 000万元(李琪,2017)。江苏应重点开展针对"一带一路"沿线国家进出口贸易相关的出口信贷、进口押汇、进口托收押汇、出口托收、提货担保、信用贷款、商业担保、融资租赁、股权融资、联合融资等多种方式的贸易融资合作。积极鼓励江苏与沿线国家开展贸易往来,增加双边贸易额,减少贸易风险,更好地发挥贸易融资对进出口货物和服务贸易的促进作用。

2. 加强跨境金融合作

在跨境融资方面,江苏银行已通过内保外贷、境外银团等方式支持了鹏欣集团刚果(金)铜矿项目以及中兴能源巴基斯坦光伏电站项目等。在业务推进过程中,江苏银行充分发挥重点分行、重点客户、重点产品优势,积极参与重点项目,切实推动相关业务发展。江苏金融机构可加强与国内外大型国有集团客户的紧密合作,积极与中国进出口银行、国开行总行及中信保总公司对接,通过为客户开立投标、预付款保函,介入"一带一路"沿线项目建设。江苏金融机构在拓展海外投资贸易进程中,可更多地发挥金融中介功能,加强对"走出去"企业的出口信贷、信用保理、信贷支持,拓展江苏企业在海外开拓市场、提高经营销售业绩方面的信贷融资支持。积极开展包括股权、债权、基金、贷款等多种方式提供投融资服务,同时也可与国际开发性金融机构、境内外金融机构等发起设立共同投资基金,进行资产受托管理、对外委托投资等,创新贸易金融合作模式。同时,随着江苏苏州和昆山的跨境贸易人民币结算试点范围的扩大,江苏企业可以直接使用人民币进行结算,大幅度降低交易成本和交易风险,使得企业可以结合市场信息的变化情况及时进行商品和资金的交割,灵活地应对国际市场交易的汇率变动。此外,结合江苏省内,特

[①] 《商业银行谋篇布局深化转型 提升"一带一路"金融服务水平》,金融时报—中国金融新闻网,2017年4月21日。

别是苏南地区外资企业较多的情况,设立人民币跨境结算试点平台,有助于提升江苏企业对接国际市场的效率和能力,推动人民币国际化,减少江苏企业在国际投资贸易进程中对美元的依赖性,对江苏承接上海自贸区制度红利、推动外向型经济转型升级均具有重大的实践意义。

(四)产能合作金融支持

1. 引导产融合作发展

随着江苏经济进入高质量发展阶段和外向型经济发展转型,对外直接投资、对外工程承包、国际产能合作、大型平台项目建设已成为江苏参与"一带一路"建设的重点领域。与此同时,金融支持江苏"一带一路"交汇点建设,也逐渐成为江苏"一带一路"建设的重要手段。国际产能合作是基于全球价值链分工体系中不同生产环节和供应链上下游产品线之间依据比较优势参与国际分工的过程。国际产能合作离不开金融支持。在"一带一路"交汇点建设的进程中,扶持省内外企业积极参与国际产能合作,协助企业开展对外直接投资和全球资源配置,实现基于全球价值链分工的产业链内部产业与金融资本的有机结合与深入融合,便成为金融支持江苏"一带一路"交汇点建设的应有之义。江苏金融机构要树立全球视野,增强产业关怀,积极牵头组建重大项目,开发联合体,提供国际一流服务,主动通过规划先行、信用建设,走在国际产能合作前端,布局全球产业。与此同时,应当看到金融支持"一带一路"建设中的国际产能合作不仅是基于江苏省内甚至国内金融资本的单方面输出,而是基于"一带一路"沿线国家国内金融资源在内的多元国际合作共建。江苏金融机构应与国际金融机构加强合作,开辟更多的融资渠道,主动帮助"一带一路"沿线国家完善国际产能合作的金融扶持,引导金融资本与产业资本相结合,开展跨国产业金融资本的互联互通,提高贸易和投资合作水平。

2. 参与投资基金项目

积极参与"一带一路"相关投资基金建设是保障金融支持江苏"一带一路"交汇点建设的重要突破口。2020年1月,江苏省财政厅、商务厅和苏豪控股集团三方签订《江苏"一带一路"投资基金合作备忘录》,明确合作设立"一带一路"投资基金。江苏相关金融机构积极响应号召参与认购,支持企业海外并购合作项目。目前,江苏"一带一路"投资基金已成功在江苏银行托管,总规模30.1亿元,主要用于支持江苏有条件的企业开展境外并购、投资与经济技术合作;引导江苏企业加快在"一带一路"沿线布局和集聚发展;支持拓展与"一带一路"沿线国家的贸易合作；建立健全江苏服务贸易促进体系；积极鼓励和支持江苏企业在大健康、大消费、节能环保、新能源、互联网金融等具有相对优势的相关领域的投资布局。此外，江苏银行积极营销省属国有企业中江国际集团，拟设立一只海外投资基金专门用于中江国际集团在非洲地区的工程建设项目投资。

（五）搭建综合服务平台

1. 完善金融基础设施建设

"一带一路"沿线国家金融基础设施联通有助于保证金融市场高效运行和整体稳定。江苏应加强金融基础设施互联互通，重点推动以社区银行、互联网、电信支付为代表的普惠金融参与"一带一路"交汇点建设。首先，加快跨境互联网金融的发展，扩大P2G网络平台的经营范围，使其成为丝路基金和亚洲基础设施投资银行的融资渠道。其次，探索建立江苏"一带一路"基础设施投融资交易二级市场，促进"一带一路"交汇点建设基础设施投融资项目参与市场交易，提高项目资金的流动性和盈利性。同时，扩大社会和民间资本参与"一带一路"交汇点建设的积极性，降低多元化社会资本参与沿线国家项目投资的退出成本。最后，尝试探索开设"一带一路"区域性债券市场，可以改变银行体系的金融风险过于集中的现状。通过发展区域性债券市场，可以加强区域金融一体化发展，改善江苏"一带一路"交汇点建设的投融资环境。

2. 搭建跨境综合服务平台

2018年，"一带一路"投资基金、"丝路金融"综合服务平台等金融服务体系逐步建立完善。"汇e融""江苏银行丝路金融"专项服务品牌的创立，为江苏的境外工程承包、海外园区建设、内保外贷、境外银团、综合授信、资金结算、投资银行等金融服务夯实了与沿线国家进一步深入合作的基础（李琪，2017）。未来，江苏应在金融服务平台建设、综合金融服务创新以及关键领域加强金融支持，将金融支持江苏"一带一路"建设打造成江苏金融的品牌特色与亮点。首先，在双边经贸合作框架协议下，积极推进支付结算、贸易投资、金融基础设施和金融安全网络等领域的务实合作，以合作跨境综合服务平台的形式，加快推出跨境金融合作方案、实施步骤和相关政策保障体系，为"一带一路"建设提供金融支持与制度保障（袁佳，2016）。其次，加大离岸金融服务江苏"一带一路"交汇点建设的政策配套，建设江苏离岸金融支持"一带一路"交汇点建设的综合服务平台，按步骤有计划地逐步实现贸易畅通与跨境结算之间的贸易协同、设施联通与跨境投融资之间的投资协同，以及资金融通与跨境资本市场之间的资本协同（涂远博等，2018）。借力多重国家战略在江苏交叠实施的政策优势，探索实践开放区域性资本市场的金融创新。鼓励开展对外直接投资及外商直接投资，提供外保内贷、内保外贷等金融服务。逐步试点探索境外机构投资者（QFII）、合格境内机构投资者（QDII）以及合格境内投资者境外投资（QDIE）参与江苏"一带一路"交汇点建设的综合服务平台体系和运营模式。

（六）提升金融咨询功能

1. 强化投资咨询服务

首先，积极对接亚洲基础设施投资银行以及上海合作组织等国际或区域经济合作组织在"一带一路"沿线国家投资领域的信息管理优势（李建军、彭俞超，2019）。组建江苏"一带一路"交汇点建设投融资信息咨询中心，加强江苏与"一带一路"沿线国家的跨境征信合作交流，加强区域投融资征信体系、区域金融信息披露管理系统的建设。其次，大力扶持省内金融机构加强与"一带一路"国家和地区征信管理部门的合作，培育江苏"一带一路"交汇点建设征信市场发展。落实政府层面"一带一路"投融资咨询服务监管机构，强化对"一带一路"沿线国家的信用评级体系和标准的完善（联合资信评估有限公司，2019）。最后，发挥金融机构的市场主体功能，健全江苏"一带一路"交汇点建设投融资资本市场的信息透明功能，为实现"一带一路"投融资市场化运作提供信息咨询保障，从而实现政策性、开发性、商业性、多元社会资本共同参与江苏"一带一路"交汇点建设的多元融资主体构成，以提高支持"一带一路"建设融资的可持续性。

2. 加强投资风险防范

首先，鼓励江苏金融机构借鉴财政部的"一带一路"债务可持续性分析框架范式，加强江苏"一带一路"沿线国家投融资风险管理，推动"一带一路"投资风险管理常态化（英中贸易协会和中国对外承包工程商会，2019）。鼓励江苏与共建"一带一路"国家金融机构利用债务风险分析框架对沿线国家进行债务可持续性分析评估，参考评估结果，对其债务风险进行分类管理，并作为贷款决策的重要参考。上述制度的机制安排为金融支持江苏参与"一带一路"交汇点建设提供了参考和借鉴。江苏可定期开展针对江苏"一带一路"沿线国家和地区投融资项目的第三方评估，合理评价江苏"一带一路"交汇点建设的投资风险（中国国际经济交流中心等，2019）。其次，参考风险管理和风险评估结果，加强对江苏"一带一路"沿线国家投资的成本收益分析和风险分类管理。通过进行不同情景的压力测试，明确沿线国家投资风险程度,提出沿线国家投资可持续发展结论,为江苏企业参与"一带一路"建设提供实践参考。再其次,发挥金融支持江苏"一带一路"交汇点建设的中介功能,鼓励金融机构定期研究江苏投资"一带一路"沿线国家的优势产业和可行路径。开展"一带一路"沿线国家投资环境分析的相关研究,提前进行投融资风险预警,强化投资风险防范与风险管理。最后,金融支持江苏"一带一路"交汇点建设过程中应当提高对"一带一路"沿线国家特殊的金融惯例的认知与了解,预先考察不同文化范式内金融和信贷方式的差别,提高对沿线国家金融惯例的风险防范能力。

参考文献

[1] 安泽扬:《"一带一路"战略中国金融支持研究》,山东财经大学硕士学位论文,2016年。

[2] 财政部:《"一带一路"债务可持续性分析框架》,第二届国际合作高峰论坛资金融通分论坛,2019年4月25日。

[3] 陈幼迪:《加快江苏电子商务高效发展的政策选择》,载于《唯实》2014年第5期。

[4] 国观智库:《"一带一路"中国海外港口项目战略分析报告》,http://www.doc88.com/p-0184898361575.html,2019年4月11日。

[5] 李建军、彭俞超:《"一带一路"建设中的风险防范》,载于《中国金融》2019年第2期。

[6] 李琪:《江苏银行:"丝路金融"平台综合服务跨境金融》,载于《中国银行业》2017年第S1期。

[7] 联合资信评估有限公司:《2019年"一带一路"沿线国家政治风险评价报告》,2019年4月17日。

[8] 马明龙:《深入实施经济国际化战略打造开放型经济升级版》,载于《群众》2016年第6期。

[9] 马霞:《中国企业海外TMT投资面临的风险及应对策略》,载于《对外经贸实务》2019年第5期。

[10] 孙国峰:《加强开发性金融国际合作 推动"一带一路"联动发展》,载于《金融会计》2017年第1卷第1期。

[11] 涂远博、王满仓、卢山冰:《中国离岸金融建设与"一带一路"的协同关系及战略对接》,载于《经济学家》2018年第7期。

[12] 魏龙:《国内民间资本参与"一带一路"基础设施建设研究》,广西师范大学硕士学位论文,2016年。

[13] 胥爱欢、李红燕:《"一带一路"建设中的主权信用风险防控——来自巴黎俱乐部的实践经验与教训》,载于《西南金融》2018年第448卷第11期。

[14] 英中贸易协会和中国对外承包工程商会：《一带一路：英国服务业指南》，2019 年 5 月 21 日。

[15] 袁佳：《"一带一路"基础设施资金需求与投融资模式探究》，载于《国际贸易》2016 年第 5 期。

[16] 张云雁：《伊斯兰教法中债务契约对规范我国民间借贷的启示》，载于《行政与法》2015 年第 11 期。

[17] 赵蜀蓉、杨科科、龙林岸：《"一带一路"基础设施建设中 PPP 模式面临的风险与对策研究》，载于《中国行政管理》2018 年第 401 卷第 11 期。

[18] 郑联盛：《"一带一路"项目金融需求的供给匹配》，载于《开放导报》2019 年第 1 期。

[19] 中诚信国际：《"一带一路"沿线国家风险报告（2018）》，http：//www.china.org/CICA/info/19042915560411，2018 年 8 月 12 日。

[20] 中国对外承包工程商会：《"一带一路"国家基础设施发展指数（2019）》，第十届国际基础设施投资与建设高峰论坛，2019 年 5 月 30 日。

[21] 中国国际经济交流中心等：《"一带一路"贸易投资指数（BRTII）报告》，http：//www.cciee.org.cn/Detail.aspx?newsID=17231&TID=692，2019 年 5 月 7 日。

[22] 周小川：《有效发挥金融在"一带一路"建设中的重要支撑作用》，载于《中国经贸导刊》2018 年第 89 卷第 16 期。

[23] Wiederer C., "Logistics Infrastructure Along the Belt and Road Initiative Economies", World Bank Group, 2018.

第十一章
"一带一路"交汇点的绿色发展

绿色发展既是世界发展的潮流，也是我国经济社会发展的方向。经济发展和环境保护并非对立的关系，绿色发展旨在实现经济发展和环境保护的双赢。2013年我国提出"一带一路"倡议以来，高度重视"一带一路"的绿色发展的问题。江苏作为长三角地区的重要省份和"一带一路"建设的交汇点，要实现高质量的对外开放，理应要以绿色发展作为指引。

一、绿色发展与高质量发展的关系

（一）绿色发展的内涵

绿色是大自然的基色，随着人类社会的发展，"绿色"一词已经和环境保护紧密地联系在一起。"绿领""绿色经济""绿色GDP""绿色小康""绿色化""绿色发展"等词汇纷纷出现，给人类社会指明了方向。绿色发展是指在发展经济的同时也要保护好环境，处理好人与自然的关系，保护人类赖以生存的地球。绿色发展是人类社会发展的大势所趋。

由于发展阶段的不同，西方较早开始进行环境治理领域的立法和教育，并通过技术革新提高环境治理的水平。我国自2012年党的十八大之后，将生态文明建设上升到与经济建设、政治建设、文化建设、社会建设同等重要的地位，提出将生态文明建设融入经济建设、政治建设、文化建设、社会建设各方面和全过程，这是一种新的发展观，即要实现经济发展和环境保护的双赢局面。2017年10月，党的十八届五中全会通过《中共中央关于制定国民经济和社会发展第十三个五年规划的建议》，指出要

"一带一路"交汇点：长三角地区高质量的对外开放

"实现'十三五'时期发展目标，破解发展难题，厚植发展优势，必须牢固树立并切实贯彻创新、协调、绿色、开放、共享的发展理念"。我国的绿色发展理念主要包括以下三个部分。

首先，绿色发展是指经济发展的方式是可持续的。经济发展方式是指生产要素的分配、投入、组合和使用的方式。生产要素包括劳动力、土地、资本、科技等。劳动力的存续以及土地、资本的可持续供给都要有良好的生态环境作为保障。科技是第一生产力，绿色科技有助于经济走向"绿色化"，减少人类生产、生活对环境的不利影响。此外，要优化产业布局，调整产业结构，重点发展节能环保产业、清洁能源产业、循环经济等，实行产业生态化，打造绿色园区、绿色工厂、绿色产品等。因此，经济发展方式的绿色化不仅有助于环境保护，还有助于生产力的提高和经济的发展，正如习近平2005年8月在浙江湖州安吉考察时提出的科学论断，"绿水青山就是金山银山"，要"从绿掘金"。为此，在2017年10月召开的党的十九大上，习近平指出："建设生态文明是中华民族永续发展的千年大计。必须树立和践行绿水青山就是金山银山的理念。"在党的十九大新修订的党章中，增强绿水青山就是金山银山的意识被正式写入党章。绿色发展是我国经济发展的新增长点。

其次，绿色发展是指要生态优先。生态优先是指在发展经济的时候，要有底线思维，不能超过资源承载力的限度，不能以牺牲环境为代价。习近平强调，"宁要绿水青山，不要金山银山"[1]，因为没有绿水青山，人类的生产、生活也难以为继。因此，在发展生产的同时，也要维护生态安全，优先保护生态环境。人类发展史也证明了环境保护的重要性。例如，历史上的巴比伦王国曾经沃野千里，但随着经济社会的发展，人类开始向自然界过度索取各种生产、生活资料，破坏了原有的生态系统，导致河流崩溃、气候变化、土壤恶化，使这一地区的兴盛成为过去。恩格斯也曾深刻地指出："美索不达米亚、希腊、小亚细亚以及其他各地的居民，为了得到耕地，毁灭了森林，但是他们做梦也想不到，这些地方今天竟因此而成为不毛之地。"[2] 因此，生态兴则文明兴。鉴于我国资源日益短缺、环境日益恶化的国情，要坚守生态底线的思维，根据《关于加快推进生态文明建设的意见》（2015年），在环境保护与发展中，坚持"把保护放在优先位置，在发展中保护，在保护中发展"。因此，不能以牺牲环境为代价来发展经济，而是要优先保护环境。

最后，绿色发展不仅是一国范围内的事，还要看到其与世界各国的联系，即我国的绿色发展与其他国家的经济发展及环境保护有着密不可分的关系。由于地球是

---

[1] 中共中央宣传部：《习近平总书记系列重要讲话读本》，人民出版社2016年版。
[2] 《马克思恩格斯选集》（第4卷），人民出版社1995年版，第383页。

一个大的生态系统,一个国家范围内的环境保护和经济发展也会影响到其他国家的经济发展和环境保护,因此,仅仅在自己国家范围内实现绿色发展是不够的,还要有全球意识。因此,绿色发展既有国内的维度,也有国际的维度,"共同的生态联系,以及共同承受严重的生态伤害或者生物伤害的能力"[1] 使各国结成紧密的命运共同体。为此,我国提出要建立一个清洁美丽的世界(卢光盛、吴波讯,2019)。中国不仅要做好国内的环境保护工作,也要参与国际气候治理、生物多样性的维护等工作,并且在对外开放中贯彻绿色发展的理念,在吸引外资和对外投资时坚持绿色投资的原则,保护我国的生态环境及我国投资目的地的生态环境,坚持绿色贸易、绿色援助等。

(二) 高质量发展的内涵

改革开放以来,我国经济增长速度较快,2007 年中国经济增长速度达到 14.2%;2010 年我国超过日本,成为世界第二大经济体。但是,我国经济高速发展的背后是能源和资源的大量消耗、环境的污染、生态的破坏、发展的不平衡等,这些都制约着我国小康社会建设。因此,我国开始进行发展思路的调整,从过去片面追求经济发展速度转变为追求发展质量,实现可持续发展。

2017 年 10 月 28 日,习近平在党的十九大报告中明确提出:"现阶段,我国经济发展的基本特征就是由高速增长阶段转向高质量发展阶段。这个基本特征,是我们抓经济工作必须把握的大前提、大逻辑。"2017 年 12 月 20 日,习近平在中央经济工作会议上发表讲话,指出:"推动高质量发展是当前和今后一个时期确定发展思路、制定经济政策、实施宏观调控的根本要求。"2018 年 3 月 5 日,习近平在参加十三届全国人大一次会议内蒙古代表团的审议时,发表讲话指出:"推动经济高质量发展,要把重点放在推动产业结构转型升级上,把实体经济做实做强做优。"2018 年 4 月 28 日,习近平在听取湖北省委和省政府工作汇报后发表讲话,指出:推动高质量发展是做好经济工作的根本要求,高质量发展就是体现新发展理念的发展,是经济发展从"有没有"转向"好不好"。

从习近平的系列讲话中可以看出,我国经济发展需要转型,即从片面追求经济发展速度转向追求经济高质量发展的阶段。追求经济高质量发展,是我国经济向形态更高级、分工更优化、结构更合理演进的必经过程。高质量发展作为一种新的发

---

[1] Robyn Echersley, *The Green State: Rethinking Democracy and Sovereigty*, Cambridge: MIT Press, 2004: 196.

展观念，也深刻影响着我国的对外开放。对外开放也需要向高质量的方向发展。

高质量的对外开放意味着，要推动由商品和要素流动型的开放向规则等制度型开放转变。商务部国际贸易经济合作研究院副院长李钢认为，"所谓制度型开放，最根本的要求是着眼于规制层面，促进国内规制与国际通行规制的接轨"①。对外开放既要向东又要向西，即既向发展中国家开放，又向发达国家开放。

要实现高质量的对外开放，需要实现对外贸易、吸引投资、对外投资、对外服务及外事的联动。在对外贸易上，实现优进、优出，重视优化进出口贸易的结构，提高对外贸易的竞争力；在吸引外资方面，注重提升吸引外资的质量和效益，瞄准高技术产业、战略新兴产业等，打造产业园区等平台；在对外投资方面，积极推动以高端技术、人才、管理和品牌为重点的跨境并购，促进境外并购回归落地；在东道国履行对外绿色投资的原则；在对外服务方面，加大服务贸易领域的拓展力度，加强金融服务、国际海事服务等；在外事领域，相关部门为对外开放提供信息保障、安全保障等。

（三）绿色发展是高质量发展的内在要求和保障

要实现经济的高质量发展，就要坚持绿色发展。2016年，国家发展改革委等部门联合制定了《绿色发展指标体系》和《生态文明建设考核目标体系》，以此推进我国经济的高质量发展和绿色发展。高质量的发展不能以牺牲环境为代价，如果经济上去了，但环境恶化了，人民的幸福感会下降，社会财富指数会下降，因为社会创造的财富会被医疗成本抵销，环境破坏也会损害子孙的利益甚至影响中华民族的存续。因此，要实现高质量发展，就要坚持绿色发展，坚守生态保护底线，"咬定青山不放松"。要构建高质量现代化经济体系，必须摒弃传统发展方式，实现发展方式的转型，即确立绿色发展方式，降低经济发展的环境成本。

绿色发展可以倒逼经济朝高质量的方向发展。蒋南平、向仁康（2013）认为，绿色发展不仅仅是可持续发展、低碳经济，而是一种更高级、更全面的发展，其实质是要实现人类、自然和社会的永续发展、和谐发展。可见，绿色发展是以效率、和谐、持续为目标的经济增长和社会发展方式，这和高质量发展的目标是一致的。

近些年来，我国不断强化以绿色发展为指引的高质量发展之路。2017年10月，党的十九大报告指出了中国未来发展是绿色发展基础上的高质量发展，要分两个阶段实现：第一个阶段（2020~2035年），在全面建成小康社会的基础上，基本实现

---

① 毛雯：《推动形成高质量对外开放新格局》，载于《中国贸易报》2018年12月25日。

社会主义现代化，生态环境根本好转，美丽中国目标基本实现；第二个阶段（2035年到21世纪中叶），在基本实现现代化的基础上，把我国建成富强、民主、文明、和谐、美丽的社会主义现代化强国。

2019年6月，李干杰在于杭州召开的中国环境与发展国际合作委员会2019年年会上指出，近年来，中国坚持走生态优先、绿色发展之路，生态环境保护已成为推动经济高质量发展的重要力量和抓手。2019年3月，李克强在《政府工作报告》中指出，加强污染防治和生态建设，大力推动绿色发展，是构建现代化经济体系的必然要求，是解决污染问题的根本之策；要改革完善相关制度，协同推动高质量发展与生态环境保护。

因此，要更新发展观念，坚持走以绿色发展观为指引的高质量发展之路。要实现高质量发展，必须坚持绿色发展，坚持绿色发展是实现高质量发展的必要保障，因此要加快科技创新，提升绿色技术，调整产业结构和产业布局，增加节能减排，发展低碳经济、循环经济，发展绿色物流和供应链，增加绿色投资、绿色贸易等。

二、环保技术转移中心与"一带一路"交汇点的绿色发展

（一）环保技术转移中心的作用

环保技术转移中心承载着技术转移的作用。技术转移是指关于制造产品、应用生产方法或提供服务的系统知识的转移，不包括货物的单纯买卖或租赁。就转移的过程而言，技术转移是知识从原有技术主体或载体上溢出，作用于其他主体或载体，并为其他主体所掌握的技术经济活动，是知识由技术所有者向技术使用者转移的过程（张玉臣，2009）。在环境保护和经济发展的过程中，也需要进行环保技术的转移。环保技术是环保产业的依托，也是环保水平高低的体现。由于不同国家、不同地区在环境治理进程中经验和技术水平的差异，环保技术转移有利于相互借鉴环境治理的经验，缩短在环保技术革新方面探索的时间，从总体上提高环境治理的水平。

环保技术的转移有助于我国向东、向西开放。由于历史原因，发达国家在环境技术方面有长期的积累，有技术上的优势，发展中国家在短时间内无法企及。因此，在1964年第一届联合国贸易发展会议上，技术转移的概念就被提出来，旨在促进发达国家向发展中国家进行技术转移。此后，技术转移一直是东西方在气候等环境治理问题上斗争的焦点。例如，1972年，联合国人类环境大会在瑞典斯德哥尔

摩召开，指出发展中国家有从发达国家获取环保技术的权利；1989 年生效的《关于消耗臭氧层的蒙特利尔议定书》第 10A 条规定，缔约方应该采取实际措施，确保臭氧层保护技术能够被便捷地转移到其他缔约方；1992 年，联合国环境与发展会议在巴西里约热内卢召开，会议通过《联合国气候变化框架公约》，其中第 4 条第 5 款敦促发达国家采取一切实际可行的步骤，酌情促进、便利和资助发展中国家转让或获得无害环境的技术和专有技术。实际上，这只是一种政治共识，缺乏强制力，发达国家也鲜有兑现，要么是环境技术转移质量不高，要么是通过知识产权保护制度等对发展中国家的环境技术转移设置了障碍。

我国曾经通过国际环境技术合作（如部分 CDM 项目）和自主创新拥有了自己的环境技术优势，因此，环保技术转移中心的建立可以使我国成为东西方环境技术转移的桥梁，既可以吸引发达国家到中国进行环境技术转移，发挥产业集聚的效应，又可以面向发展中国家转移技术，甚至可以将中国先进的环境技术转移到发达国家，发挥产业扩散的效应。例如，我国在炉排炉垃圾焚烧技术、超滤膜水处理技术等领域居国际领先地位，在大型城镇污水处理、垃圾焚烧发电、除尘脱硫等方面具备依靠自有技术进行工程建设与设备配套的能力（周国梅，2015），可以对外进行环境技术转移。

环保技术转移中心的建立有助于推广中国的环境标准。"一带一路"沿线国家很多采用的是欧美和世界银行的环境标准，我国的环境标准在沿线国家的接受度较低（张永涛、王语懿，2018）。实际上，我国环境技术及产品、服务具有技术和价格优势，因此可以通过环保技术转移中心的建立改变发达国家及发展中国家对我国环境技术及产品、服务的认识，有助于环保产业"走出去"。环保技术转移中心的建立有助于国内、国际环保标准的对接，有助于我国参与国际环保技术标准的制定，有助于将国内标准转化为国际标准。除市场手段外，政府还可以通过对发展中国家的环境技术援助扩大环保技术转移中心的影响力，实现推广环保技术标准的目标。

环保技术的转移在"一带一路"倡议背景下具有重要意义，有助于长三角地区实现高质量的对外开放。2017 年 5 月，我国印发《关于推进绿色"一带一路"建设的指导意见》，提出加强绿色、先进、适用技术在"一带一路"沿线发展中国家转移转化。我国设立环保技术转移中心，不仅是为了促进产业输出以及技术标准的国际化，还旨在承担国际责任。

（二）长三角地区环保技术转移中心的发展情况

长三角地区是我国经济最发达的地区之一，2018 年长三角地区人均 GDP 为

13.6万元。长三角地区山水相连，但人口密度大、经济发达、生态环境压力大，迫使这一地区在大气治理、水污染治理等领域不断积累经验，并且尝试在大气、水环境治理、危废物品转移等领域开展跨区域的合作，实现共治、共管、共享良好生态环境的目标。2019年5月13日，中共中央政治局召开会议，审议通过了《长江三角洲区域一体化发展规划纲要》，有助于把长三角地区打造为中国高质量发展及对外开放的区域。

长三角地区教育资源丰富，科技创新能力强，在环境治理的过程中形成了一些环境技术转移中心，如江苏宜兴环保科技工业园、江苏南京江心洲的新加坡·南京生态科技岛、江苏盐城环保产业园区等。

中国宜兴环保科技工业园创办于1992年，是目前中国唯一一个以环境保护产业为主的国家级高新技术园区，宜兴也因此得名"环保之乡"。经过几十年的发展，园区打造了"环境医院""区域环境治理"等独特的环保产业发展模式，发挥了明显的产业集聚和扩散效应。宜兴环保科技工业园为绿色"一带一路"建设及"一带一路"交汇点的绿色发展提供了有力的支持。

在产业集聚方面，宜兴环保科技工业园吸引了大批环保企业的入驻，宜兴环保科技工业园吸引了1 800多家环保企业、3 000多家环保配套企业落户；吸引了国家节能降耗水处理装备产业技术创新联盟、国家"千人计划"环保产业研究院、国家环保产品质量检验监督中心、中国东盟环保技术与产业示范基地等11个"国家级"平台落户王学君等（2017）。宜兴环保科技工业园区还吸引了物联网企业的入驻。宜兴环保科技工业园以"物联网+环保"为创新的抓手，用物联网思维管理和发展环保产业，引领环保产业创新。2017年9月，第五届中国环保技术和产业发展推进会暨物联网大会召开，"智慧环保"成为大会的焦点，当时，一大批与"智慧环保"相关的企业签约入驻宜兴环保科技工业园，有助于物联网技术与环保产业在宜兴环保科技工业园的深度融合。

宜兴也吸引着发达国家的目光，有助于引进国外先进环保技术。宜兴环保科技工业园在德国、芬兰、丹麦、荷兰等12个国家设立了国际清洁技术对接中心，先后引进100多项先进技术和合作项目。宜兴环保科技工业园先后吸引新加坡、俄罗斯、韩国、澳大利亚等国研究机构入驻。宜兴环保科技工业园还承担了多项国际环境合作项目，如中美"能源与水"科技合作计划、中以水资源高效利用合作计划、中德专利技术产业园等5个国际合作项目。到2018年，宜兴环保科技工业园仍在积极寻求与至少20个国家与地区建立国际环保技术转移对接中心，引进至少5家以上境外知名环保技术研究机构入驻，优选和引进一批国外先进清洁技术产品（陈玉宇等，2018）。这些机构的入驻，有助于江苏乃至长三角地区的环保产业走

"国际化、高端化"的对外开放之路。

宜兴环保科技工业园区还发挥着明显的产业扩散效应。宜兴环保科技工业园区在国内其他省份推广了环保产业的经验和技术。环境医院设立污水处理、固废资源化、污泥处理、土壤修复、流域生态治理等11个"专科门诊",形成集设计、研发、检测、培训、展示、交易和环境治理"诊、治、疗"于一体的运行机制。2016年中国环保技术与产业发展推进会期间,宜兴环保科技工业园和广安武胜、河北承德、云南昆明等签署战略合作协议,宜兴环保科技工业园将派出环保专家团队,为区域和流域进行综合诊断、系统规划,进行治理;并带着资本、产业基金,采用PPP模式进行治理,提升当地的环保治理水平(王学君等,2017)。此外,宜兴环保科技工业园不断加强与发展中国家的合作。

2014年宜兴环保科技工业园被环保部认定为"中国—东盟环保技术和产业合作示范基地",2016年环保部与深圳市政府签署共建"一带一路"环境技术交流与转移中心的协议,因此,宜兴较早地对接了国家"一带一路"绿色发展战略。园区依托中国—东盟环保技术和产业合作示范基地,积极参与南南合作、中国—东盟合作等项目,在东南亚、非洲、南美的发展中国家承接海外环保工程。例如,凌志环保公司参与建设的孟加拉国皮革污水处理厂、污泥发电厂即将竣工,正在和中信集团合作筹建安哥拉污水处理厂(陈玉宇等,2018)。截至2016年,宜兴环保科技工业园承接海外各类业务量近100亿元。在环保部支持下,2016年,宜兴环保科技工业园组建了"一带一路"环保"走出去"企业联盟,加快了中非、中柬环保技术转移中心的建设(陈玉宇等,2018)。为更好地参与"一带一路"建设,宜兴环保科技工业园成立了环保产业国际化工作办公室。宜兴环保科技工业园还通过加入创新组织、建立友好园区、参加博览会等扩大了产业集聚和扩散效应。

位于南京江心洲的国际水生态创新中心也为"一带一路"交汇点的绿色发展提供了支持。2018年5月,国际水生态创新中心在南京江心洲的新加坡·南京生态科技岛挂牌,该中心由国内环保领军企业——东江环保股份有限公司与江苏东恒环境控股有限公司联合组建的大江环境股份公司设计建设,主要由国际水生态研发创新中心、概念水厂博物馆与环境教育实践基地、国际水处理技术咨询与知识产权交易平台、国际水生态会议中心、科技企业孵化中心等组成,规划建筑面积合计约为14万平方米。国际水生态创新中心不仅有国内一流的环保企业,还整合了中科院生态环境研究中心、清华大学环境学院、南京大学环境学院、澳大利亚蒙纳士大学、美国密歇根大学等国内外知名大学与科研机构,国际水协会、世界自然基金会等专业性国际机构,以及全球最大的水务公司——苏伊士的力量,旨在打造一个国内领先并具有国际影响力的水生态科技综合体,发挥科技创新、技术交流、人才集聚、教育示范等功能。国际水生态创新中心不仅能够集聚国内外先进的水生态科技，还能够把先进的水生态科技向"一带一路"沿线国家推广。

江苏省盐城环保产业园也为"一带一路"交汇点的绿色发展提供了支持。该产业园是中国和日本环境合作的产物。2011年4月，日本环保技术转移（江苏）中心落户盐城市盐城环保产业园，该园区依托日本有关政府机构、广岛工业大学水环境专家上岛英机教授等资源，在盐城地区开展节能环保以及水处理技术成果展示、推介、交流、培训等活动，促进中日两国相关企业的技术转让或成果合作。

因此，宜兴环保科技工业园、南京市江心洲的新加坡·南京生态科技岛、盐城环保产业园等是长三角地区参与绿色"一带一路"建设的重要支撑点，是"一带一路"交汇点实现绿色发展的技术保障。今后，可以成立更多的环保技术中心，满足"一带一路"交汇点绿色发展及高质量发展的需求。

三、对外投融资的绿色化与"一带一路"交汇点的绿色发展

（一）对外投融资的绿色化

绿色投融资包括绿色投资、绿色信贷、绿色债券、绿色保险等。我国对外投融资的绿色化深受国际趋势的影响，而绿色"一带一路"建设也推动了我国在绿色投融资领域的创新。

绿色投资的理念始于19世纪80年代，并伴随人类环境治理的需要而不断强化。1981年，一些投资者与企业家组成"社会投资论坛"，创立了"苏利文准则"，将有军火、烟酒、赌博和不良环境记录的企业排除在贸易与投资活动之外（孟耀，2008）。此后，美国、联合国、经济合作与发展组织等不断推动绿色投资。例如，美国提出"刺破公司面纱的法律原则"，要求国内企业或美国跨国公司的子公司承担环境责任，否则将追究其责任（沈四宝、王俊，1992）。1992年，联合国环境与发展会议发布《21世纪议程》，敦促跨国公司加强环境管理，并把环境管理作为优先事项，做好清洁生产。1999年，联合国提出"全球契约"计划，鼓励企业采取预警方法应对环境挑战，并积极开发环境友好技术，促进环境友好技术的扩散（雷蕾，2013）。目前，有130多个国家超过4 700家企业和其他利益相关者参加了"全球契约"。2003年，联合国发布的《跨国公司和其他工商业企业在人权方面的责任准则》（草案）规定：跨国公司和其他商业企业应根据保护东道国环境的国家法律、法规、行政实践和政策，以及关于环境和人权、公共健康和安全、生物伦理

和预警原则的国际协议、原则、目标、责任和标准开展活动，应以促进更广泛的可持续发展目标的方式，普遍开展活动。2006年，联合国与16个国家的金融投资家提出了包括环境责任在内的六大负责任的投资原则。除联合国机构外，2004年经济合作与发展组织发布《跨国公司指南》，指出跨国公司要考虑公众对环境保护、健康及安全的需要，及时、充分地向公众和雇员提供环境信息，减少经营对环境造成的不良影响。可见，联合国及经济合作与发展组织发布的投资指南为国际投资者提供了环境、社会和企业治理方面的决策及行动指南。

绿色投资是一种基于环境保护考虑的负责任的投资，反映了环境价值在经济中的作用。绿色投资的原则起到预防作用，可以通过倡导绿色投资的原则防范企业生产中可能存在的环境风险，这对我国吸引外资和对外投资具有指导意义。过去，我国有些省份为了提高吸引外资的总量，忽略从环境风险防范的角度筛选外资企业，造成企业生产过程中资源消耗大、污染严重的局面。在高质量对外开放的今天，吸引外资也要把好环境质量关，吸引绿色投资。同时，我国对外开放进入第二个阶段，不仅要吸引外资，还要鼓励企业"走出去"。为避免出现诸如海外铜矿、金矿、水电开发等项目被东道国叫停的情况，我国企业也要贯彻绿色投资的理念，提高环境保护的水平，降低环境风险，树立企业和国家负责任的形象。

绿色投资、绿色生产的原则也影响到金融业的发展。2002年，世界银行集团下属的国际金融公司和荷兰银行等9家银行在伦敦召开会议，讨论项目融资中的环境和社会问题，并共同起草了一套针对项目融资的环境和社会风险指南，最终形成了"赤道原则"。赤道原则是自愿性的，旨在用于确定、评估和管理项目融资过程中所涉及的环境和社会风险（郑竟等，2017）。越来越多的国家和金融机构采纳赤道原则。截至2017年底，已有来自37个国家的92家金融机构宣布采纳赤道原则，覆盖新兴市场70%以上的国际项目融资（周逢民，2019）。此外，一些国家和金融机构也不断开发新的金融产品，促进绿色发展，如发放绿色信贷、绿色债券，设立绿色保险等。多边或区域性的金融机构在绿色项目的识别方面积累了丰富的经验，如世界银行发布了《绿色债券发行程序实施指南》、国际金融公司发布了《气候相关活动定义与测量》、欧洲复兴开发银行发布了《绿色债券发行与绿色项目投资组合筛选程序》、亚洲开发银行发布了《绿色债券框架》等，对我国发行绿色债券具有借鉴意义。绿色保险又称"环境责任保险"，是指被保险人污染了水、土地或空气等自然环境，由商业保险公司进行赔偿。绿色保险旨在通过保险这一金融工具管理环境风险，实现经济绿色发展和高质量发展。

吸引外资、对外投资是我国对外开放的重要内容之一。"一带一路"交汇点建设既有"引进来"，也有"走出去"，既向东也向西，因此要将绿色投资、绿色融资的理念进行双向式的贯彻。

(二) 长三角地区绿色投融资的实践

国际绿色投资、绿色金融的理念不断扩散，对我国的投融资也产生冲击；此外，"一带一路"倡议的实施及绿色"一带一路"建设的开展，加快了我国对外投融资政策的绿色化。中国国家开发银行、中国进出口银行、中国银行业监督管理委员会、中国人民银行、商务部、林业部、外交部、环保部、发展改革委、国资委等在绿色投融资领域进行了探索，指引了中国的绿色投资、绿色金融实践。我国对外投融资政策和实践发生变化，也推动了长三角地区的绿色投融资。

"一带一路"倡议提出来之前，国家开发银行、中国进出口银行、商务部等就已经开始探索制定对外投资中的环境保护政策。例如，2004年，国家开发银行发布《贷款评审手册》，要求贷款申请者提供环境评价报告；2005年，商务部发布《境外投资开办企业核准工作细则》，涉及对外投资中的环境关怀；2006年，国务院发布《关于鼓励和规范我国企业对外投资合作的意见》，提出中国企业在海外投资时负有保护东道国环境资源的义务；2007年，中国进出口银行颁布《贷款项目的环境和社会评价影响评估准则》，明确提出发放贷款有环保条件；2007年8月27日，国家林业局、商务部联合编制了《中国企业境外可持续森林培育指南》（以下简称《指南》），是世界上第一个针对本国企业境外从事森林培育活动的指导性文件，以规范中国企业在海外的森林采伐活动，2009年3月31日，该指南得到进一步完善；2009年，商务部、国家外汇管理局发布了《关于境外投资联合年检工作有关事项的通知》，把环境保护作为对企业评分的一项指标；2011年11月，中国外交部颁布《中国企业海外安全风险防范指南》，把做好环境保护作为防范安全风险的内容之一；2012年6月，我国多个部门联合发布了《关于鼓励和引导民营企业积极开展境外投资的实施意见》，提及引导境外投资企业遵守当地法律法规，注重环境资源保护；2012年，中国银行业监督管理委员会发布《中国银监会关于印发绿色信贷指引的通知》，其第二十一条规定："银行业金融机构应当加强对拟授信的境外项目的环境和社会风险管理，确保项目发起人遵守项目所在国家或地区有关环保、土地、健康、安全等的法律法规。对拟授信的境外项目公开承诺采用相关国际惯例或国际准则，确保对拟授信项目的操作与国际良好做法在实质上保持一致"。银行绿色信贷政策有助于减轻对外投资中的环境风险。2013年2月18日，商务部和环境部联合印发《对外投资合作环境保护指南》，倡导企业积极履行环保责任，树立环保理念，是我国首个对海外中资企业的环境保护行为提出详细指导意见的文件。

2013年"一带一路"倡议提出后，我国对外投资的绿色转型更加明显。在投资领域，我国相关部门采取措施加强绿色投资、防范环境风险，包括：国家继续提醒企业实行绿色投资，加强对企业绿色投资项目的审核权，有计划地实施示范性的绿色投资项目等。

其一，在国家继续提醒企业实行绿色投资方面，2014年4月16日，商务部发布《境外投资管理办法（修订）（征求意见稿）》，第十五条规定："企业应敦促境外企业重视在东道国（地区）的环境保护，树立环境保护意识，履行环境保护责任。"2014年9月6日，商务部发布《境外投资管理办法》，第二十条提出："企业应当要求其投资的境外企业遵守投资目的地法律法规、尊重当地风俗习惯，履行社会责任，做好环境、劳工保护、企业文化建设等工作，促进与当地的融合。"2016年12月，环保部、发展改革委、商务部联合发布《履行企业环境责任 共建绿色"一带一路"》的倡议，号召企业共同参与绿色"一带一路"建设，展示中国企业绿色形象。2017年9月5日，中国金融学会绿色金融专业委员会、中国投资协会、中国银行业协会、中国证券投资基金业协会、中国保险资产管理业协会、中国信托业协会、环境保护部环境保护对外合作中心共同向参与对外投资的中国金融机构和企业发起了《中国对外投资环境风险管理倡议》，以推动中资机构"一带一路"投资的绿色化，该倡议涉及：鼓励参与对外投资的中国金融机构和企业充分了解、防范和管理对外投资项目所涉及的环境和社会风险，强化环境信息披露，定量评估投资项目的环境效益与成本，加强环境风险管理方面的能力建设。2017年12月6日，国家发展改革委、商务部、人民银行、外交部、中华全国工商业联合会五部门发布《民营企业境外投资经营行为规范》，要求民营企业在境外投资活动中注重资源环境保护。2018年3月21日，商务部对外投资与经济合作司会同中国对外承包工程商会在北京发布新版《境外中资企业机构和人员安全管理指南》，要求"做好项目的环境社会影响评价与风险防控。境外中资企业要重视项目的环境影响和社会影响评价，通过环境、社会影响评价，在合法性、合规性、合理性、可控性等方面加以详细论证，其基本目标是促进项目的可持续性，即在经济、环境、社会之间达到优态平衡"。这些管理办法、倡议、指南对企业的绿色投资、绿色生产具有指引和提示作用。

其二，在加强对企业的绿色投资项目的审核和监管方面，2017年8月4日，国家发展改革委、商务部、人民银行、外交部发布《关于进一步引导和规范境外投资方向的指导意见》，指出"要在审慎评估经济效益的基础上稳妥参与境外油气、矿产等能源资源勘探和开发；限制开展不符合投资目的国环保、能耗、安全标准的境外投资"。2017年12月26日，国家发展改革委印发《企业境外投资管理办法》，第十三条要求"跨境水资源开发利用"由国家发展改革委核准，第四十一条倡导投资主体要"履行必要社会责任、注重生态环境保护、树立中国投资者良好形象"。2018年1月18日，商务部、中国人民银行、国资委、中国银监会、中国证监会、中国保监会、国家外汇管理局联合发布《对外投资备案（核准）报告暂行办法》，第十三条规定，境内投资主体报送的信息包括但不限于"对外投资存在主要问题以及遵守当地法律法规、保护资源环境、保障员工合法权益、履行社会责任、安全保护制度落实情况等"；第十八条规定提到，重点督查"（二）敏感国别（地区）、敏感行业的对外投资；（三）出现重大经营亏损的对外投资；（四）出现重大安全事故及群体性事件的对外投资；（五）存在严重违规行为的对外投资"。2018年1月31日，国家发展改革委颁布《境外投资敏感行业目录》（2018年版），把跨境水资源开发利用列为敏感行业。而环境风险有可能升级为环境群体性事件，有可能造成重大经济损失，这些都可以成为对外投资受到督查的理由，违反环境法规也是如此。《境外投资敏感行业目录》（2018年版）第二十一条指出：不履行报送义务的境内投资主体将会被相关部门"视情采取提醒、约谈、通报等措施，必要时将其违规信息录入全国信用信息共享平台，对企业的行政处罚通过国家企业信息公示系统记于企业名下并向社会公示"。

其三，在有计划地实施示范性的绿色投资项目方面，2017年4月，商务部、外交部、环保部和国家发展改革委出台了《关于推进绿色"一带一路"建设的指导意见》，提到要优先开展节能减排、生态环保等基础设施及能力建设项目，对"一带一路"建设中绿色理念的培养，绿色项目的识别、布局和资金支持，绿色发展的目标、顶层设计和微观支持做出了战略性的规划与指导，对"一带一路"中的绿色投资具有指引意义。2017年5月，生态环境部发布《"一带一路"生态环境保护合作规划》，以污染防治、生态保护、环保技术与产业以及可持续生产与消费等领域为重点，探索制定绿色对外援助战略与行动计划。

为了促进绿色投资，江苏省积极调整对外投资思路。江苏是经济大省和资源小省，经济高度依赖外部的能源资源供给，因为江苏95%以上的能源、98%以上的有色金属资源来自省外和国外，这就决定了江苏对外投资的结构和对外投资的流向。江苏主要投资于能源、资源型产业，主要投资于资源富集的国家或地区，如投资俄罗斯的石油、天然气和矿产资源，阿联酋的石油、天然气，波兰的煤炭等。根据江苏省商务厅的统计，截至2014年底，江苏省对外投资企业1049个，中方协议出资48.4亿美元，分别占全省同期总量的26%和18%；这些项目七成以上投资超千万美元，涉及矿产及农业资源开发合作、化学原料及化学制品制造、境外园区建设、设备制造、批发、纺织及服装鞋帽制造等领域。[①] 2015 年末，江苏省对外直接投资额排名前十位的国家分别是：印度尼西亚、新加坡、柬埔寨、泰国、马来西亚、越南、俄罗斯、缅甸、吉尔吉斯斯坦、印度（张月，2017），这些国家基本上都是资源丰富的国家。因此，江苏在对外投资中实现绿色发展显得十分迫切。

首先，江苏对外投资的企业要进行绿色投资和生产，保护东道国的环境。来自江苏的丰立集团、沙钢集团等资源需求型企业具有规模优势，华东有色金属、江苏地质等矿产勘察型企业具有专业技术优势，在面向"一带一路"沿线国家投资时，这些企业可以把国家对外投资政策中的环境指南内化为企业发展的动力。

其次，要增加新能源和环保产业的输出。"一带一路"沿线国家太阳能、风能、生物质能等新能源资源丰富，江苏省要发挥自身在新能源产业和环保产业中的优势，增加对"一带一路"沿线国家的新能源和环保产业的投资。例如，江苏丰海新能源有限公司向马尔代夫等国输出非并网式风电淡化海水等技术设备；江苏宜兴环保科技工业园自 2014 年被确定为"中国—东盟环保技术和产业合作示范基地"之后，加快了江苏乃至中国环保产业"走出去"的步伐。此外，河海大学正在和东盟国家合作打造"世界水谷"，有助于联合开发水资源、建设水生态、保护水环境；还有一些江苏的环保公司正在和"一带一路"沿线国家共同建设"海绵城市"。

最后，江苏还以海外工业园区为抓手，打造绿色园区，发挥示范作用。目前，江苏省在海外的工业园区主要有：柬埔寨西港特区（国家级）、印度尼西亚东加里曼丹岛农工贸经济合作区（省级）和埃塞俄比亚东方工业园、哈萨克斯坦"霍尔果斯—东门"经济特区、中阿（联酋）产能合作示范业园（中阿生态产业园区）。此外，有 8 个有意向建设为境外产业集聚区的园区化项目：江苏德龙镍业有限公司、东方恒信资本控股集团有限公司等；2 个在建园区化项目：江苏联发集团在柬埔寨的农林生态园和无锡丁蜀公司在马来西亚的商贸城（沈阳阳，2018）。这些园区，有些定位为绿色产业园区，有些则要实现园区的绿色化。例如，柬埔寨西哈努克港经济特区是中国首批通过商务部、财政部考核确认的境外经贸合作区之一，是唯一一个签订国家间框架合作协议的境外经贸合作区，也是柬埔寨政府批准的最大的经济特区。主导西港特区园区建设的红豆集团，在柬埔寨环保法律法规欠缺的情况下，不降低环保标准，坚持开发与保护生态并举，一方面开发，另一方面尽可能保护原有植被、水资源，打造绿色工业新城，西港特区园区的污水处理系统成为柬埔寨最大的污水处理系统。西港特区的环保工作得到当地政府的好评，拉近了企业与当地民众的关系，促进了人心沟通。又如，印度尼西亚加里曼丹岛农工贸易经济

[①] 《商务厅厅长：江苏建设"一带一路"具有先发优势》，载于《新华日报》2015 年 6 月 2 日。

合作区是 2014 年建立的，虽然成立时间不长，但已有多家企业成功入驻，涉及的行业包括农副产业、木材加工业、养殖业、建筑业等，园区的这些行业也注意规避环境风险，以重塑国际社会对中国企业的认知，树立中国企业注重环境保护的形象，引领了当地环境法律法规的建设。

我国除了加强企业的绿色投资外，还在绿色金融领域不断探索。首先，在金融政策上加强绿色指引；其次，开发绿色金融产品。在金融政策上，2014 年，中国银监会对其 2012 年发布的《绿色信贷指引》做了补充，提出了更加细化的评价指标，即《绿色信贷实施情况关键评价指标》；2015 年 12 月，中国人民银行发布《关于发行绿色金融债券有关事宜的公告》，中国金融学会绿色金融专业委员会发布《绿色债券支持项目目录》（2015 版），标志着中国绿色债券市场的正式启动。2016 年 8 月 31 日，中国人民银行、财政部、国家发展改革委、环境保护部等部门在《关于构建绿色金融体系的指导意见》中指出，通过"一带一路"倡议，上海合作组织、中国—东盟等区域合作机制和"南南合作"，以及亚洲基础设施投资银行和金砖国家新开发银行撬动民间绿色投资的作用，推动区域性绿色金融国际合作，支持相关国家的绿色投资。在 2016 年 9 月召开的杭州 G20 峰会上，中国倡议成立"绿色金融研究小组"，支持增加绿色投资，资助并为跨国绿色股份投资提供便利（Liu Yi, 2017）。绿色保险旨在通过保险这一金融工具进行环境损害的赔偿，2018 年 5 月，生态环境部审定发布了《环境污染强制责任保险管理办法（草案）》。在金融产品方面，我国也在绿色信贷、绿色债券、绿色保险领域不断探索。例如，中国主导的亚洲基础设施投资银行不仅设立了高水平的环境标准，而且积极推动环保节能型技术在传统项目中的推广和应用，并通过联合融资公司、公私合营模式、绿色证券和绿色保险等，引导公共和民间资本投资于绿色基础设施建设项目。金砖国家新开发银行也为中国、印度、巴西和南非的几个绿色可再生能源项目提供了绿色信贷支持。2015 年，中国先后设立了丝路基金和绿丝路基金，丝路基金资金规模为 400 亿美元，主要投向周期相对较长的绿色环保类基础设施建设；绿丝路基金首期募集资金 300 亿元，投资周期相对较短，主要投向清洁能源、可再生能源、生态修复和生态农业等产业。

受世界发展趋势及我国绿色金融政策及实践的影响，江苏也在绿色金融方面进行创新。江苏是我国经济发达的省份，环境污染出现早，环境治理起步早，在绿色金融领域也有比较早的探索。2002 年，江苏曾经对企业进行"绿、蓝、黄、红、黑"分级，为当时的中国人民银行江阴市支行进行绿色信贷提供支持。当国际上提出赤道原则之后，位于江苏的兴业银行与江苏银行较早地采纳该原则，并积极开发新的绿色金融产品；"一带一路"倡议提出后，这两家银行在江苏省政府的大力支持下，联合财政资金及社会资本投入到绿色发展中去。

江苏省政府大力支持绿色金融。2018年6月至今，江苏省政府共发放"环保贷"41笔，发放贷款总额18.19亿元，支持了污染防治项目15个、节能环保服务项目21个、生态保护修复资源循环利用项目5个。[①] 2018年10月8日，江苏省发布《关于深入推进绿色金融服务生态环境高质量发展的实施意见》，提出暂停对环保等级红色、黑色企业的贷款；并奖励绿色企业上市和再融资活动；发布绿色债券，为绿色债券提供30%的贴息；对中小企业绿色信贷第三方担保机构提供1%的风险补偿；奖励绿色债券第三方担保机构；建立中小企业绿色集合债担保风险补偿机制。江苏省政府除了给予财政和政策支持之外，还吸纳社会资本投资到绿色产业，提高了资本利用的效率。以江苏"一带一路"投资基金、江苏"绿色创新投资"项目、江苏聿泉绿色产业股权投资基金为例，可以看出这一点。

2015年7月10日，江苏省财政厅、商务厅和江苏省苏豪控股集团三方正式签署江苏"一带一路"投资基金合作备忘录，旨在推动实施国家"一带一路"倡议、发挥财政资金的杠杆作用、引导和带动社会资本投资江苏"一带一路"建设领域。根据合作备忘录，江苏"一带一路"投资基金存续期限为8年，2015年首期规模达30亿元，2017年总规模预计将达到100亿元，目标规模300亿元。该基金由江苏苏豪一带一路资本管理有限公司负责管理，主要投资于生物技术、医疗健康、机械制造、汽车、清洁技术。江苏"一带一路"投资基金是国内首个以"一带一路"命名的基金，将充分发挥财政资金的撬动和放大效应，带动社会资本投资"一带一路"建设。

2018年4月19日，我国财政部清洁机制发展基金、江苏省财政厅与江苏银行在南京共同发起设立"绿色创新投资"项目，其思路是：把国家支持节能减排的发展理念和中国清洁发展机制基金的优惠资金引入江苏，省财政厅再给予适度贴息，江苏银行进行市场化运作，支持江苏实现低碳绿色发展。"绿色创新投资"项目预计总规模为100亿元，支持江苏省内有助于应对气候变化的项目，包括但不局限于可再生能源和新能源的开发和利用；技术先进的节能减排产品开发与产业化生产；集中供热、热电联产和余热余压利用；建筑节能与能效提高；提高工业能效的节能技改项目；绿色交通；节能、惠农项目，森林碳汇项目；与节能减排相关的装备制造业项目等。项目筛选工作由江苏银行各地经营机构具体实施，项目风险由江苏银行承担。江苏省各级财政部门可向江苏银行推荐项目，对于符合"绿色创新投资"业务要求的项目，省财政厅将联合江苏银行组织开展项目尽职调查和碳减排测算。

[①] 《全省"金环"对话环保项目银企对接专场在南京召开》，江苏省财政厅官方网站，2019年1月29日。

2018年9月，江苏省财政厅印发了《关于做好绿色创新投资业务项目推荐工作的通知》。中国清洁发展机制基金管理中心根据单个项目具体情况，采用实地调查、间接调查等方式对项目进行尽调复核并确认。这种将财政政策和金融机构的市场化运作结合起来的金融方式，是我国绿色金融发展机制的一次创新。2018年11月，位于江苏丹阳市开发区通港西路的江苏奇一科技有限公司，就连续纤维增强热塑性复合材料生产线扩建这一项目获得绿色创新投资首笔项目贷款。截至2019年2月，绿色创新投资项目已累计推荐项目53个，总投资28亿元，项目涉及绿色交通、新能源利用、光伏发电、节能技改等多个领域。

兴业银行是我国首家实施赤道原则的银行，自2003年开始致力于发展绿色金融。2019年7月，江苏首只绿色股权投资基金——江苏堇泉绿色产业股权投资基金在宜兴落户，该基金由江苏省政府投资基金、宜兴市产业引导股权投资基金、宜兴环保科技创新创业投资有限公司、无锡国联产业升级投资中心、兴业银行发起设立，募集资金20亿元，投资期4年，投资方向为节能环保、新能源、新材料领域，是目前江苏省内规模最大的专注投资于节能环保、新能源、新材料领域的私募股权投资基金。堇泉绿色基金认缴出资比例分别为：兴投（平潭）资本管理有限公司1%，兴业国信资产管理有限公司39%，江苏省政府投资基金（有限合伙）20%，无锡国联产业升级投资中心（有限合伙）10%，宜兴环保科技创新创业投资有限公司20%，宜兴市产业引导股权投资基金（有限合伙）10%。从认缴比例可以看出，政府财政资金对绿色产业的扶持方式由直接、无偿补助向间接、有偿支持转变；此外，社会资本投向绿色经济领域的热情提高。

目前，江苏已在全国范围内率先构建了财政支持绿色金融发展的政策体系。省财政综合运用财政奖补、专项引导、贴息、风险补偿等手段，在绿色信贷、绿色债券、绿色发展基金、绿色PPP等多个领域，引导银行等金融机构支持绿色发展。2019年8月，江苏省生态环境厅、省地方金融监督管理局、省财政厅等七部门联合印发《江苏省绿色债券贴息政策实施细则（试行）》《江苏省绿色产业企业发行上市奖励政策实施细则（试行）》，明确绿色债券贴息、绿色产业企业上市奖励政策的支持对象、奖补金额及申请程序，推进企业绿色发展。[①] 江苏的绿色金融实践有助于"一带一路"交汇点的高质量发展。

---

① 《江苏出台多项绿色金融政策》，载于《中国环境报》2019年8月16日。

四、对外贸易的绿色化与"一带一路"交汇点的绿色发展

(一) 对外贸易的绿色化

贸易带来商品、技术、服务等的跨国流动,贸易活动也会转移环境污染或带来新的大气、水、土壤污染及生物多样性的破坏,因此,通过设置贸易门槛来预防和制止环境损害,也成为国际组织或主权国家进行环境治理的一种方式。

1994年4月,世界贸易组织成立贸易与环境委员会,把环境保护、稀有资源保护和可持续发展列入世界贸易组织的目标,并通过世界贸易组织的贸易条款反映出来,但都是部分条款而不是专门的环境贸易协定,如关税及贸易总协定和世界贸易组织的贸易条款中有绿色条款,在关税及贸易总协定中有例外条款、补贴与反补贴措施协议、贸易技术壁垒协议、卫生和动植物检疫措施协议、农产品协议、服务贸易总协定、与贸易相关的知识产权协议、国际环境管理体系、环境标志制度等。关税及贸易总协定中的例外条款是指:成员国可以根据保护人类健康的需要及动植物多样性的需要,采取贸易保护措施。卫生和动植物检疫措施是指:为了防止人畜遭受饮食或饲料中的添加剂、有毒物质、污染物、致病生物体的危害,要通过卫生和动植物检疫方法进行辨别和预防。环境标志制度,又称"绿色标志"制度,是由政府管理部门或民间团体按照严格的程序制定的环境标准,符合该标准的厂商将环境认证标志印制在产品及包装上,便于消费者了解该产品从研制、开发到生产、使用直至回收利用的整个过程是否符合生态和环境保护的要求。1978年,德国有"蓝色天使"计划,之后北欧出现"白天鹅制度",欧盟出现"耗能产品生态设计指令"(EUP制度),加拿大出现"环境选择制度",日本出现"生态标志制度"等,这些都是环境标志制度,反映出消费者对绿色产品、健康产品的需求,环境和健康本身具有密不可分的关系。尽管发达国家组成的国际组织——经济合作与发展组织认为绿色产品是指环保科技类、碳捕获和存储类、可再生类、空气污染控制设备类、废物处理和水污染设备类产品,[①] 实际上国际贸易中对进出口商品的绿色考量会结合产品生产的整个过程来看,而不局限于环保产品。

美国和欧盟等西方国家和地区在贸易方面有着极高的环保要求。美国制定了

[①] 商务部研究院绿色贸易发展研究中心:《中国绿色贸易发展报告(2017)》,中国商务出版社2017年版。

《消费品安全法案》《美国消费品安全改进法案》《联邦危险品法案》《可燃纺织品法案》《防毒包装法案》《联邦食品、药品和化妆品法案》《羽绒羽毛产品标签指南》《纺织纤维标签法案》等，对进口产品有着严苛的环保要求。2009年，美国总统奥巴马推动的跨太平洋合作伙伴关系协定（TPP），对环保标准的要求更加细致、严苛。欧盟是我国的重要贸易伙伴，但是欧盟在农产品、纺织服装、玩具、化妆品、建筑材料等领域也设定了严格的环保标准。例如，欧盟的"耗能产品生态设计指令"，将生命周期理念纳入产品的设计之中，增加了企业的生产成本。2014年，欧盟要求出口到欧盟的化妆品要减少对水生生物的毒性。日本对进口产品的环保要求也很高，2002年4月1日日本农林水产省推出《日本农业标准认证》（JAS认证），规定：所有出口到日本的有机产品和原料必须遵从日本的农业标准，日本将追踪食品生产和流通的各个环节，确保食品的安全。

国际社会对绿色产品、绿色包装、绿色服务的需求日益增加，对我国的进出口贸易也带来冲击。美国实施强制性水产品危害分析关键控制点认证（HACCP）后，我国的虾产业受到沉重打击。欧盟"耗能产品生态设计指令"全面实施后，江苏省机电产品对欧盟的出口成本平均提高2.5%。此外，我国是玩具和服装出口大国，而发达国家在玩具方面也有严格的要求，如要求玩具中的甲醛含量、有害物质数量降到一定的安全系数，对我国的玩具生产厂商带来了很大的压力。但通过绿色贸易倒逼企业提高产品质量已是大势所趋，我国企业也必须提高环境竞争力。

（二）长三角地区绿色贸易的实践

我国自1972年以来，积极参与国际环境治理，先后签署了《关于消耗臭氧层物质的蒙特利尔议定书》《国际遗传工程章程》《濒危野生动植物物种国际贸易公约》等，涉及化学品的安全及跨境废弃物的转移问题，贸易是其实现跨境转移的一个重要方式。发达国家及世界贸易组织也在构筑绿色贸易的壁垒，因此，我国对外贸易面临绿色转型，企业也亟须提高技术，促进节能减排和环境保护。例如，镇江市总工会、环保局、经贸委联合出台了《关于在企业设立职工节能减排义务监督员的意见》，规定企业职工有权监督企业节能减排，并将在企业中设立职工义务监督员。因此，企业通过进行调整适应绿色贸易发展的趋势，有助于实现高质量的对外开放。

长三角地区是中国对外开放的重要区域，江苏是外向型经济大省，纺织服装业、农产品及食品加工、家具业、玩具业等是江苏的传统出口领域，这些领域较早地作出调整，并带动相关产业节能减排。

"一带一路"交汇点：长三角地区高质量的对外开放

2005年，欧、美、日等国家和地区以保护生态环境和公民健康为由，对中国出口的服装产品提出种种苛刻的条件，还取消了全球纺织品配额，江苏省纺织服装产品出口频频受阻。2007年，江苏纺织业加快了结构调整和产业升级步伐，加大了科技投入和研发力量，开发出天然动植物材料，如棉、麻、丝，并在品牌建设、环境保护和自主创新方面取得了成效。例如，吴江恒宇纺织染整有限公司投资1 400多万元，全套引进意大利污水深度处理设备；常州森容纺织有限公司积极研发使用涂料染色等环保工艺；东高染整有限公司和周围相邻的3家企业建立污水处理厂联合治污；苏州印染厂有限公司对印染废水进行深化处理；常州九丰印染有限公司在搬迁过程中淘汰落后的耗能设备，引进先进的环保节能型设备。此外，南通作为"纺织之乡"，探索建立"南通市纺织品绿色贸易技术指标体系"，贯彻ISO14000环境管理体系。实践证明，企业以高标准要求自己，往往会获得较大的发展。例如，苏州的太湖雪家纺，其生产标准高于国家标准，生产的蚕丝被是以100%的蚕丝作为填充物的，受到消费者的一致好评，该企业还推出《震泽蚕丝被标准》，是江苏首个联盟性质的蚕丝被行业规范；该企业还获得了"国际生态纺织品标签认证"以及"欧洲市场准入证"，有效地打破了绿色贸易壁垒限制（叶春霞、王松涛，2018）。因此，江苏纺织企业要想规避绿色贸易壁垒，就要提高环境竞争力，努力获得进口国的环境质量认证。

2006年，江苏蔬菜出口受到进口国法律的影响。2006年5月29日，日本正式实施《肯定列表制度》，旨在对食品中的农业化学品（农药、兽药、饲料添加剂）进行残留限量的控制，打击了江苏的蔬菜出口业，因为日本原先只对350多种农用化学品进行检测，但《肯定列表制度》出台后又增加了200种左右。《肯定列表制度》列出了禁止使用的15种农药、兽药；并为797种农药、兽药、饲料添加剂设定了53 862个限量标准（包括"现行标准"和"暂定标准"），其中部分标准与我国标准相差几百倍（晏飞，2006）。以一颗青菜出口到日本要经历的检测为例，这颗青菜要接受近200个项目检测才可以出口（邵桂兰、关丽丽，2007）。日本还对进口农产品实行产地身份证制度，对产品进行质量跟踪，除对生产基地的环境及生产投入品进行抽检外，还要对基地周边地区的土壤、水、大气环境等进行检测，一旦发现超标，即拒绝进口。2014~2015年，我国有471项出口到日本的农产品因违反《日本食品卫生法》而遭到废弃、退货等，造成直接经济损失在6.5亿美元以上（蔡宁宁、孙艳香，2017）。日本农产品出口检测的高标准，迫使蔬菜公司进行无公害种植。实际上，国际农产品贸易对食品的安全卫生指标要求越来越严格，尤其对农药残留、放射性残留、重金属含量的要求日趋严格。这迫使江苏农产品企业进行绿色种植，提高作物育种技术、栽培技术、病虫害监测预报和综合防治技术，研发先进的检测设备，提高技术检测手段，改变检测观念，重视终端农产品的检测及生产过程中的环境检测。从长远来看，这对我国的农业种植观念将会产生积极的影响。

除了纺织和种植业之外，绿色贸易波及的产业还有扩大的趋势。2007年，江苏省外经贸厅、省环保厅联手设立外贸出口环保门槛，对出口企业实行环境监管，同时确定101家出口企业为省级重点环境监管对象，这些企业是出口企业中废气、废水排放大户，涉及纺织服装、冶金、医药化工、水泥、轻工以及电子等，属于顺差规模大、增长快、环境问题相对突出的行业（张从春，2007）。近些年来，受监管的企业数量有扩大的趋势，因为绿色贸易压力加大。2011年7月1日起，美国通过《复合木制品甲醛标准法案》，提高甲醛限量的标准：硬木胶合板甲醛释放量不得超过百万分之零点零五，中密度纤维板不得超过百万分之零点一一，薄身中密度纤维板不得超过百万分之零点一三，碎料板不得超过百万分之零点零九（丁俊，2011），新标准高出我国1 000倍，迫使江苏企业提高环境质量管理体系，尤其是要加强对原辅料中可能出现的有毒、有害物质的检测。

绿色贸易是一把"双刃剑"，发达国家运用绿色贸易壁垒保护国内的有关行业，但对于我国企业来说，要认识到绿色贸易对我国产业结构调整、企业竞争力产生的倒逼作用。企业要了解和实施ISO 14000、ISO 9001环境管理体系认证。ISO 14000、ISO 9001是国际标准化组织（ISO）制定和发布的环境管理标准，是当前世界上相对比较全面、系统而又权威的国际化环境管理标准，目前全球已有3万多家企业获得了ISO 14000（或ISO 9001）国际认证，而我国只有不到1 000家企业获得了相关认证（吴雷，2012）。同时，国家应当加快绿色指标体系的制定，外贸部门应组织建立绿色贸易技术指标体系。江苏也应积极推广ISO 14000、ISO 9001系列环境管理国际标准和环境标志认证制度。江苏外贸出口企业应该熟悉进口国的环境保护标准，不断强化环保意识，实施绿色发展战略，参加各种绿色标准的制定，抓住我国产业结构调整和绿色发展的机会，制定绿色贸易战略，实现出口与环境保护的双赢。

参考文献

［1］蔡宁宁、孙艳香：《日本绿色贸易壁垒对中国农产品出口的影响——以香辛类蔬菜农药残留问题为例》，载于《科技与经济》2017年第30卷第6期。

［2］陈祥健、吴肇光、孔苏颜：《落实五大发展理念 推动实现全面小康》，载于《福建理论学习》2015年第11期。

［3］陈玉宇、闵德强、张力：《深化部省合作 融入世界环保新蓝海——宜兴环科园坚持国际化战略推动产业转型升级》，载于《新华日报》2018年1月4日。

［4］丁俊：《美国将实施最苛刻环保法案 江苏家具企业进退两难》，载于《江苏经济报》

2011年6月20日。

[5] 董思雁、张华、赵银德：《江苏省对外贸易对环境的影响分析》，载于《江苏商论》2008年第12期。

[6] 韩秀丽：《环境保护：海外投资者面临的法律问题》，载于《厦门大学学报》（哲学社会科学版）2010年第3期。

[7] 《江苏出台多项绿色金融政策》，载于《中国环境报》2019年8月16日。

[8] 蒋南平、向仁康：《中国经济绿色发展的若干问题》，载于《当代经济研究》2013年第2期。

[9] 雷蕾：《将绿色责任融入企业发展理念与实践》，载于《中国石化》2013年第1期。

[10] 卢光盛、吴波讯：《人类命运共同体视角下的"清洁美丽世界"构建——兼论"澜湄环境共同体"建设》，载于《国际展望》2019年第11卷第2期。

[11] 《马克思恩格斯选集》（第4卷），人民出版社1995年版。

[12] 毛雯：《推动形成高质量对外开放新格局》，载于《中国贸易报》2018年12月25日。

[13] 孟耀：《绿色投资问题研究》，东北财经大学出版社2008年版。

[14] 商务部研究院绿色贸易发展研究中心：《中国绿色贸易发展报告（2017）》，中国商务出版社2017年版。

[15] 邵桂兰、关丽丽：《我国农产品出口企业面临的技术性贸易壁垒及应对措施》，载于《经济纵横》2007年第21期。

[16] 沈四宝、王俊：《试论英美法"刺破公司面纱"的法律原则》，载于《国际商务（对外经济贸易大学学报）》1992年第4期。

[17] 沈阳阳：《江苏对外直接投资分析》，载于《合作经济与科技》2018年第5期。

[18] 王金南、苏洁琼、万军：《绿水青山就是金山银山——"绿水青山就是金山银山"的理论内涵及其实现机制创新》，载于《环境保护》2017年第45卷第11期。

[19] 王学君、闵德强、张夷、马薇：《打开产业新空间 肩负生态新使命 宜兴环科园：创新打造绿色发展样本》，载于《新华日报》2017年4月13日。

[20] 吴雷：《绿色贸易壁垒对江苏外贸的影响及应对》，载于《轻工科技》2012年第12期。

[21] 晏飞：《我市积极破解"绿色贸易壁垒"》，载于《徐州日报》2006年6月9日。

[22] 叶春霞、王松涛：《江苏省纺织品出口存在的问题及对策研究》，载于《对外经贸》2018年第2期。

[23] 张从春：《江苏对101家出口企业实行环境监管》，载于《国际商报》2007年12月18日。

[24] 张修玉：《"两山理论"将引领生态文明建设走入新时代》，载于《中国生态文明》2017年第5期。

[25] 张永涛、王语懿：《环境技术转移，怎么高效推动？》，载于《中国生态文明》2018年第26卷第4期。

[26] 张玉臣：《技术转移机理研究——困惑中的寻解之路》，中国经济出版社2009年版。

［27］张月：《江苏省在"一带一路"战略中 OFDI 的区位选择》，载于《今日财富》2017 年第 15 期。

［28］郑竟、陈明、柴伊琳等：《"一带一路"绿色投融资机制构建探讨》，载于《环境保护》2017 年第 19 期。

［29］中共中央宣传部：《习近平总书记系列重要讲话读本》，人民出版社 2016 年版。

［30］周逢民：《加快推进山东省绿色金融改革发展的思考与建议》，载于《金融发展研究》2019 年第 445 卷第 1 期。

［31］周国梅：《"一带一路"战略背景下环保产业"走出去"的机遇与路径探讨》，载于《环境保护》2015 年第 43 卷第 8 期。

［32］Liu Yi：" Belt & Road Initiative to Galvanize Green Cooperation"，China Today，2017（66）：51.

［33］Robyn Echersley，*The Green State：Rethinking Democracy and Sovereigty*，Cambridge：MIT Press，2004.

后　　记

本书是教育部人文社科重点基地南京大学长江三角洲经济社会发展研究中心的智库成果。

习近平提出的"一带一路"倡议，是我国根据世界政治经济格局深刻变化，统筹国内国际两个大局，全面谋划全方位扩大开放的重大战略举措。"一带一路"建设，不仅有利于我国发展高水平开放型经济，推进我国高质量发展，而且有助于促进人类命运共同体建设，为完善全球治理体系提供中国方案、贡献中国智慧。在长三角区域经济一体化上升为国家战略之际，本书以开放型经济处于全国前列的江苏为主要对象研究"一带一路"交汇点建设，研究成果对长三角区域进入新时代的高质量对外开放具有重要的理论和指导价值。

本研究的起因，是 2018 年我受江苏省政府委托研究江苏省"一带一路"交汇点建设的总体思路。江苏省发展改革委对本研究给予了直接指导。课题组成员先后到连云港市、无锡红豆集团和中江集团进行了实地调研，与相关专家进行了研讨。在此基础上，形成题为《以"一带一路"为统领，构建高质量开放新格局——江苏省"一带一路"交汇点建设总体思路》研究报告报送江苏省政府。本书是在此研究成果的基础上从两个方面进一步进行研究和完善：一是将研究成果进一步学理化、系统化；二是研究视野扩大到长三角地区。

课题组主要成员和各子课题负责人，都是来自南京大学经济学院以及环境学院、中科院南京地理所等单位相关领域的教授、研究员。课题组由我主持，江苏省发展改革委的领导赵建军、尹建庆为课题指导，课题组主要成员包括：黄繁华、张二震、范从来、陈雯、杨德才、毕军、郑江淮、夏网生、韩剑、高春亮等。全书由我和黄繁华教授统筹。具体分工如下。总论：洪银兴、黄繁华；第一章：张二震、戴翔；第二章：杨德才；第三章：夏网生、王荣、黄繁华；第四章：陈雯、张鹏；第五章：高春亮；第六章：郑江淮、郑玉；第七章：陈雯、张鹏、夏网生、王荣；第八章：黄繁华、李浩；第九章：韩剑；第十章：范从来、赵锦春；第十一章：毕军、刘贺青。书稿最后由我和黄繁华教授统稿。

后　记

　　感谢江苏省发展改革委等有关部门和相关企业为课题调研提供的大力支持。感谢经济科学出版社齐伟娜、初少磊为本书出版付出的辛勤劳动。

洪银兴
2020 年 2 月于南京大学

图书在版编目（CIP）数据

"一带一路"交汇点：长三角地区高质量的对外开放／洪银兴等著．—北京：经济科学出版社，2020.6
（长三角区域践行新发展理念丛书）
"十三五"国家重点出版物出版规划项目
ISBN 978－7－5141－5206－7

Ⅰ.①一… Ⅱ.①洪… Ⅲ.①长江三角洲－对外开放－研究 Ⅳ.①F127.5

中国版本图书馆 CIP 数据核字（2020）第 104283 号

责任编辑：齐伟娜　初少磊
责任校对：齐　杰
责任印制：李　鹏　范　艳

"一带一路"交汇点：长三角地区高质量的对外开放
洪银兴　黄繁华　等著
经济科学出版社出版、发行　新华书店经销
社址：北京市海淀区阜成路甲 28 号　邮编：100142
总编部电话：010－88191217　发行部电话：010－88191540
网址：www.esp.com.cn
电子邮箱：esp@esp.com.cn
天猫网店：经济科学出版社旗舰店
网址：http://jjkxcbs.tmall.com
北京季蜂印刷有限公司印装
787×1092　16 开　20.5 印张　395000 字
2020 年 10 月第 1 版　2020 年 10 月第 1 次印刷
ISBN 978－7－5141－5206－7　定价：72.00 元
（图书出现印装问题，本社负责调换。电话：010－88191510）
（版权所有　侵权必究　打击盗版　举报热线：010－88191661
QQ：2242791300　营销中心电话：010－88191537
电子邮箱：dbts@esp.com.cn）